粮食生产、加工与营销管理

贾书章 著

武汉大学出版社

图书在版编目(CIP)数据

粮食生产、加工与营销管理/贾书章著.—武汉:武汉大学出版社,2020.12
ISBN 978-7-307-21861-1

Ⅰ.粮… Ⅱ.贾… Ⅲ.粮食问题—研究—中国 Ⅳ.F326.11

中国版本图书馆 CIP 数据核字(2020)第 204682 号

责任编辑:林 莉 沈继侠　　责任校对:李孟潇　　整体设计:马 佳

出版发行：武汉大学出版社　（430072　武昌　珞珈山）
（电子邮箱：cbs22@whu.edu.cn　网址：www.wdp.com.cn）
印刷：广东虎彩云印刷有限公司
开本：720×1000　1/16　印张：23.5　字数：420 千字　插页：1
版次：2020 年 12 月第 1 版　　2020 年 12 月第 1 次印刷
ISBN 978-7-307-21861-1　　定价：69.00 元

版权所有，不得翻印；凡购我社的图书，如有质量问题，请与当地图书销售部门联系调换。

前　言

粮食对所有人都是一个刚需产品，就消费者而言，其不会因粮食价格高而不消费，也不会因为价格低而多消费，但如果粮食短缺，我们的生活就会受到影响。就国家而言，如果粮食歉收或供应不足就会引起国民的恐慌；如果粮食价格上涨，势必使政府施政受限，而对有些国家而言，甚至会引起政权的更迭，国际政治历史上不乏此类案例。粮价的变化会引起其他消费品价格也跟着变化，粮食价格既关系粮食生产（种植）者——农民的切身利益与种粮积极性，又关系到消费者的承受能力，特别是低收入群体的正常生活。粮食的稳定供应和价格的水平适度是全球任何国家以及粮食国际组织一直关注和不懈为之努力的。

粮食不论在过去还是现在不仅是国家公共物品，而且还是国家的战略物资。保障持续稳定的粮食供给，是每一个主权国家义不容辞的责任。近年来，受全球气候变暖、自然灾害多发、生物质能源开发、发达国家巨额农业补贴以及农业跨国公司对粮食的垄断与炒作等因素的影响，国际粮价波动和粮食危机持续发生，"二战"结束以后，全球粮食产量的增速远远高于人口的增速，但因为天灾人祸，全世界相继发生过五次大规模的粮食危机，而21世纪以来就已经发生了三次粮食危机，即2002—2003年、2007—2008年、2011—2012年，典型的就是2007—2008年的全球粮食危机。

2007年下半年发生并于2008年年初全面暴发的世界粮食危机，并非突如其来，而是粮食供求矛盾在经过一段时间积聚和演变后的结果。海地是美洲加勒比海的一个小国，农业人口占全国就业人口的80%。以前每年生产大米17万吨，可以满足这个国家95%的需求。1995年，海地按照国际社会的要求进行经济改革，将进口粮食的关税由35%下调到3%。基于此项改革，本地居民享用到了美国政府补贴的美国大米。美国大米凭借比本地大米便宜一半的价格优势，迅速占领了海地粮食市场，最终达到了75%以上的市场份额。[①] 由于自

---

① 张勇. 从粮食危机反思拉美贸易和农业政策改革[J]. 拉丁美洲研究, 2009, 31(3): 35-41.

产的粮食卖不出去，最终本国农民不再生产粮食，无形之中按照国际分工，改种了咖啡、香蕉、甘蔗等单一经济作物，于是本国自给自足的粮食生产体系逐渐被美国的粮食生产体系所替代。到2008年短短十几年时间，海地的粮食从基本可以自给自足，到了80%要仰仗进口。2007年前后，全球大宗商品的价格大幅飙升，全球谷物价格上升了42%，至2008年2月的36个月中，小麦价格上涨了181%，与此同时，全球谷物库存降到了1982年来的最低点。[①] 海地这一年的大米、大豆和水果价格比2007年上涨了50%，面食价格更翻了一番。海地民众每天的收入不到2美元，粮价的飙升对民众的生活产生了严重的影响，不少农民甚至靠吃一种名叫"特雷"的泥土饼干度日。[②] 4月3日，海地南部莱凯市率先爆发饥民暴力抗议活动，随后，暴力抗议活动蔓延至海地各大城市。4月8日，大批抗议者在首都太子港总统府门前示威，要求普雷瓦尔总统下台；抗议者还冲击总统府，迫使联合国维和部队发射催泪瓦斯和橡皮子弹。4月10日，经普雷瓦尔总统呼吁，抗议者才停止暴力活动。2008年4月12日，海地总理亚里克西遭国会弹劾，成为第一个在粮食危机中下台的政府首脑。此次粮食危机波及世界，使数亿人口遭受饥饿，一些国家发生通货膨胀，30多个国家陷入粮食短缺，甚至有的国家发生社会动荡。英国因粮食价格的变化而改变餐饮结构，印度甚至有人不得不将一日三餐缩减为两餐。2007年9月，埃及改变了一贯鼓励粮食出口的政策，开征粮食出口税，提高了粮食出口关税，限制粮食出口，以保证本国粮食供给。2008年4月，埃及政府决定从4月到10月半年间禁止大米出口，同时取消大米、食用油等粮食进口关税，鼓励粮食进口。2008年3月印度通胀率冲至14个月最高点，印度政府不得不再次禁止大米出口。越南是亚洲乃至世界最大的稻米生产国之一，也颁布了限制大米出口的政策。2008年4月，越南又决定延长大米出口限令。2007年巴西向国际市场提供了31万吨大米，2008年其又紧急采取措施限制大米出口，以稳定国内粮价。印度尼西亚为保障本国市场，宣布禁止中级大米出口。哈萨克斯坦是世界第六大粮食出口国，在这次粮食危机中也对粮食出口实行高关税或完全禁止粮食出口的政策。阿根廷和乌克兰等国政府也先后推出限制粮食出口的措施。联合国粮食计划署的主管官员4月8日表示，由于全球飙升的食品价格，布基纳法索、喀麦隆、埃及、印度尼西亚、象牙海岸、毛里塔尼亚、莫桑

[①] 刘海月. 粮食危机背后的美国因素和与中国对策[J]. 经济体制改革, 2008(6): 55-57.

[②] 周立. 世界粮食危机与粮食国际战略[J]. 求是杂志, 2010, 2: 56-58.

比克和塞内加尔都先后发生骚动或暴乱。2008年4月底，联合国27家重要机构齐聚瑞士首都伯尔尼召开联合国粮食峰会，讨论日益上涨的粮食价格对世界的影响以及对策。2008年4月29日，世界银行集团行长罗伯特·佐利克在瑞士伯尔尼出席联合国系统总行政官协调委员会会议后，发表了一份声明。佐利克在声明中指出，"未来几周对于解决食品危机至关重要。对于20亿人民，高食品价格现在是一个每日挣扎、牺牲的问题。对于太多人，这甚至是一个生死存亡的问题"。

国际"粮食海啸"的形成究其原因无外乎气候与自然灾害的因素使粮食的增产速度赶不上粮食需求增长的速度；产区农产品结构性矛盾突出，部分农产品供给偏紧；一些农业大国和发达国家日益把农业贸易摆在本国贸易的重要位置，进一步强化农产品贸易的主导权和控制力，设置农产品贸易技术性壁垒，控制和垄断国际粮食市场，造成粮食国际贸易扭曲，推动了国际粮价上涨；大型跨国粮商垄断地位不断强化，一些农业贸易投资机构进入国际农产品期货市场进行投机炒作，人为加剧了粮食等农产品供求矛盾，推高粮食等农产品价格，使发展中国家和不发达国家的粮食消费雪上加霜；发达国家的生物燃料与民争粮，也是不可忽视的因素之一；另外一个很重要的原因在于国家粮食主权丧失、国家粮食自给率太低。

进入21世纪，随着全球化的快速发展，全球经济的融合不断深化，国家与国际粮食市场和粮价波动的关联度也在不断提高。为了保障国家粮食供给平衡和粮食安全，应对粮价波动和粮食危机，任何国家对此都要格外关注和谨慎。据世界卫生组织（WHO）统计截至2020年4月10日，新冠肺炎（新型冠状病毒肺炎，COVID-19）疫情波及全球大部分国家和地区，累计确诊病例152.1252万人，死亡9.2798万人，全世界不论发达国家还是发展中国家无一幸免，防疫造成工厂停工，商店关门，全世界经济近乎停摆。① 在疫情席卷全球，让世界人民措手不及时，一些国家为了能首先满足本国人民自己的粮食需求掀起了囤粮潮，由此一场粮食价格危机在全球暗暗滋生。3月24日，作为世界第三大稻米出口国的越南宣布，自当日起，禁止本国大米出口；随后有包括柬埔寨在内的6国禁止或限制粮食出口。俄罗斯，全球最大的小麦出口国，同样宣布限制出口小麦和葵花籽。在中亚，全球最大的小麦出口国之一——哈

---

① WHO. Situation-reports[EB/OL]. (2020-04-10)[2020-5-11]. https：//www.who.int/docs/default-source/coronavirus/situation-reports/20200410-sitrep-81-covid-19.pdf？sfvrsn=ca96eb84_2.

萨克斯坦禁止出口小麦、糖、土豆和胡萝卜等 11 种农产品；在欧洲，塞尔维亚已经停止了其葵花籽油和其他部分农产品的出口；马来西亚出口棕榈油放缓；作为全球最大的稻米出口国之一的印度也因"封国"陷入停滞；3 月 28 日，埃及贸易和工业部长内文·贾梅决定，自 3 月 28 日起未来 3 个月内停止各种豆类产品的出口。埃及贸工部称，这项决定是政府批准的全面经济计划框架内采取的措施，旨在保证埃及商品特别是基本商品的需求。这是埃及现阶段为应对新冠肺炎疫情影响而采取的预防措施的一部分；柬埔寨从 4 月 5 日起，也禁止除香米外的白米和稻米出口。根据泰国大米出口商协会的数据，从 3 月 25 日至 4 月 1 日，破碎率 5%的大米价格已经迅速上涨了 12%，泰国产大米基准出口价涨至每吨 550 美元，创下了 2013 年以来最高价格。越南大米价格也超过了每吨 400 美元，是 2018 年 12 月以来的最高价格。国际大米价格飙升至 7 年来最高位。不仅是大米，国际小麦价格在 3 月中下旬上涨了约 15%。3 月 27 日有报道，过去几个交易日，大豆、燕麦和小麦等期货商品价格已经一路走高；作为全球基准的芝加哥小麦期货价格 3 月份上升超过 9%；美国牛肉批发价格本周飙升至 2015 年以来的最高水平，鸡蛋价格也有所上涨。3 月 26 日，联合国粮农组织首席经济学家马克西莫·托雷罗·库伦(Maximo Torero Cullen)在接受《卫报》独家专访时发出警告，"各国政府采取的贸易保护主义措施可能会引发全球粮食短缺"。联合国粮农组织同时表示，尽管主粮作物储备充足，但进口商急于购买主粮可能会加剧全球粮食通货膨胀。如今，已经有一些国家宣布粮仓告急。连年战乱且粮食产量很低的伊拉克首当其冲，该国称在未来几周内，需要进口 25 万吨大米和 100 万吨小麦来保证其粮食储备并向国民提供食品。印尼和菲律宾两国也宣布粮仓告急，称储存的粮食最多只能维持 3 个月，如果疫情不能尽早结束，他们恐将面临粮荒。与此同时，主要小麦进口国阿尔及利亚和土耳其发出新标书；摩洛哥暂停征收小麦进口关税直至 6 月中。许多政府采取了宵禁和限制购买量等极端措施。独立顾问和资深农业贸易商伯格说："你或许会看到战时配给，价格控制和国内库存等政策。"在此背景之下，包括世卫组织、世贸组织、联合国粮农组织在内的三大国际组织发出警告，最大限度防止公共卫生危机引发全球粮食供应问题。

联合国粮农组织资深经济学家 Abdolreza Abbassian 称：这不是供应问题，疫情引发了人们在粮食安全方面的行为变化。如果大宗商品买家认为他们无法在 5 月或 6 月收到小麦或大米发货，那该怎么办？这可能会导致全球粮食供应危机。联合国粮农组织、世界卫生组织和世界贸易组织 4 月 2 日共同发布的一份文件指出，因为新冠肺炎疫情导致的食物供应不确定性，可能会引发各国出口限制，并造成全球市场粮食短缺。

粮食产品是人类基本的生存需要，但同时又是第二和第三产业的基础，粮食问题从来不是单纯的经济问题，是一个国家的政策和国家战略问题。没有粮食产品的高度自给，在粮食危机出现时政府靠临时政策解决不了粮食供给问题；粮食供给问题将始终伴随政府的执政行为，这就是我国每年政府的一号文件都是关于农业问题的原因。我国政府非常重视粮食安全问题，实行最严格的耕地保护制度，实施"藏粮于地、藏粮于技"战略，党的十八大又提出"'确保谷物基本自给、口粮绝对安全'的新粮食安全观，确立了以我为主、立足国内、确保产能、适度进口、科技支撑的国家粮食安全战略"。2019 年 10 月我国国务院发布的《中国粮食安全白皮书》显示，我国的粮食自给率达到了 95%。

正是我国政府对粮食安全的重视，使我国在 1998 年长江大水成灾、2003 年的"非典"、"禽流感"和冰雪、地震等重大灾害相继袭来的危急之秋，其粮食供给都一直保持良好的平衡状态，也顺利地应对了 2002—2003 年、2007—2008 年、2011—2012 年的三次世界性粮食危机以及本次新冠疫情引起的世界粮食恐慌。正所谓"手中有粮、心里不慌""国家有粮、百姓不慌"。

正因为粮食产品联系第二、第三产业，所以作为一名粮食工作者，我们不仅要了解粮食的生产(种植)过程，以及种植过程对原粮产量、品质、安全性的影响；还要了解粮食的加工过程以及从原粮到成品粮、成品粮的递延产品、成品粮的深加工、成品粮的加工过程对产品的出品率的保证和损失；粮食的流通过程以及流通的相关规律、政策等；进一步地了解粮食产品的营销，把握市场规律，合理利用国内、国际资源，掌握国际贸易规则和国际市场营销规律。但现实生活中很多情况是种植的管种植，加工的关注加工，流通的关注储运，销售的仅仅是维护粮食市场。由于这种割裂的情况使得粮食从田间地头到百姓餐桌这个产业链的参与者各自为政，学术研究也是各自深耕各自的专业领域，如粮食种植技术、粮食加工工艺与技术、农产品市场(粮食)营销等。

从 2012 年开始笔者即萌发了从粮食生产、加工、销售全产业链构建一个综合的知识体系，让从事粮食工作的人员能从一本书中了解粮食全产业链的相关信息与技术，这也契合了笔者不同时间段的专业学习内容，但一直断断续续且仅限资料收集，新冠疫情致全城严格交通管制才真正落笔完成这部书稿。

本书分四篇，第一篇粮食生产，包含第一章，主要介绍我国及世界原粮生产(种植)的分布与生产状况；第二篇粮食加工，包含第二、第三、第四章，主要介绍主粮(稻米、小麦粉)的加工工艺、国内外粮食加工业的现状及中外粮食加工业的比较，以及粮食产品质量安全的影响因素及其控制；第三篇粮食

前言

流通，包含第五、第六章，主要介绍国内外粮食流通及其管理；第四篇粮食产品营销，包含第七、第八、第九、第十章，主要介绍粮食产品的营销管理、营销模式、粮食的储备、粮食安全与粮食的国际营销以及提升粮食产品竞争力的粮食品牌建设与粮食产业的创新。

本书第一、二、三、五、六、七、八、十章由贾书章执笔，第四、九章由贾玉劼执笔，附录部分由贾玉劼整理，全书图表由贾玉劼绘制。

本书希望尽量将粮食产品从原粮的生产(种植)、加工、销售方面的知识节点能一一呈现给读者，但由于篇幅所限，难免挂一漏万；同时受自身知识的局限及写作时间偏紧，也可能没能全面地反映每个节点的全部知识点和要旨；有的数据来源于不同的统计口径，在整理时尽量比对修正，力求准确，但错误和遗漏也难完全避免，敬请读者批评指正。

本书能顺利出版，要感谢一直给予支持、帮助的武汉轻工大学的领导、同事，在构思过程中也得到了祁华清教授、狄强博士、温如春副教授的建设性意见，在此表示感谢，同时也要感谢家人的一直支持和鼓励。

贾书章

2020年9月于武汉

目　录

第一篇　粮食生产

第一章　粮食生产 ... 3
　第一节　我国粮食生产概况 ... 4
　第二节　世界粮食生产 ... 9

第二篇　粮食加工

第二章　粮食加工 ... 19
　第一节　稻米加工工艺 ... 20
　第二节　小麦粉加工工艺 ... 43

第三章　中外粮食加工业比较 ... 81
　第一节　中国的粮食加工业 ... 81
　第二节　世界粮食加工业 ... 88
　第三节　我国粮食加工与产业发展趋势 ... 92

第四章　粮食质量安全管理 ... 101
　第一节　原粮生产过程中的质量安全 ... 101
　第二节　原粮加工过程中的质量安全 ... 111
　第三节　粮食产品包装的质量安全 ... 114
　第四节　粮食储运的流通环节质量安全 ... 118
　第五节　粮食产品从生产到消费各环节的质量安全控制 ... 121

第三篇　粮食流通

第五章　我国粮食流通与管理 ... 135
　第一节　我国的粮食流通格局及演变 ... 135
　第二节　我国粮食流通模式与管理 ... 148

第六章　发达国家粮食流通与管理 153
- 第一节　日本的粮食流通与管理 153
- 第二节　美国的粮食流通与管理 156
- 第三节　欧洲粮食流通与管理 159

第四篇　粮食产品营销

第七章　粮食产品营销管理 167
- 第一节　粮食营销的特点 167
- 第二节　粮食市场 174
- 第三节　粮食产品营销及其管理 189
- 第四节　粮食产品的连锁经营 192
- 第五节　粮食产品的网络营销 209

第八章　粮食产品的电子商务 233
- 第一节　我国的电子商务的发展历史 234
- 第二节　我国粮食产业的电子商务 236
- 第三节　我国粮食产品电子商务模式 240
- 第四节　我国粮食产品电子商务模式的实现 244
- 第五节　我国粮食产品电子商务面临的风险与控制 249
- 第六节　我国粮食产品电子商务的发展趋势 252

第九章　粮食储备、粮食安全与国际营销 258
- 第一节　粮食储备 259
- 第二节　粮食安全 268
- 第三节　粮食国际营销 289

第十章　粮食品牌与粮食产业创新 298
- 第一节　粮食产品品牌 298
- 第二节　粮食产业创新 321

附录 326

参考文献 354

第一篇 粮食生产

第一章 粮食生产

"民以食为天",粮食是人类赖以生存的物质基础,是国家农业的基础,工业生产的原动力。粮食的生产是任何国家都必须关注的问题,是国家经济发展和社会稳定的基础、人心凝聚的前提,是国家安全的保障。1979年,美国华盛顿邮报新闻记者丹·摩根(Dan Morgan)在《粮食巨人》一书中这样描述粮食的重要性,"在现代文明中,粮食是世界上唯一比石油重要的资源"。

现实主义国际政治学大师汉斯·摩根索(Hans J. Morgenthau)在《国际纵横策论——争强权,求和平》指出:"粮食自给自足或粮食匮乏是国家强权的一个相对稳定的因素。"

马克思在《政治动态——欧洲缺粮》一文中指出,最文明的民族也同最不发达的未开化民族一样,必须保证自己有食物,然后才能照顾其他事情。

应该看到,目前粮食问题已经成为一个世界性的问题,联合国粮食农业组织(FAO)预测,到2030年,世界人口将由现在的58亿上升为90亿,粮食生产必须增加75%,即总产量达到33亿吨,才能跟上人口增长的速度。由此可见,粮食问题在21世纪也是一个非常严重的问题,它与人口问题、环境问题、资源问题、贫困问题等一样,始终是各国政府必须予以高度重视并需花费大量精力研究解决的首要问题,从1996年联合国粮农组织召开的世界粮食安全首脑会议由过去的专家级、部长级上升到首脑级这一事实就可见一斑。

中国的粮食问题是一个国内外普遍关注的问题,作为一个粮食产销都占世界1/5的大国,粮食问题已经不是只关系到14亿人口吃饱和吃好的问题。在经济体制转轨和工业化快速发展的当代中国,粮食问题已不是一个孤立的农村和农业问题。粮食问题涉及区域粮食产区农民的经济收入及生活水平;影响粮食的加工及流通企业的经济效益与生存发展;也会波及我国总体经济及其发展水平、中国在经济全球化新环境下的粮食进出口政策与环境以及国家粮食安全体系建设及维护。

我们可以明显地感知,近几年国际粮食形势的复杂性与多变性,多哈回合农业问题的谈判自2001年开始历时近二十多年尚未取得最终结果,也可以看出各国对农业问题特别是粮食问题的重视。粮食作为人类赖以生存的最基本的生活必需品，是人类从事其他一切活动的前提，全球性粮食问题以及可能由此引发的危机、粮食价格的起伏与震荡也时刻警醒各国政府要关注粮食安全问题。

我国人均耕地面积仅为世界平均水平的40%，人均淡水资源不及世界平均水平的28%。随着我国工业化快速发展，城镇化建设的加速，始终存在的粮食消费的刚性需求，对资源、环境的需求与保护，加大了我国粮食问题复杂性与审慎性。粮食及粮食安全始终是经济发展和社会稳定的基础，始终是关系国家安全的长期战略性问题。党中央、国务院始终高度重视粮食安全，一直将保障国家粮食安全摆在重要的战略地位。自2004年以来连续10多年发布的中央1号文件中，粮食问题始终是重要内容，粮食作物的生产变动趋势将是我们关注的重点。《中共中央关于制定国民经济和社会发展第十个五年计划的建议》中明确提出"要高度重视保护和提高粮食生产能力，建设稳定的商品粮基地，建立符合我国国情和社会主义市场经济要求的粮食安全体系，确保粮食供求基本平衡"。党的十七届三中全会通过的《中共中央关于推农村改革发展若干重大问题的决定》再次强调"粮食安全任何时候都不放松，必须常抓不懈"，明确要求"加快构建供给稳定、储备充足、调控有力、运转高效的粮食安全保障体系"，彰显了国家确保粮食安全的决心和信心。

第一节 我国粮食生产概况

一、我国的粮食生产概况

我国是一个农业大国，粮食的生产是国民经济的基础，我国的主要粮食作物以稻谷、小麦、玉米、高粱、谷子、薯类、大豆等为主，其中又以稻谷、小麦、玉米分布最广，产量最多，三者累计占全国粮食总产量的86%以上。我国的粮食作物产区主要分布在五大板块地区：东北平原(包括三江平原)；黄河中下游平原(包括山东、河南、河北)；长江中下游平原(包括湖南、湖北、江西、安徽、江苏、浙江、福建)；珠江三角洲(广东)；四川盆地。

改革开放以来，我国粮食总产量总体上呈现渐进上升的态势，1978年全国粮食产量30477万吨，2007年达到50414万吨，29年间共增加了65.4%，年均递增1.7%，连续跨越了40000万吨和50000万吨两个台阶。从1978年开始，用了6年的时间，实现了从30000万吨向40000万吨的飞跃，1984年达到

40731万吨。此后，又用了12年的时间，实现了从40000万吨向50000万吨的飞跃，1996年达到50454万吨。并于1998年达到峰值51230万吨。但由于受到自然灾害和粮食价格及农作物结构调整的影响，2003年的粮食总产量降至43070万吨，与1998年相比减产15.9%。针对下降的粮食产量国家开始加大对农业的扶持力度，并于2006年全面取消了农业税，粮食产量连续6年呈上升趋势，2006年总量达49804万吨，2007年粮食产量再次迈上50000万吨台阶，总量达50414万吨，2008年的总量达53434万吨，增加3020万吨，增幅6.0%，2011年粮食的年总产量达到58849万吨。自2008年以来，我国粮食总产量实现"十六连增"，截至2019年，总产量达到了66384万吨。改革开放以来，粮食产量增加了117.8%。具体详见表1-1。

表1-1　　　　　　1978—2019年全国粮食产量　　　　　　（万吨/年）

年度	粮食总产	年度	粮食总产	年度	粮食总产	年度	粮食总产
2019	66384	2008	53434	1997	49417	1986	39151
2018	65879	2007	50414	1996	50454	1985	37911
2017	66161	2006	49804	1995	46662	1984	40731
2016	66044	2005	48402	1994	44510	1983	38728
2015	66060	2004	46947	1993	45649	1982	35450
2014	63965	2003	43070	1992	44266	1981	32502
2013	63048	2002	45706	1991	43529	1980	32056
2012	61223	2001	45264	1990	44624	1979	33212
2011	58849	2000	46218	1989	40755	1978	30477
2010	55911	1999	50839	1988	39408		
2009	53941	1998	51230	1987	40473		

数据来源：国家统计局数据，http://www.stats.gov.cn/tjsj/ndsj/。

自1978年以来，我国粮食产量的变化大致可分为以下四个比较明显的阶段。

第一阶段为1978—1984年，为粮食产量持续大幅增长的阶段。在此6年期间，粮食产量增加了10254万吨，增长了33.6%，年均增长5.0%。除1980年的粮食产量较上年略有减少外，粮食产量连年保持较大幅度的增长，年均增产粮食1709万吨。

第二阶段为1984—1998年，为粮食产量在周期性波动中逐步提高的阶段。在此14年间，粮食产量增加了10499万吨，增长了25.8%，年均增长1.7%。从1985年开始，我国粮食产量基本呈现"一年减、两年增、三年一轮"的周期性波动。每经过一个波动周期，粮食产量提高到一个新的水平，每个周期粮食产量的最低点，均较上一周期有明显提高。1998年，全国粮食产量达到51230万吨。在此阶段，粮食年均增产750万吨，仅及上一阶段的43.9%。

第三阶段为1998—2003年，为粮食连年减产的阶段，仅2002年的粮食产量较上年略有增加。到2003年，全国粮食产量仅为43070万吨，较1998年减少8160万吨，减少了15.9%，年均递减3.4%。尽管到2003年，全国玉米产量仅低于1996年、1998年、1999年和2002年，仍为历史较高水平，但同年全国粮食产量已经降到1990年以来的历史最低水平，稻谷产量为16066万吨，其也已降到了1982年以来的历史最低水平，小麦产量8649万吨，同样降到了1989年以来的历史最低水平。值得注意的是，2000年全国粮食产量比上年减少4621万吨，减幅达9.1%，减幅之大为历史罕见。

第四阶段为2003—2019年，为历史上少有的粮食连年增产阶段。2003—2007年，全国粮食增产7344万吨，增长了18.2%，年均递增4.5%。在此期间，全国粮食产量的年均增长速度仅略低于1978—1984年的持续大幅增长阶段，但却要比1984—1998年在周期性波动中逐步提高的阶段快一倍以上。这一时期全国粮食年均增产1836万吨，增产幅度是改革开放以来最大的。2008年以来，全国粮食产量累创历史新高，实现"十六连增"，截至2019年粮食的年总产量达到66384万吨，增长24.2%，年均递增1.5%。

二、我国粮食谷物生产

(一) 我国小麦生产

我国是世界小麦产销大国，小麦种植面积居世界第一位。我国的小麦生产分布广泛，除海南省和港澳台地区以外，其他各省（自治区、直辖市）均有小麦种植。小麦播种面积和产量分别占粮食的26.7%和23%。我国种植的小麦以冬小麦为主，占小麦总播种面积的85%左右。我国的冬小麦主要产区集中在在长城以南、青藏高原以东地区，集中产区则以秦岭—淮河以北，黄河中下游的河南、山东、河北、陕西和山西5省为主，其次是长江中下游的安徽、四川、江苏、湖北等省。春小麦主要集中在北部的寒冷地区，占小麦总播种面积的15%左右,以长城以北及青藏高原以北地区为主,其中东北的松辽平原和三江平原,主产区有内蒙古、黑龙江、青海、西藏、宁夏、新疆六省(自治区)。其土壤多为黑钙土,有机质含量高,土质肥沃,且该产区地势平缓,适于大面积机耕,小麦生长期内又有较多降水,一般不需灌溉,是春小麦的主产区。在全国各大产区中,黄河、淮河、海河麦区所占比重最大,麦区小麦面积和产量分别占全国的60%和70%以上。我国小麦生产状况如表1-2所示。

表1-2　　　　　　1990—2018年度我国小麦生产状况

年度	总产（万吨）	播种面积（万公顷）	单产（吨/公顷）	年度	总产（万吨）	播种面积（万公顷）	单产（吨/公顷）
2018	13 144.00	2 426.60	5.42	2003	8 648.80	2 199.70	3.93
2017	13 433.40	2 450.80	5.48	2002	9 029.00	2 390.80	3.78
2016	13 327.00	2 469.40	5.40	2001	9 387.30	2 466.40	3.81
2015	13 263.90	2 459.60	5.39	2000	9 963.65	2 665.33	3.74
2014	12 832.10	2 447.20	5.24	1999	11 387.89	2 885.43	3.95
2013	12 371.00	2 447.00	5.06	1998	10 972.57	2 977.51	3.69
2012	12 254.00	2 457.20	4.99	1997	12 328.68	3 005.71	4.10
2011	11 862.50	2 452.30	4.84	1996	11 057.00	2 961.05	3.73
2010	11 614.10	2 445.90	4.75	1995	10 221.54	2 886.00	3.54
2009	11 583.40	2 444.20	4.74	1994	9 929.90	2 898.07	3.43
2008	11 293.20	2 371.50	4.74	1993	10 639.00	3 023.46	3.52
2007	10 952.50	2 377.00	4.61	1992	10 343.70	3 049.58	3.39
2006	10 846.60	2 361.30	4.59	1991	9 663.60	3 094.79	3.12
2005	9 744.50	2 279.30	4.28	1990	9 935.60	3 075.33	3.23
2004	9 195.20	2 162.60	4.25				

数据来源:国家统计局,http://www.stats.gov.cn/tjsj/ndsj/。

(二)我国稻谷生产

中国是世界种稻最早、产稻谷最多的国家,是世界水稻生产大国,水稻种植面积居世界第二位。稻谷在各种粮食作物中平均单产最高,占粮食播种总面积的29%、总产量的42.4%。我国水稻生产分布区域辽阔,全国各省(自治区、直辖市)都有水(旱)稻栽培。稻谷既喜温,又喜湿,需水量比旱地粮食作物大约要多 3~4 倍，故适于种植在降水多、水源足、灌溉便利的地区。我国夏季南北普遍高温，雨热同季，因而除部分高寒山区和缺水的干旱地区以外，水稻生产在全国分布普遍，南起热带的海南岛，北到寒温带的黑龙江省呼玛县，东自台湾，西至新疆，从海拔 2700 米的滇北山区水田，到低洼沼泽、沿海潮田，大多数地方都能种稻。全国 90% 以上的稻谷主要集中于南方各省及秦岭、淮河以南。其中，成都平原、长江中下游平原、珠江流域的河谷平原和三角洲地带，是我国主要的水稻产区；云南、贵州的坝子平原，浙江、福建沿海的海滨平原，也是水稻集中产区；在秦岭、淮河以北，雨量逐渐减少，水稻的分布不如南方那么集中，但仍很广泛；河北的渤海地区，山西的汾河谷地，陕西的渭水平原，宁夏的河套平原，甘肃的西套平原和河西走廊，新疆塔里木和准噶尔两盆地，以及东北延吉盆地和辽河下游等地区，都有水稻栽培。我国稻谷生产状况如表 1-3 所示。

表 1-3　　　　　1990—2018 年度我国稻谷生产状况

年度	总产（万吨）	播种面积（万公顷）	单产（吨/公顷）	年度	总产（万吨）	播种面积（万公顷）	单产（吨/公顷）
2018	21 212.90	3 018.90	7.03	2003	16 065.60	2 650.80	6.06
2017	21 267.60	3 074.70	6.92	2002	17 453.90	2 820.20	6.19
2016	21 109.40	3 074.60	6.87	2001	17 758.00	2 881.20	6.16
2015	21 214.20	3 078.40	6.89	2000	18 790.78	2 996.19	6.27
2014	20 960.90	3 076.50	6.81	1999	19 848.84	3 128.36	6.34
2013	20 628.60	3 071.00	6.72	1998	19 871.30	3 121.40	6.37
2012	20 653.20	3 047.60	6.78	1997	20 073.72	3 176.52	6.32
2011	20 288.30	3 033.80	6.69	1996	19 510.20	3 140.61	6.21
2010	19 722.60	3 009.70	6.55	1995	18 522.72	3 074.47	6.02
2009	19 619.70	2 979.30	6.59	1994	17 593.20	3 017.15	5.83
2008	19 261.20	2 935.00	6.56	1993	17 770.20	3 035.52	5.85
2007	18 638.10	2 897.30	6.43	1992	18 992.00	3 209.00	5.92
2006	18 171.80	2 893.80	6.28	1991	18 735.10	3 259.01	5.75
2005	18 058.80	2 884.70	6.26	1990	19 174.80	3 306.45	5.80
2004	17 908.80	2 837.90	6.31				

数据来源：国家统计局，http://www.stats.gov.cn/tjsj/ndsj/。

我国的粮食作物生产还涉及玉米，大豆，但我们在这本书中主要关注的是主食谷物的生产，所以只介绍主食谷物稻谷和小麦的生产。

第二节 世界粮食生产

一、世界粮食生产及分布

粮食的生产取决于自然资源与生产水平，世界范围内粮食的生产主要集中于发达国家，第二次世界大战后，世界粮食生产发展较快，总体来看粮食总产量的增长速度超过了人口增长的速度。世界粮食问题是一个结构性问题，其实质在于发展中国家和发达国家间在粮食生产、消费和分配上的不均衡状态。

世界各地的粮食作物生产是经过长期的种植习惯演变，逐渐形成了粮食种植的传统区域、品种和生产模式。不同的自然气候环境和土壤条件其所适宜的粮食作物品种会不同。但从生产总量来看，亚洲的粮食产量最大，约占世界粮食总量的40%，其次是欧洲和北美洲。亚洲、欧洲和北美洲三洲粮食产量之和占世界粮食总量的90%，而非洲的粮食产量较小，增长缓慢。从国家层面来看，几乎世界所有国家和地区都生产粮食，但大部分的粮食生产主要集中在少数几个国家，其中排名前十位的国家分别是中国、美国、印度、巴西、俄罗斯、印度尼西亚、法国、加拿大、孟加拉国和德国，这十国的谷物产量约占世界粮食总量的60%以上。其他许多国家的粮食产量根本不能满足本国居民的消费需要，粮食进口是他们不得不面对的现实选择。由于经济发展的不平衡以及生产水平的差异，不同经济体与生产水平的国家其粮食的生产效率也是不一样的，如发达国家的人口约占世界人口总数的1/4，却生产了世界粮食总量的50%，而发展中国家人口占世界人口总数的3/4，却仅生产了世界粮食总量的50%。从粮食单产水平来看，地域差异也很大。发达国家粮食单产每公顷可达3000公斤，而发展中国家仅为200公斤，两者相差15倍之多。2009—2018年世界谷物产量与贸易量见表1-4。

表1-4　　**2009—2018年世界谷物(Cereals)产量与贸易量**　　（单位：百万吨）

年度	产量	进口量	出口量
2018	2 964.39	—	—
2017	3 020.60	465.66	476.32

续表

年度	产量	进口量	出口量
2016	2 939.19	449.16	454.58
2015	2 849.58	425.35	436.99
2014	2 820.45	415.29	425.05
2013	2 769.04	379.21	384.94
2012	2 564.34	377.18	384.40
2011	2 588.16	347.10	351.24
2010	2 467.42	340.43	342.54
2009	2 491.80	329.12	331.53

数据来源：联合国粮农组织统计数据，http://www.fao.org/faostat/zh/。

自然环境条件的差异与物竞天择的演化，不同粮食品种在世界范围内的生产区域与产量也存在着差异。

二、世界粮食生产

(一)世界小麦生产及分布

小麦是世界的三大主粮之一，其产量占世界粮食总产量的30%左右，占世界粮食贸易量的近1/2。世界约有1/3的人口以小麦为主粮，它是一种世界性的粮食作物。小麦的种植遍布除南极洲以外的各大洲，但主要集中分布在北纬25°~55°和南纬25°~40°的温带地区。北半球有四大小麦带：①西欧平原—中欧平原、东欧平原南部—西西伯利亚南部。②中国东北平原—华北平原—长江中下游平原。③地中海沿岸—土耳其、伊朗—印度河与恒河平原。④北美中部大草原，北自加拿大的中南部，一直到美国的中部。以上四个小麦带的产量，占世界小麦产量的90%以上。在南半球，有一个不连续的小麦带，包括南非、澳大利亚南部、南美洲的潘帕斯地区。

从国家来看，主要生产小麦的国家有中国、美国、俄罗斯和印度，这四个国家的小麦产量共占世界小麦总产量的50%以上。主要商品小麦区是美国、加拿大、澳大利亚、阿根廷和法国，这五国的小麦出口占世界小麦出口总量的80%以上。2009—2018年世界小麦产品产量及其贸易量见表1-5。

表 1-5　　　　　　　2009—2018 年世界小麦产量及贸易量　　（单位：百万吨）

年度	产量	进口量	出口量
2018	734.05	—	—
2017	773.48	191.35	196.79
2016	748.39	189.62	189.89
2015	741.64	166.82	170.67
2014	728.73	173.00	173.90
2013	710.40	161.72	162.78
2012	673.73	164.16	164.62
2011	696.90	148.57	148.35
2010	640.80	146.71	145.74
2009	683.64	146.46	146.97

数据来源：联合国粮农组织统计数据，http://www.fao.org/faostat/zh/。

不同国家小麦的生产与分布都与自然环境相关联。

美国的小麦种植位于美国的大平原中、北部，主要包括南达科他、北达科他、堪萨斯、蒙大拿、俄克拉荷马等州。本区地势平坦，土壤肥沃，属温带大陆性半干旱气候。北部冬季较长而寒冷，以种植春小麦为主，南部主要种植冬小麦。近年来，该区小麦播种面积占美国全国小麦播种面积的 55% 左右，小麦收获面积占美国全国小麦收获面积的 58% 左右，小麦产量占美国全国总产量的 40% 以上。

欧洲小麦的产量依次是法国、德国、英国、波兰。小麦是法国的第一大类粮食作物，其种植面积占粮食作物面积的 50%，主要种植区域在法国北部平原地区。法国小麦产量居世界第五位，也是欧盟最大的小麦生产国和出口国，法国种植的全部是冬小麦。德国的小麦种植区为自汉诺威向西到明斯特，向西南延伸到科隆的莱茵河流域的肥沃黄土地分布区，以种植冬小麦为主的东部图林根盆地黑土分布区等地区。

澳大利亚的小麦生产区呈弧带状延伸，由澳大利亚东北部延至东部沿海地区，再至澳大利亚大陆的南部，绕至西澳，也即澳大利亚东南部的昆士兰、新南威尔士、维多利亚的近海平原及南澳、西澳的近海高原，呈狭长带状分布。小麦是澳大利亚的主要粮食作物，也是其产量最大的粮食作物，年产量为 220 亿公斤左右，约占全国粮食作物产量的 70%，新南威尔士州和西澳大利亚州的小麦产量最高。

加拿大虽然不是一个重要的小麦生产国,却是一个重要的小麦出口国,加拿大小麦播种面积为100万—133万平方千米,春小麦占80%左右,主要集中在加拿大大平原区的马尼托巴、萨斯喀彻温和阿尔伯特三省,加拿大是世界第三大小麦出口国,约占全球小麦贸易量的20%。

俄罗斯地广人稀,土地管理方式较为粗放,导致农作物整体单产水平相比全球较低。小麦作为俄罗斯传统种植作物,因管理经验较充足,产量在2000—2017年增加了4000多万吨。小麦的种植集中分布于以东欧平原为中心的欧洲大陆人口聚集区,其中包括:南西伯利亚地区、东西伯利亚地区、远东南部地区。其中南西伯利亚地区为小麦主产区,亦是俄罗斯主要的商品粮基地之一。

印度的小麦种植主要集中在西北部,包括北方邦、中央邦、旁遮普邦、拉贾斯坦邦、哈里亚纳邦、比哈尔邦和马哈拉施特拉邦等地。按自然条件和生产水平,印度全国大致分为3个小麦主要产区:①北部小麦主产区,包括旁遮普、哈里亚纳、北方邦和比哈尔邦等,该区小麦种植面积和产量分别占全国的2/3和3/4,是全国最大和最主要的小麦传统产区、高产区和生产基地。②中部小麦产区,包括中央邦、安得拉邦及马哈拉施特拉邦的一部分,该区小麦播种面积和产量约占全国的1/5和1/10。③西部小麦产区,包括拉贾斯坦和古吉拉特两个邦,小麦种植面积和产量均占全国的11%~12%。

据联合国《经合组织-粮农组织2018—2027年农业展望》报告显示,2015—2017年世界小麦前五大出口国分别是澳大利亚、加拿大、欧盟、俄罗斯和美国。从表1-6可以看出,在2018年这五个国家的小麦产量、出口量以及期末库存量中,俄罗斯后来居上成为最大的小麦出口国,其自身产量的一半用于出口。

表1-6　　　　**2018年世界小麦前五大出口国产量与贸易量**　　（单位:百万吨）

国别	产量	出口量	进口量	期末库存
澳大利亚	16.96	9.66	0.02	5.03
加拿大	31.77	22.69	0.09	6.20
欧盟	124.89	22.60	6.82	9.91
俄罗斯	70.92	35.50	0.27	6.86
美国	51.28	27.22	3.81	27.52

数据来源:OECD统计数据,https://stats.oecd.org/。

(二)世界稻谷生产

稻谷的种植面积占世界粮食作物种植面积的1/5,产量占世界粮食总产量的1/4。各大洲都有种植稻谷,但是90%的稻谷产于亚洲,其被称为"亚洲的粮食"。稻谷产区主要集中在高温多雨、人口稠密的东亚温带季风区和东南亚、南亚热带季风气候区以及热带雨林地区。其中,中国和印度是世界上最大的稻谷生产国。除此之外,印度尼西亚、孟加拉国、泰国、日本、越南、缅甸、韩国、朝鲜等也是重要的稻谷生产国。在亚洲以外的地区,稻谷的主要产地为地中海沿岸的意大利、非洲的埃及、北美洲的美国、拉丁美洲的巴西、大洋洲的澳大利亚等。稻谷生产虽然比较重要,但大部分为当地消费,在国际贸易中所占的比重较小,只占国际粮食贸易量的5%~6%。稻谷(大米)的主要出口国有泰国、缅甸、巴西、美国、中国和巴基斯坦等。中国稻谷的产量约为世界稻谷产量排名第4—11位的国家的产量的总和。世界稻谷产量与贸易量如表1-7所示。

表1-7 **2009—2018年世界稻谷产量与贸易量** (单位:百万吨)

年度	产量	进口量	出口量
2018	782.00	—	—
2017	769.83	43.36	44.52
2016	751.89	38.03	40.48
2015	745.91	39.85	42.45
2014	742.45	38.82	43.28
2013	742.50	37.84	37.13
2012	736.60	37.89	39.81
2011	726.38	35.38	37.61
2010	701.14	31.87	33.62
2009	685.66	29.33	30.20

数据来源:联合国粮农组织统计数据,http://www.fao.org/faostat/zh/。

稻谷的种植范围非常广泛,世界各大洲,亚洲、欧洲、美洲、非洲和大洋洲都有水稻种植。世界水稻面积和总产量的约90%集中在亚洲,非洲、美洲和欧洲水稻面积分别占6.0%、4.3%和0.4%,大洋洲面积较小,主要在澳大利亚。水稻种植面积较大的国家是印度和中国,其水稻种植面积分别占全球水稻面积的28.1%和18.5%,产量分别占全球水稻总产量的28.5%和21.7%。

稻谷最大的生产国之一印度主要产区包括阿萨姆、西孟加拉、比哈尔和奥里萨4个邦。该区主要位于恒河和布拉马普特拉河下游,地形以平原为主,仅周边有一部分丘陵山地,气候湿润,年降水量多在1250毫米以上。全区以一年一次收获作物占绝对优势,总种植面积中粮食占90%,其中稻谷又约占4/5,是印度最重要的稻谷产区。

稻谷作为泰国人民稳定的主食,其种植面积占泰国耕地面积的50%,种植区域集中在北部平原的北部稻区、呵叻高原的东北稻区、湄南河平原的中央稻区、马来半岛的南部稻区。泰国稻谷的种植面积约950万平方千米,产量2000万—3000万吨,其出口量接近其产量的一半。

水稻是巴基斯坦第三大经济作物,第二大主要食物,种植面积约250万平方千米,占全国农作物面积的11%,水稻占巴基斯坦全国粮食产量的17%左右,是主要出口创汇产品。种植区域分布在北部山区的平原和梯田、瑞比河和差那巴河两岸、印度河西岸以及印度河三角洲形成的冲积平原和盆地。其出口量约占世界出口量的7%左右。

越南是世界上传统的稻米生产国和第二大稻米出口国,其水稻主产区位于红河平原和九龙江平原。越南水稻种植分冬春季、夏秋季和晚季。冬春季水稻占大多数,主要集中在九龙江平原;夏秋季水稻主要分布在越南的中北部及中部沿海地区、西原、东南部和九龙江平原4个地区;晚季水稻主要分布在红河平原,水稻种植面积约7.8万平方千米。长期以来,越南主要占领国际低品质稻米市场,出口价格偏低。2018年稻米产量2900万吨,出口700多万吨。

稻谷对美国来讲是小作物,美国东南部是亚热带季风性湿润气候,雨热同期,适合水稻生长。美国种植水稻较多的州有阿肯色州、密西西比州、路易斯安那州、得克萨斯州和加利福尼亚州,此外在密苏里州、俄克拉荷马州、南卡罗那州、田纳西州有少量种植,全国水稻种植面积约2200万亩,占全国农作物面积约0.3%,80%采用旱地直播技术。美国人自己消费稻米的量很少,绝大多数大米用来出口,商品率很高。美国是仅次于泰国的世界第二大稻谷输出国,出口稻谷占全世界稻谷出口总量的20%以上。

全球十个主要稻谷生产国分别为中国、印度、印度尼西亚、孟加拉国、越南、缅甸、泰国、菲律宾、巴西和日本。全球水稻单产较高的国家分别是埃及、澳大利亚、土耳其和美国。在十个主要产稻国中单产较高的国家是日本和中国。

据联合国《经合组织-粮农组织 2018—2027 年农业展望》报告显示，2015—2017 年世界稻谷前五大出口国分别是印度、巴基斯坦、泰国、美国和越南。从表1-8可以看出，在2018年这五个国家的稻谷产量、出口量以及期末库存量中，印度是最大的稻谷出口国，出口量占其产量的11.1%，排在第二的是泰国，其出口量占其产量的43.4%。

表1-8　　　**2018年世界稻谷前五大出口国产量与贸易量**　　（单位：百万吨）

国别	产量	出口量	进口量	期末库存
印度	115.34	12.80	0.00	24.00
巴基斯坦	7.10	3.90	0.01	0.80
泰国	22.81	9.90	0.21	5.48
美国	7.08	3.16	0.90	1.49
越南	29.01	7.00	0.55	3.16

数据来源：OECD 统计数据，https：//stats.oecd.org/。

各国的粮食生产除了依靠科技发展带来种植技术的改善及产量的提高外，气候与自然灾害是影响粮食主产区的生产前景好坏的主要因素，如澳大利亚的粮食作物的生产靠天收的概率大于技术干预。粮食出口国的粮食生产丰歉，或出口国粮食贸易政策的变化，政治动荡，战争，自然灾害如蝗灾、虫害、旱涝等都会对粮食进口国的粮食安全产生很大的影响，有时甚至是颠覆性的影响。因此粮食进口国应更多地参与全球贸易，以降低主要出口国供给波动带来的风险。同时，在有能力或有条件的前提下尽可能地增加自身粮食的自给率，减少进口依赖。按照联合国《经合组织-粮农组织 2018—2027 年农业展望》报告显示，在未来10年，气候变化带来的极端天气可能导致作物产量波动加剧，从而影响全球供应和价格。从以往作物单产偏离预测值的情况来看，小麦的波动概率高于其他谷物；澳大利亚、哈萨克斯坦、俄罗斯联邦和乌克兰的小麦单产尤其具有不确定性。南美洲国家（如阿根廷、巴西、巴拉圭和乌拉圭）的作物单产也在合理范围内呈现出较大差异；中国影响谷物进口需求量的政策对谷物市场未来发展同样至关重要；出口国（尤其是乌克兰）或进口国（特别是北非和中东）政治动荡可能会引发一些无法预测的市场反应；小麦需求集中在北非和中东，但这些地区的政局进一步动荡可能会减少需求量并抑制国际小麦价格上涨。撒哈拉以南非洲的玉米生产严重依赖雨水灌溉系统，因此对天气波动很敏感。此外，最近暴发的秋季黏虫是新的不确定性的来源。虽然昆虫喜欢玉米，但它也可以其他谷物为食，包括大米、高粱和小米，如果处理不当，可能会破坏该地区的粮食安全。

在我国，尽管我们看到，近些年在政府粮食政策的扶持下，我国的粮食产量自给率达到95%，基本实现自给。但我国的粮食生产受耕地资源限制的现实始终存在，我国用全世界7%的耕地，养活了全世界20%的人口。但我国的耕地在全国土地总面积中的比重仅占10%，相比之下，美国占20%，多山的日本占12%，印度则高达56%，我国人均耕地不到世界人均耕地的40%。气候变化对未来中国粮食产量的不利影响也始终存在。同时在比较利益驱动下，农民的种粮积极性下降，农村中年轻的劳动力都转移到了第二、第三产业，他们中大多数人进入城市生活，致使农村劳动力不足且以老年人为主。这是我国粮食种植生产所面临的不容乐观的现实，需要从体制和政策上予以改善，从而保证我国的粮食供应稳定和国家粮食安全。

第二篇 粮食加工

第二章 粮食加工

粮食加工是粮食产业和食品工业的重要组成部分，是连接粮食生产、流通与消费的重要环节，在保障国家粮食安全、推进全面建设小康社会和构建和谐社会中具有重要战略地位。我国是世界粮食生产大国，也是世界粮食加工大国，粮食加工涉及主粮稻谷、小麦及二次加工产品，点多面广，随着人民生活水平的提高及健康意识的增强，粗粮也占据了很大的市场份额，如玉米、高粱、小米等多种杂粮及薯类。

稻米(大米)、小麦粉(面粉)是稻谷、小麦的初级加工产品，也是我国城乡居民的口粮(成品粮)，是农产品加工的基础产业，在食品工业中处于支柱地位。粮食加工技术是粮食加工产业发展的重要科技支撑，自改革开放以来，尤其是进入新世纪，为适应我国国民经济快速发展和人民生活水平不断提高的需要，我国粮油加工业取得了突飞猛进的发展，其发展速度、发展规模和发展质量，在我国历史上，乃至世界历史上都是前所未有的。现在我国在稻谷、小麦加工工艺、生产技术、加工装备等领域的技术、设备水平、主要经济技术指标以及产品品种和质量等诸多方面已经达到和接近世界先进水平；相关领域也取得了很多的科研成果，成果水平达到或接近世界先进水平，这些有力地促进了中国粮食加工产业的迅猛发展。

大力发展粮食加工业，对加快新农村建设，发展现代农业、现代粮食流通和食品工业，不断改善城乡居民生活、加快形成城乡经济社会一体化新格局具有重要意义。现在，我国粮油加工业正在实施"十三五"发展规划，在顺利实施粮油加工业"十二五"发展规划的基础上，"十三五"规划的实施用以引导粮油加工业结构调整，促进粮食加工产业健康发展，对完善现代粮油加工体系、引导项目合理投资方向、转型升级有着较好的导向作用，尤其是在大力推进主食产业化发展方面取得明显成效。近十多年来粮油加工业总体保持了平稳较快发展态势，即使在近年来经济下行的背景下，粮食加工与制造业总体运行仍然相对平稳，主营业务收入小幅增长，利润总额增幅有所提升。

粮食加工是粮食从生产到消费的中间环节，由营销串起粮食生产与消费这个链条。以往的文章和书籍要么只单一地讨论粮食的生产，要么只单一地讨论粮食的加工，很少会将三者串联起来讨论，因此本书在讨论粮食产品及其营销时将加工这个环节编入其中，避免讨论环节的脱离。特别是营销环节如果脱离了加工，那么营销管理就缺少了讨论的前提和依据，尤其是与营销有关的产品，既有原粮又有来自于粗加工的成品粮或二次加工甚至深加工产品，所以我们在这里将稻谷到稻米（大米），小麦到小麦粉（面粉）两个主粮加工工艺呈现给大家，以便在讨论粮食营销及其管理时更能明了营销及营销管理环节的产品及产品层次。

第一节　稻米加工工艺

稻谷是人类最主要的粮食作物之一，全世界稻谷种植面积占谷物总面积的1/5。我国稻谷产量居世界首位，全国约2/3的人口以大米为主食。我国居民的膳食结构中主食60%以上是稻米（大米）。

我国稻谷种植区域广，品种超过6万种。稻谷的分类方法很多，按生长的季节和生长期长短不同分早稻（生长期90~120天）、中稻（生长期120~150天）、晚稻（生长期150~170天）；按粒形粒质分有粳稻、籼稻、糯稻。按稻谷的生长方式分为水稻和旱稻，旱稻因其品质差、产量低、播种面积少，所以未被列入国家标准。一般情况下，除非特别指明是旱稻谷，否则均认为是水稻。根据米饭的黏性不同，稻谷又有黏稻与糯稻之分。

籼稻和粳稻是我国稻谷品种的两大主要类型，我国北方多产粳稻，南方多产籼稻。籼稻籽粒细长，呈长椭圆形或细长形，加工时较易断裂，稻壳率比粳稻高，米皮较厚，出米率较低，米饭胀性较大（出饭率高）、黏性较小。早籼稻米腹白较大，硬质较少；晚籼稻米腹白较小，硬质较多。粳稻谷籽粒短，呈椭圆形或卵圆形，加工时不易产生碎米，稻壳率低，米皮簿，出米率较籼稻高，米饭胀性较小（出饭率低），黏性较大。早粳稻米腹白较大，硬质较少；晚粳稻米腹白较小，硬质较多。糯稻谷按其粒形、粒质分为籼糯稻谷和粳糯稻谷。籼糯稻谷籽粒一般呈长椭圆形或细长形。长粒呈乳白色，不透明，也有呈半透明状，黏性大。粳糯稻谷籽粒一般呈椭圆形。米粒呈现白色、不透明，也有呈半透明状，黏性大。

通常因栽培季节以及生长和光照时间不同，稻谷的品质也会有差异，早稻稻米质松疏，腹白多，强度低。而晚稻稻米则腹白少、米质坚实，强度高。中稻稻米介于二者之间。食味也以晚稻稻米为佳。糯稻稻米米粒为乳白色，米饭黏性比粳米还大。而生长方式的差异对稻谷的品质也会有影响,如种植于旱田中的旱稻是具有较强抗旱性的稻谷,这种稻谷谷壳和米皮均较厚,米粒脆,加工时易产生碎米,故出米率低。

根据最新的中华人民共和国国家标准——《稻谷》(GB1350—2009)将稻谷分为早籼稻、晚籼稻、粳稻、粳糯稻谷、籼糯稻谷,且对其质量有明确的要求,具体如表2-1和表2-2所示。

表2-1　　早籼稻谷、晚籼稻谷、籼糯稻谷质量标准(GB1350—2009)

等级	出糙率(/%)	整精米率(/%)	杂质含量(/%)	水分含量(/%)	黄粒米含量(/%)	谷外糙米含量(/%)	互混率(/%)	色泽、气味
1	≥79.0	≥50.0						
2	≥77.0	≥47.0						
3	≥75.0	≥44.0	≤1.0	≤13.5	≤1.0	≤2.0	≤5.0	正常
4	≥73.0	≥41.0						
5	≥71.0	≥38.0						
等外	<71.0	—						

注:"—"为不要求。

表2-2　　粳稻谷、粳糯稻谷质量指标(GB1350—2009)

等级	出糙率(/%)	整精米率(/%)	杂质含量(/%)	水分含量(/%)	黄粒米含量(/%)	谷外糙米含量(/%)	互混率(/%)	色泽、气味
1	≥81.0	≥61.0						
2	≥79.0	≥58.0						
3	≥77.0	≥55.0	≤1.0	≤14.5	≤1.0	≤2.0	≤5.0	正常
4	≥75.0	≥52.0						
5	≥73.0	≥49.0						
等外	<73.0	—						

注:"—"为不要求。

稻谷加工是为了提高其食用品质,稻谷加工获得的稻米(大米)的蛋白质含量虽较低,但其生物效价较高,因此营养价值较高。稻米(大米)粗纤维含量较低,各种营养成分的消化率和吸收率高。稻米(大米)蒸煮成米饭,香味宜人,糯黏可口,具有良好的食用品质。同时以稻米(大米)为原料亦可进一步加工制作米粉、糕点、酿制米酒等。

一、稻谷的化学成分与营养特性

稻谷由颖(稻壳)和颖果(糙米)两部分组成,颖果(糙米)由皮层、胚和胚乳三部分组成。利用机械碾磨的方法去除糙米的皮层、胚乳的糊粉层和胚后即是稻米,又称大米,它是由胚乳组成的,其主要成分是淀粉,淀粉是提供热量的主要来源。被剥除的皮层和胚乳的糊粉层,称为米糠层。米糠和米胚含有丰富的蛋白质、脂肪、膳食纤维、B族维生素和矿物质,营养价值很高。稻谷加工过程中,随着皮层的不断剥离,碾米的精度提高,从营养角度看,稻米(大米)的精度越高,淀粉的含量相对越高,纤维素含量减少,但某些营养成分如脂肪、矿物质及维生素的损失越多。从食用角度来看,精度高的稻米(大米)口感细腻。

稻谷籽粒中含有的化学成分有水、蛋白质、脂肪、淀粉、纤维素、矿物质等,此外还有一定量的维生素。稻谷籽粒各组成部分的主要化学成分含量如表2-3所示。

表2-3　　　　　　稻谷籽粒各组成部分的主要化学成分　　　　　(单位:%)

成分种类	水分	蛋白质	脂肪	碳水化合物	纤维素	灰分
稻谷	11.7	8.1	1.8	64.5	8.9	5.0
糙米	12.2	9.1	2.0	74.5	1.1	1.1
胚乳	12.4	7.6	0.3	78.8	0.4	0.5
胚	12.4	21.6	20.7	29.1	7.5	8.7
皮层	13.5	14.8	18.2	35.1	9.0	9.4
稻壳	8.5	3.6	0.9	29.4	39.0	18.6

虽然大米胚乳中的蛋白质含量较少,但它是谷物蛋白质中生理价值最高的一种,其氨基酸组成比较平衡,赖氨酸含量约占总蛋白的3.5%。大米蛋白质以米谷蛋白为主要组成,约占总蛋白的80%。其他3种为清蛋白、球蛋白和醇溶谷蛋白,其中以醇溶谷蛋白含量最低,仅占总蛋白的3%~5%。淀粉是大

最主要的成分，占整粒大米的77%~80%；糯米淀粉几乎都由支链淀粉组成，不含直链淀粉；粳米中直链淀粉要多一些（约占淀粉总量的20%），而籼米胚乳中的直链淀粉则更多。含直链淀粉多，则米质松散，食用口感较差，因此人们一般不喜欢吃籼米，但它特别适合用来加工米粉。而粳米和糯米所含的直链淀粉少或没有，米质较黏稠，食用口感好，除供直接食用外，还可用来加工年糕。大米中维生素和矿物质含量比稻谷原粒中的含量低，导致了营养价值的下降，蒸谷米和强化米正是为了弥补这方面的不足而出现的。

人们的膳食营养很大部分来自主食，稻米作为中国人的主要膳食，其营养价值较高。稻米除富含淀粉外，还含有蛋白质、脂肪、维生素、矿物质和食物纤维等。淀粉是稻谷的主要成分，而且是含量最高的碳水化合物之一，我国稻谷淀粉平均含量为62.7%，淀粉大部分存在于胚乳中，是人体热量的主要来源，稻米提供世界食物能量的20%。稻米中的淀粉由支链和直链淀粉构成，稻米中直链淀粉及支链淀粉的含量因品种、气候、光照强度和光照时间等不同而异，糯米含有较高的支链淀粉；稻米中蛋白质的含量为8%~10%，低于大麦（7%~17%）、小麦（10%~15%）、玉米（7%~13%），其中谷蛋白是主要成分，约占蛋白质总量的80%以上，清蛋白为5%，球蛋白为10%，醇溶性谷蛋白约3%~5%，稻米（大米）蛋白质的必需氨基酸组成与世界卫生组织（WHO）认定的蛋白质氨基酸最佳配比模式基本相符，仅赖氨酸、苏氨酸含量不足，其分别为第一限制性氨基酸和第二限制性氨基酸。但即使这样稻米的赖氨酸和苏氨酸的含量都比其他谷物高。稻米的生物价（BV）、蛋白质效用比例（PER值）也比大麦、小麦、玉米、大豆均高；稻谷的脂肪含量约为2.6%~3.9%，大部分存在于胚和糊粉层中，一般加工精度越高的稻米，其脂肪含量越低，稻米中的脂肪易氧化酸败，稻米中的脂肪含量保留在0.3%~0.5%。稻谷中的主要脂肪酸是油酸、亚油酸和棕榈酸。磷脂占全部类脂物的3%~12%，其中卵磷脂与胚乳的直链淀粉相结合，是非糯性胚乳的自然成分，而糯性胚乳不含磷脂；稻谷的维生素主要存在分布于糊粉层和胚中，含量较少，水溶性的B族维生素占主要地位，如硫胺素、核黄素、烟酸、吡哆醇、泛叶酸等，而几乎不含水溶性抗坏血酸和脂溶性维生素A、维生素D；稻谷的矿物质元素主要存在于稻壳、胚和皮层中，胚乳中含量很少。稻谷的粗纤维主要分布在稻壳和糙米的皮层中，稻米中含粗纤维少。稻米加工的中间产品糙米的皮层和胚芽中富含脂肪、维生素、膳食纤维等营养成分。因此，糙米的营养价值要高于稻米。糙米中约含有19%的脂肪，稻米中的油脂属于植物性油脂，不含胆固醇，且比大部分的植物油具有更高的稳定性，又富含维生素E，以及含有可以防止人体老化与调和自律神经的米糠醇。膳食纤维有助于促进排便,排除体内毒素,同时,还有降低胆固醇、减肥等诸多益处。

二、稻谷的物理性质与加工特性

(一)稻谷的物理性质

稻谷籽粒的物理性质包括千粒重、密度、容重、谷壳率、爆腰率、出糙率、散落性和自动分级等性质。

(1)千粒重:是指1000粒稻谷的质量,以g为单位,一般都以风干状态稻谷籽粒进行计量。稻谷的千粒重为15~43g,一般为22~30g,千粒重大于28g者为大粒,24~28g的为中粒,20~24g的为小粒,小于20g的为极小粒。

(2)密度:是指稻谷籽粒单位体积的质量,以g/cm^3或g/L为单位表示。我国稻谷的密度为$1.17~1.22g/cm^3$。

(3)容重:是指单位容积内稻谷的质量,用g/L或kg/m^3表示,稻谷的容重一般为450~600g/L。

千粒重、密度和容重与谷粒的粒形、大小和饱满度呈正相关关系,即与胚乳所占质量比例呈正相关关系,但它们又各有特点。粒形、表面性状对容重影响较大,而对千粒重、密度的影响较小;颖壳结构对密度和容重影响较大,而对千粒重的影响较小,化学组成及谷物籽粒各部分的比例也影响千粒重、密度和容重。

(4)谷壳率:是指稻壳占净稻谷质量的百分率。一般粳稻谷壳率小于籼稻,同类型稻谷中则是早稻谷的谷壳率小于晚稻谷。

(5)爆腰率:米粒上的横向裂纹称为爆腰,爆腰率是指爆腰米粒占试样的百分率。爆腰的糙米籽粒强度降低,加工易出碎米,使出米率降低。爆腰率高的稻谷不宜加工高精度大米。

(6)出糙率:指一定数量稻谷全部脱壳后获得全部糙米质量(其中不完善粒折半计算)占稻谷质量的百分率。出糙率是评价商品稻谷质量等级的重要指标。谷壳率高的稻谷一般加工脱壳困难,出糙率低;谷壳率低的稻谷加工脱壳容易,出糙率高。

(7)散落性:是指谷物颗粒具有类似于流体且有很大局限性的流动性能。谷物群体中谷粒间的内聚力很弱,容易像流体一样产生流动,但自然下落至平面时只能形成一圆锥体,而不像液体形成一个平面。

(8)自动分级:固体颗粒群体在流动或受到振动时,由于颗粒之间在形状、大小、表面状态、密度和绝对质量等方面存在差异,性质相同的颗粒向某一特定区域集聚,造成颗粒群体的重新分布,即自然分层,这一现象称之为自动分级。自动分级的一般规律是:大而轻的物料浮于料层的上部;小而重的物料沉于料层底部;轻而小和重而大的物料分别位于中层。

(二)稻谷的加工特性

因为不同的稻谷籽粒组织具有不同的化学组成和细胞结构,所以稻谷各部分表现出不均匀的结构力学性质。只有对稻谷的结构力学性质有充分的了解,才能在加工的过程中合理安排工艺流程和技术参数,保证白米的完整性。

1. 稻谷籽粒结构

(1)颖(稻壳)。颖(稻壳)的主要成分是粗纤维和二氧化硅,具有较硬的质地,有较强的机械力承受能力,保护米粒不受破坏。据测定,内外颖的破坏强度约为250g。

(2)皮层。皮层主要由细胞壁物质纤维素、半纤维素和木质素构成,其中还结合了较多的矿物质,胞壁较厚,而内容物较少。由于皮层处于种子的外层,其韧脆性受水分的影响较大,加工时为了提高皮层的完整性可以在表面着水,使其软化。

(3)胚乳。胚乳的细胞壁薄,分布在基质蛋白质网络中的淀粉具有较大程度的结晶结构,有较大的刚性,而胚乳的质量占整个籽粒的90%左右,因此胚乳的结构力学性质对碾米工艺的影响占主导地位。

(4)胚有着很薄的细胞壁,内容物原生质具有胶体性质,细胞的韧性较强,能被压扁而不破裂。

2. 影响稻谷和糙米结构力学性质的因素

在机械力的作用下,糙米颗粒会发生变形而产生内部应力,当外力的作用超过一定的强度时,糙米颗粒将破裂。米粒的抗破坏强度与其他固体材料一样也可以用抗压强度、抗剪切强度、抗弯曲强度等来表示,单位为kg。碾米过程中糙米主要受挤压的作用。

影响稻谷和糙米结构力学性质的因素主要有稻谷的类型、籽粒的水分含量、胚乳的组成以及温度。籼稻谷和糯稻谷的米粒强度小,耐压性能差,加工时易产生碎米,出米率低。粳稻谷米粒强度大,耐压性能好,加工时不易产生碎米,出米率高。表2-4呈现不同类型糙米粒的抗压强度。

表2-4　　　　　　　　不同类型糙米粒的抗压强度　　　　　（单位：kg/粒）

类型	早稻谷	中稻谷	晚稻谷
籼糙米	5.3~7.0	5.4~7.1	5.5~7.7
粳糙米	6.7	6.1~8.2	6.2~10.3

胚乳的结构主要表现在腹白、心白粒和角质粒的差别上。角质粒的强度最大，粉质粒的强度最小，两者相差高达2kg之多；心白粒的强度较腹白粒的强度小；爆腰粒的强度均小于该品种的平均强度，且折断的位置始于原裂纹处。

在一定的范围内，水分增加会导致糙米的机械强度减弱(见表2-5)，为保证稻米的安全储藏和加工的机械强度，水分应控制在15%以下，原料水分较高时应先进行干燥处理。

表2-5　　　　　　　　水分对糙米强度的影响

水分(%)	抗压强度(kg/粒)		抗弯曲强度(kg/粒)		抗剪切强度(kg/粒)	
	角质粒	腹白心白粒	角质粒	腹白心白粒	角质粒	腹白心白粒
23.24	2.35	2.05	1.61	1.42	1.15	0.91
21.51	2.86	2.63	2.17	2.02	1.49	1.04
19.12	3.54	2.91	2.37	2.15	1.52	1.30
17.39	5.34	5.02	3.18	3.05	2.10	1.46
15.28	5.94	5.89	3.80	3.39	2.69	2.02

实验证明温度在0~5℃时米粒的强度最大，随着温度的上升，米粒的强度下降(见表2-6)。夏季气温较高，且加工过程中米粒受机械作用而发热升温，会进一步降低米粒的强度，容易产生碎米。

表2-6　　　　　　　　温度对糙米籽粒强度的影响

水分(%)	温度(℃)	抗压强度(kg/粒)			
		爆腰	破碎	爆腰	破碎
12.4	-20	10.91	12.54	6.39	7.81
	0	12.25	13.22	7.37	8.79

续表

水分(%)	温度(℃)	抗压强度(kg/粒)			
		爆腰	破碎	爆腰	破碎
18.0	20	11.23	12.08	6.78	8.06
	30	10.46	11.46	5.37	7.81

一般而言，晚稻谷的加工工艺品质优于早稻谷，粳稻谷的加工工艺品质优于籼稻谷。

三、稻米(大米)的加工工艺

稻谷的加工受很多因素影响，而稻谷本身所具有的影响加工工艺效果的特性称为工艺性质，这些性质直接影响到成品的质量和出米率的高低。稻谷的工艺品质主要是指稻谷的籽粒形态结构、化学成分、物理性质等。不同品种、等级的稻谷具有不同的工艺性质，不同的加工方法和加工精度对稻谷的工艺性质亦有不同的要求。只有了解掌握稻谷的工艺性质，选择确定合适的加工工艺及设备，才能使稻谷资源得到充分合理的利用，获得最佳的经济效益。

稻谷制米加工工艺主要包括清理、砻谷及谷糙分离、碾米、成品及副产品整理等工序，工艺流程图如图2-1所示。

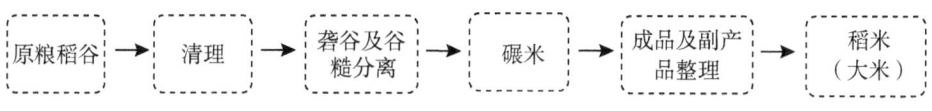

图2-1 稻谷制米加工工艺流程图

针对上述工艺，下面将分别介绍不同阶段工艺的具体过程，力争让非工程工艺专业的人员能了解其基本原理。

(一)原粮的清理工艺

原粮的清理是将农民种植生产的流通前经初步清理的稻谷，为满足稻米加工所要求的净谷标准而进行的前处理工艺。

用于加工的稻谷，由于选种、栽培、收割、脱粒、干燥、运输储藏等原因，一般都会混入一定数量的杂质。稻谷中的杂质按其大小可分为大、中、小杂质。①大杂，指留存在直径为5.0 mm圆孔筛上的杂质。②中杂，指通过

5.0 mm 但留存在 2.0mm 圆孔筛上的杂质，其中以稗子及形状大小与稻谷相似的并肩石、并肩泥最难去除。③小杂，指通过 2.0mm 圆孔筛以下的杂质。按化学性质分类又可将稻谷中的杂质分为有机杂质、无机杂质等。有机杂质包括杂草种子、瘪谷、虫尸、虫卵和虫蛹等；无机杂质包括泥沙、石块、磁性矿石和金属杂质等。

稻谷中的杂质，不仅影响稻谷的安全储藏，更重要的是给稻谷加工带来很大的危害。稻谷中如含有石块、金属等坚硬杂质，在加工过程中易损坏机器，影响设备安全正常的工作；有些坚硬杂质易与设备表面撞击摩擦产生火花而引起火灾或粉尘爆炸。稻谷中如含有体积大，质轻而柔软的杂质如包装物的绳头、布片、秸秆、杂草、纸屑等，进入机器时会阻塞喂料机构，使进料不均，降低进料速度，影响设备工艺效果及设备效率。稻谷中如含有泥沙、尘土等细小杂质，带入车间后造成粉尘飞扬，污染环境，影响工人身体健康。稻谷中杂质混入成品中，则会降低产品的纯度，影响成品的质量。因此稻谷在加工前的首要任务是清理除杂。

稻谷清理要力求做到净谷上砻。进入砻谷工段的净谷含杂总量不应超过 0.6%，其中，含沙石不应超过 1 粒/kg，含稗不应超过 130 粒/kg。

原粮的清理工艺如图 2-2 所示。

图 2-2 原粮的清理工艺流程图

清理杂质的方法很多，主要是借助杂质与谷粒物理性质的不同进行分选。

1. 初清

初清的目的是清除原粮中易于清理的大杂质，并加强风选以清除大部分灰尘。需要指出的是，我国稻谷原粮中所含大杂，大多长而软，呈纤维状，这类杂质如不首先清除，将会堵塞自溜管与加工设备、计量设备的进口或出口，或缠绕在设备的主要工作部件上，严重影响生产的正常进行。初清不仅有利于充分发挥以后各道工序的工艺效果，而且有利于改善卫生条件。对初清的安排有以下几种形式。

（1）安排在毛谷仓之前，使原粮初清后入仓。采用的设备比较简单，常用一道圆筒式初清筛，除去稻草和部分大杂，并将这一部分设备与其他设备分开（称为初清间）。在毛谷仓后，再增加一道或两道振动筛和平面迴转筛做进一步清理。如果立筒库兼作毛谷仓时，则初清常设在立筒库的工作塔内，但清理车间内还应设有筛选设备。这样的设计大多是在大型工厂中连同原粮进厂一并考虑。

（2）安排在毛谷仓之后，将初清与筛选一起考虑，先除稻草和部分大杂，再进一步清除大、中、小、轻杂。这样可减少提升次数，设备安排比较紧凑，并可节省厂房面积。

（3）小型工厂的初清一般设在毛谷仓之后，或原粮进入车间之后，直接进入振动筛，利用振动筛除去大、中、小、轻杂质。这种设计比较简单，但当原粮中含稻草较多时，物料在筛面上堆积，将会严重影响振动筛的除杂效果和碾米厂的正常生产。设计时，应根据原粮情况全盘考虑。

2. 风选

风选是一种古老的粮食清理方法。早在几千年前，我们的祖先就懂得利用自然风去除粮粒中的轻杂质，称为扬场。为了提高风选效果，必须控制气流的方向和速度，于是就出现了风车。直到20世纪70年代，扬场和风车仍是部分农村清理粮食的主要方法。

风选是根据谷粒与杂质在悬浮速度等空气动力学性质方面的差异，利用一定形式的气流使杂质与谷粒分离的方法。按气流的运动方向不同，有垂直气流风选法、倾斜气流风选法和水平气流风选法等；按气流运动方式不同又分为吸式风选法、吹式风选法及循环式风选法等。

物料在受到垂直上升的气流作用时，其运动状态由本身大小、密度和空气速度决定：①空气作用力和浮力之和大于其重力时，物料上升。②空气作用力和浮力之和小于其重力时，物料下降。③空气作用力和浮力之和等于其重力时，物料则处于悬浮状态。

物料处于悬浮状态时的风速就称为物料的悬浮速度。稻谷的悬浮速度为 $8\sim10$ m/s，糙米的悬浮速度为 12 m/s，稻壳的悬浮速度为 $3\sim4$ m/s，米糠的悬浮速度为 $2\sim3$ m/s。

物料在水平或倾斜气流（通常方向侧向上方）中，受到重力、空气作用力和浮力的联合作用，其运动轨迹呈抛物线状，物料大小、密度和空气速度也决定其水平方向的运动距离。从运动力学的分析可知，向上的倾斜气流比水平气流对分离更加有效。

风选技术在粮食的除杂工序中应用十分广泛，主要用于分离粮食中的轻杂质，如灰尘、谷物壳、瘪粒、虫蚀粮粒、碎糠等，以保证成品质量和生产正常稳定地进行。除此之外，对重杂质的去除可起辅助分离的作用。

3. 筛选

筛选法是根据杂质与谷粒在粒度大小、形状等方面存在的差异，选择合适筛孔尺寸的筛面组合，使杂质和谷粒的混合物通过筛面时，分别成为筛上物和筛下物，从而达到稻谷和杂质分离的目的。筛选法如要达到除杂或分级的目的，必须具备3个基本条件：①过筛物必须与筛面接触。②选择合适的筛孔形状及大小。③筛选物料与筛面应有相对运动。

筛选法的筛面形式有栅筛、冲孔筛、编织筛三种。

(1) 栅筛面由具有一定截面形状的金属棒或圆钢，按一定间隙平行排列，各棒料间通过焊接或螺栓连接而成，筛孔呈长条形，栅条的截面宽度或直径一般不小于5mm，栅条间的间距在15mm以上。栅筛面具有筛理能力强、处理量大、制造简单、耐用等特点。主要适用于原料接收部位的下粮井上，以去除原粮中较粗大的杂质，避免堵塞设备。

(2) 冲孔筛一般用0.5~2.5mm厚的薄钢板制造，开孔率低，质量大，刚度好，不变形。冲孔筛又有平面和波纹两种筛面，筛孔形状有圆形、长方形、等边三角形和方形等。筛孔的排列方式有平行排列和交错排列。

(3) 编织筛一般是用镀锌钢丝、低碳钢丝或用其他金属丝编织而成，编织方法分平织和绞织两种，开孔率高，质量小，因承载能力弱，筛孔容易发生变形。因此一般情况下，筛面层数少时使用冲孔筛，筛面层数多时使用编织筛。筛孔一般有长形、矩形和菱形。通常，菱形筛孔筛按谷粒的宽度不同进行分离，采用竖立方式过筛；而长形筛孔筛是按谷粒的厚度不同进行分离的，采用侧转方式过筛。

编织筛面制作容易，造价低廉，筛孔面积百分率较高，圆形钢丝比较光滑，物料容易过筛孔，能减少筛孔堵塞现象，同时由于钢丝相互交织，筛面凹凸不平，对物料的摩擦系数较大，容易使物料产生自动分级，有利于筛理。但平织筛面的钢丝容易移动，引起筛孔变形，影响筛分的准确性。

筛选法在稻谷制米加工中使用极为广泛，它是利用被筛理物料之间粒度(宽度、厚度、长度)的差别，借助具有一定形状、规格筛孔的筛面分离物料中的杂质，且更多地用于对同类型物料进行分级。常见筛选设备有溜筛、圆筛、振动筛、平面回转筛等。

4. 重力分选

稻谷清理工艺中，采用筛选设备无法清除在粒度上与粮粒相差无几而在密度方面有一定差异的石子、煤渣、玻璃和泥块等杂质(亦称并肩石)，此时我们常常采用比重分选法。比重分选是根据物料之间比重、容重、摩擦系数以及悬浮速度等物理性质的不同，利用它们在运动过程中产生的自动分级，借助适当的工作面进行分选的。

依照所使用介质的不同，比重分选可分为干法和湿法两类。干法比重分选是以空气为分选介质，利用物料之间比重、容重、表面摩擦系数以及悬浮速度的不同进行分选。湿法比重分选是以水为分选介质，利用物料之间比重、沉降速度等不同进行分选。稻谷加工厂一般干法比重分选使用较普通。干法密度去石机是典型设备之一，它有吸式和吹式两种类型。吹式密度去石机的机内装有在正压状态下吹送气流的风机，这种去石机性能稳定但易造成粉尘外逸而影响工作条件和环境卫生；吸式密度去石机处于负的工作压力下，工作环境较好，设备结构也较简单，但性能不够稳定。比重去石机由偏心连杆带动工作面往复运动，从而使物料在工作面往复振动的作用下产生自动分级，比重大、表面光滑、粒度小的物料沉于底部，并与工作面接触；比重小、表面粗糙、粒度大的物料则浮于上层，在自下而上的气流作用下，呈悬浮或半悬浮状态。上层物料在工作面的往复振动作用、自身重力沿工作面下滑方向分力作用以及不断流入的物料推力等的作用下，沿倾斜工作面流向下出料口，而沉于底层的物料则在工作面的推力作用下，沿倾斜工作面向上出料口爬行，从而实现物料的分离。

稻谷的清理流程中，比重分级工序原则上安排在风选、筛选之后。经过风选和筛选的物料，已经去除了大、中、小杂质和轻杂，这时进行比重分选，能有效地防止去石工作面堵塞，减少工作面的磨损，更好地发挥去石分级的功效。

在稻谷的加工过程中，工艺上一般在清理工段设置比重分选以去除稻谷中的并肩石。有一些稻米加工厂也会在糙米精选和白米精选工段，再加去石工序，以确保成品的质量。

5. 磁选

根据磁性的不同，利用磁力分离混入谷物中的磁性金属杂质的方法，称为磁选。

谷物从收获到加工要经过许多环节，往往会混入铁钉、螺丝、垫圈等各种金属物。这些金属物如不预先清除，随谷物进入高速运转的机器，将会严重损坏机器部件，甚至因碰撞摩擦而发生火花，造成粉尘爆炸事故。同时，在加工过程中，由于机器零部件的磨损或氧化，也产生一些金属碎屑或粉末。这些杂质混入成品，会危害人体健康；混入副产品，作为饲料，也会妨碍牲畜的饲养。因此，磁选就用于清除谷物和成品中的磁性金属杂质，以保证安全生产和产品产量。

磁选设备的主要工作元件是磁体,每个磁体都各有两个磁极,在磁极周围空间存在着磁场,任何导磁性物质(Fe、Co、Ni 元素及其合金,一些 Mn 的化合物、稀土元素及其合金等)在磁场内都受到磁场的作用。当谷物通过磁场时,由于谷物为非导磁性物质,在磁场内能自由通过,而其中的磁性金属杂质则被磁化,跟磁场的异性磁极相互吸引而与谷物分开。

磁体有永久磁体和暂时磁体之分。暂时磁体常称为电磁铁,根据需要进行设计,能产生很强的磁力,可用于分离弱磁性杂质。但是它需要激磁电源,装置结构较复杂,且容易发热,维护不便。所以粮食加工厂的磁选设备多采用永久磁体(永磁铁氧体或永磁合金),以组成开放式磁系,产生磁场。对磁场的要求,不仅要有足够的磁场场强,而且还要有一定的不均匀性,即具有一定的磁场梯度,这样才能产生足够的磁场力。

谷物通过磁选,磁性金属杂质去除率须大于 95%。

特定情况下如果原粮在收割、运输、储存过程中出现了较大的原粮互混,为保证后续砻谷及碾米的工艺效果,还会采用精选的办法对不同长度,形态的原料进行精选分级处理,这里不作介绍。

经过上述五种清理工序过程清理的原粮,在达到净谷标准的前提下(净谷含杂指标为:含杂总量≤0.6%,其中含并肩石≤1 粒/kg,含稗子≤130 粒/kg),我们称之为净稻,其可进入砻谷加工工序。

(二)砻谷及谷糙分离工艺

稻米加工中脱去稻谷的颖壳(稻壳)的工艺过程称为砻谷。若用稻谷直接碾米(业内称之为稻出白),不仅能源消耗高、产量低、碎米多、出米率低,而且成品米色泽差,纯度和质量低,混杂度高,这种加工方式多如于偏远农村的小批量口粮加工。因此,现代化稻米加工厂中,经过清理除杂后获得的净稻,都是先采用砻谷机去除颖壳制成纯净糙米后再进行碾米。从砻谷到净糙米的过程我们称之为砻谷及谷糙分离工艺,其工艺流程图如图 2-3 所示。

图 2-3 砻谷及谷糙分离工艺流程图

1. 砻谷

砻谷就是依据一定的机械设备脱去稻谷颖壳的工作,又称脱壳。目前,世界上使稻谷脱壳的方法大多是根据稻谷籽粒的结构特点,对其施加一定的机械外力,使稻壳遭到破坏并与糙米分开。用以脱去稻谷颖壳的机械设备则称之为砻谷机。由于稻谷籽粒间的物理特性存在着差异,且受砻谷机本身机械性能的限制,目前使用的砻谷机尚不能一次将所有稻谷都脱壳,同时也不可避免地会使一些谷粒受到损伤,如破碎、爆腰和表面起毛等。因此,为了尽可能地保持糙米籽粒的完整,减少籽粒损伤,以提高大米出米率和保证后续工序的工艺效果,稻谷脱壳时,控制一定的脱壳率,以确保砻谷工序取得较好的工艺效果,并尽量降低材料和能量的消耗。

稻谷脱壳根据脱壳时的受力和脱壳方式,稻谷脱壳可分为挤压搓撕脱壳、端压搓撕脱壳和撞击脱壳三种。

(1) 挤压搓撕脱壳是指谷粒两侧受两个具有不同运动速度的工作面的挤压、搓撕而脱去颖壳的方法。胶辊砻谷机是应用挤压搓撕脱壳机理的典型设备,也有采用辊带式砻谷机的。胶辊砻谷机其工作部件是一对富有弹性的橡胶辊或聚酯合成胶辊,其两辊作相向不等速运动,依靠挤压力和摩擦力的作用使谷壳产生拉伸、剪切、扭转等变形。辊带式砻谷机的基本构件是一只金属齿辊和一根无接头橡胶带,齿辊线速比胶带线速快,依靠两者施加给谷粒的挤压力和摩擦力使谷壳产生拉伸、剪切、扭转等变形。当上述两种设备形成的这种搓撕作用力大于谷壳内外颖的结合力时,谷壳就会被撕裂而脱离糙米并与糙米分离,从而达到脱壳的目的。两辊间、棍带间的压力可以调节。品种不同的稻谷需要的压力不同,压力过大,会使米粒变色、变脆,并缩短本来就有限的辊筒或胶带的使用寿命。一般来说,每使用 100~150h 就需更换辊筒或胶带。

(2) 端压搓撕脱壳是指谷粒长度方向的两端受两个不等速运动的工作面的挤压、搓撕而脱去颖壳的方法。砂盘砻谷机是应用端压搓撕脱壳机理的典型设备。它的基本构件是上下平行安置的两个砂盘,上盘固定下盘转动,谷物在两盘间隙内受到挤压、剪切和撕搓等作用,当这种综合作用力大于谷壳内外颖的结合力时,谷壳就会被搓裂而脱离糙米,从而达到脱壳的目的。砂盘砻谷机的最大优点是结构简单、造价低,砂盘可自行浇注,但对糙米的损伤大,碎米率高,脱壳率低。

(3) 撞击脱壳指高速运动的粮粒与固定工作面撞击而脱去颖壳的方法。离心砻谷机是应用撞击脱壳机理的典型设备。谷物进入设备后落在离心盘上,受离心力的作用,谷粒被高速甩向设备的内筒壁而产生很大的撞击力和摩擦力,当这一作用力超过稻谷颖壳的结合强度时,颖壳就被破坏而脱去。

由于砂盘砻谷机和离心砻谷机脱壳率低、产量低、糙碎率高,故目前二者均很少被使用。

稻谷砻谷后的混合物称为砻下物,主要有糙米、未脱壳的稻谷、稻壳及毛糠、碎糙米和未成熟粒等。如何将这些混合物分离是砻谷及谷糙分离的重要一环。

2. 谷壳(稻壳)分离

谷壳分离是指从砻下物中将稻壳分离出来的过程。砻下物经稻壳分离后,每 100kg 稻壳中含饱满粮粒不应超过 30 粒;谷糙混合物中含稻壳量不应超过 1.0%(胶辊砻谷为 0.8%);糙米中含稻壳量不应超过 0.10%。

谷壳分离主要利用稻壳与谷糙在物理性质上的差异使之相互分离。由于稻壳与谷糙在悬浮速度上存在较大的差异,风选法是谷壳分离的首选方法。一般砻谷机的下部均带有谷壳分离装置,即砻下物流经分级板产生自动分级,稻壳浮于砻下物上层由气流穿过砻下物时带起,从而使稻壳从砻下物中分离出来。

3. 谷糙分离

由于砻谷机机械性能及稻谷籽粒结构等因素的限制,稻谷经砻谷机不可能一次全部脱去稻谷颖壳,砻谷后的糙米中仍有一小部分稻谷未脱壳。为保证净糙入机碾米,故需进行谷糙分离。谷糙分离是对分离稻壳后的砻下物进行分选,使糙米与未脱壳稻谷分开。

由于稻谷和糙米的粒度、密度、容重、摩擦系数等物理性质有一定的差异,这些差异为谷糙分离提供了重要依据。谷糙分离的基本原理就是:利用稻谷和糙米的粒度、摩擦系数、密度和容重、弹性等物理性质的差异,借助谷糙混合物在运动过程中产生良好的自动分级,使稻谷上浮,不易接触分离工作面;糙米下沉与分离工作面有较多的接触机会,采用适宜的机械运动形式和配置不同的分离工作面,将稻谷和糙米进行分离和分选。

目前,常用的谷糙分离方法主要有筛选法、比重分离法和弹性分离法三种。

(1)筛选法。筛选法是利用稻谷和糙米间粒度的差异及其自动分级特性,配备以合适的筛孔,借助筛面的运动进行谷糙分离的方法。常用的设备是谷糙分离平(迴)转筛。

谷糙分离平(迴)转筛的工作原理是:利用稻谷和糙米在粒度、密度、容重以及表面摩擦系数等物理特性的差异,使谷糙混合物在做平面迴转运动的筛面上产生良好自动分级，粒度大、密度小、表面粗糙的稻谷浮于物料上层，而粒度小、密度大、表面较光滑的糙米沉于物料下层。糙米与配备合适筛孔的筛面接触并穿过筛孔，成为筛下物，稻谷由于被糙米层所阻隔而无法与筛面接触，不易穿过筛孔，成为筛上物，从而实现谷糙分离。

(2) 比重分离法。比重分离法是利用稻谷和糙米在比重、表面摩擦系数等物理性质的不同及其自动分级特性，在做往复振动的粗糙工作面板上进行谷糙分离的方法。常用的分离设备是重力谷糙分离机。

重力谷糙分离机的工作原理是：利用稻谷与糙米在比重、表面摩擦系数等物理特性的差异，借助双向倾斜并做往复运动的粗糙工作面的作用，使谷糙混合物产生良好的自动分级，糙米"下沉"，稻谷"上浮"，下面的糙米在粗糙工作面凸台的阻挡作用下，向上斜移从工作面的斜上部排出；上面的稻谷无法接触粗糙工作面凸台，并在自身重力和进料推力的作用下向下方斜移，从工作面的斜下部出口排出，从而实现谷糙的分离。

(3) 弹性分离法。弹性分离法是利用稻谷和糙米弹性、表面摩擦系数等物理性质的不同及其自动分级特性，在做往复运动的分离槽内进行谷糙分离的方法。常用的设备是撞击谷糙分离机(亦称巴基机)。

撞击谷糙分离机的工作原理是：利用稻谷和糙米的弹性、密度、摩擦系数等物理特性的差异，借助具有适宜反弹面的分离槽进行谷糙分离。谷糙混合物从中部进入分离槽后，在工作面的往复运动作用下，产生良好的自动分级，稻谷上浮，糙米下沉。由于稻谷的弹性大又浮在上层，因此与分离槽的侧壁发生连续碰撞，产生较大的撞击力使稻谷向分离室上方移动。糙米弹性较小且沉在底部，不能与分离槽的侧壁发生连续碰撞，在自身重力和进料推力的作用下，顺着分离槽向下方滑动，从而实现稻谷、糙米的分离。

经过谷糙分离所分出的糙米，要求基本不含稻谷。部颁标准要求：每千克糙米的含谷量不得超过 40 粒，回砻谷含糙不得超过 10%。

4. 糙米的整理和分级

稻谷经砻谷、谷糙分离后将产生一定数量的碎胚、小碎，还有"漏网"的并肩石和没有分离干净的谷壳等，这些如不清除干净，会极大地影响后续碾米工序的工艺效果。糙米整理可以有效地将这些"杂质"去除，同时为提高净糙的纯度和整齐度还可以对糙米进行精选和分级，提高糙米纯度。

(1) 糙米整理。目前糙米整理的设备大多采用重力分级去石机，物料由进料口落到上层筛面上，分出糙碎和未熟粒，由糙碎口排出机外，而净糙通过导料嘴进入下层去石筛面，在自下而上的气流和往复运动筛体的联合作用下，形成自动分级。比重大的并肩石紧贴筛面,在惯性力的作用下,向出石口排出。而糙米在气流作用下处于悬浮状态。在自身重力作用下,将物料向前推挤,从糙米出口排出,从而达到分离目的。比重小的糠粉、稻壳被吸走。

(2)糙米分级。为了满足加工不同产品稻米(大米)和国内外不同消费市场需求,糙米分级已经相当普遍,大多采用比重分选设备或谷糙分离平(迴)转筛来完成。用于糙米分级的比重分选设备与清理所用的比重分级机基本相同,只是在参数选择方面有一定的差异。用于糙米分级的筛选设备有谷糙分离平(迴)转筛和厚度分级机两种。采用谷糙分离平(迴)转筛进行糙米分选时是筛面进料端的自动分级段筛孔适当放大,利用筛面上的自动分级段分出糙米中的糙碎、糙秕等长度与糙米存在差异的碎粒,而对未熟粒等在长度方面与糙米差异较小的籽粒,则需用厚度分级机进行分离,方能取得较好的分选效果。因此,目前普遍采用厚度分级机进行糙米精选。厚度分级机是根据糙米和其他谷物的厚度进行分级,它可以有效地去除糙米中的不完善粒、虫蚀粒及破碎粒,提高糙米的洁净度、整齐度。同时也可以提高下脚资源的利用率和附加值,从而获得等级较高的中间产品,以减少粮食资源的浪费,降低加工成本,提高净糙的纯度和整齐度,从而提高成品的质量。

除此之外,对进入碾米环节的净糙也有进行调质处理的。20世纪90年代,随着人们生活水平的不断提高,对稻米(大米)的加工精度要求也逐步提高。然而,由于糙米的皮层与胚乳间的结合很紧密,要将糙米的绝大部分皮层碾除比较困难,特别是一些水分含量低,贮藏时间比较长的糙米,要达到较高的加工精度会产生较多的碎米,严重影响加工企业的经济效益和稻谷资源的合理利用。因此,一些较大型稻米加工厂率先对糙米进行调质处理,以期取得良好的工艺效果。糙米在加水或使用蒸汽后,皮层与胚乳的结合状态发生变化,使皮层与胚乳的结合力下降,皮层易碾;皮层吸水后变得湿润松软,糙米表面摩擦系数增加,在较低的碾白压力作用下即能碾白,使碾白过程中的能耗降低,出碎率降低,出米率提高。这一糙米调质技术在大型稻米(大米)加工企业的应用趋于常态。

(三)碾米及白米整理

1. 碾米

碾米是整个稻谷加工工艺中非常重要的一个工序,它对成品质量、出米率、动力消耗都有着很大的影响。因此充分了解糙米的工艺特性,则有助于提高碾米的工艺效果。糙米的皮层强度小于胚乳的结构强度;糙米皮层与胚乳间的结合力小于胚乳的结构强度；胚与胚乳间的结合力较小，所以碾米时胚易脱落；糙米皮层颜色越深，其皮层结构强度越大，与胚乳的结合越紧。

碾米是应用物理(机械)或化学的方法，将糙米表面的皮层部分或全部剥除的工序。糙米的皮层组织含有较多的粗纤维，直接食用糙米将妨碍人体对食物的正常消化。同时，糙米的吸水性和膨胀性都比较差，食用品质不佳，如用糙米煮饭，不仅所需要的蒸煮时间长、出饭率低，而且颜色深、黏性差、口感不好。因此，必须通过碾米工序将糙米皮层去除，才能使其具有上佳的食用品质，而且能提高其商品价值。但是，糙米的皮层中也含有较多的营养成分，如粗脂肪、粗蛋白、矿物质、维生素等，在将糙米皮层全部去除的同时，这些营养成分也会随之大量损失。同时，根据糙米籽粒的结构特点，要将背沟处的皮层全部碾除，势必造成淀粉的损失、破碎率的增加，使出米率下降。因此，碾米时按国家标准规定的大米等级保留适量的皮层，不仅对供给人体所需营养成分有利，而且可以提高大米的出率。

鉴于此，对碾米基本要求为：在保证成品米符合规定质量标准的前提下，提高纯度，提高出米率，提高产量，降低成本和保证安全生产。

碾米的基本方法可分为物理方法和化学方法两种。目前世界各国普遍采用物理方法碾米(亦称常规碾米)，只有极个别米厂采用化学方法碾米。

(1)物理碾米法。物理碾米法是运用机械设备产生的机械作用力对糙米进行去皮碾白的方法，所用的机械设备称为碾米机。碾米机的主要工作部件是碾辊。根据碾辊制造材料的不同，碾辊分为铁辊、砂辊(臼)和砂铁结合辊三种类型。而根据碾辊轴的安装形式，碾米机则分为横式碾米机和立式碾米机两种。横式碾米机采用砂辊、铁辊和砂铁结合辊，立式碾米机多采用砂辊(臼)和铁辊。碾辊的类型和安装形式不同，碾白作用的性质也就不同。按碾白作用力的特性，物理碾米的碾白方式分为摩擦擦离碾白和碾削碾白两种。

①摩擦擦离碾白。摩擦擦离碾白是依靠强烈的摩擦擦离作用使糙米碾白的。糙米在碾米机的碾辊与碾辊外围的米筛所形成的碾白室内进行碾白时，由于米粒与碾白室构件之间和米粒与米粒之间具有相对运动，相互间便有摩擦力产生。当这种摩擦力增大并扩展到糙米皮层与胚乳结合处时，便使皮层沿着胚乳表面产生相对滑动并将皮层拉断、擦除，使糙米得到碾白。

摩擦擦离碾白所需的摩擦力应大于糙米皮层自身的结构强度和皮层与胚乳间的结合力，而必须小于胚乳自身的结构强度，这样才能使糙米皮层沿胚乳表面擦离脱落，同时保持米粒的完整。

摩擦擦离碾白所得米粒表面留有残余的糊粉层，形成光滑的晶状表面，具有天然光泽且半透明。残余的糊粉层保持了较多的蛋白质，像一层胚乳淀粉的薄膜。因此，摩擦擦离碾白具有成品精度均匀、表面细腻光洁、色泽较好、碾下的米糠淀粉少等特点。但由于米粒在碾白室内所承受的压力较大，局部压力往往超过米粒的强度，故在碾米过程中容易产生碎米，碾制强度较低的糙米时更是如此。所以，摩擦擦离碾白适合加工强度大、皮层柔软的糙米。

②碾削碾白。碾削碾白是借助高速旋转的金刚砂碾辊表面密集的坚硬、锐利金刚砂粒的砂刃对糙米皮层不断地施加碾削作用，使皮层破裂、脱落。

碾削碾白的工艺效果主要与金刚砂碾辊表面砂粒的粗细、砂刃的尖利程度以及碾辊表面线速有关。

碾削碾白所得米粒表面粗糙，在凹陷处积聚了无数细微的胚乳淀粉颗粒和糠层的屑末，称为糠粉。米粒表面对光线漫反射，虽然看起来比较白，却是无光泽的白。因此，碾削碾白碾制出的成品表面光洁度较差，米色暗淡无光，碾出的米糠片较小，米糠中含有较多的淀粉，而且成品米易出现精度不均匀现象。但因在碾米时所需的碾白压力较小，故在碾米过程中产生碎米较少，因此碾削碾白适宜于碾制籽粒结构强度较差、表面较硬的糙米。

应当指出，以上两种碾白方式仅是根据碾米过程中对去皮起主要作用的因素进行区分的。实际上糙米碾成白米的过程是十分复杂的，所受的机械物理作用是多种的和互相交叉的。摩擦擦离作用与碾削作用并不单一地存在于碾米机内，任何一种碾米机内这两种作用都有，其差别在于是以何种碾白作用方式为主。

长期实践证明，同时利用摩擦擦离作用和碾削作用的混合碾白，可以减少碎米，提高出米率，改善米色。同时，还有利于提高设备的生产能力，降低电耗。目前，我国使用的大部分碾米机基本上都属于混合碾白的类型。

(2)化学碾米法。化学碾米法包括纤维酶分解皮层法、碱去皮法、溶剂浸提碾米法等，但真正付诸工业化生产的只有溶剂浸提碾米法。溶剂浸提碾米法，简称SEM法(Solvent Extractive Milling)。

纤维酶分解皮层法是用纤维酶分解糙米皮层中的纤维素，达到去皮的目的。碱去皮法是用热的氢氧化钠溶液喷洒在米粒表面，经一段时间后，糙米皮层软化，再用水冲洗、搅拌，利用水的冲力和搅拌过程中米粒间的相互摩擦作用将皮层去除。此两种方法只适宜于实验室的糙米去皮。到目前为止化学碾米法仅溶剂浸提碾米法用于实际生产应用中。

溶剂浸提碾米法的清理和砻谷等工序与常规碾米法相同，不同之处在于去皮和副产品加工工序。常规碾米用摩擦擦离作用或碾削作用直接将糙米皮层碾除，而溶剂浸提碾米首先用米糠油将糙米皮层软化，然后在米糠油和（正）己烷混合液中进行湿法机械碾制。去除皮层后的白米还需经脱溶工序利用过热己烷蒸气和惰性气体脱去己烷溶剂，然后分级、包装，最终得到成品白米。从碾米装置排出的米糠、米糠油和己烷浆经沉淀容器沉淀，完成米糠油抽出和固体米糠离析的工作。沉淀后的米糠浆被泵入到离心机脱去混合液，再用新鲜己烷浸渍抽提剩余米糠油，经再一次离心分离后，米糠被送入脱溶装置脱去溶剂，得到脱脂米糠。米糠油与己烷的混合液经蒸馏工序将米糠油与己烷分离，得到米糠油。由 SEM 法加工的产品实际上有成品白米、粗糠油和脱脂米糠三种。

溶剂浸提碾米与常规碾米相比有许多优点。如：产生碎米少，整米率增加约 4%~5%，加工不良品质的稻米（由环境、栽培、管理等原因造成）时尤为显著；碾米过程中米温低，米的品质不受损伤；成品米脂肪含量低，贮藏稳定性较好，并便于白米进行上光，还能改善白米的酿造特性；成品米色较白，外观上具有相当的吸引力；直接生产出脱脂米糠，其脂肪含量仅为 1.5%，且色白、稳定、清洁，可供食用。但溶剂浸提碾米也有它不利的方面，如：投资费用和生产成本较高，对操作者技术要高，己烷溶剂的来源、消耗及残留等问题不易解决，因此一直得不到推广。

2. 白米整理

经碾米机碾制后的白米，不仅表面会附着有米糠，表面光洁度较差，其中，还会混有米糠、米秕、碎米等，且出机米的温度也较高。这些都会影响成品的质量和成品白米的贮藏，因此出机白米在包装入库前必须使其含糠、含碎、含杂等指标符合大米质量标准，使成品米温度达到利于贮藏的范围。此外，为了提高成品白米的商品价值，改善大米的使用品质，还可对大米进行抛光、色选等处理，以使大米表面晶莹光洁，并除去其中的异色粒。以上即为白米整理，又称之为成品处理。成品处理主要包括擦米、凉米、白米分级、抛光、色选等工序，其工艺流程如图 2-4 所示。

图 2-4 稻米（大米）成品整理工艺流程图

(1) 擦米。擦米的主要作用是去除附着在米粒表面的浮糠，使米粒表面光洁，富有光泽，同时也有利于大米的贮藏和米糠的回收利用。早期的擦米是利用专门的擦米设备完成，如铁辊擦米机、毛刷刷米机、胶带式擦米机等。擦米与碾米不同，因为白米籽粒强度较低，故擦米作用不应强烈，以防止产生过多碎米。出机白米经擦米后，产生的碎米不应超过过 1%，含糠量不应超过 0.1%。现今随着碾米技术日益进步，加工设备不断更新，绝大多数碾米厂已不再单独配置擦米设备，而是利用碾米机的多道配置使用以及抛光的技术，达到使米粒表面光洁、不含糠粉的目的。

(2) 凉米。经碾米机碾制后的大米温升较大，特别是在加工高精度大米时，米温要高出室温 15~20℃，如不经冷却马上打包进仓，容易使成品发热霉变，所以成品打包入仓前必须要经凉米工序。凉米要求米温降低 3~7℃，爆腰率不超过 3%。

降低米温的方法很多，如采用喷风碾米、米机的强吸风吸糠、成品输送过程中的自然冷却、凉米仓、专用凉米设备等。各种凉米方法的工作原理都是利用室温空气作为工作介质，带走在碾米过程中由机械能转换的热能，使米温降低。目前，使用较多的凉米方法主要是凉米仓和专用凉米设备。凉米仓是利用在较大米仓下部设进风口、上部设吸风系统而成，利用气流将碾米过程中产生的热带走。凉米仓的优点是米温下降较缓慢、产生的爆腰粒少、碎米少、动力消耗较低等；缺点是占地面积较大、制作材料耗用较多。专用凉米设备主要是流化床凉米器，其在降低米温的同时，还兼有去湿、吸除糠粉等的作用。

流化床凉米器具有设备结构简单、制作材料少、占地小、米温降低较快等，但容易造成米粒爆腰而形成碎米。

流化床属无动力设备，结构比较简单，主要由进料机构、流化床板、出料机构和机架等部分组成。

进料机构由进料斗和压力门组成，其作用是调节、控制流量和利用料封减少漏风量。流化床板是流化床的关键部件，由 1.2~1.5mm 厚的钢板制成，以 3°~5°的倾斜角设置在流化床内，上面冲 Ø4.5mm 圆孔。床板上的孔眼有稀密两种，孔板上的稀孔区距离沿米流方向逐渐缩小，这样可以提高降温降湿效果和吸糠效果。出料机构由出料斗和压力门组成，既能出料，又能利用料封减少漏风量。

工作时，物料由进料斗进入流化床后，与穿过床板孔眼的气流充分接触。由于床板上的孔眼分布有稀密两种，空气通过稀孔区时，因透过孔眼的空气量少，米流只被气流托起并呈流化状态，沿着倾斜的床面浮动前进。空气通过密孔区时，因透过的空气量多，促使米粒上下翻动呈半悬浮状态，有利于提高米粒冷却的均匀度。米粒在床板上一面降温散湿，一面在气流和自身重力的作用下流向出口，从出米口排出。穿过孔眼的米糠则由米糠出口排出，含有糠粉的气流进入离心分离器。我国南方环境气温较高，一般设置凉米工序；北方环境气温较低，一般无需设置凉米工序。

（3）白米分级。白米分级的目的是根据成品质量要求分离出超过标准的碎米。我国《大米》国家标准中有关碎米的规定是：留存在直径2 mm的圆孔筛上，不足正常整米的2/3的米粒为大碎米；通过直径2 mm圆孔筛，留存直径1mm圆孔筛上的碎粒为小碎米。按照《GB/T 1354—2018 大米》国家标准的规定，各种等级的籼米的含碎总量不超过30%，其中小碎米为2.0%；各种等级的粳米的含碎总量不能超过20%，其中小碎米为2.0%；各种等级的籼糯米的含碎总量不超过25%，其中小碎米为2.5%；各种等级的粳糯米的含碎总量不能超过15%，其中小碎碎米为2.0%。

世界各国把大米含碎率作为区分大米等级的重要指标。美国一等米含碎率4%，而六等米含碎率为50%；日本成品大米的含碎率分为5%、10%和15%三个等级。白米分级通常采用白米分级平(迴)转筛和滚筒精选机等筛选设备进行。

（4）白米抛光。抛光的目的是使米粒表面的淀粉胶质化，使得米粒晶莹光洁、不附着糠粉、不脱落米粉，从而改善其贮存性能，提高其商品价值。而使米粒表面淀粉凝胶化需要在一定的水分含量和温度的情况下方能达到。因此，抛光需采用专用设备，并在抛光过程中不断地加入水，并使温度达到一定范围完成对白米的抛光。专用抛光设备称为抛光机。抛光机的工作原理近似碾米，只是作用力较缓和，只停留在米粒表面而未达米粒内部，在摩擦擦离以及水和热的共同作用下使米粒表面淀粉凝胶化，达到抛光的目的。

白米抛光机采用的着水方法主要有以下几种。

①滴定管加水是在抛光机机盖上方开孔，并设置一滴定管向抛光室加水。通过调节滴定管每分钟水滴数控制着水量。

②水泵喷雾采用电动水泵，使水通过喷嘴形成雾状，米粒通过雾化区被着水、湿润。着水量通过喷嘴孔径大小、水压高低以及给水量进行控制。此种着水方法一般是在抛光机进料箱中进行。

③喷风着水是由流量计控制的水通过喷风风机产生的高压气流形成雾状，并与空气一起通过抛光辊空心轴、轴面喷风孔、辊面喷风槽进入抛光室对米粒进行着水、湿润。

④压缩空气喷雾是通过空气压缩机产生的高压(0.2~0.4MPa)气流,将水雾化,对米粒进行着水、湿润。此种着水方法可以在抛光机进料箱对米粒进行着水加湿,也可在抛光机的抛光室对米粒进行着水加湿。采用抛光室对米粒进行着水是将水雾化后经喷雾管道、抛光辊空心轴、喷嘴、喷风槽喷入抛光室。

⑤超声波雾化由超声波雾化器将水雾化,然后送至抛光机的进料箱内对米粒进行着水润湿。

上述几种方法各有利弊,目前使用较多的着水方法是利用压缩空气将水雾化后,喷入抛光机的抛光室对米粒进行着水加湿。

(5)色选。色选是利用光电原理,从大量散颗粒中将异色颗粒或外来夹杂物识别并分离开来的单元操作。在合格与不合格产品因粒度大小、密度十分接近而无法采用筛选设备或比重分选设备分离时,色选是可选择的有效分选方式之一。色选可以把粮食产品中的霉变、黄变杂质等对人体有害的异色粒有效剔除,提高产品的食用安全性,因此,色选在农产品分拣与精选领域应用十分广泛,是粮食产品精加工过程中的一道重要工序。色选所使用的设备即为色选机。

光电色选机综合利用了现代光学、电子学和生物学等新技术,是典型的光、机、电一体化的高新技术设备。其光电测试鉴别、检测色差与电子气体喷射分选完全由电脑调控。新一代的色选机的光学测试仪具有双重分选监视系统,并设计了二次自动选别功能,可根据生产需要选定一次或二次选别,因而色选精度高,可靠性好。近30年来,光电色选机在发达国家的种子、果蔬、粮食和食品加工等行业中得到广泛应用。在我国,色选机首先应用于稻谷加工工艺过程中,用以剔除成品大米中的有色米粒和杂质,以提高成品大米品质。在其他农副产品加工业,如杂粮加工、油脂加工、果蔬加工等也正在推广应用。近年来其已经被应用到小麦加工业,并取得明显的经济效益。

含有异色颗粒的大米经过色选后,其正常米粒(合格品)质量占总质量的百分率称为色选精度,一般要求高于99.5%;经过色选后,选出的异色颗粒质量与正常米粒质量之比,称为色选带出比,一般要求低于1:2。这是衡量色选机性能优劣的重要指标。

经过上述几种方法处理之后的大米才可以称之为成品大米,其质量指标由国家标准《GB/T 1354—2018 大米》评定。

成品大米的国家质量标准(GB/T 1354—2018)如表2-7所示。

表 2-7　　　　　　　大米质量标准（GB/T 1354—2018）

品种		籼米			粳米			籼糯米		粳糯米	
等级		一级	二级	三级	一级	二级	三级	一级	二级	一级	二级
加工精度		精碾	精碾	适碾	精碾	精碾	适碾	精碾	适碾	精碾	适碾
碎米	总量/%≤	15.0	20.0	30.0	10.0	15.0	20.0	15.0	25.0	10.0	15.0
	其中小碎米/%≤	1.0	1.5	2.0	1.0	1.5	2.0	2.0	2.5	1.5	2.0
不完善粒/%≤		3.0	4.0	6.0	3.0	4.0	6.0	4.0	6.0	4.0	6.0
杂质	总量/%≤	0.25									
	其中：无机杂质含量/%≤	0.02									
水分/%≤		14.5			15.5			14.5		15.5	
黄粒米含量/%≤		1.0									
互混率/%≤		5.0									
色泽、气味		正常									

第二节　小麦粉加工工艺

　　小麦是世界最主要的粮食作物之一，也是世界上栽培最早的作物之一，它对人类文明的发展发挥了极其重要的作用。目前，小麦已成为全世界分布范围最广、种植面积最大、总产量最高、供给营养最多的粮食作物之一。人类需要的蛋白质的20%以上是由小麦提供的，相当于肉、蛋、奶产品为人类提供的蛋白质总和。小麦在我国的种植面积和总产量仅次于水稻，属第二大粮食作物，是我国北方人民的第一大主粮作物。1993年以来，我国小麦总产量已超过美国和俄罗斯，成为世界第一大小麦生产国。同时，我国也是世界第一大小麦消费国和第二大进口国。

　　小麦的主要消费途径是先生产小麦粉，然后再加工成各种面制食品。由于小麦粉中含有特有的面筋质，从而赋予了小麦广泛的用途。用它生产的食品种类繁多，是其他粮食作物无法匹敌的。小麦制粉是一门古老的技术，随着社会发展和技术的进步，小麦制粉技术在不断改进。等级粉的生产对过去单一面粉种类而言，无疑是一大飞跃。专用粉的问世，使小麦制粉的技术有了进一步深化。小麦制粉是粮食加工业的重要组成部分。

小麦是一种温带长日照植物，适应范围较广，自北纬 $18°\sim 50°$，从平原到海拔 4570m 的高度（如我国西藏自治区）均有栽培（除少数热带岛国外）。小麦种植遍布世界各大洲。小麦的种植面积约占粮食作物种植面积的 26%，产量约占总产量的 22%。世界上有 1/3 以上人口以小麦为主要食用谷物。

小麦在我国的种植也极为广泛，北起黑龙江漠河，南到海南岛，西起新疆的塔什库尔干塔克自治县，东抵沿海各省，都有小麦种植。全国冬小麦面积约占小麦总面积的 84% 左右，主要分布在长城以南，主产省份有河南、山东、河北、江苏、四川、安徽、陕西、湖北、山西等省。其中河南、山东种植面积最大。春小麦播种面积约占 16%，主要分布在长城以北，主产省有黑龙江、内蒙古、甘肃、新疆、宁夏、青海等省和自治区。我国的小麦种植区主要有以下几个。

东北春麦区：包括黑龙江、吉林两省全部和辽宁、内蒙古部分地区。全区小麦面积及总产量接近全国的 8%，约占全国春小麦面积及总量的 47% 和 50%，故为春小麦的主产区。

北部春麦区：全区以内蒙古为主，包括河北、陕西、山西部分地区。小麦种植面积及总产量分别占全国的 3% 和 1%，约为全区粮食作物面积的 20%，小麦平均单产在全国各区中为最低。

北部冬麦区：包括河北、山西大部，陕西、辽宁、宁夏、甘肃一部分及北京、天津两市。全区麦田面积和产量分别为全国的 9% 及 6% 左右，小麦平均单产低于全国平均水平。

黄淮冬麦区：包括山东全部，河南大部，河北、江苏、安徽、陕西、山西、甘肃部分地区。全区小麦面积和产量分别占全国的 45% 及 48% 左右，约为全区粮食作物种植面积的 44%，是我国小麦主产区。

长江中下游冬麦区：包括江苏、安徽、湖南各省大部，上海、浙江、江西全部以及河南信阳地区。全区小麦面积为全国麦田总面积的 11.7%，总产量约为全国的 15%，单位面积产量高，为全国各区之首。

西南冬麦区：包括贵州全境，四川、云南大部，陕西、甘肃、湖北、湖南部分地区，全区小麦种植面积约占全国小麦总面积的 12.2%，其中以四川盆地为主产区。

由于不同区域有其不同的自然条件，从而决定了我国小麦不同的类型，以便适应不同的生态环境。也有将我国小麦按三大自然区划分的，即北方冬麦区（包括河南、河北、山东、陕西、山西等）、南方冬麦区（包括江苏、安徽、四川、湖北）及春麦区（包括黑龙江、新疆、甘肃等）。一般来说，不同生产（种植）区域小麦的加工品质不尽相同，北方冬麦区小麦的蛋白质含量高，质量好；其次是春麦区。南方冬麦区小麦的蛋白质和面筋质含量较低。

依据播种季节可将我国小麦分为春小麦和冬小麦。春小麦在春季播种，夏末收获。如长城以北地区冬季寒冷，小麦难以越冬，故常在春季播种。春小麦籽粒腹沟深，出粉率不高。冬小麦在秋季播种，初夏成熟。如长城以南的小麦就是在秋季播种，越冬后春季返青，夏季收获。

按照皮色可将小麦分为白皮小麦和红皮小麦。白皮小麦籽粒外皮呈黄白色和乳白色，皮薄，胚乳含量多，出粉率高，多生长在南方冬麦区。红皮小麦籽粒外皮呈深红色或红褐色，皮层较厚，胚乳所占比例较少，出粉率较低，但蛋白质含量较高。

根据籽粒质地状况，可将小麦分为硬质小麦和软质小麦。硬质小麦胚乳质地紧密，籽粒横截面的一半以上呈半透明状，称为角质。硬质小麦含角质粒50%以上。软质小麦的胚乳质地疏松，籽粒横断面的一半以上呈不透明的粉质状。软质小麦含粉质粒50%以上。一般硬质小麦的面筋含量高，筋力强；软质小麦的面筋含量低，筋力弱。

按国家标准《GB1351—2008 小麦》规定，我国小麦分为 5 类。

(1) 硬质白小麦。种皮为白色或黄白色的麦粒不低于 90%，硬度指数不低于 60 的小麦。

(2) 软质白小麦。种皮为白色或黄白色的麦粒不低于 90%，硬度指数不高于 45 的小麦。

(3) 硬质红小麦。种皮为深红色或红褐色的麦粒不低于 90%，硬度指数不低于 60 的小麦。

(4) 软质红小麦。种皮为深红色或红褐色的麦粒不低于 90%，硬度指数不高于 45 的小麦。

(5) 混合小麦。不符合(1)至(4)规定的小麦。

国家标准《GB1351—2008 小麦》还规定了小麦的质量指标，商品小麦按容重分为 6 个等级。容重相差 20g/L 降一个等级。不完善粒(%)为辅助定等指标。商品小麦的质量要求如表 2-8 所示。

表 2-8　　　　　　　　　　小麦质量指标（GB 1351—2008）

等级	容重/(g/L)	不完善粒/%	杂质含量/%		水分含量/%	色泽、气味
			总量	其中矿物质		
1	≥790	≤6.0	≤1.0	≤0.5	≤12.5	正常
2	≥770					
3	≥750	≤8.0				
4	≥730					
5	≥710	≤10.0				
等外	<710	—				

注："—"为不要求。

一、小麦籽粒特性与营养品质

（一）小麦籽粒的外观品质

（1）粒重。指每 1000 粒风干种子的绝对质量。千粒重反映籽粒的大小和饱满程度。千粒重适中的小麦籽粒大小均匀度好，出粉率较高；千粒重低的小麦籽粒较为秕瘦，出粉率低；千粒重过高的小麦籽粒，其整齐度下降，在加工中也有一定缺陷。

（2）容重。指每升小麦的绝对质量。容重与籽粒的形状、大小、饱满度、整齐度、质地、杂质、腹沟深浅、水分等多种因素有关。容重大的小麦出粉率较高。

（3）角质率。角质率是角质胚乳在小麦籽粒中所占的比例，与质地有关。角质率高的籽粒硬度大，蛋白质含量和湿面筋含量高。

（4）籽粒硬度。反映籽粒的软硬程度。角质率高的籽粒质地结构紧密，硬度较大。硬度可反映蛋白质与淀粉结合的紧密程度，硬度大的小麦在制粉时能耗也大。

（5）籽粒形状。小麦籽粒形状有长圆形、卵圆形、椭圆形和短圆形。籽粒形状越接近圆形，磨粉越容易，出粉率越高。

（6）腹沟深浅。腹沟深的小麦籽粒，皮层比例较大，易沾染杂质，加工中难于清理，会降低出粉率和面粉质量。

（7）种皮颜色。白皮小麦一般皮层较薄，出粉率较高。我国居民对白皮小麦有习惯性偏好。

小麦籽粒的性状还包括种子的长、宽、厚，具体如表 2-9 所示。

表2-9　　　　　　　　　　　　小麦的籽粒粒度范围

项　目	籽粒粒度 mm		
	长　度	宽　带	厚　度
尺寸范围	4.5~8.0	2.2~4.0	2.1~3.7
平　均　值	6.2	3.2	2.9

(二) 小麦的解剖学特性

关于小麦的解剖学特性影响加工工艺，在这里作简单介绍。小麦籽粒在发育过程中，其果皮和种皮紧密相连，不易分开，故称颖果。在农业生产中称其为种子。麦粒平均长度为 8 mm，质量约 35 mg。从外观来看，麦粒有沟的一面叫腹面，这条纵向的沟叫腹沟，腹沟的两侧叫果颊。与腹面相对的一面叫背面，背面基部有胚，顶端有短而坚硬的茸毛，叫果毛(冠毛)。表2-10展示了小麦粒结构的层次关系。

表2-10　　　　　　　　　　　小麦的籽粒结构层次关系

小麦籽粒(颖果)	果皮	外层	1. 表皮	
			2. 皮下组织	
			3. 薄壁细胞残余层	
		内层	1. 中间细胞层	
			2. 横细胞层	
			3. 管状细胞层	
	种子	种皮	(外种皮、种皮、内种皮)和色素囊	
		珠心层	(透明层、外胚乳)和珠心突出物	
		胚乳	1. 糊粉层	
			2. 淀粉质胚乳	
		胚	子叶(盾片)	1. 上皮
				2. 薄壁组织
				3. 维管束原组织
			胚轴	胚芽(含胚芽鞘)
				原生根(为胚芽鞘所覆盖)
				次生侧小根
			外胚叶	

(1)果皮。果皮包裹着整个种子,有多层组织(参见表 2-10),有表皮层(外表皮和下表皮)、皮下组织、横细胞、管状细胞。果皮约占籽粒的 5%~8.9%,成熟的麦粒果皮 40~50μm,约含蛋白约 6%,灰分 2.0%,纤维素 20%,脂肪 0.5%,其余主要为阿拉伯木聚糖等半纤维素。

(2)种皮和珠心层。果皮管状细胞的内侧就是种皮,种皮的内侧是珠心层。种皮包括较厚的外皮、色素层(决定小麦颜色)、较薄的内皮。种皮厚 5~8μm。珠心层厚约 7μm。

(3)糊粉层。糊粉层在珠心层内侧,包围着淀粉胚乳和胚芽。糊粉细胞是厚壁细胞,呈立方形,无淀粉。平均厚度约 50μm,细胞壁有大量纤维素。糊粉细胞中的糊粉粒,其结构和成分复杂。糊粉层含有很高的灰分、蛋白质、磷、脂肪和尼克酸;还有硫胺素和核黄素、酶活性也高。胚部糊粉层薄,约为 13μm。制粉时,糊粉层随珠心层、种皮和果皮一同去掉,形成麸皮。

(4)胚。胚位于麦粒背面基部,内侧紧贴胚乳,外侧被皮层包裹。胚由子叶、胚芽鞘、胚芽、胚轴、初生根、胚根鞘、根冠等组成。胚含有很高的蛋白质(25%)、糖(18%)、油脂(6%~11%)、灰分(5%),还有 B 族维生素和多种酶,以及维生素 E。

(5)胚乳。糊粉层以内的部分为胚乳,占麦粒的绝大部分。胚乳由许多胚乳细胞组成,不同部位的胚乳细胞的形态和内含物不同。胚乳细胞充满了淀粉粒,淀粉粒之间充满有蛋白体,蛋白体的主要成分是面筋蛋白。根据胚乳中蛋白质含量的差异以及结构紧密程度的不同,可分为角质胚乳、半角质胚乳和粉质胚乳,角质程度是区分硬质麦和软质麦的依据。硬质麦蛋白质含量高,胚乳呈透明状(玻璃质状),结构紧密;软质麦蛋白质含量低,质软,白色不透明(粉质状),结构不致密。胚乳细胞内含物及其细胞壁是面粉的主要成分,小麦各组成部分占比如表 2-11 所示。

表 2-11　　　　　　　　　　小麦各部分的比例

麦粒	皮层和糊粉层	胚	胚乳
100%	14.5%~18.5%	2.0%~3.9%	78%~84%

(三)小麦的营养品质

小麦的营养品质主要是指小麦籽粒中碳水化合物、蛋白质、脂肪、矿物质和维生素，以及膳食纤维等营养物质的含量及化学组成的相对合理性。一般在籽粒的外果皮和内果皮中含有大量的粗纤维、五聚糖和纤维素；在麦胚的子叶和胚轴内含有丰富的脂肪；在糊粉层内含有较高的灰分；胚和糊粉层均为蛋白质的密集部位。小麦蛋白质中赖氨酸为第一限制性氨基酸，苏氨酸是第二限制性氨基酸。小麦籽粒中脂质含量很低，但脂肪酸组成好，亚油酸所占比例很高。小麦籽粒中的维生素主要是复合维生素B、泛酸及维生素E，维生素A含量很少，几乎不含维生素C和维素D。小麦籽粒中含有多种矿物质元素，多以无机盐形式存在。其中钙、铁、磷、钾、锌、锰、钼、锶等对人体作用很大。

以上这些营养物质的功能作用在稻谷加工工艺中已有讨论，所不同的是这些营养素在稻谷与小麦中的含量差异，以及在小麦中所处籽粒结构的含量比例，小麦籽各部分营养成分如表2-12所示。

表2-12　　　　　　小麦籽粒各部分营养成分(干物质)　　　　　(单位:%)

所在部位	重量比例	粗蛋白质	粗脂肪	淀粉	糖分	戊聚糖	纤维素	灰分
全粒	100.00	16.07	2.24	63.07	4.32	8.10	2.76	2.18
胚乳	87.60	12.91	0.68	78.93	3.54	2.72	0.15	0.45
胚	3.24	37.63	15.04	0	25.12	9.74	2.46	6.32
糊粉层	6.54	53.16	8.16	0	6.82	15.64	6.41	13.93
果皮、种皮	8.93	10.56	7.46	0	2.59	51.43	23.73	4.78

尽管不一一讨论小麦的营养成分，但在这些营养成分中有一个必须特别提出来，那就是小麦中的蛋白质。

自然界中蛋白质种类繁多，分子结构较为复杂，目前还不能按其化学结构来分类。通常根据蛋白质的组成和特性将其分成简单蛋白质和结合蛋白质两类。和其他谷物一样，小麦籽粒中的蛋白质绝大部分是简单蛋白质，结合蛋白质含量不多。简单蛋白质指分子中只含有α-氨基酸的一类蛋白质。根据溶解性习惯将小麦蛋白质分成清蛋白、球蛋白、麦醇溶蛋白(也称麦胶蛋白、醇溶麦谷蛋白)、麦谷蛋白4类。

大多数具有生理活性的蛋白质(代谢蛋白)均发现在清蛋白类和球蛋白类中。小麦中的清蛋白和球蛋白集中在糊粉层细胞和胚中，胚乳中含量较低。从营养观点看，清蛋白和球蛋白氨基酸平衡得很好，小麦蛋白质中赖氨酸、色氨酸、精氨酸含量较高，而这三种氨基酸在其他谷物中的含量都较低。

麦醇溶蛋白和麦谷蛋白是小麦中的储藏蛋白，用于幼苗生长。这些蛋白质基本上局限在小麦的胚乳中，果皮和胚中没有。麦醇溶蛋白中，具有重要营养意义的赖氨酸、色氨酸和蛋氨酸的含量都低。麦谷蛋白与麦醇溶蛋白的组成相似。

小麦的储藏蛋白（面筋蛋白）是独特的，它们也是功能蛋白，不具有生理活性，但具有形成面团的功能，能保持气体从而生产各种松软的烘烤或蒸煮食品。

小麦籽粒中蛋白质含量改变时，各种蛋白质的相对组成也随之变化。随着样品中蛋白质含量的增加，清蛋白和球蛋白的量也会增加。但以占总蛋白的百分率计，这种增加没有储藏蛋白百分率的增加快，这表明清蛋白和球蛋白是生理活性蛋白，而麦醇溶蛋白和麦谷蛋白为储藏蛋白是符合逻辑的。随着作物生产较多的蛋白质，将有更多的蛋白质变成储藏蛋白。

在小麦粉中加水至含水量高于35%时，再用手工或机械进行揉和即得到黏聚在一起具有黏弹性的面块，这就是所谓的面团。面团在水中搓洗时，淀粉和水溶性物质渐渐离开面团，冲洗后，最后只剩下一块具有黏合性、延伸性的胶皮状物质，这就是所谓的湿面筋。湿面筋干燥后可得到干面筋（又称谷朊粉）。在所有谷物粉中，只有小麦粉能形成可夹持气体从而生产出松软烘烤或蒸煮食品的强韧黏合的面团。

小麦蛋白，更准确地说是面筋蛋白，是小麦具有独特性质的根源。为何面筋蛋白质相互作用可以形成强韧黏合的面团呢？至今仍然不清楚。有研究认为可能是与氨基酸组成的比例有关。

二、小麦籽粒的结构力学性质

小麦籽粒的结构力学性质主要关注的是小麦籽粒的硬度。小麦胚乳的硬度（质地）被定义为破碎籽粒时所受到的阻力，即破碎籽粒时所需要的力。小麦籽粒质地的软硬是评价小麦加工品质和食用品质的一项重要指标，并与小麦育种和贸易价格等多方面密切相关。硬度是国内外小麦市场分类和定价的重要依据之一，也是各国的育种专家重要的育种目标之一。一般而言，小麦籽粒硬度高的称硬麦，用作面包生产的小麦粉是硬麦加工的产品；小麦籽粒硬度低的称软麦，用作糕点生产的小麦粉是软麦加工的产品。

小麦硬度与小麦加工工艺和最终产品品质密切相关。小麦的制粉品质与籽粒硬度密切相关，硬度是表示小麦研磨品质的主要指标。小麦硬度的变化可使小麦制粉流程中各系统在制品数量和质量、各设备工作效率、面粉出率和面粉质量、加工动力消耗等产生很大变化。硬质麦胚乳中淀粉粒与蛋白质基质密结，其胚乳粒(渣)在心磨系统中较难被研细而达到粒度要求,因而研磨耗能较多,但其胚乳易与麸皮分离,出粉率高,小麦麸星少、色泽好、灰分低,而且压碎时大多沿胚乳细胞壁的方向破裂而不是通过细胞内含物,形成颗粒较大、形状较规整的粗粉,流动性好,便于筛理;软质麦则相反,小麦粉颗粒小而不规则,表面粗糙,粒度分布小且有较多的小粒存在,软麦粉及其制粉中间物料较为蓬松,密实度小、流动性差,容易造成粉路堵塞,筛理效率也较差,综合表现为加工软麦时总出粉率下降、产量降低、总动耗增加、操作管理难度增大。

小麦制粉流程和相应的设备技术参数通常是根据待加工原料小麦硬度范围来确定,确定了的制粉工艺流程对原料小麦的硬度变化适应范围有很大的局限性。因此,预先测定原料小麦的硬度,对及时调整制粉工艺流程和相应的技术参数,确定配麦方案、保持流程的物料平衡和生产稳定、提高生产效率等,都具有重要的技术指导意义。

目前,国内小麦粉加工企业经济效益的好坏在很大程度上取决于不同等级的小麦粉联产加工时高精度、低灰分(如灰分0.5%以下)面粉的出率。小麦粉加工厂所有的技术改造工作,包括工艺设计、设备操作等,都是为了多生产这部分好粉。相应地,采取的技术措施有精细的物料分级处理、长粉路设计、使用喷砂光辊和松粉机辅助出粉、扩大清粉的范围、磨辊技术参数特殊设置,以及磨粉机适宜操作等。因此,小麦硬度自身对高精度、低灰分面粉出率的重要影响已引起制粉业广泛的关注和高度重视。目前加工厂生产的高精度、低灰分面粉基本来自制粉系统的心磨系统,而心磨系统的来料几乎又全部来自清粉系统;制粉系统送往清粉机的物料越多,心磨系统的来料也就越多,出好粉的机会也就越多。现在工艺设计和设备操作的指导思想就是为了制粉系统多制造麦渣和麦心,保证清粉机的来料饱满,而在同样的加工工艺和加工设备前提条件下,不同硬度的小麦在研磨和筛分后麦渣和麦心的数量差异悬殊,即选择硬麦加工时,高精度、低灰分面粉的出率要高。

我国现阶段使用角质率的大小来反映小麦的硬度。小麦角质率的测定采用目测法《GB/T 5493—2008 粮食、油料检验类型及互混检验法》,一般做法是从小麦样品中随机取出约100粒正常的小麦,将每粒小麦用刀片从中部横向切断,玻璃状透明体(角质胚乳部分)占本籽粒截面1/2以上的小麦定义为角质粒;小于1/2(含1/2)的小麦为粉质粒。角质粒的总粒数占所取样品粒数的百分数,即为小麦角质率。与角质率概念对应的是小麦粉质率。由于涉及感官评价,在实际操作中不易准确判断,人为误差大,执行中往往引起纠纷。

尽管在正常收获、干燥的小麦中,硬度与角质率之间存在着显著的正相关，但也有例外，角质率高的小麦未必硬，角质率低的小麦未必软，因此，用角质率表示小麦硬度不完全合理。角质率虽然与硬度有关，但它们是两个不同的概念。

表 2-13、表 2-14、表 2-15、表 2-16 是一组对小麦结构力学性质进行测定的试验数据。

表 2-13　　　　　　　　整粒小麦在不同水分条件下的破坏力

水分/%	抗压力/(kg/cm²)	抗剪力/(kg/cm²)	抗切力/(kg/cm²)
13.5	102	40	24
14.0	99	36	23
14.5	89	35	19

表 2-14　　　　　　　　胚乳在不同水分条件下的破坏力

胚乳水分/%	抗压力/(kg/cm²)	抗剪力/(kg/cm²)	抗切力/(kg/cm²)
14.0	69	10.9	9.7
14.5	58	9.8	9.2
15.0	42	9.7	8.3

表 2-15　　　　　　　　表皮在不同水分条件下的破坏力

表皮水分/%	纵向破坏力/(kg/cm²)	横向破坏力/(kg/cm²)
16.5	228	210
12.7	208	134
6.3	191	103

表 2-16　　　　　　　　不同类型小麦胚乳的破坏力

小麦类型	水分/%	角质率/%	抗压力/(kg/cm²)			抗剪力/(kg/cm²)			抗切力/(kg/cm²)		
			大	小	平均	大	小	平均	大	小	平均
硬麦	10.1	92	108	63	77.3	61.7	18.4	35.1	23.8	9.24	15.9
软麦	14.0	40	121	52	69.0	22.5	8.2	10.9	16.4	7.7	9.7

从以上测定数据可以得出以下结论。

(1) 不同种类的小麦及各组成部分的组织结构对强度有很大影响,各种破坏力以麦皮为最大、胚乳最小、麦粒居中。所以小麦在研磨时,胚乳易于粉碎,而麦皮粉碎却较困难。现有制粉技术正是利用这一原理,将胚乳磨成面粉,而把麸皮提出来,所以在制粉过程中,保证麸皮适宜的完整性可以降低动力消耗。

(2) 试验结果还表明,破坏胚乳所需的压力比剪力和切削力都大得多。所以在磨制允许少量麸皮磨入面粉中的高出粉率面粉时,磨粉机的磨辊都采用齿辊而不用光辊,这样可大大降低动力消耗。

(3) 麦粒、胚乳、麦皮的水分不同,所需的破坏力也不同。胚乳和整粒小麦都是水分越高,抗破坏力越弱,而表皮正好相反。所以应根据制粉工艺的要求,将入磨小麦的水分控制在工艺适宜的最佳范围内,从而保证胚乳和表皮相应的抗破坏力能力。

三、小麦粉(面粉)加工工艺

由于小麦籽粒的特殊解剖学结构以及营养成分的特殊性质,在漫长的加工实践与探索中,形成了食用小麦通常是磨制成粉,然后进行二次或多次加工形成我们所中意的食品。小麦粉加工工艺分为小麦原麦到净麦的加工前处理工艺,分级制粉流程以及小麦粉的后处理工艺,如图 2-5 所示。

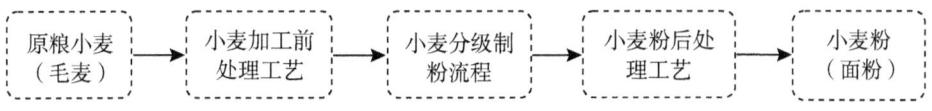

图 2-5 小麦粉加工工艺流程

下面我们分别讨论上述小麦粉的加工工艺。

(一) 小麦加工前处理工艺

小麦在田间生长过程中,和其他谷物一样难免要受到自然灾害的影响或病虫害的感染;在收割、脱粒、干燥、运输和储藏过程中,也难免混入各种各样的杂质。小麦中混有杂质直接影响制粉的安全生产和成品质量。例如,一些坚硬的杂质(如石子、金属等),在生产中容易损坏机器工作表面,甚至会因强烈摩擦碰撞而引起火花,酿成火灾或粉尘爆炸事故;小麦中的纤维性杂质容易堵塞输送管道,影响正常生产;灰土、砂石使面粉变得牙碜;皮层为褐色的野草种子及含有黑色孢子且具有腥味的黑穗病麦粒,会影响面粉的色泽和气味。还有些野草种子(如毒麦、麦仙翁等)和感染病害(如赤霉病、麦角菌等)的麦粒含有毒素,人们食用后会引起食物中毒。因此,小麦在加工之前必须把混在其中的各种杂质彻底清除,才能提高面粉纯度,保证产品质量和食品安全卫生,满足食品工业和人民生活的需要,确保人们的身体健康,并达到安全生产的目的,同时还有利于杂质的收集、整理和综合利用。

由于小麦的品种不同、生长条件不同,麦粒的大小和密度也不尽相同。为了高效率地清除各种杂质,有时将小麦先按粒度或密度不同进行分级,使杂质聚集在一起,然后再集中清理其中的杂质。在加工质量较次的小麦时,为了提高研磨效率和保证成品质量,有时也可将小麦先按粒度分级,然后把小粒麦直接送入中路皮磨系统去研磨,以缩短皮层占比例较大的小粒麦的研磨周期,避免麸皮过多地混入成品。

小麦的加工前处理工艺如图2-6所示,从这个工艺图上我们可以看出,其有一部分与清理有关的流程如初清、风选、筛选、重力分选、磁选与前面介绍的稻米加工的清理流程所使用的原理、清理方式以及所要达到的目的是一样,这里不再赘述。在此部分主要介绍与稻米加工工艺中清理流程(前处理流程)不一样的部分,如精选、表面处理(打麦、洗麦)、调质处理(着水、润麦、喷雾着水)等工艺。

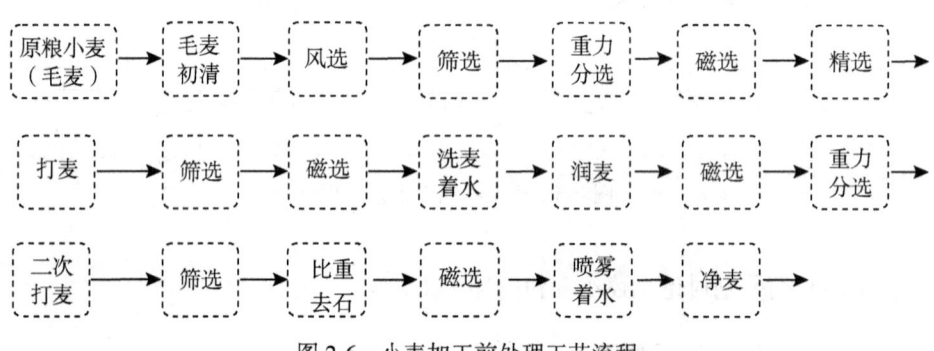

图2-6 小麦加工前处理工艺流程

1. 精选

小麦前处理工艺的精选工艺是利用不同籽粒长度的差异将长度存在差异的籽粒进行分类,满足后续工艺组合的需要。长度分离是根据谷物籽粒的长度不同,利用具有一定深度袋孔的器械将其分离。较短的籽粒可以被嵌入袋孔并被带走,较长籽粒则不能,从而将长粒与短粒分开。用于长度分离的、具有一定深度袋孔的器械有碟片与滚筒两种，相对应的设备为碟片精选机和滚筒精选机。

（1）碟片分离的原理。碟片是碟片精选机的主要工作构件，成组安装在同一水平轴上，碟片两面有许多凹窝，叫做袋孔，借助碟片的旋转运动，可使毛麦堆中短粒嵌入袋孔，带到一定高度位置后落入收集槽中，而长粒则因为长度大于袋孔深度，重心在袋孔外面而先于短粒落下，仍回到长粒群体中去，从而将短粒从长粒中分离出来。

（2）滚筒进行长度分离的原理。滚筒也是利用袋孔长度的不同而分级。其主要工作构件为一内表面具有袋孔的卧式圆筒状滚筒，滚筒内设有短粒收集槽，长短不均的小麦进入滚筒后，随着滚筒的旋转，不断与内表面相接触，使短粒进入袋孔内，当滚筒转到某一角度后，短粒便靠自身重力脱离袋孔落入收集槽。而长粒靠滚筒内表面摩擦力的带动，上升的位置较低，仅在滚筒底部运动，从而使长短粒得以分离。

2. 打麦

打麦又称干法表面处理，是小麦前处理工艺中对小麦进行表面清理的工艺，其目的就是清除小麦表面黏附的灰尘及并肩泥块、煤渣、病虫害小麦等，用于光麦清理时还可以打掉部分麦皮和麦胚，对于提高面粉色泽、降低面粉灰分和含砂量起着很大作用。打麦这种干法处理主要包括打击与撞击、碾削和擦刷方法。

（1）打击与撞击。打击是根据小麦和杂质的强度不同，在具有一定技术特性的工作筛筒内，利用高速旋转的打板对麦粒进行打击，使麦粒与打板、麦粒与筛筒、麦粒与麦粒之间反复碰撞和摩擦，从而达到使小麦表面杂质与小麦分离的目的。撞击则是利用高速旋转的转子对麦粒的撞击、麦粒与撞击圈之间的撞击，以及麦粒与麦粒之间反复碰撞和摩擦，从而使小麦表面杂质与小麦分离。

打击与撞击主要用于小麦的表面清理。在小麦清理中一般采用两道打麦，如采用湿法清理，也可采用一道打麦。若采用两道打麦，一般在水分调节前轻打，水分调节后重打。这是因为小麦着水前干而硬，质地较脆，容易产生过多碎麦、打掉麦胚，影响后续清理设备效果和水分调节。小麦着水后皮层韧性增加，采用重打，有利于表面清理。在每道打麦（撞击）之后应配合筛选和风选，以提高表面清理效率。用于小麦表面清理的设备主要有打麦机、擦麦机、撞击机、撞击吸风打麦机等。打击与撞击也可用于制粉部分，起辅助研磨、辅助筛理、松粉和杀虫作用，主要设备有打麸机、打板圆筛、松粉机、杀虫机等。

（2）碾削。碾削清理就是通过碾削作用对小麦表面进行清理，其基本原理是利用小麦表面的灰尘等杂质与小麦的结合强度较低、小麦的皮层有一定韧性，借助旋转的粗糙工作构件和圆筒，使小麦在圆筒内保持一定的密度和压力，通过工作构件对小麦进行碾削和摩擦，使小麦表面的灰尘等杂质和部分皮层被碾去，借助吸风系统吸走碾下的杂质，达到碾削清理的目的。常用的碾削清理的设备有卧式碾麦机、立式碾麦机、碾打刷组合机。

碾削清理是近年来随着小麦制粉新工艺而出现的一种清理方法。它主要是通过碾削、摩擦作用，使小麦表面和腹沟的灰尘、细菌和麦毛被清除，同时也可碾去部分麦皮。碾削清理对提高成品质量、降低成品中细菌和农药含量，以及对劣质小麦（如霉麦、芽麦等）的利用方面都有很大优势。通过碾削去除小麦最外部的部分麦皮，其作用有两点。其一是可以缩短润麦时间。因为小麦皮层中的珠心层透水性很差，碾去这部分麦皮可以缩短润麦时间，降低润麦仓仓容。其二是可以缩短粉路，降低成品面粉的灰分。因为部分麦皮已被碾去，可以减少研磨道数，同时麦皮磨碎混进面粉的可能也被降低，有利于保证成品质量，降低成品灰分。

碾削清理需要皮层保持一定韧性。实践证明，小麦的皮层吸水后韧性会增强。因此，在碾削清理前必须采用着水机给小麦加一定的水分，使小麦部分膨胀，表皮韧性增强，脆性降低，有利于碾削过程中表皮与麦粒分离开。实际生产过程中，着水机的加水量一般控制在进机小麦流量的 0.5%～1.0%。

碾削脱皮清理工艺流程为：毛麦→筛选、去石、精选→加水 0.5%～1.0%→碾削脱皮。

通过碾麦机的碾削作用，可碾去小麦皮层 5%～8%，由于碾去了部分麦皮，使水分调节的时间可缩短至 2～4h。但碾削后麦粒的部分胚乳已外露，着水后在润麦仓中易板结，因此采用该工艺时，小麦在润麦仓中不能久留，最好采用动态润麦的方法。

(3) 擦刷。擦刷设备主要是利用刷毛的擦刷作用清理谷物表面，即通过刷毛与麦粒的接触及相对运动对麦粒表面进行净化处理。刷掉的灰尘和皮屑借助吸风分离设施加以分离。

擦刷主要用于小麦的表面清理。刷麦是在打击与撞击、清洗、碾削等表面处理基础上，对小麦表面进行进一步清理，其目的是将附着在麦粒表皮和腹沟内的残余杂质刷掉，同时刷掉部分表皮和麦胚等。刷麦所用设备称刷麦机，一般用在光麦清理之后入磨之前，效果最佳。小麦经水分调节后，表皮易脱落，如进入粉间研磨会影响面粉质量。对于生产优质面粉时，刷麦机显得尤为重要。

3. 洗麦

利用水的溶解和冲洗作用可净化小麦表面，常用的清洗设备一般具备去石功能，它是根据小麦和砂石的比重、大小、形状及在水中的沉降速度不同，分离出石子和有害粮粒。

不同颗粒物在水中，不仅受重力的作用，而且还受水的浮力和阻力的作用。密度比水大的颗粒在水中下落时，在最初的瞬间，颗粒受重力的作用加速沉降。由于阻力随着速度的增加而迅速增加，重力、浮力和运动阻力经短暂的时间就达到平衡。于是，颗粒做等速运动，此时的运动速度称为该颗粒在水中的终点沉降速度。根据沉降速度的不同，将物料分成几种等级的过程，称为水力分级。水力分级和风力分级有类似的地方，颗粒在水中的沉降速度其意义相当于颗粒在气流中的悬浮速度，区别在于介质的密度和黏度不同。

影响颗粒沉降速度的因素很多且复杂，如颗粒的粒度、密度和表面形状等；小麦腹沟中附着的小气泡，使本身质量减轻，沉降速度减小；介质的密度、黏度等。此外，颗粒在介质中的分布密度也影响其运动阻力。

由于水的密度和黏度比空气大很多，因此颗粒在水中的运动状态较在空气中有显著不同，小麦和杂质在水中表现出来的性质差异也比在气流中大。体积相同而比重不同的颗粒，其质量比值在水中和在空气中相差若干倍。因此，单从去石角度看，用水选比风选更为有效。

清洗也称湿法清理，主要用于小麦的清理，常用清洗设备主要有去石洗麦机。去石洗麦机具有清洗小麦表面杂质、去石和着水等多种功能，是典型的一机多用型设备，且具有很好的清理效果。其缺点是用水量大、污水需处理才能排放。

为保证清洗和石子分离效果，入机小麦应先通过筛选、小麦的清洗用在毛麦清理的后段，着水润麦之前。

由于清洗是在水介质中进行，所以小麦前处理工艺常常把洗麦和我们后面要讨论的水分调节的着水合并进行，在洗麦的同时也进行一定量的水分调节。

4. 着水和润麦

着水和润麦是小麦净麦进入制粉阶段的一个重要工艺，也是前处理工艺的最后一个控制性工艺，通常称这个阶段叫"水分调节"，又称之为"调质处理"阶段。

小麦净麦进入碾磨制粉加工前要进行水分调节，是因为小麦加工的基本工序都是物理过程，不同的小麦加工工艺对小麦的品质和水分要求也不同。小麦在品种、水分及品质等方面的差别对小麦的加工工艺和产品质量产生影响。为了使小麦更加适合加工、满足产品质量的要求，必须用科学的方法对这些原料进行预处理，如水分调节、蒸汽调节等。通过水热处理改善小麦加工品质和食用品质的方法称为小麦的调质。

小麦的吸水性能是进行小麦调质的基础,由于小麦各组成部分的结构和化学成分不同,其吸水性能也不同。胚部和皮层纤维含量高,结构疏松,吸水速度快且水分含量高;胚乳主要由蛋白质和淀粉粒组成,结构紧密、吸水量小、吸水速度较慢。因此,水分在小麦各组成部分的分布是不均匀的。胚部水分最高,皮层次之,胚乳的水分最低。

蛋白质吸水能力强(吸水量大)、吸水速度慢,淀粉粒吸水能力弱(吸水量小)、吸水速度快,故蛋白质含量高的小麦具有较高的吸水量和较长的调质时间。调质处理时,应根据小麦的内在品质和水分高低合理选择调质方法和调质时间。

小麦是一种毛细管的多孔体,在这种毛细管多孔体中,水分的扩散转移总是由水分高的部位向水分低的部位移动。在热力的作用下,水分转移的速度会明显加快,这种水分扩散转移受热力影响的现象,称为水热传导作用。小麦调质就是利用水扩散和热传导作用达到水分转移目的的,水分的渗透速度与温度有着直接的关系,加温调质比室温调质更迅速、更有效。

小麦在调质过程中,皮层首先吸水膨胀,然后糊粉层和胚乳相继吸水膨胀。由于三者吸水先后、吸水量及膨胀系数不同,在三者之间会产生微量位移,从而使三者之间的结合力受到削弱,使胚乳和皮层易于分离。

由于胚乳中蛋白质与淀粉粒吸水能力、吸水速度不同,膨胀程度也不同,引起蛋白质和淀粉颗粒之间产生位移,使胚乳结构变得疏松,强度降低,便于破碎。

小麦的加工方式对调质时结构的变化要求不一样,小麦制粉时要求皮层和胚乳既易于分离,又要使胚乳易于破碎。因此,应根据小麦加工要求选择调质设备和调质时间,使小麦满足不同的加工要求。

小麦水分调节分为室温水分调节和加温水分调节。室温水分调节是在室温条件下,加室温水或温水(< 40℃);加温水分调节分为温水调质(46℃)、热水调质(46~52℃)。加温水分调节可以缩短润麦时间,对高水分小麦也可进行水分调节,一定程度上还可以改善面粉的食用品质,但所需设备多、费用高。广泛使用的小麦水分调节方法是室温水分调节。

小麦水分调节(着水和润麦)可以一次完成,也可二次、三次完成,一般在经过毛麦清理以后进行。也可采用预着水、喷雾着水的方法。

预着水:为使收购的小麦达到通常小麦的水分含量或在某种工序前需进行的着水(如碾削清理前)。

喷雾着水:在入磨前进行喷雾着水,以补充小麦皮层水分,增加皮层韧性，提高面粉的色泽。喷雾着水的着水量为 0.2%~0.5%，润麦时间为 30min 左右。生产中普遍应用的是一次着水，随着对入磨小麦要求越来越高，二次着水越来越受到重视，特别是在润麦效果较差的寒冷天气。三次着水，一般在加工高硬度小麦（如杜伦小麦）时应用。

小麦着水后，需一定的时间让水分向小麦内部渗透以使小麦各部分的水分重新调整，这个过程叫润麦，润麦通常在麦仓中进行，这种麦仓称作润麦仓。润麦仓一般采用钢筋混凝土、钢板或木板制成。

5. 配麦

在有些工厂因原料来源复杂且成品面粉的品质要求较高，为适应不同的原粮品质和成品的要求，会设计配麦工艺，亦即小麦的搭配。

将多种不同类型的小麦按一定配比混合加工的方法称为小麦搭配。将不同小麦分别先加工成面粉，再按相应比例搭配混合的方法称为面粉搭配。搭配是小麦制粉生产中的一个重要环节，与生产的稳定，加工成本的高低、产品的质量及质量的稳定，以及经济效益的好坏等密切相关。小麦制粉厂均可进行小麦搭配，而只有具备散装配粉仓的粉厂方可在后处理工序进行灵活的面粉搭配。

小麦搭配的目的包括：①合理利用原料，保证产品质量。根据面粉质量要求，将不同类型、不同等级的多批小麦混合加工，使其性能优势互补，生产出合格产品，并可充分利用原料资源。②使入磨小麦加工性能一致，保证生产过程相对稳定。不同类型和等级的小麦在制粉生产过程中，其加工特性及研磨在制品的分配比例都存在较大差异，若按一定比例混合后，可保证研磨小麦在一段时期内相对稳定。生产过程中针对混合后小麦特性进行相应的操作调整后，即可稳定生产。原料的稳定对自动化程度高的粉厂尤为重要。③在保证产品质量的前提下，尽量降低原料及生产成本。④保证产品质量的长期稳定，即保证不同批次生产的同一品种同一等级的面粉质量相同。专用小麦粉尤其要保证质量的稳定。

小麦搭配的要求包括：①按生产面粉的质量要求，选购相应品质的小麦。②具有足够的仓容，分类存放购入的小麦，不可互混。③对购入小麦进行相应的品质检验，包括杂质含量、水分、硬度、面筋含量、粉质特性、拉伸特性、降落数值、糊化特性等。并将其按原料的产地、品种、等级、质量指标、数量、价格等分类储存、数据备案。④具有完善的实验设备和条件。⑤工艺流程中设置有相应的搭配设施。

小麦搭配可以在毛麦清理前或润麦后（净麦）进行。有的流程在上述两个位置均设有配麦装置。若在润麦后搭配，不同批次的小麦可以分别进行毛麦清理和水分调节，在小麦从润麦仓出仓时按比例进行搭配。其优点是可以对不同硬度的小麦施以不同的着水量与润麦时间,使硬度较大的小麦能有较高的入磨水分,从而有更好的研磨性能。其缺点是需要较多的润麦仓用于周转,品种更换和润麦时间的掌握比较麻烦。硬度差异较大的小麦宜在润麦后进行搭配。在毛麦清理前进行搭配的优点是工艺简单、操作方便,毛麦清理不需要经常更换品种,润麦时间也容易掌握。

(二) 小麦制粉

由于小麦营养成分特殊的物理性能,人们在食用小麦时都是将其碾磨成粉后进行二次加工来食用。小麦制粉的目的是将经过清理和水分调质后的小麦(净麦)通过机械作用的方法,加工成适合不同需求的小麦粉,同时分离出副产品。制粉是小麦加工最复杂也是最重要的工段,制粉过程的关键是如何将胚乳与麦皮、麦胚尽可能完全地分离,因此,制粉要解决的首要问题是如何保证高的出粉率和小麦粉中低的麦皮含量,这也是制粉过程的复杂所在。随着社会的发展和进步,专用粉的生产已经成为趋势,对制粉工艺的要求也越来越高。根据食用品质把小麦中不同部位的胚乳分离提纯,并按在制品品质进行工艺组合,以生产质量较好的专用小麦粉。

小麦皮层组织主要含纤维素、半纤维素和少量植酸盐,人体对其不能消化吸收,并且其对面制品的品质有不良影响,在制粉过程中应除去小麦皮层组织。糊粉层含有蛋白质、B族维生素、矿物质和少量纤维,其营养成分丰富。但是糊粉层蛋白质不参与面筋的形成,糊粉层也对面包、面条等面制食品的口感、外观等产生不良影响。所以,在制粉过程中原则上应予除去。小麦胚的营养极为丰富,但小麦麦胚中脂肪酶和蛋白酶含量高、活性强,会影响面粉储藏期。小麦胚对食品品质也会产生不良影响。故在制粉过程中应将麦胚提出。胚乳中主要含有淀粉和面筋蛋白,它们是组成具有特殊面筋网络结构面团的关键物质,使面筋能够制出品种繁多、造型优美、符合人们习惯的各种可口面制食品。因此,胚乳是制粉所要提取的部分。

因此,小麦制粉的任务是将净麦破碎,刮尽麸皮上的胚乳,将胚乳研磨成面粉,分离出混在面粉中的麸屑。小麦制粉流程简称粉路,包括研磨、筛理、清粉和刷麸等环节。小麦制粉应将胚乳与麦皮(包括糊粉层)和麦胚分离。其最佳方法应该是剥皮制粉,最大限度地避免胚乳部分受皮层和麦胚的污染。但是麦粒结构特殊,皮层与胚乳组织之间没有明显的分离层,且结合紧密,加上麦粒上有一腹沟,占表皮 $1/4 \sim 1/3$,本身形状很不规则,所以不可能做到完全剥皮。

1. 小麦制粉方法

小麦制粉方法因生产规模和产品种类与质量的不同而有所差异，一般可分为一次粉碎制粉和逐步粉碎制粉两种。

(1)一次粉碎制粉。一次粉碎制粉是一种最简单的制粉方法，它的特点是只有一次粉碎过程。小麦经过一道粉碎设备粉碎后，直接进行筛理（或不筛理）制成小麦粉。一次粉碎制粉很难实现麦皮与胚乳的完全分离，胚乳粉碎的同时也有部分麦皮被粉碎，而麦皮上的胚乳也不易刮干净。因此一次粉碎制粉的小麦粉质量差，适合于磨制全麦粉或特殊食品用小麦粉，不适合制作高等级的食用小麦粉。

(2)逐步粉碎制粉。逐步粉碎制粉是小麦粉加工企业广泛采用的制粉方法，按照加工过程的复杂程度它又可分为以下两种：单机或多机重复研磨制粉与分级制粉。

①单机或多机重复研磨制粉是将小麦研磨后筛出部分小麦粉，剩下的物料混在一起继续进行第二次研磨，这样重复数次，直到获得一定的出粉率和小麦粉质量。这种方法不提取麦渣和麦心，利用单机重复研磨或用几台磨粉机组成的小型机组加工，我国农村目前还存在采用这种制粉方法的辊式磨粉机或盘式磨粉机以及其机组。

②分级制粉又可分为：逐步研磨筛选分级法和逐步研磨分级与精选的制粉方法。

A. 逐步研磨筛选分级制粉法是在制粉工艺流程中提取麦渣、麦心，但不清粉的分级制粉方法，将小麦经过前几道研磨系统研磨后产生的物料分离成麸片、麦渣、麦心和粗粉，然后按物料的粒度和质量分别送往相应的系统研磨。我国以前广泛采用的"前路出粉法"生产标准粉基本上属于这一类型，这种方法通常采用5~10道研磨和筛理系统。心磨一般采用齿辊，小麦粉粒度较粗，能生产高出粉率(>85%)的小麦粉，也能生产不同质量的等级粉，但高等级面粉的出率较低。

B. 逐步研磨分级与精选的制粉方法是在制粉工艺流程中提取麦渣、麦心并进行清粉的制粉方法。生产中提取麦渣、麦心和粗粉，并将提取出的麦渣、麦心送往清粉系统按照颗粒大小和质量进行分级提取。精选出的纯度高的麦心和粗粉送入心磨系统磨制高等级小麦粉，而精选出的质量较次的麦心和粗粉则送往相应的心磨系统磨制质量较低的小麦粉。由于前几道皮磨系统的关键在于提取麦渣、麦心和粗粉，出粉的重点放在心磨系统，故这种制粉方法又称作"中路出粉法"。其高等级粉的出粉率较高。在这种制粉方法中，心磨一般采用光辊，以挤压力为主，尽量避免麸皮破碎，并辅以撞击机、松粉机以松开粉片并提高取粉率。

逐步研磨分级与精选的制粉方法在国外广泛应用，我国加工精度高的面粉也采用这种制粉方法。采用破碎麦粒，逐渐研磨，多道筛理的方式来分离麸皮和胚乳（面粉）。小麦皮层组织结构紧密而坚韧，而胚乳组织疏散而松软，在相同的压力、剪切力和碾削力下，两者粉碎后产生的颗粒程度不同，可利用筛理的方式来分离，达到除去麸皮，保留面粉的目的。通常，粒度差异与施加压力的大小有关，力越大（如一次性粉碎），差异越小，面粉与麸皮通过筛理分离困难；力相对小一些（如多次加力），粒度差异增大，筛理效率提高，面粉纯净，这就是现代制粉轻碾制粉的原理。现代制粉工艺是围绕扩大皮层与胚乳粒度差而展开的，润麦、松粉、光辊技术等的应用也是为了适应这类工艺。

2. 小麦制粉工艺

小麦制粉过程主要包括研磨、撞击、清粉和筛理等步骤。研磨的主要目的是利用机械作用力把小麦籽粒剥开，然后从麸片上刮净胚乳，再将胚乳磨成一定细度的小麦粉。研磨的主要设备是辊式磨粉机，此外还有较为原始的盘式磨粉机等。撞击是利用高速旋转体及构件与小麦胚乳颗粒之间产生反复而强烈的碰撞打击作用，使胚乳撞击成一定细度的小麦粉。撞击设备主要有撞击磨、强力撞击机、撞击松粉机、打板松粉机等。清粉的主要目的是通过气流和筛理的联合作用，将研磨过程中产生的麦渣和麦心按质量分成麸屑、带皮胚乳粒和纯胚乳粒三部分，以实现对麦渣、麦心的提纯。在磨制高等级小麦粉并要求有较高出粉率的小麦粉加工厂，清粉工序是必不可少的。清粉工序的主要设备是清粉机。筛理的目的在于把研磨撞击后的物料按颗粒的大小和比重进行分级，并筛出小麦粉。常用的筛理设备有平筛、圆筛，打麸机和刷麸机也属于筛理设备。

小麦制粉的概念性工艺如图2-7所示，主要是研磨—筛理分级—清粉—刷麸或打麸，其中每道工序都根据原料净麦的品质及成品面粉的质量要求不同而设计有很多组合工艺和指标以及相对应的设备参数。核心部分我们称为粉路，是磨粉机与筛理设备的组合。

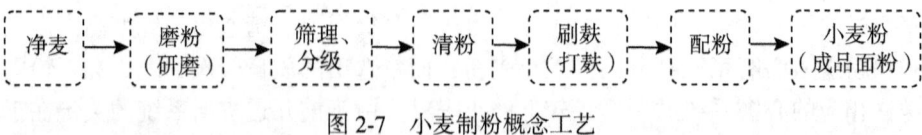

图2-7 小麦制粉概念工艺

（1）研磨。研磨是整个小麦制粉过程的中心环节。小麦研磨就是利用研磨机械对小麦物料施以压力、剪切和剥刮作用，将清理和润麦后的净麦剥开，把其中的胚乳磨成面粉,并将粘结在表皮上的胚乳粒剥刮干净。研磨机械有盘式磨粉机、锥式磨粉机和辊式磨粉机,其中辊式磨粉机是目前制粉厂的主要研磨机械。

为提升大家对研磨的认识及分级制粉的了解,这里必须对分级制粉中不同的研磨系统的作用作一些介绍。

小麦制粉过程中,按照处理物料种类和方法的不同,将制粉系统分成皮磨系统(B)、渣磨系统(S)、清粉系统(P)、心磨系统(M)和尾磨系统(T),它们分别处理不同的物料,并完成各自不同的功能。

①皮磨系统(B)皮磨的任务是在尽量保持麸皮完整的情况下破碎麦粒,并刮净皮层上的胚乳。其是制粉过程中处理小麦或麸片的系统,它的作用是将麦粒剥开,分离出麦渣、麦心和粗粉,保持麸片不过分破碎,使胚乳和麦皮最大限度地分离,并提出少量的小麦粉。皮磨又分为前路皮磨和后路皮磨。第一道皮磨负责研碎麦粒,以后各道皮磨负责把较大麸片上的胚乳刮净。各道皮磨在工艺上构成皮磨系统,皮磨系统一般由4或5道组成,其道数的设置与小麦原料的情况和出粉率有关,生产上根据工艺要求,控制各道皮磨的研磨效果。皮磨过程一般是逐步进行,以便得到最佳的分离效果,这样有利于使刮下物料的各种特性相对较明显,以利于进一步处理。皮磨系统全部采用齿辊,磨辊接触长度占总磨辊接触长度的35%~40%。

②渣磨系统(S)是处理皮磨及其他系统分离出的带有麦皮的较大胚乳颗粒,它提供了第二次使麦皮与胚乳分离的机会,用轻碾的方法碾除麦渣颗粒上的皮层,从而提高了胚乳的纯度。麦渣分离出麦皮后生成质量较好的麦心和粗粉,分流到其他系统进行研磨处理,如送入心磨系统磨制。渣磨所设道数较少,一般只设一道渣磨,如果仅生产标准粉或不设渣磨。生产等级粉或为了分离胚乳,可设渣磨。使用渣磨有以下优点:A. 经分级和筛理后的渣进入清粉机可以进一步提高质量,生产颗粒粉时更应如此。B. 清粉机后部出来的物料可以进入渣磨系统做进一步的处理,使各种物料分开,所获得的纯净的胚乳可以并入前面清粉机分出的纯净物料中。C. 渣磨齿形的改变可以影响产品的粒度。D. 渣磨磨辊的成功运用在很大程度上取决于它缓和的研磨作用。

③清粉系统(P)的作用是利用清粉机的筛选和风选双重作用,将在皮磨和其他系统获得的麦渣、麦心、粗粉及连麸粉粒和麸屑的混合物按质量分级,再送往相应的研磨系统处理。

④心磨系统(M)是将皮磨、渣磨、清粉系统取得的纯胚乳颗粒,即不含皮层或含皮层极少的胚乳颗粒研磨成具有一定细度的小麦粉。根据工艺要求,心磨的道数多少不同,各道心磨组合构成心磨系统。心磨系统一般采用光辊,磨

粉机的辊间压力比较大，磨辊接触长度占总磨辊接触长度的55%~60%。

⑤尾磨系统(T)位于心磨系统的中后段，主要处理从渣磨、心磨、清粉等系统提取的含有麸屑质量较次的胚乳粒，从中提取出小麦粉。

(2)筛理。筛理是分级制粉工艺的重要组成部分。在小麦制粉生产过程中，每道磨粉机研磨之后，粉碎物料均为粒度和形状不同的混合物，其中一些细小胚乳已达到面粉的细度要求，需将其分离出去，避免重复研磨，而粒度较大的物料也需按粒度大小分成若干等级，根据粒度大小、品质状况（胚乳纯度或含麦皮量的多少）及制粉工艺安排送往下道研磨、清粉或打麸等工序继续处理。

筛理是用一定大小筛眼的筛子将经研磨后的混合物料中不同体积的物料分选出来的操作。经过筛理，将以研磨成的面粉筛出；将未磨制成面粉的在制品，根据颗粒大小分选出来，分别送入下一道磨粉机，继续进行剥刮和研磨。小麦自进入第一道皮磨开始，每经过一次磨研，物料粒径即发生不同的变化，这就必须借筛理的作用把它们分开，才能分别继续进行处理。筛理工作是根据物料粒径大小不同的基本原理加以分离的。

各系统混合物料的物理特性如下。

①皮磨系统物料：皮磨系统前路物料的物理特性是容重较高，颗粒体积大小悬殊，且形状不同（麸片片状、粗粒、粗粉和面粉为不规则的粒状），在皮磨剥刮率不很高的情况下，筛理物料温度较低，麸片上含胚乳多而且较硬，大粗粒（麦渣）颗粒较大，含麦皮较少，因而散落性、流动性及自动分级性能良好。在筛理过程中，麸片、粗粒容易上浮，粗粉和面粉易下沉与筛面接触，故麸片、粗粒、粗粉和面粉易于分离。

皮磨系统后路的混合物料随着皮磨的逐道剥刮，麸片上的胚乳含量逐渐减少，研磨时相应从麦皮上剥刮下的胚乳量减少，因而后路皮磨系统筛理物料中麸片多，粗粒、粗粉和面粉较少，大粗粒数量极少。麸片粒度减小，且变薄、变轻、变软，刮下的粗粒、粗粉和面粉中含有较多的细小麦皮，品质较差。因而筛理物料的特性是体积松散、流动滞缓、容重低，颗粒大小差异不如前路系统悬殊，散落性减小、流动性变差，自动分级性能较差。麸片、粗粒、粗粉和面粉间相互粘连性较强，不易分离，筛理时麸片、粗粒上浮和面粉下沉都比较困难，因此筛理分级时需要较长的筛理行程。

②渣磨系统物料：渣磨物料的物理特性介于皮磨和心磨之间，粒度较小，胚乳含量较高，细粉和麦皮数量较多，灰分含量的差距比较大，筛分时需分级与筛粉并重。采用轻研细刮的制粉方法时，渣磨系统研磨的物料主要是皮磨或清粉系统提取的大粗粒。大粗粒中含有胚乳颗粒、粘连麦皮的胚乳颗粒和少量

麦皮，这些物料经过渣磨研磨后，麦皮与胚乳分离、胚乳粒度减小。因此筛理物料中含有较多的中小粗粒、粗粉、一定量的面粉和少量麦皮，渣磨采用光辊时还含有一些被压成小片的麦胚。胚片和麦皮粒度较大，其余物料粒度差异不悬殊，散落性中等，筛理时有较好的自动分级性能，粗粒、粗粉和面粉较容易分清。

③心磨系统物料：心磨系统的作用是将皮磨、渣磨及清粉系统分出的较纯的胚乳颗粒（粗粒、粗粉）磨细成粉，为提高面粉质量，心磨多采用光辊，并配以松粉机辅助研磨，所以筛理物料中面粉含量较高，尤其前路心磨通过光辊研磨和撞击松粉机的联合作用，筛理物料含粉率在50%以上，同时较大的胚乳粒被磨细成为更细小的粗粒和粗粉。心磨系统前路与后路物料的物理特性，其情况与皮磨系统前后路的混合物料的情况大体相同，也是前路的混合物料比后路的混合物料易于筛分。但对心磨系统和皮磨系统的整个物料状况进行比较，可以看到，心磨系统物料中颗粒大小差别不大，胚乳含量高，含麸皮少。散落性较小，对心磨系统的混合物料分离比较困难，特别是心磨系统的后路物料。因此要将所含面粉基本筛净，需要较长的筛理路线。

④尾磨系统物料：尾磨系统用于处理心磨物料中筛分出的混有少量胚乳粒的麸屑及少量麦胚。经光辊研磨后，胚乳粒被磨碎，麦胚被碾压成较大的薄片。尾磨系统筛理物料的特征是：含有一些品质较差的粗粉、面粉，以及较多的麸屑和少量的胚片。若单独提取麦胚，需采用较稀的筛孔将麦胚先筛分出来。

⑤打麸粉（刷麸粉）和吸风粉：用打麸机（刷麸机）处理麸片上残留的胚乳，所获得筛出物称为打麸粉（刷麸粉）。气力输送风网中卸料之后的含粉尘气体、制粉间低压除尘风网（含清粉机风网）的含粉尘气体经除尘器过滤后的细小粉粒称为吸风粉。这些物料的特点是粉粒细小而黏性大、吸附性强、容重低而散落性差、流动性能差，筛理时不易自动分级，粉粒易黏附筛面，堵塞筛孔。

（3）分级。分级是在研磨之后对中间物料或称在制品进行分类。在分级制粉法中，小麦经逐道研磨后的物料，含有大小不同、比重不同的颗粒（从微米到毫米），要把这些在制品按粒度大小、纯度和质量进行分级，分级效果的好坏已成为决定小麦粉质量的关键因素之一。通常在制品的分级采用不同的筛理设备配备不同材质、规格的筛网来实现。分级时根据混合物料的物理特性差异有针对性地选择不同的筛理分级设备，常用设备为平筛、圆筛、清粉机和打麸机等。常用筛网有金属筛网和非金属筛网。

在制品分级使用最普遍的是平筛，平筛的筛体是由多层筛格组成，筛面根据分级粉路的要求配备不同孔径的筛面达到分级工艺的要求。筛体作平面迴转运动，使物料按颗粒大小、粘黏度进行分级。目前较好的平筛是高方筛(高方平筛)，这种设备具有结构紧凑、筛格短小、轻便、分级多、筛理效率高、操作方便等优点。

在进行在制品分级时，按分级物料的物理特性通常将筛理分级的筛面分为四类：粗筛、分级筛、细筛、粉筛。图2-8为在制品分级筛面类型。

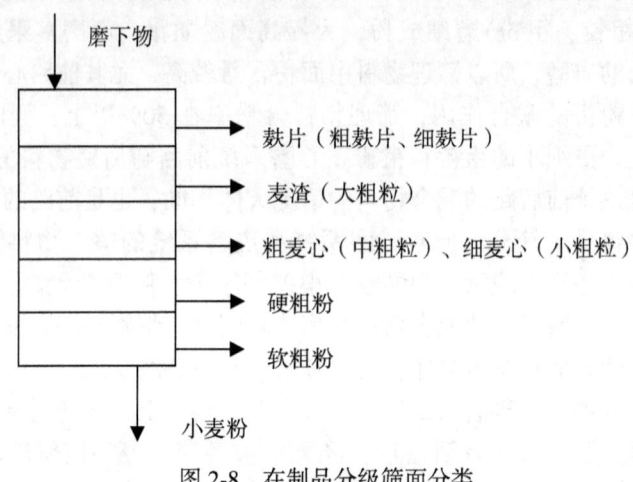

图2-8 在制品分级筛面分类

①粗筛：从皮磨磨下的物料中分出麸片的筛面，一般采用金属丝筛网。

②分级筛：将麦渣、麦心按颗粒大小分级的筛面，一般采用细金属丝筛网或非金属丝筛网。

③细筛：指在清粉前分离粗粉的筛面，一般使用非金属丝筛网。

④粉筛：筛出小麦粉的筛面，一般采用非金属丝筛网。

在制品按照粒度的大小可分为麸片、粗粒(麦渣、麦心)和粗粉(硬粗粉、软粗粉)。

①麸片。连有胚乳的片状皮层，粒度较大，且随着逐道研磨筛分，其胚乳含量将逐道降低。

②麸屑。连有少量胚乳呈碎屑状的皮层，此类物料常混杂在麦渣、麦心之中。

③麦渣。连有皮层的大胚乳颗粒。

④粗麦心。混有皮层的较大胚乳颗粒。

⑤细麦心。混有少量皮层的较小胚乳颗粒。

⑥粗粉。较纯净的细小胚乳颗粒。

具体分类如表 2-17 所示。

表 2-17　　　　　　　　　　小麦制粉在制品分级表

在制品名称		粒　度		粒径大小（mm）	灰分（%）
		穿过筛网孔径（目、孔、号数）	留存筛网孔径（目、孔、号数）		
粗麸片		—	18W~22W	0.9~1.7	—
粗粒	麦渣（大粗粒）	18W~22W	32W	0.6~0.9	1.10~2.00
	粗麦心（中粗粒）	32W	42GG	0.45~0.6	0.70~1.20
	细麦心（小粗粒）	42GG	54GG	0.35~0.45	0.60~1.00
粗粉	硬粗粉	54GG	6XX~7XX	0.21~0.35	0.55~0.90
	软粗粉	6XX~7XX	9XX~12XX	0.15~0.21	0.50~0.80

通常平筛均由 1~4 种筛面组成，将在制品筛理后，分成麸片、麦渣、麦心、粗粉和小麦粉。当磨制标准粉时，前路研磨系统的部分粗粉已是成品小麦粉。一般从前路皮磨中提出一等品质的物料，从前路皮磨、分级筛、清粉机前中段筛下物提取的麦心称作一等品质的麦心。各级物料的粒度符合在制品分类中的某一标准，但质量较次、灰分高于规定数值，则列为二等品质或后路筛上物（麸屑）。

筛网是用于物料分级和提取小麦粉的重要材料，筛网的规格、种类及质量对控制各在制品的比例和小麦粉的粗细度有着决定性的影响。筛网按制造材料的不同可分为金属丝筛网和非金属丝筛网。

金属丝筛网通常由镀锌低碳钢丝、软低碳钢丝和不锈钢钢丝制成。金属丝筛网具有强度大、耐磨性好、不会被虫蛀等特点，因而经久耐用。但其缺点也很明显：金属丝没有吸湿性，很容易被结合水气的粉粒糊住筛孔，并容易生锈。此外，金属丝筛网的筛孔容易变形，不易张紧，同时金属很难拉成很细的丝，所以金属丝筛网一般为筛孔较大的筛网。镀锌低碳钢丝筛网颜色光亮，故称作白钢丝筛网，多用于粗筛和分级筛。软低碳钢丝筛网由于丝黑而粗，强度大，被称作黑钢丝筛网，常用于刷麸机。不锈钢或准不锈钢钢丝网强度大，筛孔不易变形，延伸性小，使用寿命长，其可能逐步取代以上两种金属筛网。

金属丝筛网的表示方法，国内通常以一个汉语拼音字母和一组数字来表示。字母取自金属丝材料名称，如字母 Z 表示镀锌低碳钢丝筛网、R 表示软低碳钢丝筛网。字母后面的数字表示每 50mm 筛网上的筛孔数。例如，20 表示每 50mm 筛网上有 20 个孔的镀锌低碳钢丝筛网。制粉厂习惯用每英寸筛网长度上的筛孔数表示筛网规格，并以字母 W 表示，如 50W 是指每英寸筛网长度上有 50 个筛孔。刷麸机常用软低碳钢丝筛网。国外制粉工艺中一般用孔径（μm）表示金属丝筛网，如 1950μm。

非金属丝筛网是指由非金属材料制成的筛网，目前小麦制粉厂使用的非金属丝筛网主要有尼龙筛网、化纤筛网、蚕丝筛网和蚕丝与锦纶交织筛网。锦纶丝筛网由聚酰胺纤维等合成纤维编织而成，具有孔径均匀、网面平挺、强度高、耐磨性好、不堵孔、不并丝、不变形等优点，但吸湿性差、易受湿、热的影响。蚕丝筛网是用优质蚕丝编织而成，其优点是：坚韧而有弹性，可在本身长度 15%~20% 的范围内伸缩，保持筛网在筛格上的张紧状态；蚕丝有吸湿性，可减少水汽在筛格内的凝结现象，从而避免筛孔堵塞；蚕丝的表面涂有化学药品，使筛网增加导电能力，避免细小粉粒在筛理时产生静电，黏在筛面上降低筛理效率。蚕丝筛网的缺点是较易磨损，用久后易起毛，价格也较贵。锦纶与蚕丝交织筛网，具有锦纶与蚕丝的共同优点，即耐磨性好、强度高、延伸性小、筛孔清晰等特点，耐磨强度比蚕丝筛网提高 50%~100%。绷装后的筛面张紧不松弛，筛孔不变形，经久耐用。以尼龙筛网为代表的化纤筛网近年来使用越来越多，尼龙筛网具有强度高、耐磨性好、使用寿命长等特点，不足之处是弹性大，筛网张紧后易松弛。但是，通过技术处理，完全可以克服这些不足。非金属丝筛网的筛网编织方法有全绞织（Q）、半绞织（B）和平织（P）三种。全绞织是纬线用一股丝线，经线由两股组成，一上一下地把纬线绞住，因而筛孔不变形，筛网更牢固，这种织法用于筛孔较稀的筛网；半绞织并非所有经纬线都用两股丝线绞成，而是一双一单地交替织造，这种织法用于筛孔较密而小的筛网；平织是经纬线相同，都使用一股线。非金属丝筛网的规格，新的表示方法全绞织用 Q 表示，半绞织用 B 表示，平织用 P 表示，前面加上筛网材料的符号、蚕丝用 C 表示，锦纶用 J 表示，锦纶、蚕丝用 JC 表示，后面加上一个数字表示每厘米筛网长度上的筛孔数，如 CB33 表示每厘米筛网长度上有 33 个筛孔的半绞织蚕丝筛网。JCQ25 表示每厘米筛网长度上有 25 个筛孔的全绞织蚕丝锦纶筛网。旧的表示方法为 GG，表示每一维也纳英寸（相当于 1.0375in 或 0.0264m）长度上的筛孔数目，如 30GG 表示每一维也纳英寸上有 30 个孔。XX 表示双料筛网，规格用号数表示，如 10XX 表示 10 号蚕丝双料筛网，每英寸长度上有 109 个筛孔。常见新旧型号绞织筛网的规格可参阅相关筛网书籍。

(4) 清粉。经皮磨、渣磨系统研磨筛理分级后，分出的粗粒和粗粉多为从麦皮上剥刮分离出的胚乳颗粒，需进一步研磨成粉。但其中或多或少还含有一些带皮胚乳粒和细碎麦皮，其含量随粗粒和粗粉的提取部位、研磨物料特性及粉碎程度等因素的变化而改变。如果将粗粒和粗粉直接送往心磨研磨，在胚乳颗粒被磨碎成粉的同时，必然使一些麦皮随之粉碎，从而降低面粉质量，尤其降低前路心磨优质面粉的出品率和质量。因此，生产高等级和高出粉率的面粉时，需将粗粒和粗粉进行精选。精选之后，分出的细碎麦皮送往相应的细皮磨，带皮胚乳粒送往渣磨或尾磨，胚乳颗粒送往前路心磨。在生产高等级面粉时，为了减少面粉中麸皮的含量，提高面粉质量，可在研磨和筛理过程中，安排清粉工序。制粉工艺中，精选粗粒和粗粉的工序称为清粉，所用设备为清粉机。

在制粉工艺上研磨的产品分级使用平筛的分级原理，主要是按粒度对物料进行筛理分级，所提取的粗粒、粗粉中通常还含有少量相同粒度的皮或带皮胚乳，这样的物料若送往心磨研磨，将影响小麦粉的质量。清粉是在物料进入心磨磨制面粉前，将碎麸皮、连粉麸与纯洁的粉粒借吸风与筛理分开。这样，经清粉后进入心磨的粉粒，研磨成粉后的粉色、粉质均较未清理的为佳。所以，清粉的目的是分离碎麸皮、带粉麸皮和纯洁粉粒，提高面粉质量，并可降低物料温度。清粉得到的纯洁粉粒，进入心磨制粉。

清粉机的工作原理是采用风筛结合，利用筛分、振动抛掷和风选的联合作用，对平筛筛分出的各种粒度的粗粒、粗粉的混合物按质量和粒度给以提纯和分级，以得到纯度更高的粗粒、粗粉。经精选获得的纯粉粒再经过研磨，可以提高上等粉的出粉率和质量。

清粉设备主要由筛格和吸风装置组成，筛格根据分级需要配以不同规格孔径的筛绢。工作时，筛格震动，分离物料并抖松筛上物料，增加吸风清理效率。气流从筛绢下向上将物料中的细小麸皮及带粉麸吹起，并进入不同的收集器。

为达到好的清粉效果，混合物料在清粉机中欲做有效清理，必须符合下列条件：①清粉前物料中的细粉必须筛净，以免糊在筛绢上阻碍物料的流动，影响吸风，分离效果。还应将物料中大小颗粒分级。②筛绢大小必须与物料颗粒大小相配合。③物料在筛面上的分布必须均匀，流量必须固定。这样，接近筛面的物料层可保持为纯而细的粉粒，防止含杂粉粒流进筛面而通过筛孔。④每一格筛绢中，空气流量必须均匀，并且风量适当。

（5）刷麸或打麸。中后路皮磨平筛提取的麸片上大多还黏附有粉料，若继续研磨会影响研磨效果和出品质量，所以在研磨前，通常对这些物料采用刷（打）麸进行处理，分离并提取黏附在麸皮上的粉粒。对麸皮进行清理后，可有效地减轻后路皮磨的负担，因而对研磨设备有明显的辅助作用。刷麸、打麸工序设在皮磨系统尾部，是处理麸皮的最后一道工序。能起到磨粉机和平筛所不易起到的作用，所以在小麦制粉厂广泛使用。

刷麸、打麸是利用高速旋转刷帚或打板，把黏附在麸皮上的粉粒分离下来，并使其穿过筛孔成为筛出物，而麸皮则留在筛内。

刷麸机是一个立式的圆筒形筛面，圆筒里面装有快速旋转的刷帚，当物料自进口落在刷帚上盖上时，受离心力的作用，物料被抛向刷帚与筛筒的间隙中，在刷帚快速旋转的作用下，麸皮上的胚乳即被刷出孔外，落入粉槽，由附在筛筒下面的刮板送到出口。刷后的麸皮留在筛筒内，由内部的出口输出。

工作时应注意刷帚与筛面的间距要适宜；麸皮入机流量应保持均匀、稳定；要经常检查麸皮含粉量，并及时进行调整，使其符合工艺要求。

打麸机与小型打板圆筛相似，外壳为木质结构，也有将打板改为刷帚，成为卧式刷麸机。筛筒一般配置蚕丝和化纤交织的筛网。打麸机适宜小型制粉企业使用。

(6) 配粉。在工艺上，配粉就是根据用户对小麦粉质量的要求，结合散存仓或配粉仓内的基本粉的品质，算出配方，再按配方上的比例用散存仓内的基本粉配制出要求的小麦粉。配粉的做法是，将用各种小麦生产的小麦粉作为基本粉放在散存仓内，根据需要用这些基本粉来配制所需要的小麦粉，这样可以提高均匀性，保证品质的稳定性。

实际上散存仓的基本粉质量取决于原料小麦的质量，如是白麦还是红麦，小麦蛋白质含量、面筋含量、降落值等，同时相同质量的小麦在制粉粉路设计上的理念和差异也会影响基本粉的质量。制粉厂是在各种设备高度配合下进行工作的，全部生产过程构成一个严密的生产系统。一般说来，制粉厂的麦路是比较稳定的。但粉路的安排却是多变的，尤其是在磨制不同的小麦粉时，差别更大。所以在设立小麦粉加工厂时就要确定粉厂的生产产品类型，从而决定粉路的繁简和长短，进一步确定粉路物料的分级。

粉路的繁简关系到许多方面，但主要应根据对面粉的要求来决定。一般来说，对小麦粉要求高，粉路就要复杂一些；对小麦粉要求低，粉路就可简单些。在小麦被破碎后分成颗粒不同的各种在制品分别加以处理时，粉路势必趋繁。例如：小麦通过第一道皮磨破碎后，把物料用筛理方法分成大皮、小皮、大渣、小渣、粗麦心、细麦心和小麦粉等，这些不同的在制品除小麦粉外，均须送入不同的磨研系统去进行研磨，这样就要设置粗皮磨、细皮磨、渣磨、粗心磨和细心磨并分别配备相适应的筛理设备，再加上清粉、刷麸，粉路自然趋于复杂。如果小麦被破碎后的物料分的品种少，如通过第一道皮磨破碎后把物料分成皮、渣、心、粉，甚至仅分成皮、心、粉三类，这样，设置皮磨、渣磨和心磨或仅设置皮磨和心磨就可以，粉路自然简单。在磨制同等质量的小麦粉时，如果原料小麦的质量相同，制粉工厂的规模和设备条件也相同，则粉路也应大体相同。

粉路的长短和粉路的繁简是有一定联系的。长粉路往往繁杂，短粉路往往就比较简单。粉路长，就是小麦经过的磨研和筛理的次数多。粉路短，就是小麦经过磨研和筛理的次数少。粉路的长短主要是根据对小麦粉的要求来决定，一般磨制高等级粉的粉路应该长些，磨制低等级粉的粉路可以短些。粉路的长短也是有一定限度的。粉路过长，超过了需要，也就影响设备的充分利用，影响产量。粉路过短，满足不了需要，就要影响成品和出粉率。粉路的长短应该适应小麦、成品和出粉率。

小麦被破碎以后，主要在前、中路系统进行分级，即Ⅰ、Ⅱ、Ⅲ皮的物料加以分级，后路Ⅳ、Ⅴ皮的物料不再分级。前、中路分级可以提前区分，减轻后路负荷，有利于后路磨研和剥刮。前路物料的颗粒体积相差悬殊，也便于分级。

小麦单机制粉不进行分级，物料每经过一次研磨、筛理提取面粉，其余部分继续研磨、筛理，这样反复进行4次或5次。进行分级的制粉工艺流程，粉路长、短、繁、简不同，如3皮1心，4皮1心，3皮2心，4皮2心，4皮3心，4皮3心1渣等。

从以上制粉工艺繁简、长短及分级的分析中，我们可以明了散存仓或配粉仓中的基本粉质量是由小麦原料、制粉工艺决定的，制粉工艺中根据不同的小麦及生产基本粉的质量要求来提取可用于配制不同质量要求的成品小麦粉（面粉）的基本粉，即不同质量档次的小麦粉。

配粉系统由基本粉收集、保质处理、基本粉散存、成品小麦粉配制、成品小麦粉打包和散装发放、面粉的输送、吸尘以及管理等环节构成。

基本粉散存是配粉的前提，基本粉是配粉的基础，其指标的稳定性直接影响成品面粉的品质。在基本粉散存过程中，首先要将基本粉收集起来，不同原料（如蛋白质数量和质量不同，降落数值不同等）加工成的小麦粉要分别地收集起来；同一种原料加工的不同加工精度（粉色、灰分等）和不同蛋白质数量和质量的小麦粉分别收集起来。

小麦粉的收集是将从平筛下面筛出的小麦粉按质量分别送入几条螺旋输送机（一般为2~4条）中，然后经过磁选、检查筛、杀虫机、称重送入配粉车间，称为基本小麦粉。不同系统的小麦粉料，其质量和烘焙品质有所差别。一般来说，前路皮磨和前路心磨的小麦粉其灰分较低，白度较好。渣磨和前路心磨的小麦粉是从胚乳中心制得，其蛋白质含量比其他系统要低，纤维素含量也最低，但降落数值较高，所以烘焙特性相对较好。从后路皮磨和后路心磨制得的小麦粉，来自于小麦胚乳的外围部分，此部分小麦粉的蛋白质和纤维素含量较高，降落数值和形成面筋能力下降，烘焙性能相对较差。

有时由同一系统所得的单一小麦粉料的质量也是不同的，因此，应根据具体情况和实际检测结果，以及产品的定位和质量要求进行配粉。小麦粉料的流向应具有一定的灵活性，有时由于生产、原粮等的变化或配粉方案的调整要改变小麦粉料的流向，因而任何单独的小麦粉料都应有2种或3种流向。

基本粉在进散存仓前必须完成磁选、检查、计量、杀虫等，以保证成品粉的质量。

经过配粉工序完成小麦粉的质量标准要求而取得的小麦粉，我们称之为成品小麦粉或成品面粉，它满足我国对小麦粉的相关国家质量标准，即GB1355—1986，详见表2-18。

表2-18　　　　　　小麦粉质量标准（GB/T 1355—1986）

质量指标	小麦粉等级			
	特制一等	特制二等	标准粉	普通粉
加工精度	按实物标准样品对照检验粉色麸星	按实物标准样品对照检验粉色麸星	按实物标准样品对照检验粉色麸星	按实物标准样品对照检验粉色麸星
灰分,%（干基）	≤0.70	≤0.85	≤1.10	≤1.40
精细度	全部通过CB36号筛，留存在CB42号筛的不超过10.0%	全部通过CB30号筛，留存在CB36号筛的不超过10.0%	全部通过CQ20号筛，留存在CB30号筛的不超过20.0%	全部通过CQ20号筛
面筋质,%（湿基）	≥26.0	≥25.0	≥24.0	≥22.0
含砂量,%	≤0.02	≤0.02	≤0.02	≤0.02
磁性金属物,g/kg	≤0.003	≤0.003	≤0.003	≤0.003
水分,%	14.0±0.5	14.0±0.5	13.0±0.5	13.0±0.5
脂肪酸值，mgKOH/100g（湿基）	≤80	≤80	≤80	≤80
气味口味	正常	正常	正常	正常

(7)专用小麦粉和小麦粉后处理工艺。大多数普通用户经过配粉工序提供给相应产品质量的小麦粉,这些产品均达到国家对小麦粉的相关产品质量标准,即 GB1355—1986,这些产品我们称为通用小麦粉或普通小麦粉。但对一些有特殊要求的用户,特定二次加工食品的特别要求,有的小麦粉加工企业会提供专用小麦粉、营养强化小麦粉或者特别修饰的小麦粉。

①专用小麦粉。针对小麦粉的不同用途,以及不同面食品的加工性能和品质要求而专门组织生产的小麦粉称为专用小麦粉。如小麦粉按其筋力强度和食品加工适应性能可分为三类:强筋小麦粉、中筋小麦粉和弱筋小麦粉。其中强筋小麦粉,主要作为各类面包的原料和其他要求较强筋力的食品原料;中筋小麦粉,主要用于各类馒头、面条、面饼、水饺、包子类面食品,油炸类面食品等;弱筋小麦粉,主要作为蛋糕和饼干的原料。

为满足这些对不同筋力强度要求的企业,小麦粉加工厂会选择不同的原料小麦以及在制粉工艺上进行适宜性调整,生产出有针对性的小麦粉。

根据我国专用粉市场需求,1988 年制订的《GB/T 8607—1988 高筋小麦粉》(见表2-19)和《GB/T 8608—1988 低筋小麦粉》标准(见表2-20),以面筋质含量和蛋白质含量分类。高筋小麦粉面筋含量要求大于或等于30%,低筋小麦粉则要求小于或等于24%。两种粉均以灰分高低分为一级和二级,其中一级低筋小麦粉的灰分值较低,要求小于或等于0.6%(干基)。其他指标类同《GB1355—1986 小麦粉》中的相关规定。1993 年国家制订了专用粉质量标准(LS/T 3201~3208—1993)。具体分为面包、面条、馒头、饺子、酥性饼干、发酵饼干、蛋糕、糕点和自发粉9 种专用小麦粉,以灰分、湿面筋、稳定时间、降落数值等指标不同把每种专用小麦粉分成两个等级。不同专用小麦粉的储藏性能指标和含砂量、磁性金属物等指标与等级粉质量指标相同。具体指标详见表2-21 专用小麦粉质量。

表2-19 高筋小麦粉质量指标(GB/T 8607—1988)

质量指标	等 级	
	一级	二级
粉色、麸星	按实物标准样品对照检验粉色麸星	按实物标准样品对照检验粉色麸星
灰分,%(干基)	≤0.70	≤0.85
精细度	全部通过 CB36 号筛,留存在 CB42 号筛的不超过 10.0%	全部通过 CB30 号筛,留存在 CB36 号筛的不超过 10.0%

续表

质量指标	等级	
	一级	二级
面筋质,%(湿基)	≥30.0	≥30.0
蛋白质,%	≥12.2	≥12.2
含砂量,%	≤0.02	≤0.02
磁性金属物,g/kg	≤0.003	≤0.003
水分,%	≤14.5	≤14.5
脂肪酸值,mgKOH/100g(湿基)	≤80	≤80
气味口味	正常	正常

表2-20　　**低筋小麦粉质量指标(GB/T 8608—1988)**

质量指标	等级	
	一级	二级
粉色、麸星	按实物标准样品对照检验粉色麸星	按实物标准样品对照检验粉色麸星
灰分,%(干基)	≤0.60	≤0.80
精细度	全部通过CB36号筛,留存在CB42号筛的不超过10.0%	全部通过CB30号筛,留存在CB36号筛的不超过10.0%
面筋质,%(湿基)	≤24.0	≤24.0
蛋白质,%	≥10.0	≥10.0
含砂量,%	≤0.02	≤0.02
磁性金属物,g/kg	≤0.003	≤0.003
水分,%	≤14.0	≤14.0
脂肪酸值,mgKOH/100g(湿基)	≤80	≤80
气味口味	正常	正常

表 2-21 专用小麦粉的质量指标（LS/T 3201~3208—1993）

专用小麦粉名称	面包用粉		面条用粉		馒头用粉		饺子用粉		酥性饼干用粉		发酵饼干用粉		蛋糕用粉		糕点用粉	
等级	精制级	普通级	精制级	普通级	特制级	普通级	特制级	普通级	特制级	普通级	特制级	普通级	特制级	普通级	特制级	普通级
水分,%	≤14.5	≤14.5	≤14.5	≤14.5	≤14.0	≤14.0	≤14.5	≤14.5	≤14.0	≤14.0	≤14.0	≤14.0	≤14.0	≤14.0	≤14.0	≤14.0
灰分,%（干基）	≤0.60	≤0.75	≤0.55	≤0.70	≤0.55	≤0.70	≤0.55	≤0.70	≤0.55	≤0.70	≤0.50	≤0.70	≤0.53	≤0.65	≤0.55	≤0.70
粗细度	全部通过 CB30 号筛，留存在 CB36 号筛的不超过 15.0%	全部通过 CB36 号筛	全部通过 CB36 号筛，留存在 CB42 号筛的不超过 10.0%	全部通过 CB36 号筛	全部通过 CB36 号筛，留存在 CB42 号筛的不超过 10.0%	全部通过 CB36 号筛	全部通过 CB36 号筛，留存在 CB42 号筛的不超过 10.0%	全部通过 CB36 号筛	全部通过 CB36 号筛，留存在 CB42 号筛的不超过 10.0%	全部通过 CB36 号筛	全部通过 CB36 号筛，留存在 CB42 号筛的不超过 10.0%	全部通过 CB36 号筛	全部通过 CQ42 号筛	全部通过 CQ42 号筛	全部通过 CB36 号筛，留存在 CB42 号筛的不超过 10.0%	全部通过 CB36 号筛
面筋质,%（湿基）	≥33.0	≥30.0	≥28.0	≥26.0	25~30	25~30	28~32	28~32	22~26	22~26	22~30	22~30	≤22.0	≤24.0	≤22.0	≤24.0
粉质曲线稳定时间,min	≥10.0	≥7.0	≥4.0	≥3.0	≥3.0	≥3.0	≥3.5	≥3.5	≥2.5	≥3.5	≤3.5	≤3.5	≤1.5	≤2.0	≤1.5	≤2.0
降落数值,s	250~350	250~350	≥200	≥200	≥250	≥250	≥200	≥200	≥150	≥150	250~350	250~350	≥250	≥250	≥160	≥160
含砂量,%	≤0.02	≤0.02	≤0.02	≤0.02	≤0.02	≤0.02	≤0.02	≤0.02	≤0.02	≤0.02	≤0.02	≤0.02	≤0.02	≤0.02	≤0.02	≤0.02
磁性金属物,g/kg	≤0.003	≤0.003	≤0.003	≤0.003	≤0.003	≤0.003	≤0.003	≤0.003	≤0.003	≤0.003	≤0.003	≤0.003	≤0.003	≤0.003	≤0.003	≤0.003
气味口味	无异味	无异味	无异味	无异味	无异味	无异味	无异味	无异味	无异味	无异味	无异味	无异味	无异味	无异味	无异味	无异味
LS/T	3201—1993	3201—1993	3202—1993	3202—1993	3204—1993	3204—1993	3203—1993	3203—1993	3206—1993	3206—1993	3205—1993	3205—1993	3207—1993	3207—1993	3208—1993	3208—1993

②小麦粉后处理之营养强化小麦粉。小麦粉主要由小麦胚乳粉碎制成，而小麦的麦胚和皮层中维生素、矿物质等营养素含量较高，故小麦粉加工精度越高，含麦胚和皮层量就越少，营养素损失的也越多。在小麦粉中添加一些营养素，通过营养强化使小麦粉在加工中损失掉的营养素得到补充。另外，可通过添加一些小麦自身含量较少或缺少的营养素，如铁、钙等营养素进行强化，可提高小麦粉的营养水平。我国在2007年颁布了营养强化小麦粉的国家标准（GB/T 21122—2007）。标准中将营养强化小麦粉定义为：采用符合GB 1355—1986小麦粉要求的小麦粉为原料，按照GB 14880—2012规定的品种和使用量，添加一种或多种营养素的小麦粉。强化一种或多种营养素的小麦粉都属于"营养强化小麦粉"，需在产品包装上做明确标注。

营养强化小麦粉的质量指标按照《GB 1355—1986 小麦粉》执行。对于强化钙和多种矿物质的营养强化小麦粉，灰分指标在GB 1355—1986规定的相应类型和等级小麦粉的基础上，增加0.27%；对于强化不含钙的其他矿物质的营养强化小麦粉，灰分指标在GB 1355—1986规定的相应类型和等级小麦粉的基础上，增加0.02%。强化营养素的均匀度要求变异系数不大于10%。强化营养素的损失率要求：维生素类、氨基酸及含氮化合物类营养强化剂，在保质期内（保质期应不低于3个月），其损失率不应大于其标称值的20%，且实测含量应在GB 14880—2012范围。GB 14880—2012中规定小麦粉中营养物质的允许使用量如表2-22所示。

表2-22　　　　　　　　　食品营养强化剂使用规定

营养强化剂		使用量(/kg)
矿物质	铁 Fe	14~26mg
	锌 Zn	10~40mg
	钙 Ca	1600~3200mg
	硒 Se	140~280μg
维生素	A	600~1200μg
	B1	3~5mg
	B2	3~5mg
	B9 叶酸	1000~3000μg
	B3 烟酸(或烟酸胺)	40~50mg
氨基酸	赖氨酸	1~2g

A. 氨基酸强化。人体对蛋白质的吸收程度取决于蛋白质中的必需氨基酸的比例和平衡，小麦面粉中的赖氨酸和色氨酸最为缺乏，属第一和第二限制性氨基酸。面粉中的氨基酸强化主要是强化赖氨酸，强化的方法是在面粉中直接添加赖氨酸，也可以在面粉中添加富含赖氨酸的大豆粉或大豆蛋白。研究表明，在面粉中添加1克赖氨酸，可以增加10克可利用蛋白。赖氨酸的添加量一般为每公斤小麦粉添加1~2克。

B. 维生素强化。维生素是人体内不能合成的一种有机物质，人体对维生素的需求量很小，但维生素的作用却非常重要，因为它是调节和维持人体正常新陈代谢的重要物质。某种维生素的缺乏就会导致相应的疾病。由于饮食习惯及其他原因，维生素缺乏症在我国比较常见，在面粉中添加维生素是一种有效的途径。人体需求量比较大的维生素是B族维生素和维生素C。我国规定，面粉中的维生素B_1、维生素B_2的添加量为每公斤小麦粉添加3~5毫克。在面粉中添加维生素时，应该考虑维生素的稳定性，有些维生素如维生素C性质十分不稳定，添加时应进行一定的稳定化处理，如将维生素与其他物质进行化学反应形成盐或酯等，使之形成比较稳定的化合物。

C. 矿物质强化。矿物质是构成人体骨骼、体液以及调节人体化学反应的酶的重要成分，它还能维持人体体液的酸碱平衡。我国有相当多的儿童和老年人缺乏钙质元素，据调查，我国有60%的儿童在主食中获得锌的量低于正常值(110mg/kg)，因此补钙和补锌是当前营养食品的主流形式之一。以面粉作为钙和锌的添加载体，其添加量比较容易掌握，在英国、美国、法国等国家，向面粉中添加锌强化剂已有法律规定。钙的强化剂有骨粉、蛋壳粉和钙化合物（主要是弱酸钙）；常见的锌强化剂有葡萄糖酸锌、乳酸锌和柠檬酸锌，其中最常用的是柠檬酸锌。除了钙和锌以外，铁也是人体需要较多的矿物质元素之一，铁的缺乏会导致缺铁性贫血，铁的强化主要是添加葡萄糖酸亚铁、硫酸铁等。

③小麦粉后处理之理化改良。随着社会的发展和生活水平的提高，人们对面食品的要求越来越高，人们除关注面食品的营养外。对造型、外观、色泽，以及食品制作工艺上的难易程度等都提出了更高的要求。为了满足市场的这种需求，小麦粉的理化改良逐渐受到小麦粉加工企业的重视。

小麦粉的理化改良是指根据小麦粉的用途，通过一定的物理或化学方法对小麦粉进行处理，以弥补小麦粉在某些方面的物理性能的缺陷或不足。小麦粉理化改良的方法有很多种，最常用的方法是增筋（氧化）、减筋（还原）、漂白、酶处理等。

A. 增筋(氧化)改良。小麦的面粉蛋白中含有很多巯基(-SH)，这些巯基在受到氧化作用后会形成二硫键(-S-S-)，二硫键数量的多少对面粉的筋力起着决定性的作用，因此对小麦粉的氧化处理可以增加小麦粉的筋力，改善面筋的结构性能。此外，氧化剂还具有抑制蛋白酶的活性和增白的作用。常用的改良剂(氧化剂)有快速、中速和慢速三种类型。快速型氧化剂有碘酸钾、碘酸钙等，中速型氧化剂有 L-维生素 C，慢性氧化剂有溴酸钾、溴酸钙等。对面包专用粉宜采用中、慢速氧化剂，因为它们在发酵、醒发及焙烤初期对小麦粉的筋力要求较高。小麦粉中常用的氧化剂为溴酸钾和 L-维生素 C，二者混合使用效果更佳。对筋力较强的小麦粉氧化作用的效果较为显著，而对筋力较弱的小麦粉，氧化剂的作用不是很明显，因此应根据面粉的具体特点选择合适的氧化剂。目前溴酸钾因其对人体的危害已在国内外被禁止使用。

也有不通过氧化而添加其他面团增筋改良剂的，如谷朊粉。谷朊粉又名活性面筋粉，它是从小麦粉中提取出来的天然蛋白质，含有 70%～80% 的蛋白质。谷朊粉中含有麦谷蛋白和醇溶蛋白，其水合形式与面粉中天然存在的面筋蛋白相似。所以，将谷朊粉加入面粉中进行搅拌，当形成面团后，其可完全与面粉中的面筋相互作用形成一体。谷朊粉是一种优良的面团改良剂，广泛用于面包、面条、方便面的生产，在肉类制品中可作为保水剂。目前国内还把谷朊粉作为一种高效的面粉增筋剂，将其用于高筋粉、面包专用粉的生产。另外，添加谷朊粉还是增加食品中植物蛋白质含量的有效方法。谷朊粉用于专用小麦粉，可明显提高面筋含量和面团结构强度，改善面团的加工性能。一般谷朊粉的添加量控制在 2% 以下，这不是说它有毒性或能损人体健康，而是因为谷朊粉本身有一个缺点，即在水中易水化而形成小面筋球，不但不能发挥其增强面团结构的作用，还会阻碍面团中其他面筋形成强持气性结构。当超过 2% 的添加量，谷朊粉的作用会大大降低。谷朊粉在强力粉中的添加量一般为 1%～1.5%，在筋力较弱的面粉中添加量通常为 2%～5%。在使用谷朊粉时，要预先使面粉与谷朊粉充分混合，而不可以直接将其加入水中或发酵液中，以防面粉结块。

B. 减筋(还原)改良。大多数糕点、饼干不需要面筋筋力太强，因而需要弱化面筋。常用的减筋方法为还原法。也可通过添加淀粉和熟小麦粉来相对降低面筋筋力。

减筋的改良剂(还原剂)是指能降低面团筋力，使面团具有良好可塑性和延伸性的一类化学物质。它的作用机理是破坏蛋白质分子中的二硫键(-S-S-)成硫氢键(-SH)，使其由大分子变为小分子，降低面团筋力和弹性、韧性。常用的还原剂有 L-半胱氨酸(使用量小于 $70×10^{-6}$ mg/kg)、亚硫酸氢钠(使用量小于 $50×10^{-6}$ mg/kg)和山梨酸(使用量小于 $30×10^{-6}$ mg/kg)等。其中亚硫酸氢钠广泛用于韧性饼干生产中,目的是降低面团弹性、韧性,有利于压片和成型。

制作高糖蛋糕所用的小麦粉必须经过氯气作为还原剂处理。氯气与小麦粉的有机物反应过程中打断蛋白质分子间的钛链和氢键并产生盐酸,使面粉 pH 值下降,可凭面粉 pH 值变化掌握氯气的使用量。有效氯通常为 500~1000 mg/kg。氯气的处理量过高,反而会使蛋糕品质变次。不同的小麦粉所需要氯气的量各不相同,一般各种处理后小麦粉的 pH 以 4.6~5.1 为宜。

在实际操作中,和面筋增强一样,也有不通过还原来改良面筋的减筋方法,这就是在小麦粉中添加淀粉及淀粉衍生物。小麦粉中淀粉含量及性质是影响小麦粉品质的重要因素,根据需要在小麦粉中添加淀粉或其衍生物可改变面团及所制作食品的质感、外观、口感等,尤其是对面条品质的影响更为显著。如果说决定生面面团或面条物理性质的主要成分是面筋的话,对于煮熟的可食状态的面条,淀粉则是影响口感品质的主要因素之一。在挂面和方便面生产中添加一定量的淀粉,可改良面条的品质,如咀嚼性、滑爽性、光亮度等。在小麦粉中添加淀粉还可降低面团中面筋的相对含量,达到弱化面筋的目的。用于面条生产的淀粉,一般要求具有"糊化温度低、糊化膨胀容易、黏度高"等特点。目前常用的淀粉有马铃薯淀粉、玉米淀粉、木薯淀粉、黏质玉米淀粉及小麦淀粉等。尽管淀粉对面条的品质有一定的改良作用,但在特殊加工条件下或特殊情况下,原淀粉则不能很好地满足这些要求,只有通过变性作用改变淀粉分子的基本性质,才能使其更适应于食品工业的要求。淀粉分子具有许多羟基,这些羟基可与氧化剂、交联剂、有机酸或无机酸作用,在不同条件下得到脂化、醚化、交联或降解产物形成变性淀粉,这些产物与原淀粉相比,其糊化温度、糊的成膜、透明度,以及对酸碱、机械搅拌影响的稳定性、耐高温性均有明显变化。变性淀粉在面条生产中的应用主要是作为一种增稠剂,其作用在于其具有良好的黏附性能,当将其加入小麦粉中和面时,使面筋和淀粉颗粒、淀粉颗粒与淀粉颗粒,以及碎散的面筋很好地黏合起来,形成具有黏弹性能良好、组织细密的面团。淀粉在面条中的使用量一般以 10%~20% 为宜,过多会造成面带的抗拉应力,影响面带的抗拉强度,并使面带压缩厚度下降。

C. 漂白改良。新加工的小麦粉中含有微量的脂溶性胡萝卜素,呈浅黄色,影响小麦粉的色泽。当小麦粉储存一段时间后,可自然氧化而改善色泽。小麦粉的色泽也可通过漂白的方法来改善。以往,小麦粉的漂白方法有电弧法、亚硝酰氯法、三氯化氮法等，还有就是利用过氧化苯甲酰作为漂白改良剂进行漂白。

我国1986年将过氧化苯甲酰列入国家允许使用的小麦粉改良剂。过氧化苯甲酰能氧化小麦粉中类胡萝卜素等色素，达到增白的作用。有资料表明其也能抑制小麦粉中的酶和微生物，促进小麦粉的熟化。过氧化苯甲酰为白色结晶、无臭、略有苯甲醛味，它是一种高反应性氧化物，遇撞击可自发爆炸。所以使用时，应先用载体稀释。过氧化苯甲酰属于慢速氧化剂，对麸皮的颜色作用不大。过氧化苯甲酰过量的添加会破坏小麦粉中的营养成分(如维生素)，同时也会对人体产生不良作用，目前在一些发达国家限制使用过氧化苯甲酰。我国食品添加剂标准化技术委员会于1993年规定，将小麦粉中过氧化苯甲酰的允许添加量由原来的0.3g/kg降至0.06g/kg。2011年卫生部决定，自2011年5月1日起，禁止在面粉生产中添加过氧化苯甲酰和过氧化钙，有关面粉(小麦粉)中允许添加过氧化苯甲酰、过氧化钙的食品标准内容自行废止。

D. 酶处理。面粉中的淀粉酶对发酵食品如面包、馒头等有一定的作用，一定数量的淀粉酶可以将面粉中的淀粉分解成可发酵糖，为酵母提供充足的营养，保证其发酵能力。当面粉中的淀粉酶活性不足时，可以添加富含淀粉酶的物质如大麦芽、发芽小麦粉等以增加其淀粉酶的活性。对于饼干用面粉，有时为了降低面筋的筋力，需要加入一定的蛋白酶水解部分的蛋白质，以满足饼干生产的需要。

上述小麦制粉工艺在国内外已被广泛使用，在小麦制粉加工工艺上还有湿法制粉、剥皮制粉等小众应用，这里不再赘述。

第三章　中外粮食加工业比较

粮食是立国之本，粮食加工业是连接生产和消费的纽带，任何国家都非常重视粮食的生产和加工。我国是 14 亿人口的大国，既是粮食生产大国，也是粮食消费大国，粮食加工产业直接关系 14 亿多人口的生计和国民经济可持续发展。改革开放以来，我国的粮食加工产业得到了蓬勃发展，实现了粮食加工业的现代化，粮食加工能力、科技水平、装备水平、主要经济技术指标和产品质量水平等都已有很大提高。但世界经济环境错综复杂，世界粮食产业经济风起云涌，我国的粮食加工行业受国际产业大鳄上下游的挤压牵制，面临着产能过剩、产品结构简单、产业链短、资源综合利用率不高、国际竞争力不强等诸多问题。从我国粮食行业"十三五"规划可以看出，国家层面也非常关注这个问题，在"十二五""十三五"粮食行业连续两个五年计划中补短板，促发展，努力追赶世界水平。

第一节　中国的粮食加工业

据国家粮食局《粮油加工业统计资料》，2017 年，全国规模以上粮食加工与制造企业 15509 家，实现主营业务收入 15054.9 亿元，全年实现利润总额累计 358.5 亿元，利润率仅为 2.38%。从这个数据来看，说明粮食工业确实是我国一个微利的民生产业，也许这是正面的理解，从另外一面来看，也说明我国的粮食工业盈利能力不足。

一、我国粮食加工企业数量与规模

（一）粮食加工企业数量

2008—2017 年期间，全国粮油加工企业数量从 13681 个增加到 15509 个，最高峰年份是 2013 年，企业数量是 19880 个（见表 3-1）。分析表明，当前我国粮油加工仍然以简单粗加工为主，但近年来粮食食品加工和杂粮加工等精深加工类企业呈快速增长态势，粮食加工产业内部行业结构正得到逐步优化。

表 3-1　　　　　2008—2017 年粮食加工企业统计　　　　（单位：个）

年度	粮食加工企业总计	稻谷加工企业	小麦加工企业	其他粮食加工企业	备注
2017 年	15509	10317	2865	2327	
2016 年	17943	8634	2479	6830	
2015 年	17459	11208	3930	2321	
2014 年	19366	—	—		无数据
2013 年	19880	10072	3248	6560	
2012 年	19330	9788	3292	6250	
2011 年	18138	8394	3233	6511	
2010 年	16457	8521	3027	4909	
2009 年	14471	7687	2786	3998	
2008 年	13681	7311	2819	3551	

数据来源：国家粮食局《粮食加工业统计资料》。

(二) 粮食加工企业规模及结构

根据国家粮食局统计数据显示，2008 年全国粮油加工企业中，日均生产能力在 100 吨及以上的企业占 36.71%，2013 年该比例上升到 55.87%（见表 3-2）。总体来看，我国粮油加工企业数量呈快速增长态势，粮食加工业向规模化和专业化方向发展。

表 3-2　　　　　2008—2013 年粮食加工企业生产规模统计

年度	企业数量（个）	按生产能力规模(吨/天)						
		30 以下	30~50（含 30）	50~100（含 50）	100~200（含 100）	200~400（含 200）	400~1000（含 400）	1000 以上
2013 年	19880	2234	2015	4424	5034	3556	1898	618
2012 年	19330	2284	2063	4507	4771	3341	1714	558
2011 年	18111	1967	2101	4325	4606	3016	1501	508

续表

年度	企业数量（个）	按生产能力规模(吨/天)						
		30以下	30~50（含30）	50~100（含50）	100~200（含100）	200~400（含200）	400~1000（含400）	1000以上
2010年	16457	1713	2062	4101	4236	2635	1198	429
2009年	14471	1706	2099	4391	3296	1837	749	310
2008年	13681	2034	2162	4258	2761	1449	578	235

数据来源：国家粮食局《粮食加工业统计资料》。

二、我国粮食的加工能力与产品产量

近年来，随着城镇化的不断推进和农村人口快速向城镇集聚，以及城乡居民对粮食加工产品消费需求的不断增加，我国粮食加工业快速发展，主要产品产量持续增加。统计数据显示，2013年全国规模以上加工企业的大米、小麦粉产量分别比2008年增长了97.76%、79.31%，年均增长分别为19.55%、15.86%（见表3-3）。其中，优质米、一级大米、小麦特制一等、特制二等粉和专用粉产量以及配合饲料等产品的产量不断提升，专用粉、专用米产量不断增加，我国粮食加工产品结构得到进一步优化。尤其是2013年我国大米和面粉总产量均接近1亿吨，创历史新高；稻谷和小麦加工企业的数量和加工能力均居世界首位，有效保障了国内消费需求。2015年、2016年较之2013年均有下降，2017年产量较2013年提高了10.28%。

表3-3　　　　2008—2017年粮食加工企业实际产量统计　　　（单位：万吨）

年度	稻米	小麦	年度	稻米	小麦
2017年	10431	10181	2012年	8882	9613
2016年	8467	9177	2011年	8217	8509
2015年	7775	8878	2010年	7295	7529
2014年	—	—	2009年	5724	5527
2013年	9459	9873	2008年	4783	5506

数据来源：国家粮食局《粮食加工业统计资料》。

2017年，小麦粉加工业的生产能力为年处理小麦19941.8万吨；当年处理小麦10181.0万吨，产能利用率为51.1%（见表3-4）；大米加工业的生产能力为年处理稻谷36397.1万吨，当年处理稻谷10430.8万吨，其中早籼稻796.2万吨、中晚籼稻5402.9万吨、粳稻4232.1万吨，分别占比7.6%、51.7%和40.7%；产能利用率为28.7%（见表3-4）。

表3-4　　　　　　　　2017年粮食加工企业产能利用率

粮食品种	生产能力（万吨）	实际产量（万吨）	产能利用率%
小麦	19941.8	10181.0	51.1
稻谷	36397.1	10430.8	28.7

数据来源：国家粮食局《粮食加工业统计资料》。

三、我国粮食加工企业的效益

从行业整体效益来看，2008—2013年全国粮油加工业总产值从9733.1亿元上升为24496.3亿元，年均增速为30.34%，产品销售收入年均增速为30.63%，利税总额年均增速为31.35%（见表3-5）。到2016年，全国规模以上粮食加工企业实现主营业务收入27612.7亿元，利税总额达1729.9亿元，而2017年却比2016年有很大的滑坡，主营业务收入下降了45.48%，利税总额下降了77.61%。数据分析显示，从2008年到2016年我国粮油加工企业盈利能力得到快速提升，粮油加工业对带动地方经济发展、保障国家粮食安全与服务上游产业链的作用日益凸显。但2017年我国粮油加工企业的效益大幅下降，不知是数据的统计口径改变，还是另有他因，还有待商榷。

表3-5　　　2008—2017年粮食加工企业主要经济指标统计　　（单位：亿元）

年度	工业总产值	企业平均产值	产品销售收入	企业平均销售收入	利税总额	企业平均税额	利润总额	企业平均利润
2017年	14673.6	0.9461	15054.9	0.9707	387.3	0.0250	358.5	0.0231
2016年	27852.6	1.5523	27612.7	1.5389	1729.9	0.0964	1320.7	0.0736
2015年	27574.3	1.5794	24093.6	1.3800	1189.1	0.0681	783.0	0.0448
2014年	25734.6	1.3289	25488.5	1.3162	—	—	635.1	0.0328
2013年	24496.3	1.2322	24216.1	1.2181	986.7	0.0496	639.6	0.0322

续表

年度	工业总产值	企业平均产值	产品销售收入	企业平均销售收入	利税总额	企业平均税额	利润总额	企业平均利润
2012年	22797.2	1.1794	22638.8	1.1712	884.9	0.0458	585.8	0.0303
2011年	19171.9	1.0586	19189.3	1.0595	743.4	0.0410	489.1	0.0270
2010年	15408.9	0.9363	15283.8	0.9287	624.8	0.0380	432.8	0.0263
2009年	11183.1	0.7728	11098.2	0.7669	450.3	0.0311	311.9	0.0216
2008年	9733.1	0.7114	9565.7	0.6992	384.3	0.0281	213.2	0.0156

数据来源：国家粮食局《粮食加工业统计资料》。

（一）小麦粉加工企业的效益

2017年，我国小麦粉加工企业有2865个，其中国有及国有控股企业、民营企业、港澳台商及外商企业分别占小麦粉加工企业总数的6.1%、92.2%和1.7%。全国小麦粉加工企业实现工业总产值3416.3亿元，其中国有及国有控股企业、民营企业、港澳台商及外商分别占比为6.2%、85.5%和8.3%。全国小麦粉加工企业实现产品销售收入3580.8亿元，其中国有及国有控股企业、民营企业、港澳台商及外商分别占比6.6%、84.3%和9.1%。全国小麦粉加工企业实现利税总额为111.9亿元，实现利润总额94.8亿元，其中国有及国有控股企业、民营企业、港澳台商及外商企业分别占比-0.6%、92%和8.6%(见表3-6)。从而也可以看出，占比1.7%的港澳台资及外商投资企业利润占到了8.6%，获利能力明显高于我国国有及国有控股企业，比民营企业的获利能力也高。

表3-6　**2017年小麦粉加工企业类型与经济指标**

企业类型		企业数量（个）	工业总产值（亿元）	销售收入（亿元）	利润（亿元）
全国		2865	3416.3	3580.8	94.8
其中	国有及国有控股企业	176	212.2	236.5	-0.6
	民营企业	2640	2919.2	3018.1	87.2
	港澳台及外商	49	284.9	326.2	8.2

数据来源：国家粮食局《粮食加工业统计资料》。

(二)稻米(大米)加工企业的效益

2017年,我国大米加工企业为10317个,其中国有及国有控股企业、民营企业、港澳台商及外商企业分别占大米加工企业总数的5.0%、94.7%和0.3%。全国大米加工企业实现工业总产值4841.2亿元,其中国有及国有控股企业、民营企业、港澳台商及外商企业分别占比为10.0%、87.5%和2.5%。全国大米加工企业实现产品销售收入4819.1亿元,其中国有及国有控股企业、民营企业、港澳台商及外商企业分别占比为11.6%、85.5%和2.9%。全国大米加工企业实现利税总额为128.6亿元,实现利润总额110.9亿元,其中国有及国有控股企业7.9亿元、民营企业100.9亿元、港澳台商及外商企业2.1亿元,分别占比7.1%、91.0%和1.9%(见表3-7)。

表3-7　　　　　　**2017年稻米(大米)加工企业经济指标**

企业类型		企业数量(个)	工业总产值(亿元)	销售收入(亿元)	利润(亿元)
全国		10317	4841.2	4819.1	110.9
其中	国有及国有控股企业	514	481.5	559.4	7.9
	民营企业	9776	4240.3	4120.7	100.9
	港澳台及外商	27	119.4	139.0	2.1

数据来源:国家粮食局《粮食加工业统计资料》。

四、我国粮食企业的生产布局与产业集聚

从不同区域粮油加工业产值规模来看,2013年全国13个粮食主产区(黑龙江、吉林、辽宁、内蒙古、河北、河南、山东、江苏、安徽、江西、湖北、湖南、四川共13个)、7个粮食主销区(北京、天津、上海、浙江、福建、广东、海南共7个)和11个粮食产销平衡区(山西、宁夏、青海、甘肃、西藏、云南、贵州、重庆、广西、陕西、新疆共11个)分别实现粮油加工业总产值17989.1亿元、3994.1亿元和2513.0亿元,占全国粮油加工产业总产值的比重分别为73.44%、16.30%和10.26%(见表3-8)。近年来,在政策推动下,我国粮食加工业的实际产能主要集中在13个粮食主产区,生产布局逐步向粮食主产区集聚,产业集中度也得到较快提升。

表3-8　　　2013年全国不同区域粮油加工企业主要经济指标情况

区域		工业总产值	产品销售收入	利税总额	利润总额
全国(亿元)		24496.3	24216.1	986.7	639.6
主产区	总量(亿元)	17989.1	17794.5	707.9	455.6
	占比(%)	73.44	73.48	71.74	71.23
主销区	总量(亿元)	3994.1	4083	185.8	117.5
	占比(%)	16.30	16.86	18.83	18.37
产销平衡区	总量(亿元)	2513.0	2338.4	93.2	66.3
	占比(%)	10.26	9.66	9.45	10.37

数据来源：根据国家粮食局统计资料进行整理所得。

当前，我国粮食加工业在发展过程中，民营、国有、外资"三足鼎立"的多元化主体格局已经形成。据2017年《粮食行业统计资料》显示2017年粮油加工企业为15509个，其中小麦粉加工企业2865个、大米加工企业10317个、其他成品粮加工企业679个、食用植物油加工企业1648个；按企业性质分，国有及国有控股企业863个、民营企业（即非国有企业）14471个、港澳台商及外商企业175个，分别占比为5.6%、93.3%、1.1%。民营企业较2013年增加3.34个百分点。在历年的统计中，民营企业独占鳌头，2017年民营企业占粮油加工企业总数的比重达到93.3%（见表3-9）。

表3-9　　　　　　2017年粮食加工企业类型分布

企业类型		企业数量(个)	小麦粉企业	稻米(大米)企业
全国		15509	2865	10317
其中	国有及国有控股企业	863	176	514
	民营企业	14471	2640	9776
	港澳台及外商	175	49	27

数据来源：国家粮食局《粮食加工业统计资料》。

2017年，全国粮油加工业产品销售收入为15054.9亿元，其中小麦粉加工3580.8亿元、大米加工4819.1亿元、其他成品粮加工326.4亿元、食用植物油加工6328.6亿元。在15054.9亿元产品销售收入中，国有及国有控股企业1904.4亿元、民营企业10595.4亿元，港澳台商及外商企业2550.1亿元，分别占比为12.7%、70.4%、16.9%。从这一点上可以看出外资企业数量虽然仅占1.1%，但其销售收入达到2550.1亿元，占全国粮油加工产品销售收入的16.9%，主要集中在食用植物油、饲料和玉米加工产品等高附加值行业。

第二节　世界粮食加工业

我国是粮食消费大国，也是生产大国，从加工企业的生产规模来看，中国小麦粉的加工企业五得利面粉集团日加工小麦4万吨，日产面粉2.8万吨左右，是世界规模最大的面粉加工企业。美国Ardent面粉集团日产面粉2.4万吨，其规模为世界第二。美国ADM公司日产面粉1.36万吨，其规模为世界第三。其次是益海嘉里、中国中粮集团、印度尼西亚Bogasari、法国Soufflet、日本Misshin。泰国稻米的产量虽然不高，仅排在世界第五、第六的地位，但泰国稻米的出口却是全球第一，稻米的加工企业泰国曼谷京凉米业集团日产大米1000吨以上，是世界最大的大米加工企业；Patum大米加工及仓储股份有限公司、帕图木稻米经营公司、巴福费斯稻米经营公司的日产量也在千吨以上。中国稻米加工企业有1万多家，上规模的大米企业有700多家，规模为世界第一，但中国日产大于1000吨的大米企业集团只占0.71%。

一、发达国家的粮食加工及组织形式

(一) 美国的粮食加工及组织形式

粮食是农产品中的大宗产品，粮食加工业在美国发展较早，并且到现在已经成长为一个较为成熟的产业，产业集约化、规模化明显，加工技术与设备都比较先进，在国际市场上竞争优势明显。粮食加工、销售企业与农业生产者之间有的是较紧密的股份制关系，有的是契约关系，有的是合作关系，是以市场行为联系的产业化体系。如美国AMD公司运用公司全球领先的农作物收储、运输和加工网络，采购和销售农产品，将农场与餐桌连接起来。ADM是当今世界第一谷物与油籽处理厂，美国最大的大豆压碎处理厂和玉米类添加物制造厂，美国第二大面粉厂和世界第五大谷物输出交易公司。

2014年7月28日至8月10日，由农业部农产品加工局组织有关专家，赴美国进行了农产品加工业的专题交流。在美期间，他们与美国农业部海外农业局，农业部农业研究服务局西部研究中心，美国马铃薯协会，农场联合会等政

府部门、研究机构和社团组织进行了交流，并参观了芝加哥农产品期货交易所和伊利诺伊州、印第安那州、阿肯色州等地的玉米、马铃薯初加工企业、稻米加工企业、生猪屠宰厂、家庭农场等企业和加工原料基地，重点了解美国农产品加工的有关情况。考察团给出的考察结论是：美国农产品加工业高度发达，80%以上的农产品都是经过加工后上市，农产品增值达到5倍以上；生产规模大，集约化程度高；产加销衔接紧密，利益分配机制完善；技术装备先进，经营管理规范；政府重视科研投入，产出效率高。

美国农产品加工技术装备水平高，谷物加工企业规模大、装备先进、效率高。全美30家大型稻米加工企业的生产量占全国总产量的95%。美国最大的稻米加工企业Rice Land Rice公司分区域建设了32个收储设施，构成了农户烘储—区域收储—加工厂收储的初加工设施体系。美国第二大稻米加工企业Producers公司在阿肯色州小岩城的加工厂单体生产线加工量达到40万吨/年，采用了世界最先进的大米加工装备，一天可有序接收400辆大型货车的原料供应，实现了智能逐车取样、在线无损检测、自动装载运输。

美国年产面粉1800万吨左右，面粉企业仅有195家，目前美国最大的四家面粉公司ADM milling CO.、Horizon milling, LLC、ConAgra Flour milling CO.、Cereal Food Processors Inc. 的日产能力占全国总日产能力的22%，生产能力占全国总生产能力的63%。

美国谷物产品的精深加工程度也很高，美国农产品精深加工大而专、副产物利用程度高，并且注重资源综合利用、生态环境保护和可持续发展。如稻米加工企业主要生产精米、预煮米和即食食品，稻壳用作燃料转化能源，米糠主要由专业公司生产米糠油或饲料。

美国粮食加工企业与农场主之间大多为合作制，通过建立股份合作的机制，其股东可能有上千个农场主，农场主销售农产品给粮食加工公司可获得直接销售收入，按照销售量还可参与公司财年的利润分红。如Rice Land Rice、Producers两家公司是全美第一和第二大的稻谷加工企业，加工规模分别达到200万吨、120万吨，均采用合作制组织形式，分别拥有6000家、2500家农场主社员，基本上分三次进行利益分配。农场主销售稻谷给公司，首先获得60%~70%的收入，在当年7月底可得到剩余的销售收入，到12月还可依据当年的销售量获得公司的利润分红。

(二) 澳大利亚粮食加工及组织形式

澳大利亚是以家庭农牧场为主的农业生产方式。家庭成员农牧场的生产者，也是农牧场的经营者。农场生产高度机械化和现代化，农牧场基本不雇工或只有少量雇工，有的农忙时需要雇一些临时劳工。一个家庭农牧场就是一个农业企业，是真正的产销或产加销一条龙。

澳大利亚小麦、稻米和其他谷物等粮食产值约占农牧业总产值的20%，全澳农场数量约有13.2万个，其中20%的大农场生产了65%的农产品。大部分农场都不同程度地具有高机械化、专业化、产销或产加销一体化的特征。澳大利亚的农产品加工已实现了规模化、集约化和自动化生产，其深加工的程度和副产物利用水平较高，以初级农产品上市的比例越来越低，农产品的产后加工能力达到70%以上，加工食品约占饮食消费品的90%左右。

这种大型或小型的家庭农场是农业产业化经营的重要支点。通过这一支点，农业产业化经营才能延伸开来。澳大利亚已实现了农产品产、加、销一体化经营，具有生产基地化、加工品种专用化、质量控制全程化、生产管理科学化以及生产经营规模化、网络化、信息化经营等特点。

(三) 日本的粮食加工及组织形式

日本的年面粉生产量在500万吨左右，面粉加工企业从20世纪60年代的850家，到1996年仅存170余家，日清公司、日本公司、昭和产业公司和日东公司拥有35家粉厂，但其产量占总产量的66%。

稻米(大米)是日本国民生活的主食，对生产出来的大米进行良好的加工和保存，并按市场的需要及时地保证供应是一项重要的工作。在日本，这项工作主要是由农协承担的。

日本大米加工技术先进，设备制作精细，自动化程度高。日本的现代化大米加工厂均拥有计算机中央控制室，实现了大米加工精度、产量的自动调节和控制。许多国外著名的稻米加工企业都采用日本生产的稻米加工设备，采用这些先进的设备生产出来的大米质量稳定，米色上乘。

日本的农产品加工业经过近60多年的发展，依托较强的产品开发能力、畅通的物流渠道、强大的设备设计和制造能力、严格的产品标准体系、政府的强大支持并通过完善的农协组织促进了农产品企业的集团化发展，进而形成了较为成熟的农产品加工产业。

(四) 欧洲的粮食加工与组织形式

欧洲是以小麦为主粮的国家，法国近年面粉的年产量均在550万吨左右，有三大面粉集团公司：Soufflet(素福莱公司)、GrandMoulinsdeParis(GMP，巴黎大磨房公司)和 UNIMIE(联合面粉公司)。据统计,前二者所生产的面包粉占市场份额的 31%,后者拥有 39 家粉厂,所生产的面包粉占市场份额的 13%,其余的面粉厂大多为农场主自己拥有或由农场主组成的合作社所占有,整个制粉行业的产能利用率达到 80%。

瑞士只有 650 万人口,但苏黎世面粉厂的日生产能力为 600 吨,集约化程度很高,全厂生产 36 种面粉,但员工只有 90 人。因此他们的生产产能利用率较高,集约化生产,设备先进,自动化程度高。

德国的粮油加工业是德国比较早的农产品加工行业。如德国的面粉加工厂基本上是世代相传的家族企业。全德国目前大约有 800 家面粉加工厂,约 80% 的面粉加工厂集中在德国西部,东部加工厂只有 20% 的比例。面粉加工业不仅地理位置上相对集中,市场份额也较为集中,制粉主要集中于 64 家大型面粉厂。目前德国的面粉生产由几家公司控制。VKMUEHLEN AG 公司是欧洲最大的制粉集团,在德国面粉市场占的份额最大;WERHAHN MUEHLEN AG 在市场中占有第二大份额,年加工小麦和黑麦约 35 万吨。很少一部分面粉加工为小包装后直接进入零售店销售。大部分面粉是从面粉厂出来后,接着进入大大小小各类面包店、快餐店等,加工制成面包或点心。据粗略估计,在德国销售的点心、面包品种就有 1000 多种。德国人均小麦的消费量近几年日益提高,目前人均消费达到 53.5 千克,继而带动了德国制粉业的发展。

欧洲特殊的机制使得每个国家的粮食加工业的组织形式有些差异,但大多数都是采取粮食加工公司+农户的合作形式,并且以加工企业为主导。

二、发达国家粮食加工业的发展趋势

不论是小麦粉加工还是稻米的加工,其加工工艺经过长时间的摸索和完善已趋于稳定和成熟,国外一些技术力量雄厚的公司开始把研究的重点转向营养、安全、绿色、休闲、深度加工和综合利用上。如日本的米饭工业化,面食品的半成品和成品化。

而且美国、日本等发达国家十分强调食品回归自然,不论面粉、大米或谷物食品都不再像以往那样强调"过精""过细",而非常重视粗细搭配,粗细混食的膳食结构,相继在市场上推出混合面粉、糙米全粉、留胚大米等富有营养和比较粗的米、面产品。特别是纤维素作为人类第七营养素,受到人们的青睐和推崇。加工营养丰富、稍含膳食纤维的产品将是小麦加工的一个主要趋势,全麦粉在面粉产量中占有一定的比例。

另外,发达国家对粮食食品质量非常重视,许多国家在 20 世纪 60—70 年代就建立起粮食及其制品的营养、卫生和安全的标准体系与质量控制体系，并规定了谷物的各种营养成分和卫生、安全的标准，对食用小麦的农药残留和重金属含量等都作了严格的规定。发达国家食品生产企业在食品安全管理上实行"良好作业规程"（GMP），采用GMP（良好生产操作规程）进行厂房、车间、加工流程设计等。在食品安全控制上实行"危害分析与关键控制点"（HACCP）体系。在生产过程中，遵守ISO9000规范以及ISO14000系列的环境管理标准。世界卫生组织（WHO）和联合国粮农组织（FAO）为食品营养、卫生等制定的严格标准也成为农产品加工业的硬约束条件。联合国食品卫生法典委员会（CAC）已将GMP和HACCP作为国际规范推荐给各成员国，为了防止出现食品安全危机，许多国家对农产品的化肥、农药使用都作了严格限制，生态农业、回归自然、绿色农产品已成为时尚。

第三节　我国粮食加工与产业发展趋势

根据已有统计资料和国际上粮食加工科技的发展，我国和发达国家粮食加工业从工艺上已经定型且差异化很小，但在规模效益、产能利用率、产品创新与开发以及综合利用等方面我国和发达国家相比还有较大差距。

近年来，我国粮食加工行业呈现较快发展态势，对拉长粮食产业链，推进农业产业化经营，带动农业结构优化升级，提高粮食产业综合效益，促进农业增产和农民增收起到了积极的作用。同时随着粮食流通体制改革的不断深化，大量外国资本和民营资本进入粮食加工行业，粮食加工行业的竞争日益激烈，产业化进程加快。很多企业在市场竞争中不断发展壮大，通过兼并、重组等方式，形成了一批具有较强竞争力的大型粮食加工龙头企业，粮食工业的规模化、集约化取得了积极进展。

一、延长产业链，形成企业集团与集团服务形成规模效应

当前，我国粮食加工业中小企业数量上仍占主导，行业规模化、集约化水平偏低。据国家粮食局统计资料显示，2013年全国粮食加工行业日产400吨及以上的企业数量仅占全部企业总数的12.66%。一方面，大部分粮食主产区加工企业加工方式以粗浅加工为主，产业链条短，精深加工产品少，转化增值率低。另一方面，由于企业规模过小，粮食加工产业链条难以得到充分延伸，进而导致全国粮食加工业普遍存在结构趋同、缺乏产业分工、产品品种单一、技术含量不高的问题。此外，小企业与规模化龙头企业争资源、争市场的矛

盾，在一定程度上也影响到整个粮食加工业的可持续发展，使得调整结构、促进节约、降低能耗的难度加大。究其根本原因在于，我国粮食加工技术和资本的准入门槛低，而粮食加工业发展规划又起步较晚，致使不同类型地区粮食企业仍以初加工为主，产业链条短、产品技术含量偏低，加工业结构雷同现象严重，达不到规模经济的要求。

因此，要尽量减少重复小规模扩张，建立大型的粮食连锁加工企业集团，促进粮食产业加工园区设施建设，通过强化加工园区的基础设施和公共平台，完善产业园区各项功能，强化产业分工，吸引优秀粮食加工企业向加工园区集聚，共享资源、服务和分工效应。同时要培育产业融合区。通过加工园区前延后伸，建设一批专业化、规模化和标准化的粮食生产基地，建设一支物流配送、产品展示和市场营销体系，创建一批一二三产业交叉融合、相互配套、功能互补、联系紧密的融合示范区。最后是加快主产区的加工业发展，加强主产区产加销的整体构建和区域合理分工，引导粮食主产区发展粮食加工转化，引导加工产能向主产区梯度转移，打造优势主产区主导产业，拓展粮食加工转化增值空间。这一构想已在我国粮食"十三五"规划中得到了体现。具体如表3-10和表3-11所示。

表3-10　　　　　　　　粮油加工业"十三五"发展规划

类别	序号	具体指标	2015	2020
产业规模	1	主营业务收入/万亿	2.4	3.7
产业规模	2	工业增加值增速/%	5	6
结构升级	3	年处理原料10万吨以上稻谷加工企业占比/%	35	45
结构升级	4	年处理原料20万吨以上小麦加工企业产量占比/%	70	80

数据来源：国家粮食局《粮油加工业"十三五"发展规划》。

表3-11　　　　　　　　粮油加工业"十三五"发展规划

目标内容	2015年	2020年
主营业务收入过1000亿元企业数量/家	2	5
主营业务收入过100亿元企业数量/家	16	30

续表

目标内容	2015年	2020年
优势产业集群/个	—	30
规模以上粮油加工企业研发投入占主营业务收入的比例/%	0.3	0.6
关键设备自主率/%	70	80
大米平均出品率/%	63.5	65.5
面粉平均出品率/%	75.0	78.0
米糠综合利用率/%	10.0	50.0
面制主食品工业化比例/%	20.0	30.0
米制主食品工业化比例/%	10.0	20.0
遴选认定主食产业化示范企业/家	—	50

数据来源：国家粮食局《粮油加工业"十三五"发展规划》。

同时这种企业集团化对产品的研究与开发、广告与促销、新产品介绍、加工创新和程序库开发等集团化服务的活动会明显比服务单一产品、单一工厂公司和多产品、多工厂公司更具有前瞻性、经济性、统一性、协同性、可盈利性。

例如，在美国，加工食品业的公司平均每年出现约250个合并及产品线并购案。通常，这种组织结构重组的动机是为了增加市场份额；当一个产品在争夺市场份额的竞争中没有取得第一、第二或者第三的位置时，它就可能成为被剥夺财产的对象。集团服务的一项重要任务就管理这种组织动态。

在粮食加工业，集团化在垂直相依性的上游原料公司和下游加工公司、产品分销商、零售商等很容易显示出它的优势，如运输成本较低，更容易使用和分享终端产品市场上的情报，联合解决供应和生产问题，通过及时库存管理共同提高效率，合作从事新产品和程序研发，以及共同优化价格战略（如消除双重利润）。产品区别将会作为工业化加工粮食食品市场的一个共同特征，它通过实行独特的上游成分供应和下游销售规划及分销要求进一步加强了这些垂直集团的作用。

二、优化产业结构，提高产能利用率

从前面章节我们了解到美国、法国、日本企业的产能利用率分别在90%、

80%、65%以上。目前,我国大部分粮食加工行业都不同程度地存在产能过剩问题,许多行业开工率最高不超过50%。粮食加工产业整体开工率偏低,加工能力增速超过原料增长速度和消费需求增速,出现一方面产能过剩,另一方面加工企业又过快盲目扩张。2015年,稻谷加工企业的年产能为30738万吨,实际处理稻谷7775万吨,平均产能利用率为25.29%,而同年小麦加工企业产能利用率为45.76%(见表3-12)。2017年小麦粉的产能利用率在51.1%,大米的产能利用率在28.7%,远远低于发达国家。

表3-12　　　**2015年全国粮油加工业生产能力与实际产量情况**

项目	稻米	小麦粉	备　注
生产能力(万吨)	30738	19400	设计处理量
实际产能(万吨)	7775 (5676)	8878 (7546)	原来处理量(稻米,小麦粉实际生产量;稻谷出米率按73%,小麦出粉率按85%核算)
产能利用率(%)	25.2	45.76	

数据来源:根据国家粮食局《粮油加工业统计资料》整理。

2008—2014年我国粮食加工业产能利用率远低于79%的临界值,产能过剩比较严重。其中,稻谷加工业产能利用率低于行业平均值,存在非常严重的产能过剩;小麦加工业和玉米加工业产能利用率高于行业平均值,但同样存在产能过剩。总体上粮食加工业产能利用率逐年下降,但各子行业产能利用率呈现不同特征。2008—2014年我国粮食加工业产能利用率从43.26%降至39.51%,下降近4个百分点。2008—2015年稻谷加工业和小麦加工业产能利用率约为28%和46%,相对稳定。如表3-13所示,在所有粮油加工行业中稻米的产能利用率最低。

表3-13　　　**2008—2015年粮食加工业平均产能利用率**　　　(单位:%)

行业	2015年	2014年	2013年	2012年	2011年	2010年	2009年	2008年
稻米加工业	25.29	29.27	28.46	28.92	28.91	29.97	29.47	29.81
小麦粉加工业	45.76	44.68	44.66	47.35	47.80	47.19	45.47	47.46

数据来源:根据国家粮食局《粮油加工业统计资料》整理。

三、提高研发投入，加强企业产品创新，提升企业竞争力

清华大学中国农村研究院在"新形势下我国粮食宏观调控的机制设计与政策选择"研究课题的阶段性研究报告中显示，我国的粮食加工企业开工不足，产能普遍过剩；我国粮食中小企业数量上仍占主导，行业规模化、集约化水平偏低，加工规模偏小，产业结构趋同；市场竞争加剧，产业链控制权较弱，部分大型跨国粮食加工企业，如 ADM(Archer Daniels Midland)、邦吉(Bunge)、嘉吉(Cargill)、路易达孚(Louis Dreyfus)四大粮商凭借资本、技术、管理以及国际化经营等方面的优势，加快进入我国粮油加工领域，致使内资粮食加工企业面临挑战；我国粮食加工关键技术仍然处于引进、模仿阶段，产品技术含量普遍较低，产品附加值不高；企业自主创新能力弱，产品标准和质量控制体系不完善等。

有鉴于此，我国粮食产业的"十二五"规划指导下，面对错综复杂的国际环境和艰巨繁重的国内改革发展稳定任务，在党中央、国务院的坚强领导下，全国粮食行业认真贯彻落实新形势下的国家粮食安全战略，以守住管好"天下粮仓"为己任，扎实做好"广积粮、积好粮、好积粮"。"十二五"期间粮食行业各项工作取得显著成效，收储总量连创新高，宏观调控能力不断增强，基础设施不断完善，产业实力逐步提升，军民融合深入发展，行业发展呈现稳中求进、稳中向好的态势，有效促进了粮食增产、粮农增收及粮食市场供应稳定，有力保障了国家粮食安全。粮食产业是国民经济产业体系的重要组成部分，加快粮食产业经济发展对于稳增长、促改革、调结构、惠民生具有重要的促进作用。全面释放粮食产业经济活力，迫切需要通过积极推进粮食行业供给侧结构性改革，着力补齐影响制约粮食行业发展的突出短板，促进粮食产业结构优化升级，提升产业市场竞争力。"十三五"时期，国内外发展环境更加错综复杂。粮食行业发展既面临诸多严峻挑战，也存在难得的发展机遇，根据"十三五"国家粮食行业"十三五"发展规划，吸取"十二五"时期的发展经验。"十三五"粮食行业将作为"全面释放粮食产业经济活力的转型期"。

（一）加大研发投入，提高创新水平

尽管近年来，我国的粮食加工产业的技术攻关与创新取得了很大的进步，但和发达国家相比还有很大差距。2017年度，粮油加工业研发费用的投入为27.1亿元，占产品销售收入15054.9亿元的0.18%，其中：小麦粉加工的研发费用投入为4.8亿元，占产品销售收入3580.8亿元的0.13%；大米加工的

研发费用投入为8.1亿元，占产品销售收入4819.1亿元的0.17%；食用植物油加工的研发费用投入为12.8亿元，占产品销售收入6328.6亿元的0.20%，离《粮油加工业"十三五"发展规划》提出的要求，到2020年研发费用投入占主营业务收入比例达到0.6%的差距甚大。[1][2] 当前，我国粮食加工关键技术仍然处于引进、模仿阶段，产品技术含量较低，产品附加值不高。从整个行业来看，粮食加工业基础研究薄弱，尽管近年已经开始建立国家级的粮食工程技术中心、国家实验室、工程实验室、企业技术研究中心等重大技术研究和创新平台，科技成果储备和转化仍然不足。同时，大型粮油加工成套设备研制不足，自动化、标准化程度低，重要的粮食加工工艺和技术装备主要依靠从发达国家引进，形成较强依赖性。如我国从德国进口制粉设备、从日本进口大米加工设备。即使是在一些大型加工企业，部分粮食加工技术装备还处于发达国家20世纪80年代的水平，粮油加工业资源利用率和产品出品率偏低，能耗物耗偏高，企业持续发展受限。据国家粮食局统计，我国粮食加工业每年产生的副产物大约为稻壳3000万吨、米糠1000万吨、碎米2000万吨、小麦胚芽和玉米胚芽250万吨，大部分没有得到较好利用和转化。

但同时我们也应该看到我国粮食行业的创新水平也在提高。2008—2012年粮食企业研发创新水平稳步提高。2008年粮食企业平均专利数量为0.0938个，2012年达到0.1663个，平均专利数量有上升的趋势。很明显，粮食企业研发投入水平低导致了研发创新水平低。从相关研究资料显示，不同所有制企业研发投入存在差异，从而使得他们的研发创新水平及其变动趋势存在差异。除了小麦加工业，其他子行业的研发创新能力都具有稳步提高的趋势。2008年稻谷加工业的企业平均专利数量为0.0250个，而2012年这一数值增长到0.0455个，增幅达到82%（见表3-14）。到2017年粮油加工获得专利1095个，其中，发明专利316个。小麦粉加工企业2865个获得专利158个，其中发明专利17个，企业平均专利数为0.0611个，较2012年增加16.16%；大米加工企业10317个获得专利500个，其中发明专利108个，企业平均专利数0.0589个，较2012年增加29.45%。

---

[1] 王瑞元. 2017年我国粮油加工业基本情况[J]. 粮食与食品工业，2019，26(3)：1-6.

[2] 国家粮食局. 2017中国粮食年鉴[M]. 北京：中国社会出版社，2017：541-544.

表 3-14　　　　　　　2008—2012 年粮食企业平均专利数量

行业	2017 年	2013—2016 年	2012 年	2011 年	2010 年	2009 年	2008 年
稻谷加工业	0.0589	—	0.0455	0.0491	0.0353	0.0479	0.0250
小麦加工业	0.0611	—	0.0526	0.0968	0.0846	0.0746	0.0621

数据来源：根据国家粮食局《粮油加工业统计资料》整理。

一个行业的知识产权包括品牌、商标、版权、专利以及独特的产品配方等，只有这些获得保护不受侵犯，特别是创新获得的专利技术，企业才能从这些知识产权中获得商业优势。因此，我们一方面要推进技术研发，构建"产学研—推广应用"有机融合的科技创新体系，协同开展重大共性关键技术设施装备研发。另一方面要建设一批粮食加工技术集成基地，建立具有中试能力的工程化研究平台及产业化应用平台，广泛开展粮食科研—粮食企业技术对接活动，选择重点主产区建立技术示范基地。

（二）加快企业结构调整转型

首先加快粮食加工业转型升级，调整产能结构，优化产业结构，促进大型粮食龙头企业和粮食产业集群辐射带动能力。规划粮食产品结构，加强粮食产业国际合作深度和广度，提高粮食产业经济发展质量和效益。其次积极推进粮食行业供给侧结构性改革，提高安全优质营养健康粮食食品供给能力。加快粮食产业结构调整，充分发挥粮食加工业引擎作用，发展壮大粮食产业化龙头企业。着力培育新的粮食产业经济增长点，提升粮食产业竞争力。

一方面要增加粮食产品有效新供给，推进粮食产品结构优化，构建完善的粮食产品标准体系和生产技术规范。增加安全绿色、优质营养、适口方便、种类丰富的粮食产品供给，增加满足消费者个性化消费需求的特色产品供给，增加满足不同层次消费需求的中高端产品供给。大力实施"绿色健康谷物口粮工程"，提高绿色安全营养谷物粮食制品的供给能力和市场占有率。加快推进大米、小麦粉、食用植物油适度加工，积极发展全谷物食品，提高出品率，最大限度地保留粮食中的营养成分。深入推进主食产业化，加快推进馒头、面条、方便米饭等米面主食制品的工业化、规模化、标准化生产，以及社会化供应、产业化经营。提高粮食食品加工在粮油加工业总产值中的比重，面制主食品工业化率达到 30%，米制主食品工业化率达到 20%。

另一方面促进粮食产业结构调整，完善粮食产业布局，优化大米、小麦粉、食用植物油生产结构，支持主产区发展粮食特别是玉米深加工，促进粮食加工转化健康有序发展，充分发挥加工转化对粮食供需的调节作用。打造优势产业集群，扶持壮大基础实力强、市场前景好、增长潜力大的粮食加工企业，不断提高产业集中度。通过标准、能效、环保等评价约束机制，逐步淘汰高耗能、低效率、粗放式、质量无保障的落后产能。通过兼并重组，稳妥处置长期亏损、资产负债率高、停产半停产的"僵尸企业"。提高粮食加工副产物综合利用率。发展米糠、碎米、麦麸、小麦胚芽等副产物资源的食品化利用，米糠综合利用率达到50%。减少粮食生产、流通各环节中的资源能源消耗和废弃物排放。发展清洁环保、节能减排、节粮减损的粮食循环经济，鼓励粮食企业开展热源、水源、气源循环利用，提高经营综合效益。如安徽海泉投资控股集团与科研院校密切合作，成功研制出稻壳制取炭、气、液三类产品的技术设备。公司3000千瓦生物质气化发电联产项目可年利用稻壳6万吨、发电2300万度、产稻壳炭2万吨。稻壳发电的焦油收集利用技术居世界前列，并荣获"国家科技进步二等奖"。北京首农食品集团有限公司坚持科技和品牌双轮驱动，形成稻谷加工及副产品综合循环利用的产业链。集团30万吨/年稻谷加工及综合利用项目配套年处理2.1万吨米糠膨化和稻壳发电子项目。同时培育粮食产业经济增长点，充分利用信息技术、生物技术、新材料技术等促进粮食产业技术升级，推动粮食产业经济发展，培育粮食产业发展新业态。大力发展技术含量高、产业关联度高、产品附加值高的产品，积极发展聚乳酸等生物基、淀粉基可降解材料和聚谷氨酸、聚赖氨酸等生物发酵为代表的高技术产品。充分运用信息技术改造提升粮食加工产业，优化和改进加工生产工艺，提升粮油加工企业管理的信息化水平。推进粮机制造向自动化、精准化、智能化、光电一体化方向发展，打造具有自主知识产权和核心技术的粮食加工等成套设备制造体系，提高粮食行业机械装备国产化率。提升粮食加工产业市场竞争力，鼓励粮食加工企业延长产业链条，促进"产购储加销"全产业链一体化发展，支持龙头企业做大做强。

实施粮食品牌培育行动，增强企业品牌意识，做大做强优势品牌，提升品牌附加值。支持企业开发具有地域特色的粮食资源，打造粮食地理标志和特色品牌。完善品牌管理体系，提高品牌粮食产品的市场占有率及国际竞争力。

如实施"十三五"粮食行业规划中提出的"健康谷物行动"，制定粮食适度加工技术规程，绿色健康谷物口粮的国家标准制定，推动组建"全谷物、留胚米产业技术创新战略联盟"，推动米面产品结构优化，提高糙米、全麦粉等营养健康粮食产品消费比重。加快推进以传统蒸煮米面制品为代表的主食产业化进程。向日本等发达国家靠拢，提升粮食产品品质，发展特色粮食产品，满足消费者对绿色有机、质量安全、营养健康粮食产品的需求。发展基于分离、提取、改性及生物技术的高附加值、高技术粮食深加工产品，延长产业链条。同时为提升我国企业的国际竞争力，培育我国的大型粮食企业等。

四、完善产品标准和质量控制体系，并适时输出标准和体系

我国粮食加工业的质量标准和检测体系建设尽管一直在开展，但与国际标准尚未接轨且滞后明显，导致产品原料专用性不强，优质原料在物流过程中混杂，影响加工品的等级和质量，难以适应国际市场需求。例如泰国稻谷有15个等级、5个粒型指标、12个含杂指标，而中国仅有4个等级。

另一方面，加工企业要积极培育一批经营管理人才、创新团队、生产能手、技能人才和精通产业融合的复合型人才，为企业转型升级提供智力支持和人力资源。另外，强化企业的质量管理，严格粮食加工的质量监管体系，采用GMP（良好生产操作规程）进行厂房、车间、加工流程设计等，对管理和操作人员进行HACCP（危害分析及关键控制点）岗前培训，在生产过程中实施HACCP和ISO9000规范，严格遵守ISO14000系列的环境管理标准，使粮食加工从最终产品检验为主的控制方式，转变为生产全过程的TQC（全面质量管理）。加工企业要积极完善产品标准、方法标准、管理标准及相关技术操作规程，积极建立检测检验、质量标准和质量可追溯体系，保障粮食产品质量安全。最后，加强品牌整合和保护，加工企业要积极和农民合作社等专业组织创建产品品牌、区域品牌和企业品牌，积极发展无公害农产品、绿色食品、有机农产品和地理标志产品，提升产品附加值。

与此同时，要完善产品质量标准和质量控制体系，如此一来，在国际竞争中才能占领质量高地，条件合适时还能输出我国的质量标准和质量控制体系，就像此前欧美等发达国家将质量标准和质量控制体系输入我国一样。

第四章 粮食质量安全管理

粮食产品包括原粮、成品粮(口粮)和粮食的延伸产品,粮食产品同我们概念中的食品既有联系又有区别,成品粮和粮食的延伸产品它既可以作为谷物性食品直接拿上城乡居民餐桌,又可以作为其他食品的原材料,因此,在质量安全性要求上,国家将它与食品同等对待。

我们通常把稻谷、小麦称之为原粮,原粮经过去壳、脱皮加工后的产品我们称之为成品粮,成品粮就是我们在超市、农产品零售商店等渠道购买的糙米、大米、脱皮全麦、面粉。如果将成品粮二次加工则是我们粮食产品的延伸产品,如米粉、面条。因此,谷物性食品的原材料就是粮食的成品粮或是粮食的延伸产品,是其他食品的前沿产品,谷物性的其他食品是粮食成品粮的深加工产品,如天津的"大麻花"其原材料就是来自于成品粮的面粉,旺旺雪饼其原材料就是来自于成品粮的大米。所以粮食产品的质量安全直接影响城乡居民的餐桌安全。

粮食产品"从农田到餐桌"影响其质量安全的环节包括原粮生产,成品粮加工,原粮与成品粮(含延伸产品)的流通,原粮与成品粮(含延伸产品)的储存等几个环节。

第一节 原粮生产过程中的质量安全

原粮的生产来自于农田,是农业经济的产品,在某种程度上可以认为,原粮质量安全问题是人类自身经济活动发展的必然结果。我们不妨看看原始农业的原粮质量安全情况:在原始农业不发达的生产阶段,粮食产品的供应基本上是全部由农户自己完成,从农业生产资料的供应(如农家肥、饲料等)到农畜产品的种植和饲养,再到简单的成品粮加工(如水磨、驴磨加工大米和脱皮全麦),这个过程没有农药化肥等各种化学污染、没有加工及运输等污染、没有各种工程技术的污染,各家各户自给自足(生产者与消费者合二为一),因此也没有受假冒伪劣产品侵害的可能。而在这个阶段威胁粮食安全的因素基本局限在微生物污染和有毒植物上，而这种风险受制于当时的收割技术和储存条件的限制以及有毒杂种子的分选，通常是无法避免，将这种风险降低为零的几率很低。即使是现代收割技术进步和储存条件完善了想将微生物污染风险降低为零都是要付出很多努力的，况且还有工业化加工过程和运输环节。

随着粮食经济沿着原粮的农业生产阶段、成品粮加工阶段，成品粮二次加工阶段，再到工业食品阶段的轨迹发展，粮食食品供应链延长的这种趋势将会保持并不断增长。目前，发达国家农产品加工值已达到农业产值的3倍，并且加工食品已占到食品消费量的80%。一种粮食产品从农场生产到最后到达消费者手中，要经过生产、加工、储存、流通诸多环节。在每一个环节，粮食产品都有可能受到污染。因此，供应链越长，经过的环节越多，受到污染的可能性就越大。

原粮的生产是整个食物供应链的起点，原粮生产者的行为是粮食产品安全的第一道防线。原粮生产阶段可能对粮食产品安全产生影响的因素包括以下几个层面：一是宏观或国家层面的环境状况（如大气环境圈层、水源环境圈层等）对原粮生产安全的影响；二是直接作为原粮生产要素的环境因素，如农用土地（土壤）、农用水体以及产区大气污染状况对原粮安全的影响；三是作为原粮生产要素投入，即人为因素，农用化学物质（如化肥、农药）、生物技术等在发挥其生产促进功能的同时，也影响或污染着生产的产品。其中，第三个因素是原粮生产环节粮食产品安全问题存在的主要因素。

一方面，要满足人类对粮食产品的需求，必须依靠农药、化肥、激素、抗生素以及生物技术的广泛应用。现在地球上的总人口已超过60亿，而且人们的食物消费结构随着收入水平和营养意识的提高也在不断优化。这些都直接或间接地导致对粮食食品数量需求的迅速增长。因此，在人类还无法大规模合成食物的时代，只有生产更多的粮食、蔬菜、水果及其他生活资料才能满足日益增长的需求。但由于城市化、沙漠化等各种原因，依靠扩大耕地面积来增加粮食食物产量的可能性在不断减小，因此，只有靠提高单位面积产量来适应需求增长的需要。另一方面，农业生产投入品如农药、化肥及抗生素的滥用使生态平衡遭到破坏，一些病虫的抗药性增强，使动植物病虫防治难度加大，其结果是生产者为了追求产量，往往必须投入更多的添加剂、农药、化学肥料等，这种恶性循环造成有害化学残留日趋严重。粮食产品在供应体系的源头受到污染的影响因素如图4-1所示。

目前，谷物原粮生产过程中影响其质量安全的主要直接因素包括：农用化学物质、环境污染物质，以及近年来的转基因种子和天然毒素等。

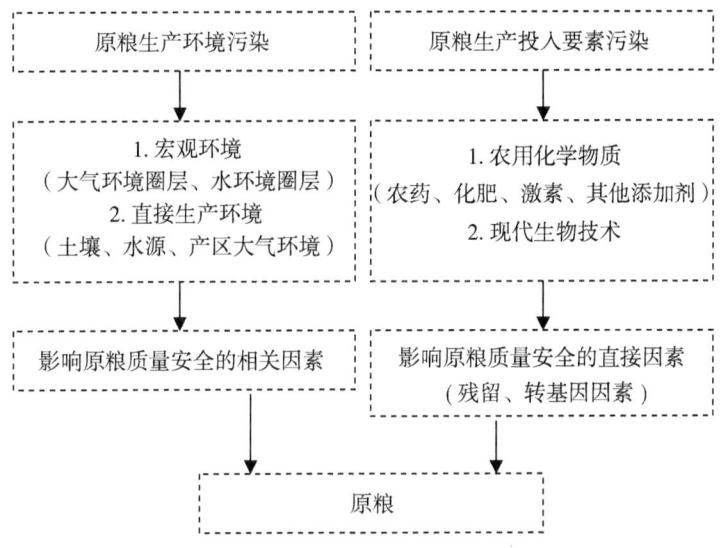

图 4-1 原粮生产环节中质量安全影响因素示意图

一、农用化学物质对原粮生产的质量安全影响

农用化学物质主要包括农药、化肥以及各种生长激素与抗生素等。目前我国原粮产品生产的源头污染严重，如农药、抗生素、激素残留、微生物污染、天然毒素、转基因产品等，其中影响与危害最大的是农药残留。

农药在防治病虫害、去除杂草、控制人畜传染病、提高谷物粮食产品的产量和质量等方面起着积极作用，但随着农药的大量及不合理的使用，谷物原粮中的农药残留对人类健康造成的负面影响也日益显露出来。我国是农业大国，据不完全统计，我国每年约有 21 万吨近 400 种农药加工成 1000 多种剂型施于农作物[1]，居世界首位。但农药使用量及品种的不断增加，加之有些农药不易分解，使粮食作物体内受到不同程度的污染，通过食物链的富集作用，影响食品安全并危害人体的生命健康。现代医学研究证明，在致癌因素中，环境因素约占 80%，在环境因素中，直接的生产环节有毒化学物质污染约占 80%；而在有毒化学物质中，有毒有机物（主要为农药）约占 95% 以上。由于历史、经济和技术的原因，目前我国高毒农药产量占相当大的比例，品种也比较多，主

---

[1] 李娜. 我国食品农药污染严重[J]. 地球, 1997(3): 37-39.

要是杀虫剂、杀鼠剂和杀菌剂。与我国目前农药使用状况极不适应的是食品农药残留限量标准缺乏和监测技术滞后的现状。

农药残留对粮食食品安全构成的威胁就是农药残留超标。农药对人畜的毒性可以分为急性毒性和慢性毒性。急性毒性是一次服用或接触大量药剂而表现出来的毒性，有的农药虽然急性毒性不高，但在人畜体内有慢性积累性毒性或致畸、致癌、致突变等。因此人们长期食用带残留农药的粮食食品就有可能引起各种慢性中毒。

农药残留是指使用农药后残留于生物体、农副产品（如植物籽粒、根茎叶等）和环境中的微量农药原体（如空气、水体等）及有毒代谢物的总称。以下介绍我国曾经常用的和目前主要使用的农药。

1. 有机氯农药

我国过去广泛使用有机氯农药，如六六六（六氯环己烷）、DDT（对氯苯基三氯乙烷）等，现在有机氯农药虽已禁用，但由于其特点是非常稳定，不易分解，在土壤中残留的时间很长，即使停止使用以后，农作物仍会继续从土壤中吸收有机氯农药，粮食和蔬菜在相当长一段时间内仍会残留农药。有机氯的脂溶性强，因此有机氯在动植物体内的主要蓄积部位是富含脂肪的组织，如谷物籽粒中的胚芽。食品中有机氯残留的总情况是：动物食品的残留量高于植物性食品；脂肪多的食品高于脂肪少的；水产品中淡水的高于海水的，池塘的高于河湖的。有机氯在粮食食品中的残留，不会因储存加工烹调而减少。因此，长期摄入有机氯残留的食物，将使人体有机氯蓄积量增加。在人体内，有机氯农药残留主要蓄积在脂肪组织和肝脏中，甚至从人乳中也检出六六六。人体脂肪中已储存的有机氯农药即使不再增加，也须经几十年才能降解到较低水平。

2. 有机磷农药

有机磷农药是至今仍在广泛使用的一类杀虫剂，也是目前我国使用最主要的农药之一。有机磷农药早期发展的大部分是高效高毒品种，如对硫磷、甲胺磷等；而后逐步开发了许多高效低毒低残留品种，如乐果、敌敌畏等。有机磷农药发展较快、品种多，至今已有60余种。由于有机磷农药化学性质不稳定，在自然界极易分解，在生物体内能迅速分解，残留的时间短，所以慢性中毒较为少见。有机磷农药主要残留在水果和蔬菜等的外皮，经过洗涤和去皮都能减少残留。但有机磷在哺乳动物体内，易引起神经系统功能紊乱等，急性中毒易引起生命危险。

3. 有机氮农药

常用的有机氮农药如西维因、速灭威、多菌灵、托布津等。其特点为杀虫能力强，作用快，易分解，毒性低。其毒性机理与有机磷类似，但比有机磷安全。在粮食食品中残留情况与有机磷相似，但西维因、多菌灵在外界环境中可被亚硝化，形成亚硝化合物，亚硝化合物是致癌物，会给生物体带来其他的危害。

4. 有机汞农药

有机汞农药主要有西力生和赛力散等，它们是高效高残毒杀菌剂，主要用于浸种和拌种。进入人体后主要蓄积在肾、肝、脑等组织。有机汞农药排泄很慢，在土壤中的半衰期长达 10~30 年。过去在播种时会使用农药拌种如小麦，以减少病虫害，食用有机汞农药拌过的麦种，极易引起急性中毒甚至死亡。谷物类作物喷洒了过量的有机汞，使谷物中产生很高的残留，地下水受有机汞污染，通过食物链可使人群慢性中毒甚至畸变。我国自 1972 年起已禁止农业上使用有机汞农药。

二、转基因产品对原粮生产的质量安全影响

(一) 转基因产品基本情况

转基因农产品的初衷是增加产品抗病能力，减少农药的使用和增加产量。转基因产品是利用分子生物学手段，将某些生物的基因转移到其他的生物物种中去，使其出现原物种不具有的性状或产物，以转基因生物为原料加工生产的食品就是转基因食品。虽然转基因农产品产量高、营养丰富和抗病能力强，但转基因食品是否安全一直存在非常大的争议。

目前，国际上对转基因食品安全主要进行个案评估。美国对转基因食品较为宽松些，而欧盟、日本等世界上大多数地区与国家比较谨慎。近些年来，美国和欧盟、欧盟内部爆发的多起贸易纠纷均是由转基因食品引起的。尽管现阶段还没有足够证据证明转基因食品对人体有害，但有关其安全性的争论一直没有定论。

1994 年美国农业部(USDA)和美国食品与药品管理局(FDA)批准了第 1 例转基因作物——延熟保鲜转基因番茄进入市场。1996 年起转基因作物开始大规模商业化种植，全球种植面积快速增长。至 2018 年有 26 个国家和地区种植转基因作物，种植面积超 1.9 亿公顷。在国家层面，美国、巴西、阿根廷、加拿大和印度的转基因农作物种植面积占全球转基因作物种植面积的 91%。在品种层面，四种主要转基因作物大豆、玉米、棉花、油菜的种植面积分别为 9590 万、5890 万、2490 万、1010 万公顷，转基因市场份额分别为 78%、

76%、30%、29%。美国是全球转基因作物播种面积最大的国家，2018年达到11.25亿亩，占全球转基因播种面积的比重达到39.12%。从美国主要转基因作物各性状的商业化进程来看，早期是抗虫(IR)和抗除草剂(HT)，之后又将二者结合(IR+HT)，称之为复合性状。由于抗虫大豆推出较晚(2014年才获FDA批准)，NASS暂未对抗虫大豆作统计，因此，纳入统计的有IR玉米和IR棉花，包括单一IR和复合性状，HT玉米和HT棉花，包括单一HT和复合性状，HT大豆仅有单一HT一种。2015年美国抗除草剂作物(HT)和抗虫作物(IR)的普及率均超过80%，但前者高于后者。2018年，HT大豆、HT棉花、HT玉米、IR棉花和IR玉米的普及率依次为94%、91%、90%、85%和82%。这似乎表明，抗除草剂作物(HT)比抗虫作物(IR)更受美国农场欢迎。行业集中度大幅提升。从全球来看，借助转基因种子的优势，孟山都、陶氏杜邦等企业迅速做大，孟山都(Monsanto)、陶氏杜邦(DowDuPont)和先正达(Syngenta)的全球市场占有率分别为29%、21%和7%，利马格兰(Limagrain)、拜尔(Bayer)各5%，其他约33%。目前全球转基因种子市场份额占比54.3%，传统大田作物种子占比31.9%，传统蔬菜种子占比13.8%。①

  我国对转基因问题一直持谨慎态度，积极稳慎地推进转基因科研成果产业化，按照"非食用—间接食用—食用"的路径逐步发展。2001年颁布了相应法规，这些法规一般都是针对转基因作物以及直接以转基因作物作为原料而生产的非动物性食品。但是，我国在转基因作物作为饲料原料生产动物性食品的安全性评价方面，还缺乏具体的标准。2008年以来，不少于7个中央一号文件均对转基因工作提出要求，形成了系统部署，强调要加大研发力度，尽快培育一批抗病虫、抗逆、高产、优质、高效的转基因新品种，要科学评估，依法管理，做好科学普及，在确保安全的基础上推进产业化。截至2019年年末，我国农业部批准了两类安全证书。一是批准了自主研发的抗虫棉、抗病毒番木瓜、抗虫水稻、高植酸酶玉米、改变花色矮牵牛、抗病甜椒、延熟抗病番茄7种生产应用安全证书，目前商业化种植的只有转基因棉花和番木瓜；二是批准了国外公司研发的大豆、玉米、油菜、棉花、甜菜5种作物的进口安全证书，进口的转基因作物仅批准用作加工原料。在主粮领域，我国农业部曾于2009年8月17日批准发放了转植酸酶基因玉米"BVLA430101"、转基因抗虫水稻"华恢1号"及"Bt汕优63"的生产应用安全证书，2014年在安全证书到期失效

---

  ① 2018年中国转基因农作物行业市场现状分析[EB/OL]. (2020-2-16)[2020-4-3]. http://www.chyxx.com/industry/202002/834300.html.

后进行了续批，但均未进入品种审定阶段。主要是由于国内舆论对转基因农作物的认识不够清晰，公众接受度较低。

目前，转基因粮食作物种植面积较大的国家有美国、加拿大和阿根廷，可用作饲料的转基因农作物主要有抗虫害的玉米、大豆。我国目前的转基因大豆和玉米多数来自美国。饲料安全关系到食品安全，而食品安全关系到人类的身体健康。由于转基因饲料大量为动物所食用，对其安全性进行全面评价迫在眉睫。

(二) 转基因食品可能的危害

1. 过敏原

可以导致人类过敏反应的食物主要包括：蛋、鱼、贝类、奶、花生、大豆、坚果和小麦。这些食物中都含有多种蛋白质，但只有几种蛋白质是过敏原。如果将这些蛋白质基因导入作物中，可能使转基因食物产生过敏性。例如，为增加大豆含硫氨基酸的含量，研究人员将巴西坚果中的 2S 清蛋白基因转入大豆中，而 2S 清蛋白具有过敏性，导致原本没有过敏性的大豆对某些人群产生过敏反应，最终该转基因大豆被禁止商品化生产。

2. 毒素和抗营养因子

生物本身能产生大量的毒性物质和抗营养因子，以抵抗病原菌和害虫的入侵。如许多豆类含有蛋白酶抑制因子、凝集素等。普通食品中这类毒性物质和抗营养因子的含量较低，或者在加工过程中可以去除，因此，并不影响动物体健康。但抗虫转基因作物的产品则有可能增加这类物质的含量或改变这类物质的结构，使其在加工过程中很难被破坏，从而造成对动物体的危害。

除此之外，还有外源基因漂移问题也是人们较为关心的问题，如处理不当将可能对现有生态系统产生严重影响。如抗除草剂转基因作物的推广是否能导致除草剂在环境中残留量增高，进而污染食品和饲料；转基因作物中的外源基因是否能整合进入动物和人的基因组；抗病毒转基因作物中导入的病毒外壳蛋白基因是否会对人和动物的健康产生危害等，这些问题均尚待解答。

由于转基因植物产品打破了物种之间的界限，可能会对上万年才形成的生态平衡造成意想不到的负面影响；同时，转基因生物作为食品可能会对人体健康产生不利影响。近年来，已有许多严肃的科学家经过大量实验，证实转基因食品与肿瘤、不孕不育、胚胎异常等数十种疾病的高度相关性。早在 2000 年，全球 828 位科学家就向各国政府紧急呼吁，叫停转基因，指出转基因作物违反生态资源的可持续利用，使我们的社会面临前所未有的危机。2006 年 400 名国际农业知识与科技促进发展评估专家经过6年研究，最后得出的结论是转基因不适用于全球的农业发展。因此对转基因农作物产品作为食品应该非常谨慎地加以限制与控制，同时对所有含转基因产品的食品应该严格通过特别标签等强制性方法给消费者以知情权。

三、天然毒素对原粮生产的质量安全影响

天然存在的有毒物质主要来自粮食产品中微生物污染物以及农作物本身产生的毒素，主要包括由霉菌和细菌产生的毒素以及部分食源性植物带有的毒素。如粮食作物中容易滋生的黄曲霉毒素。黄曲霉毒素(aflatoxin，AF)是由黄曲霉(Aspergillus flavus)、寄生曲霉(A. parasitcus)代谢产生的一类结构相似、含多环不饱和香豆素的化合物，已分离出17种，其中4种已完全弄清其特性并从毒物学方面进行了广泛研究。

黄曲霉毒素是一种毒性极强的霉菌毒素，主要损害肝脏并有致癌、致畸、致突变作用。近年的调查表明，在非洲、东南亚以及我国发生的肝癌与某些食物中黄曲霉素含量高有直接关系。

黄曲霉毒素可存在于多种热带或亚热带地区出产的粮食食品内。最常发现含有黄曲霉毒素的是花生，霉变花生中的黄曲霉毒素还会污染花生油和花生酱等制品。其他食品还有玉米、无花果、果仁及其他谷物中也较常见。大米储存过程中如果水分过高、通风条件不好，温湿度过高，会致大米发生霉变也会产生黄曲霉毒素。用霉变的玉米喂饲畜禽，黄曲霉素会在动物组织中蓄积，并通过食物链给人类带来危害。

四、生产环境对原粮生产的质量安全影响

随着物质文明的高度发展，人类对环境的过度开发已对环境带来了严重的危害。环境污染物的来源非常广泛，如汽车尾气、发电厂废气、矿山和冶炼厂的"三废"排放以及各种化学物质的生产与使用。通常情况下，环境本身具有一定的自我净化能力，但是当污染物数量、浓度和持续时间超过了环境的自我净化能力，即可破坏生态平衡，从而造成环境污染。

环境污染物进入粮食食品的主要途径有：①食源性动植物从环境中吸收。②由于工业事故而导致农产品的直接污染。③食品包装物中的有害物质迁移到食物中。天然的动植物食品原料很少含有有害物质，但在这些动物、植物的生长过程中，环境污染物质会进入或积累在食源性动植物体内。据统计，现在至少有5万种工业化学物可能污染食物，从而对人体健康产生重大的危害。

农产品生产环境已直接或间接地影响食品安全。产地环境污染主要表现为大气污染、水体污染和土壤污染。大气污染主要包括氟化物污染、重金属飘尘、酸雨和沥青等。水体污染主要包括无机有毒物(如各类重金属、氰化物、氟化物等)、有机有毒物(如苯酚、多环芳烃、多氯联苯等)和各种病原体(如生活污水、医院污水和畜禽污水中含有的病毒、细菌和寄生虫等)。土壤污染主要包括农用化学品以及工业与生活废弃物污染等。

(一)大气污染对原粮生产的质量安全影响

大气污染是人类活动向空气排放的污染物或由它转化成的二次污染物在大气中达到有害程度的现象。大气污染物主要来源为矿物燃料(如煤和石油等)燃烧和工业生产。大气污染物种类很多,如 SO_2、NO_2、氟化物、汽车尾气、粉尘等,这些污染物质会不同程度地对食品安全产生影响。大气污染中以氟化物污染较为严重。工厂排出的主要氟化物为 SiF_4 和 HF,它们易溶于水,具有较大毒性。氟具有在生物体内蓄积的特点,受氟污染的农作物不仅会使污染区域的粮食蔬菜的食用安全性受到影响,而且还会通过禽畜食用有污染的牧草后进入食物链,对食品造成污染。氟在人体内的蓄积引起的典型疾病为氟斑牙和氟骨症等。

二噁英也是大气中重要的污染物。二噁英是一类多氯代三环芳香化合物,有200多种异构体,这些化合物大部分具有致癌、致畸、致突变的作用。城市生活垃圾焚烧过程中所产生的二噁英占已知二噁英生成总量的95%,二噁英被认为是工业化之后的典型副产物。二噁英化学结构稳定,亲脂性高,又不能被生物降解,因而具有很高的环境滞留性。吸入空气中带有二噁英的细粒和摄入被二噁英污染的各种食物,是二噁英危害人类的主要途径。由于二噁英来源广泛、毒性强,已被世界各国公认为是对人类健康具有极大危害的重要有机污染物。

此外,环境中现有的粉尘、飘尘、沥青烟雾和酸雨等也都对食品安全带来不利影响。受沥青烟雾污染过的农作物,一般不能直接食用;产生于冶炼厂、钢铁厂、焦化厂的烟尘也会使周边农产品的质量下降;酸雨可能使土壤酸化,使土壤中的镉、铜、铅等有害元素转化为可溶性化合物,被植物吸收,给粮食食品安全性带来影响。

(二)水体污染对原粮生产的质量安全影响

随着我国工业化进程加快,工业废水和生活污水的排放量日益增加,大量污染物进入河流、湖泊、海洋和地下水等水体,造成水体污染。水体的污染会对渔业和农业带来严重的威胁,它不仅使渔业资源受到严重破坏,而且直接或间接地影响农作物的生长发育,造成农作物减产,同时也给粮食食品的安全性带来严重的影响。

对粮食食品安全性有影响的水污染物包括无机有毒物与有机有毒物。水体中常见的污染物是酚类污染物、氰化物、苯及其同系物以及重金属,其中对粮食食品安全影响最大的是持久性环境污染物,其典型代表是多氯联苯等,它们对人体存在多种危害。水体污染主要是通过污水中的有害物质在动植物中蓄积而影响食品安全性。污染物随污水进入水体以后,能够通过水生植物的根系吸收,向水上部分以及果实中转移,使有害物质在作物中蓄积,如水稻。同时也能进入生活在水中的水生动物体内蓄积并通过食物链对人体健康产生危害。

我国水污染的情况在个别地区非常严重,绝大部分污水未经处理就用于农业灌溉,农作物中污染物超标,已达到影响食用品质、危害人体健康的程度。少数城市由于饮用水源中受到污染,饮用水的安全性明显下降。2007年春夏之交,我国太湖等湖泊由大规模蓝藻暴发产生的饮用水危机就是非常典型的事件。

(三) 土壤污染对原粮生产的质量安全影响

土壤中存在有无数微生物和小动物,它们在为作物制造营养的同时,还使许多有毒的有机物变成无毒物质。当进入土壤的污染物超过一定的数量,致使土壤结构严重破坏,土壤中的微生物和小动物就会死亡,此时农作物的产量会明显下降,收获的农作物体内毒物的残留量很高,影响食用安全。土壤污染的特点是进入土壤的有害物质迁移的速度缓慢,污染达到一定程度后,即使中断污染源,土壤也很难复原。土壤污染的途径首先是化肥、农药的施用和污灌,污染物进入土壤,并随之积累;其次,土壤作为废物(垃圾、废渣和污水等)的处理场所,使大量的有机的和无机的污染物质进入土壤。此外,大气或水体中污染物质的迁移和转化也带来土壤污染。全国土壤普查资料显示,我国土壤有机质含量平均已由20世纪50年代的3%左右降到目前的不足1.5%,其中有11%的耕地低于0.6%。在过去30年时间里,我国东北黑土区耕地土壤有机质平均含量从26.7g/kg降至14.7g/kg,降幅约为45%;华北地区主要作物耕作层平均厚度从22cm减少到17cm,降幅超过20%。[①] 国家环保总局2006

---

① 栗云端. 我国农业生产中粮食质量安全问题研究[J]. 中国农业资源与区划, 2014, 35(2): 75-81.

年公布的资料显示，全国受污染的耕地面积约占耕地总面积的 1/10 以上。2010 年完成的第一次全国污染源普查结果显示，我国农村污染排放形势严峻，农村排放的化学需氧量占全国的 43%、总氮量占全国的 57%、总磷量占全国的 67%，长江、黄河等 7 大水系和许多江河湖泊（水库）均受到不同程度的污染。

化肥施用是土壤污染的重要来源之一，虽然它能在一定程度上增加农作物产量，但过量使用产生的污染令人担忧。如施用氮肥带来的硝酸盐累积问题，土壤中重金属的残留也严重影响食品的安全。重金属由于不易被微生物所利用，易在土壤中积累，并通过食物链在动物、人体内蓄积，影响人体健康。

据统计，我国目前受重金属残留污染的耕地面积已占总耕地面积的 1/5，主要是镉、汞和铅污染。农业部门稻米及制品质量监督检验测试中心 2010 年发布的《我国稻米质量安全现状及发展对策研究》称，镉污染的耕地涉及 11 个省 25 个地区，特别是长江以南地区。如近年湖南鄱阳湖等地出现的"镉大米"即源于此类污染。此外，农药、污泥、垃圾等物质也会对土壤产生污染，使生长在土壤中的农作物的食品安全受到严重影响。

第二节　原粮加工过程中的质量安全

在我国粮食产品的供给上尽管从市场经济的角度是放开了各种渠道的销售，但因为粮食产品是涉及千家万户、国计民生的特殊产品，所以从保护农民利益的角度出发，原粮采用了最低价收购或国家补贴，一部分原粮产品直接进入市场化流通，但也有很大一部分原粮产品进入了国家的储备库。原粮是可以流通的，从原粮到成品粮（口粮），再从成品粮二次加工到延伸产品，都会有加工的过程。粮食产品的加工流通过程如图 4-2 所示。

原粮是谷物粮食食品的原始状态的物质形态，只有加工变成成品粮，才能被消费者消费，成品粮可以提供给粮食产品加工企业二次加工为成品粮的延伸产品，也可以提供给食品加工厂作为原料，进行深加工，以增强粮食产品的功能，扩大粮食产品的用途，只有在保持粮食产品及深加工产品品质的前提下，才能提高谷物原粮的附加值，调节供需平衡。

在这里我们仅仅讨论从原粮到成品粮加工，以及成品粮的二次加工递延为延伸产品的加工过程的产品质量安全问题，不考虑食品加工厂的深加工过程。

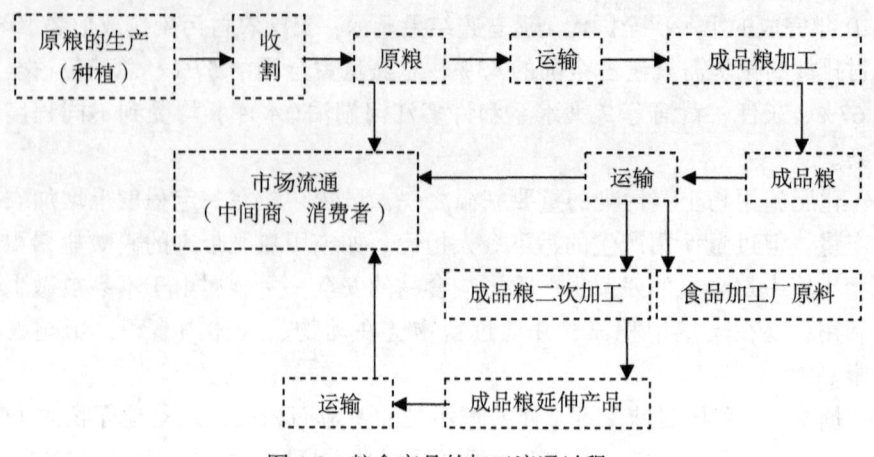

图 4-2 粮食产品的加工流通过程

一、原粮到成品粮及粮食延伸产品加工的质量安全

从粮食食品安全的角度来看，不论是哪个加工环节都具有两面性，在提高原粮的商品属性及粮食食品质量的同时，可能增加不安全的因素。

粮食食品的安全是相对的，没有绝对安全的食品。任何食品都有可能对人体产生潜在的不良影响。所谓安全的食品并不是完全没有风险的食品，而是在提供一定营养的同时，力求将可能的风险控制在安全的限度内。食源性疾病是指通过摄食而进入人体的有毒有害物质（包括生物性病原体）等致病因子所造成的疾病。一般可分为感染性和中毒性，包括常见的食物中毒、肠道传染病、人畜共患传染病、寄生虫病以及化学性有毒有害物质所引起的疾病。食源性疾患的发病率居各类疾病总发病率的前列，是当前世界上最突出的食品卫生问题。

现代加工食品与传统食品相比，存在严重的安全问题，如药物残留、添加剂和转基因食品存在着严重的安全隐患。食品工业离不开新技术和食品添加剂，随着科学的发展和社会的进步，越来越多的化学物质进入人类的生活环境。新技术和食品添加剂的使用，使得现代加工食品产生严重的潜在危害，如产生一些与饮食有关的食源性疾病（如糖尿病、高血压等）。

中国是粮食产品和食品的生产、消费、出口大国，但我国成品粮工业的生产技术水平与国际先进水平还存在差距。截至 2017 年，我国共有成品粮加工企业 15500 多家，大多数为中小企业，不少企业从业人员素质不是很高，生产管理水平有限，生产的规模化和现代化程度还待提高。特别是农村偏远地区的成品粮加工企业的生产条件尚待改善。但从成品粮加工工艺来分析，出现加工污染的几率很低，除小麦粉加工过程中小麦水洗工艺会存在水质污染问题，以及不能及时干燥的霉变问题外。

在我国，有一定规模的粮食加工企业仍然是国家计划经济沿袭下来的，一部分外资加工企业也有国有资本的参与，同时也有我国粮食行业协会的质量监督，其对原粮加工为成品粮或粮食延伸产品的质量把控还是有一定的力度的，各粮食加工企业都能按照粮食主管部门制订的成品粮和成品粮二次加工的粮食延伸产品的质量标准去执行。如大米(稻米)国家标准 GB/T 1354—2018、小麦粉(面粉)国家标准 GB/T 1355—1986、挂面质量标准 LS/T 3212—2014，等等。

二、粮食产品加工工艺过程中产生的质量安全

成品粮的加工工艺在其加工的前段工艺，基本上是纯机械或物理加工，不存在工艺上需要添加任何添加剂问题，这部分内容可以从第二章"粮食加工"中了解。但现代工业化的食品加工业，在粮食食品生产过程中是很难做到不使用任何添加剂的，而成品粮的生产要比其他食品生产所要求的品质改善、颜色改善、营养改善要单一，纯粹很多。从某种意义上说，没有食品添加剂就没有现代食品工业。食品添加剂被誉为现代食品工业的灵魂，大大促进了食品工业的发展，但同时也产生了严重的安全隐患。"成也萧何，败也萧何"，现代的食品加工工艺和科学发展在给大家带来色、香、味俱全的可口食品的同时，也带来了可怕的有害物质。由于管理的缺陷和一部分食品加工从业人员的道德水准的问题，我国食品加工业存在不少食品添加剂超标准、超范围使用的情况。食品添加剂的不合理使用会带来严重的问题。

对于成品粮加工工艺而言，食品添加剂的使用主要体现在后续整理加工或配料工艺上，如面粉加工工艺的最后配料阶段有的为改善面粉感官色泽会添加增白剂，面粉增白剂是人工合成的非营养性化学物质，对人体没有任何益处，过氧化苯甲酰可以漂白面粉，但是过量使用过氧化苯甲酰会使面粉中的营养物质受到破坏，长期食用会对肝脏造成损害；在大米后处理阶段使用矿物油提高产品光泽度等。在 20 世纪 90 年代由于国家对添加剂使用的管理不够严格，加之从业者的盲从，致使在成品粮加工过程中违规使用添加剂的现象时有出现。但随着国家对食品添加剂的使用日益规范，2015 年 5 月新版 GB 2760—2014《食品安全国家标准食品添加剂使用标准》开始执行，在粮食行业中添加剂违规使用的情况得到了很好的规范，如面粉增白剂过氧化苯甲酰就被明令禁止

使用。

少数作坊式加工企业，为追求利润，在加工过程中超量使用食品添加剂、滥用非食品加工用化学添加物或工业级添加物，或使用倒仓原粮通过使用添加剂来改变成品粮的色、香、味，给成品粮的安全造成极大隐患，这已经成为不应忽视的社会问题。由于我国地域广阔，偏远地区的小作坊企业可能存在的违规行为，不是仅仅靠正常的监督管理就能解决的问题，如面粉加工厂为提高产品出品率或改善色泽，过量添加增白剂或使用国家明令禁止使用的添加剂用于面粉的增白；在大米最后的整理工序添加国家明令禁止的添加剂改善大米光泽或陈化米的口味等。

除此之外，在粮食产品加工环节对粮食产品质量的影响因素还包括加工环境，如厂区周边的工业企业类型，是否存在高污染的加工企业，厂区周围的大气、水源(如果加工过程涉及使用水源)等。

第三节 粮食产品包装的质量安全

我国是世界粮食生产大国，粮食包装质量及其对粮食产品的安全影响是不言而喻的，因为包装是粮食生产最后一个非常重要的环节，没有包装就不能进行运输、存储等。据统计，全世界谷物每年因包装不当造成的损失高达5400万吨，我国粮食产后损失占粮食总量的12%~14.8%，因此加强对粮食包装的改进，对减少粮食损失、增加在储存、运输环节粮食产品的安全性十分重要。

对于原粮的包装主要使用传统的由黄麻加工而成的黄土色、灰褐色麻袋，或是用塑料薄膜制成一定宽度的窄带，或使用热拉伸法得到延伸率小、强度高的塑料扁带编织而成的编织袋、复合塑料袋。黄麻是一种植物，无毒无害，制成麻袋后透气性好，坚韧耐磨，而且成本低廉；编织袋或复合塑料袋的特点是结实，耐磨性好，不易变形，但达不到防鼠、防潮、防虫、保鲜等要求。塑料制品还存在不易回收，污染环境，危害人的身体健康等问题。但即使是这样我国原粮的包装形式仍然沿用至今。由于原粮自身有如稻谷颖壳、种皮的保护，小麦有果皮的保护，所以原粮的包装对粮食制品的质量安全影响相对较小，但仍不能忽略污染问题。

成品粮及粮食延伸产品是原粮经加工后而成的产品。在进入市场流通时，必须要有适合销售的包装。包装是粮食产品工业的最后一道工序，它起着保护商品质量和卫生、不损失原始成分和营养、方便储运、促进销售、延长货架期和提高商品价值的重要作用，而且在一定程度上，成品粮的包装已经成为粮食产品不可分割的重要组成部分。粮食产品作为日常消费的特殊商品,其营养卫生极其重要,但又极易腐败变质,包装作为粮食食品的保护手段,必须保证粮食产品作为商品在其储运流通过程中的品质质量和安全卫生。

一、粮食产品包装及包装安全

粮食产品的包装通常有纸质、塑料、天然纤维、化学纤维、复合薄膜等。粮食的包装、运输和储存应符合《GB/T 17109—2008 粮食销售包装》的规定。该标准要求适用于颗粒状和粉类粮食的销售包装材料应清洁、卫生,不应与粮食发生化学作用而产生变化,应符合国家有关食品卫生标准和管理办法的规定;包装容器应便于消费者开启、使用、搬运、储存;应能保护食用粮食安全、卫生,符合相应包装容器的卫生标准;包装容器的生产应取得食品包装卫生许可证,对于已纳入容器生产许可管理范围的,应通过相应机构认证并取得生产许可证;包装应牢固、无破损、缝口严密、结实,不得造成产品撒漏,并要求不应给粮油产品带来污染和异常气味。

成品粮在进入流通环节进行销售时,必须使用包装,这符合人们追求营养、方便、卫生,快捷的生活方式。目前发达国家的粮食销售都是以小包装为主,例如意大利商品粮80%为小包装,日本商品粮82%为小包装,美国商品粮75%为小包装,德国商品粮79%为小包装。我国由于家庭小型化和人口老龄化等趋势的发展,现在许多人已经不再像过去那样购买50斤、100斤的大米了,而是随买随吃,每次购买10斤、20斤的,所以我国发展粮食销售小包装也势在必行。①

在运输和储存的过程中,重点强调运输工具的卫生安全性对粮食制品安全的影响,如运输工具应符合卫生要求,对袋类容器应防止日晒、雨淋及污染;包装件应存放在干燥、通风处,不应雨淋、日晒、受潮;存放处应符合卫生要求,不应对内装物产生污染。

欧美发达国家特别是美国和法国十分重视包装安全工作,其也是世界上包装安全法规、安全体系最完善的国家,都有系列的食品安全包装法规,完善的管理体系,以及安全行动计划。1875年,英国通过了第一个食品与药品法规,随后法国也公布了相应的食品卫生法规。1902年,美国农业部开始调查食品安全问题并向总统报告。1906年,美国首先推出两个有关包装食品的安全卫

---

① 刘德超. 我国粮食包装的现状与发展趋势[J]. 淮北职业技术学院学报,2017,16(4):101-102.

生法规(食品、药物条例)。1931年,美国食品和药物管理局(FDA)正式成立,从而走上了法制管理的轨道。1958年,欧洲食品规范委员会成立。美国的食品包装安全体系是以美国联邦和各州法律为准绳,以美国联邦和各州法律及行业生产安全食品的法定职责为基础。科学、严格和可操作性的法律,加上通过联邦政府授权机构的通力合作,以及各州及地方政府的积极参与,形成了一个互为补充、相互独立、复杂有效的食品安任度,号称为世界上最安全的食品。

由于质量管理体系的不完善,我国食品包装行业存在着安全隐患,很多食品包装材料都存在着这样或那样的问题,难以符合食品安全、卫生和环保方面的要求,从而危害到消费者的身体健康,影响到我国食品工业的健康发展。食品包装对食品的质量和安全影响非常大,也是食品加工与制造过程中最容易被忽视的问题。

二、粮食产品包装材料存在的安全问题

(一)塑料包装

塑料是以合成树脂的单体为原料,加入适量的稳定剂、增塑剂、抗氧化剂、着色剂、杀虫剂和防腐剂等助剂制成的一种高分子材料,常用的复合塑料袋包装材料由乙烯-乙烯醇共聚物(EVOH)、聚偏二氯乙烯(PVDC)、聚对苯二甲酸乙二醇酯(PET)、尼龙(PA)、聚乙烯(PE)和聚丙烯(PP)等聚合物薄膜或薄膜复合物等多种材料复合而成,且有高阻隔性、保鲜、防虫、防潮等功能。国家规定,粮食的包装、运输和储存应符合《GB/T 17109—2008 粮食销售包装》的规定。用于颗粒状和粉类粮食的销售包装与食品接触必须采用无毒、无害的包装材料。由于整个工业水平的问题,国内尚没有建立粮食食品工业专用塑料和塑料制品的概念,虽然目前中国很多种塑料树脂都有食品专用牌号,但国内塑料行业还没有形成一套完善的粮食食品包装用塑料的质量标准和产品系列。国内一些生产粮食食品包装的塑料制品厂商还在采用聚苯乙烯、非食用级别的聚氯乙烯等国外禁止使用的塑料制造食品包装容器。这些塑料制品中未聚合的游离单体及其塑料制品的降解产物会向粮食食品迁移,食物中的这些游离单体及降解产物会对人体健康造成危害,如单体苯乙烯可抑制大鼠生育,使肝、肾重量减轻。单体氯乙烯有麻醉作用,可引起人体四肢血管收缩而产生疼痛感,同时还具有致癌、致畸等危害。为了降低成本,很多塑料包装生产企业在包装材料生产中采用大量的回收料、添加剂、加工助剂和溶剂。包装材料在加工制造中使用的化学辅助材料更是塑料包装可能的最大危害。

(二)纸质包装材料

纸质包装材料可以制成袋、盒、罐、箱等容器,在食品行业被广泛应用。纯净的纸是无害、无毒的。要保证食品包装用纸的质量和安全,一定要采用清洁的原料生产的纸张,生产和运输过程中没有受到农药残留、荧光增白剂、化学物质和细菌等的污染;印刷过程中没有受到油墨的污染。纸张中的有毒有害物质和印刷过程中的溶剂污染是一个普遍的问题。

三、粮食产品包装材料中的有害物质

成品粮食品包装袋的材料主要为牛皮纸、塑料薄膜,复合薄膜(铝箔)。传统工艺制造出来的包装物不可避免地掺杂如苯、甲苯等有害物质的溶剂,随着时间的推移,这些有害物质就会从膜表面渗透至粮食制品中,产生污染。另外塑料包装物中含有硬脂酸铅等稳定剂,这些稳定剂极易析出,一旦被人食用就会造成积蓄性铅等中毒。

国内包装材料中使用的黏合剂以溶剂型聚氨酯为主,而在欧美等发达国家,溶剂型聚氨酯黏合剂仅占复合黏合剂一半的使用份额。在国内,除非客户要求使用无苯油墨,否则大多数厂家则以苯类油墨为主;而欧美等发达国家多以无苯油墨为主。溶剂型聚氨酯黏合剂使用的溶剂是乙酸乙酯,使用过程中稀释剂也是乙酸乙酯,但是个别厂家为降低成本依然选择使用甲苯等有毒溶剂。油墨中甲苯、丁酮、乙酸乙酯和异丙醇的残留,也是食品包装安全存在的极大隐患。

苯、甲苯是一种无色、具有强烈气味的液体,具有极强的毒性,可引起急性中毒,麻痹中枢神经等危害。复合包装在生产过程中的印刷、复合、涂布工序中使用了大量的有机溶剂,甲苯、二甲苯等溶剂或多或少地残留在复合包装材料中,若使用含有较高残留溶剂的包装材料包装粮食制品,将会危害人体健康。

另外,为了在食品外包装上显示食品商标及食用说明等信息,必须在食品外包装上印刷相应的文字。依据传统工艺制造出来的包装物不可避免地含有印刷残留的有害溶剂,少量溶剂残留在复合膜之间,随着时间的推移,从膜表面渗透到包装物的内表面,对粮食制品产生污染。食用品包装的质量和安全是全人类共同关注的大问题,也是各国政府对食品包装行业进行监管的主要出发点。目前,国际通行的做法是:对油墨和印刷企业的质量和安全管理体系进行认证,这种认证以消费者的身体健康和人身安全为最高目的,以制订标准、实施标准为主要环节，对包装物的生产、储藏、运输、销售、印刷全过程进行标准化管理及监督。

第四节 粮食储运的流通环节质量安全

粮食产品由于其生物特性决定了其收获后仍然具有较大的自然风险，在运输、储藏、销售等过程中会发生腐烂、霉变和病虫害，易形成不安全的隐患。原粮加工为成品粮后，要经过3~6个月的时间才能到达消费者手中，这期间，粮食在粮食加工厂、批发市场、超市及粮店等多个场所都缺乏有效保存的措施，也会发生腐烂、霉变和病虫害等隐患，我国每年因储藏不当造成的粮食损失高达500亿斤左右。①

随着现代物流运输的发展，粮食食品供应方式发生了很大变化，长距离运输、大范围销售以及多渠道、多环节流通使微生物与有害物质污染的可能性增大，因此，粮食制品的存储、运输也成为保证食品安全必需的基础设施条件。

一、原粮与成品粮的储存安全

目前，原粮的储藏可分为三种形式：一是国家粮食储备库的储藏；二是粮站或用粮企业的粮仓或粮食经纪人租赁的仓库储藏；三是种粮大户或种粮农民自建简易粮仓储藏。成品粮食的储存渠道也可以分为四种形式，即国家应急储备仓库，粮食加工企业自有仓库，中间商自有或租赁仓库，超市、零售商等零售末端自有仓库。在这些形式的储藏设施中，仅国家粮食储备库的储粮条件比较好，储粮技术及保管员素质也比较高，其他形式的储粮设施比较简陋，对储粮技术的掌握和使用比较简单。但无论哪一种形式均在以下方面或多或少地存在影响储粮质量安全的问题。

(一)粮食产品储存环节的质量安全因素

1. 原粮储粮环境配置不当

原粮是以粮堆的形式储藏的，包括粮粒在内的生物和非生物成分构成了粮食储藏生态系统，系统中的温度、湿度、气体成分、杂质、昆虫、微生物等生态因素对粮粒的生理、生化变化有着不同的影响。所以需要根据影响粮粒的各

---

① 我国每年因储存不当损失500亿斤粮食[EB/OL].(2012-7-14)[2019-9-13].http://news.sina.com.cn/c/2012-07-04/023924707466.shtml.

生态因素的变化情况来选择使用不同的储粮技术,《GB/T 29890—2013 粮油储藏技术规范》给出了指导性规定。但在我国湿热地区,部分企业或由于选用的储粮技术不当,使粮食易于出现发霉、结露现象,严重时粮粒易滋生以曲霉和青霉为主的霉菌,不仅使粮食品质劣变加剧,而且一些产毒霉菌还会产生霉菌毒素,给储粮质量安全带来隐患。

2. 租赁仓库交叉污染

一些粮食经纪人、用粮企业或粮食加工企业在收粮季节会租用一些商业仓库作为临时中转仓库,在租用仓库的选择中未遵照《粮油仓储管理办法》和《GB/T 29890—2013 粮油储藏技术规范》规范的规定,没有考虑仓库周边环境是否适宜存放粮食,有的甚至在生产(或储存)易燃易爆危险品和有腐蚀及污染影响的工矿企业附近的仓库存放粮食,给粮食质量安全带来隐患;有些租赁的仓库、货位存放过剧毒化学药品、化学物品或活牲畜等污秽物品,未经清扫、洗刷、消毒造成粮食污染。

(二)粮食储存环境控制技术应用不当

在粮食的储藏过程中,为避免粮食受病虫害侵害,保证储粮安全,要使用熏蒸剂杀虫,减少害虫对粮食的损害。用于防治危害粮食、仓房和储粮设备设施的害虫、螨类和有害微生物的储粮化学药剂,具有较强毒性,药剂使用不当会在粮食中残留,影响粮食卫生品质,威胁食品消费安全。如敌敌畏是一种有机磷酸酯类杀虫剂,具有较好的熏蒸、触杀和胃毒作用,由于其向粮堆内的扩散性差,又易被粮食吸附,所以仅适用于空仓、加工厂、包装器材、铺垫材料、实仓空间的杀虫处理,《GB/T 29890—2013 粮油储藏技术规范》和《GB/T 22497—2008 粮油储藏熏蒸剂使用准则》《GB/T 22498—2008 粮油储藏防护剂使用准则》《LS1212—2008 储粮化学药剂管理和使用规范》均对此给予了明确规定。但有的企业为了防治螨类等微小害虫,竟然采取粮面拌和的方式进行熏蒸杀虫,致使粮食中敌敌畏残留超标,给粮食质量安全带来隐患。另外一种情况是多年以来,我国都是使用如磷化氢(PH_3)等熏蒸剂杀虫,有一些虫子对这些熏蒸剂已经形成了抗体,所以只能通过加重用药的剂量,增加用药的次数来保证杀虫效果,导致 PH_3 在粮食中的含量超标。

(三)成品粮在流通环节的质量安全隐患

粮食在加工成成品粮后并不能做到零库存管理。在成品粮到达消费者手中之前还要经过很多环节。成品粮销售的中间环节和终端环节的仓库设施往往比专用仓库条件差，而且是大量不同零售产品混存在一起，尽管现在的成品粮主要是以小包装形式出现，除包装本身的原因外，在这些分散且混存的环境中主要是包装物容易出现破损，从而污染成品或致成品粮变质。除此之外，鼠害及由鼠害带来的其他污染，也是成品粮在流通环节的一大质量安全隐患。

二、粮食运输环节对粮食质量安全的影响

随着市场经济的发展，我国千百年来形成的粮食产需分布格局在近40年间从"南粮北调"逆转成"北粮南运"，东北的玉米、稻谷和大豆每年有500多亿公斤流向华东、华南和华北地区，加上近几年国际粮食贸易量的不断增加，粮食跨省、跨国界运输量逐年增加。据统计，国内铁路运输占跨省运量的约50%，水路运输占40%，公路运输占10%，通过铁路、水路运输的量占主要部分。[①] 面对目前国内粮食运输中铁路、公路、水路、近海、远洋、库区（物流园区）道路等运输形式共存的局面，加之我国粮食现代物流发展水平还比较落后，物流成本高、效率低、品种互混严重、抛洒损耗大、杂质含量高、运输过程环境控制措施严重缺失等问题突出，各方普遍关注的是如何减少运输粮食损耗的问题，对于运输环节中的粮食质量安全问题关心甚少。实际上长距离运输的粮食质量安全问题在近十年来时常发生。如东北地区的粮食运往南方销区一般需要20~30天，我国地域宽广，南北温度、湿度差异大，这给东北地区带有偏高水分的粮食带来的直接影响就是在运输过程中易发生结露、霉变，轻则变色变味，不能食用，重则致使人、畜食用后产生各种中毒症状，甚至导致癌变，危害人、畜的生命安全。因此，当前有必要结合发展散粮运输的契机，将保证运输环节中粮食质量安全的问题一并解决。

另外，现代农业的发展意味着农产品生产布局实现了专业化、区域化，使产区与消费者市场之间距离加大，必须依赖运输将产品由产地输送到消费地。运输环节在扩大农产品销售市场范围的同时，还负有保证运输途中粮食制品安全的责任，这对运输设备、工具提出了更高的要求。对粮食产品的运输并不是要求都采用专用车辆，有时还会出现与其他货物混运的现象，如此一来，车内的环境卫生也很难保证，这样很容易造成二次污染。这些都是导致粮食制品在运输环节上引发质量安全问题的原因。

除上述我们讨论的影响粮食产品质量安全的原粮质量安全、加工过程的质

---

① 吴存荣. 粮食收储及物流运输环节存在的质量安全问题与对策[J]. 食品科学技术学报，2014，32(4)：11-14.

量安全、包装的质量安全、运输储藏的质量安全外，还有一个往往被忽视的安全环节，就是消费者环节对粮食产品质量安全的影响。

消费者将粮食购回后，在食用过程中，依然存在质量安全隐患。一是没有按规定的条件存放带来的隐患。不同的粮食制品，要求不同的存放条件，主要是对存放的温度和湿度有一定要求，这往往被消费者所忽视。二是没有及时食用带来的隐患。粮食制品一般有一定的保质期，在保质期内食用才是安全的，特别是粮食包装打开后应及时食用。消费者往往对此认识不足，食用过期变质的粮食制品，对健康造成不良影响。

第五节　粮食产品从生产到消费各环节的质量安全控制

粮食产品从原粮生产到成品粮，"从农田到餐桌"的整个环节我们都要认真把握和对待，要建立粮食产品从"种植—收获—加工—储运—消费"整个产业链整体质量安全的概念。对"种植—消费"粮食产业链的每个环节进行预防性控制，确保粮食产品质量安全。

一、粮食种植环节的质量控制

在社会主义市场经济条件下，农业标准化作为组织现代农业生产的有效手段，为促进农业从数量型向质量效益型转变，实现农业的产业化和可持续发展，保持生态平衡和保障人类的安全与健康，发挥着不可替代的重要作用。农业标准化融生产技术、经营、管理于一体，涉及土壤、水体、环境、种子、种苗、种植、栽培、肥料、农药、灌溉、田间管理、收割、储存、运输、加工、包装、认证等各种农(工)艺技术，从原粮生产的产前、产中延伸到产后，可以借此为原粮生产的规模化、规范化、产业化生产提供协调方法和技术支撑。在当今发达国家，农业标准化的程度普遍较高，其建立的较为完整的支撑服务体系，对于发展中国特色的现代农业具有积极的借鉴意义。

对粮食生产(种植)过程中存在的一些潜在危害可以通过应用良好操作规范加以控制，如农业良好生产规范(Good Agricultural Practice，GAP)，GAP是以农产品生产过程质量控制为核心，以危害分析与关键控制点(HACCP)、可持续发展为基础，关注环境保护、员工健康、安全和福利，保证农产品生产安全的一套规范体系。它通过规范种植、采收、清洗、包装、贮藏和运输过程管理，鼓励减少农用化学品和药品的使用，实现保障初级农产品的质量安全、可持续发展、环境保护、员工健康安全以及动物福利等目标。建立农业良好生产规范的目的是提高农产品安全水平，保护消费者利益；保障国际贸易中食品质量安全与相互认可，打破国际贸易壁垒。

(一) 加强土壤、环境治理

国家的顶层设计应把"粮食质量安全"作为"关注民生"的重要内容。在我国粮食总量持续增加的趋势下，未来农业应该把关注农产品质量的安全放在"重中之重"的位置上，以充分实现"农业"为人们提供"健康、营养"食物的功能定位，将中国农业引入"健康农业"的新时期，为国民消费提供安全、放心、健康的食物和食品原料，为特色农产品出口提供合乎市场需求和质量要求的产品。大力培育农业生产者"健康农业"意识和操作技能，通过多层次、多渠道的宣传引导，在生产者头脑中植入关注土壤健康、关注产品质量安全、关注农业清洁生产的意识，并通过技术培训等方式传输给农业生产者科学种田的实践技能，从源头保障"健康农业"的生产。

对过去因过度开垦，对土地掠夺式经营、追求产量效应而大量使用农药、化肥以及因工业污染物流入的土地进行改良、轮作、复耕，加强环境污染治理，主要口粮生产区域减少环境污染的企业入驻。在粮食种植过程中为保证农产品生产环境的安全，防止污染物对作物及生态环境的危害，严格控制各类污染物的排放，加强对产地环境的监测。近年来，我国政府已意识到环境污染对农产品与食品安全的影响，对环境质量的监督管理日益重视，特别是提出了"可持续发展"和"永续发展"的新理念。如国家环保总局加强了有毒有害化学品的监督管理；农业部制定了《农药管理条例》和《农药管理条例实施办法》；国家经贸委颁布了《淘汰落后生产能力、工艺和产品目录》；筛选出一些优先控制的污染物，在污水综合排放标准中增了40项有毒有害化学品项目，在大气污染综合排放标准中增加了17项有机污染物等。各级政府加大对土壤、水体、大气污染的防治，广泛应用包括污水处理、土壤疏松、病虫害综合防治、生物活性肥料等新技术；应用现代生物、材料及信息技术；改进灌溉技术，利用微灌、滴灌、雾灌控制土壤水分、肥力，改善小气候，降低污染物的水平，从而提高农产品质量安全，保护消费者健康。此外，在农产品生产过程中积极推广清洁生产技术，尽可能依靠有机肥、作物轮作、种植豆科作物并合理使用化肥，利用生物技术方法和物理方法控制作物病虫害，以改善农产品生产环境。

严格执行国家对粮食生产的相应规范，我国粮食的生产适用农产品GAP系列国家标准，包括《术语》《农场基础控制点与符合性规范》《作物基础控制点与符合性规范》《大田作物控制点与符合性规范》、国家标准 GB/T 20014.2—2008、GB/T 20014.3—2008、GB/T 20014.4—2008，其分别对生产场所、机械设备、垃圾和污染物的管理回收与再利用以及环境保护的控制点和符合性要求；土壤和基质管理的控制点和符合性要求；对作物生产过程中的肥料的使用、灌溉、植物保护的控制点和符合性要求；对作物的收获、收获后处理、收获物的储存等的控制点和符合性要求；对员工健康和安全、员工培训、防护服装和防护装备以及员工福利的控制点和符合性要求；对生产记录保存和内部审核、肥料与植保产品使用记录的控制点和符合性要求等作出了明确规定，以确保从源头上控制粮食生产的安全。近年来，我国也在大力发展无公害食品、绿色食品、有机食品的生产，建立了相应的优质粮食产品综合示范区和出口产品生产基地，积极开展农产品和食品认证工作，推广"公司+基地"模式，不仅有效地提高了农产品质量、保障粮食产品安全、促进粮食食品出口，而且为改善我国的生态环境、保障人民身体健康、增加农户与企业收入作出了贡献。

(二)加强转基因技术的使用管理

由于转基因技术能够给农业带来高产、高抗病虫害的优势，近年来其在我国得到了渐进式的发展。但是由于转基因技术打破了物种之间的界限，可能存在对长期的生态平衡的破坏或对人类遗传与健康的隐形伤害等问题，并且对其的各种安全评价不可能在短期内完成，特别是其对生态平衡、人类遗传与健康等的影响甚至需要几代人几十年的观察。在欧洲、日本这些发达国家都还对其持谨慎态度甚至拒绝接受的情况下，对直接关系我国居民身体健康的口粮种植，我们必须在各种安全评价完成后再大规模地将其推广至粮食生产领域。

二、成品粮加工过程的质量安全控制

粮食食品是与人类的安全、健康密切相关的特殊产品，粮食食品安全已成为全球公众最优先考虑的问题。在粮食加工过程中对质量安全的控制可以引入GMP(良好生产规范)和 HACCP 动态食品卫生管理办法。GMP 是对食品企业生产条件、生产工艺、生产行为和卫生管理提出的规范性要求，而 HACCP 则是动态的食品卫生管理方法；GMP 是适用于所有相同类型产品的食品生产企业的原则，而 HACCP 则依据食品生产企业及其生产过程的不同而不同；GMP 体现了食品企业卫生质量管理的普遍原则，而 HACCP 则是针对每一个企业生产过程的特殊原则；GMP 的内容是全面的，它对食品生产过程中的各个环节、各个方面都有具体的要求，是一个全面的质量保证体系，HACCP 则突出对重点环节的控制,以点带面来保证整个食品加工过程中食品的安全。GMP 和 HACCP 在食品企业卫生管理中所起的作用是相辅相成的。

良好生产规范(Good Manufacturing Practice,GMP)是一种特别注重制造过程中产品质量和安全卫生的自主性管理制度。良好生产规范在粮食加工中的应用,即为粮食良好生产规范。粮食良好生产规范以现代科学知识和技术为基础,应用先进的技术和管理的方法,解决粮食食品生产中的主要问题:质量问题和安全卫生问题。GMP 应该贯穿于粮食食品原料生产、运输、加工、储存、销售、使用的过程,也就是说从粮食食品生产至使用的每一环节都应有它的良好生产规范。因此粮食食品良好操作规范是实现食品工业现代化、科学化的必备条件,是食品优良品质和安全卫生的保证体系。

1993 年 FAO/WHO 食品法典委员会(CAC)发布了《HACCP 体系应用准则》,1997 年 6 月对其作了修改,形成新版的法典指南,即《HACCP 体系及其应用准则》(Hazard Analysis Critical Control Point System and Guide-lines for Its Application),该指南的发布推动了 HACCP 系统的普遍应用。除了法典委员会(CAC)的食品卫生专业法典委员会制定的 HACCP 法典准则外,各种商品专业委员会也正在制定或已经制定了特定食品的一般性 HACCP 模式。现在,HACCP 已成为世界公认的有效保证食品安全卫生的质量保证系统。HACCP 在发达国家发展快速,加拿大、英国、新西兰等国家已在食品生产与加工业中全面应用 HACCP 体系。

自 20 世纪 80 年代以来,我国已建立了食品企业卫生规范和良好生产规范,提高了我国食品企业的整体生产水平和管理水平,推动了食品工业的发展。为适应我国加入 WTO 后的形势,我国加大制定和推广 GMP 的力度,积极采用国际组织制定的 GMP 准则。我国卫生部门共发布 20 个国标 GMP,其中 1 个通用 GMP 和 19 个专用 GMP。《GB 14881—2013 食品安全国家标准 食品生产通用卫生规范》为通用 GMP,主要内容包括:主题内容与适应范围、引用标准、原材料采购、运输的卫生要求、工厂设计与设施的卫生要求、工厂的卫生管理、生产过程的卫生要求、卫生和质量检验的管理、成品贮存、运输的卫生要求、个人卫生与健康的要求。19 个专用 GMP 是罐头、白酒、啤酒、酱油、食醋、食用植物油、蜜饯、糕点、乳品、肉类加工、饮料、葡萄酒、果酒、黄酒、面粉、饮用天然矿泉水、巧克力、膨化食品、保健食品良好生产规范等。

粮食行业现在执行的是《LS/T1218—2017 中国好粮油 生产质量控制规范》,《GB13122—2016 食品安全国家标准谷物加工卫生规范》,以及《GB/T 26630—2011 大米加工企业良好操作规范》,保证了粮食企业在生产过程的质量安全控制。

HACCP危害分析与关键控制点体系则是通过安全风险评估和危害分析，预测和识别食品生产、加工、流通、食用和消费全过程中，针对最可能出现的风险或一旦出现问题对人体危害较大的环节，找出关键控制点(CCP)，采取必要的有效措施，减少危害的发生，使食品安全卫生达到预期的要求。目前我国采用的HACCP危害分析与关键控制点体系是2009年制定的《GB/T 27341—2009危害分析与关键控制点体系 食品生产企业通用要求》，主要针对出口食品，力争与欧美发达国家达到对等的法规体系，已成为我国商检确保食品安全控制的基本政策。2011年GB/T 27341—2011《危害分析与关键控制点体系食品生产企业通用要求》被重新修订，自2012年5月起开始实施。HACCP体系的实施不仅有利于企业不断地自我检查和总结提高，促进产品升级，提高食品的质量，增加进入国际贸易市场的机会，提高了市场竞争力，而且使政府有可能更有效地监督食品生产商和销售商的行为，从而推动国内食品企业的整体发展。

HACCP体系是一个有效的风险管理工具，它能够帮助使用者识别可能发生的风险，从而制定综合和有效的计划来预防和控制可能发生的危害。粮食加工企业引入这个管理体系，能够帮助提高粮食产品加工过程中的质量安全。

(一)粮食加工企业环境质量安全控制

粮食加工厂的环境要求应该满足《GB/26433—2010粮食加工环境要求》的规定，粮食食品厂应选择在环境卫生状况比较好的区域建厂，注意远离粉尘、有害气体、放射性物质和其他扩散性污染源。粮食加工厂要至少与这些污染源保持$1\sim1.5km$距离，粮食加工厂不宜建在闹市区和人口比较稠密的居民区。工厂所处的位置应在地势上相对较高的地方，以便工厂废水的排放和防止厂外污水和雨水流入厂区。对要使用水源的加工行为进行监督，如小麦粉(面粉)加工厂在使用水来清洗小麦时，要有充足并符合卫生要求的水源，以保证小麦粉加工厂生产正常。工厂自行供水的，水源的水质必须符合国家规定的生活饮用水卫生标准。如果要取用井水，水需经过至少6.0m厚泥土层的过滤，井的周围不得有人畜粪池或垃圾掩埋场等污染源，同时要经过布点勘探取样来进行水质分析，各项物理、化学、微生物以及放射性等指标均符合国家生活饮用水的卫生要求后方可用于生产，否则必须采取相应的水处理措施，如沉淀、过滤和消毒等，使水质达到卫生要求后方可用于生产。

粮食加工厂在工厂布局上应按照产品生产的工艺特点、场地条件等实际情况,本着既方便生产的顺利进行,又便于实施生产过程的卫生质量控制这一原则进行厂区的规划和布局。生产区和生活区必须严格分开。生产区内的各管理区应通过设立标志牌和必要的隔离设施来加以界定,以控制不同的区域的人员和物品相互间的交叉流动。应该为原料粮运入、成品的运出分别设置专用的门口和通道,厂区的道路应该是全部用水泥和沥青铺制的硬质路面,路面要平坦、不积水、无尘土飞扬。厂区内要植树种草进行立体绿化。生产废料和垃圾放置的位置、生产废水处理区、厂区卫生间要远离加工区,并且不得处于加工区的上风方向,生产废料和垃圾应该用有盖的容器存放,并于当日清理出厂。厂区的污水管道至少要低于车间地面50cm。厂区卫生间要有严密的防蝇防虫设施,内部用易清洗、消毒、耐腐蚀、不渗水的材料建造,并要安装冲水、洗手设施。加工车间要与厂外公路至少保持25m的距离,并在中间通过植树、建墙等方式进行隔离。此外,厂区内不得兼营、生产和存放有碍食品卫生的其他产品。

(二)粮食产品加工工艺中添加剂的使用控制

粮食加工厂在生产工艺和配方上使用的食品添加剂不仅关系到消费者的健康与安全,品质管理部门应重视食品添加剂使用过程中的每个环节,规范添加剂的配比和使用。一方面要严格按照《GB2760—2014 食品安全国家标准 食品添加剂使用标准》的使用规范和要求执行,强化企业和个人严格自律食品添加剂的使用,包括使用范围和使用量,并在产品标签上按规定要求进行标示。禁止使用非食品添加剂;食品添加剂应设专人负责管理;严格按照标准要求进行添加,不得随意扩大使用范围或用量;建立严格的食品添加剂采购、验收、使用登记台账,并作分类分开存放,以防误用。

国家层面要加强食品添加剂的管理和检测,加强对企业的指导和监督,将添加剂使用工序列入关键控制点进行监控;加强企业诚信建设,严厉打击违规使用添加剂进行欺诈的行为。强化对食品添加剂生产和使用单位的监管,督促企业依法、科学使用食品添加剂,并建立完善的内部管理制度和内部的自检机构。要重点提高基层卫生监督机构的检验检测水平,加大对食品添加剂使用情况的抽样检查力度,扩大覆盖面。开展天然有机添加剂的开发,采用生物技术替代传统的化学合成,如发酵与酶工程、基因工程、细胞工程等,加快我国食品工业健康可持续发展。提倡和推荐使用天然、残留小、对人身健康影响小以及复合功能的添加剂产品。

三、包装过程中的质量与安全控制

粮食食品包装是原粮运输、成品粮加工的一个重要组成部分，包装过程中的污染是影响粮食食品质量和安全的主要问题之一。

欧美发达国家特别是美国和法国十分重视包装安全工作，其也是世界上包装安全法规、安全体系最完善的国家。无论是军品弹药包装，危险化学品包装，还是食品安全包装，都有系列的安全法规、完善的管理体系以及安全行动计划。其规定了用于食品包装的油墨和黏合剂，以确保化学物质不影响包装食品。软包装用用油墨向水性、醇溶性方向发展，取代苯溶性油墨；黏合剂也向水性、醇溶性、无溶剂方向发展。

目前，中国大部分食品企业的包装制品都是外购的，而生产包装制品的企业常常是通用型生产企业，生产的包装制品既用于食品，也用于化工等其他行业。因此，作为粮食食品的生产加工企业，包装物材料的选择要根据被包装物的物理化学特性、商品的市场定位、运输方式及流通区域的气候和地理条件等，同时还要考虑食品中的成分和包装材料中的成分是否会互相迁移，合理科学地选择包装材料的原材料如乙烯-乙烯醇共聚物（EVOH）、聚偏二氯乙烯（PVDC）、聚对苯二甲酸乙二醇酯（PET）、尼龙（PA）、聚乙烯（PE）和聚丙烯（PP）等聚合物薄膜或薄膜复合物。要严格按照国家已有的法律法规执行，如《GB/T 21302—2007 包装用复合膜、袋通则》《GB/T 28118—2011 食品包装用塑料与铝箔复合膜、袋》《GB/T 22865—2008 牛皮纸》。同时要根据所装填物的形态是原粮还是成品粮或是粮食的延伸产品选择合适的包装物结构，大小及加工方式。遵循国家对粮食加工包装的相关要求，如《GB/T 24904—2010 粮食包装 麻袋》《GB/T 17109—2008 粮食销售包装》《GB/T 24905—2010 粮食包装 小麦粉袋》。然后选择有一定信誉、加工能力，能保证订购的包装产品的质量的企业来加工、复合、印刷。包装物的加工企业必须严格按照《GB 9683—1988 复合食品包装袋卫生标准》及《GB/T 23887—2009 食品包装容器及材料生产企业通用良好操作规范》确保粮食食品包装的质量和安全。

在保证包装物满足粮食包装的要求外，提升粮食产品的包装技术，特别是成品粮和粮食二次加工的延伸产品，也是粮食包装环节质量安全保障的重中之重。粮食加工后，要经过3~6个月的时间才能到达消费者手中，这期间在粮食加工厂、批发市场、超市、粮店等多个场所很难保证其不出现质量问题，成品粮包装上的质量安全问题大多来自于包装物的材料使用不当或包装物破损而致的高水分形成的霉变、氧化、微生物的污染，等等，这都是由包装物对粮食产品保护不当而致。除传统的包装方法外，目前国内袋装粮食的保存方法有真空包装法、自然缺氧法、除氧剂法、空气置换包装法等。

真空包装技术在粮食行业的运用主要集中在中、低真空区域内，体现在粮食产后的清粮、干燥、储藏、输送和加工等一系列生产活动中，有利于增加粮食有效产出，保护或改善粮食品质，提高系统处理功效。一般的原粮以及成品粮食商品都可以采用真空包装，真空包装不但可以避免或降低粮食的氧化、变色、变味，还可以抑制某些霉菌和细菌的生长。

空气置换包装是指包装能进行内外气体的交换，改变气体的成分，通过减缓和抑制某些化学变化的过程，起到防止氧化变质、防虫、物理性保护等作用，空气置换分为充氮包装、充二氧化碳包装、混合气体包装等，可用于面粉、大米等成品粮或二次加工的粮食延伸产品等。所以在粮食的包装环节要创新研发包装保存技术，最大限度地使粮食在干燥、真空、低温的环境下延长保质期，从而提高粮食产品的质量安全。

四、储存和运输过程的粮食食品质量安全控制

粮食产品的储藏和运输是粮食产品从种植、储存、加工到消费者饭桌的流通环节不可缺少的重要的一环。储粮规范，储粮技术应用合理，不仅能避免因储粮给粮食后续流通环节带来的无谓损失，还能够保证粮食食品的营养价值和城乡居民的身体健康。

(一)粮食产品储藏的质量安全控制

储粮场所和储粮设施是储粮的技术性保障，储粮场所、设备应当保持清洁，定期清扫，无积尘、无食品残渣，无霉斑、鼠迹、苍蝇、蟑螂，不得与杀鼠剂、杀虫剂、洗涤剂、消毒剂等有毒有害物品和个人生活用品混放。

粮食食品在入库前必须验收，粮食食品验收时应当注意按生产单位、品种分别放置于食品专用栈板上，做到不同商品的分类、分架，避免交叉污染。

粮食食品应存放在专用的独立仓库和存储区域，要按常温、冷藏和冷冻等不同存储要求设立不同的区域。常温存放的粮食食品应储存在温度适宜、干燥的库区，避免阳光照射。存储仓库和货架的设计应满足食品卫生要求和先进先出的操作原则。不同类别的商品应分库或分架存放，库房内备有相应的货架和地垫板。食品外包装应清洁完整，码放整齐，隔墙离地，距离墙壁、地面均在10cm以上，堆放便于检查清点和先进先出。仓库要建立定期检查制度，对库存商品定期进行保质期和质量检查，发现即将过期或腐败变质商品应及时处

理。尽量减少使用租赁的仓库,避免不同货物的交叉存放,如果无法避免使用租赁的仓库,应该做好消毒杀菌以及环境整治清理。

在粮食产品储藏技术上应遵循国家的相关法律法规,如《GB/T 29890—2013 粮油储藏技术规范》《GB/T 37491—2019 低氧防治储粮害虫一般规则》《GB/T 22497—2008 粮油储藏 熏蒸剂使用准则》《GB/T 22498—2008 粮油储藏 防护剂使用准则》。加强储粮设施的技术改造,减少储藏过程中的防护剂及熏蒸剂的使用,特别是高毒高残留的熏蒸剂的使用,做到科学储粮,安全储量。

值得欣慰的是,随着我国人民生活水平的提高,以及世界各国对粮食食品的安全和环境越来越重视,对储粮害虫防治而使用化学药剂的限制日益严格,低温、气调、物理与生物综合防治成为储粮技术发展的大方向。

基于储粮生态学理论,以调控储粮生态因子为主要手段,达到储粮品质无劣变、无污染的绿色储粮技术已经在我国中央储备粮管理中得到应用,这些技术包括控温储粮技术、充氮气调储粮技术、非化学药剂防虫技术等。充氮气调储粮技术具有对大气环境无污染、对消费者身体健康无伤害、对操作者身体无损伤的优势,同时也可以对各类微生物的生理代谢及生长产生抑制作用,还可以抑制霉菌产毒,但这一技术对粮仓密闭性能要求较高。而控温储粮技术则可以利用各地的自然环境和技术条件,采取压盖、隔热保冷、膜下环流通风、缓释通风、气囊控温、空调控温等措施,实现低温(准低温)储粮,从而延缓粮食品质变化,避免粮食霉腐变质,对于一些比较简陋的仓房,只需要对其门窗、顶棚、通风口等气密、隔热性较差的地方进行防潮隔热性能改造,便可满足控温储粮技术的需要。只要将粮食水分含量控制在安全范围内,推广应用控温储粮技术是非国家储备粮食企业以及粮食经纪人的最佳选择。

(二)粮食产品运输过程的质量安全控制

由于我国的粮食生产受地域、气候等自然条件的限制及集约化生产的影响,同时,随着近年我国经济的发展,消费者的消费习惯和要求的变化,粮食的流通跨地域、远程情况明显,因此加大了粮食流通的运输压力,同时也对保障粮食流通运输的质量安全提出了新的要求。

首先,对粮食产品的运输,必须采用符合卫生标准的运载工具,并使其保持清洁,定期对其消毒。运输车厢的内仓(包括地面、墙面和顶),应使用抗腐蚀、防潮,易清洁消毒的材料。粮食食品运输车辆原则上为专用的箱式车辆,车厢内无不良气味、异味。独立包装的粮食食品应该具备符合安全卫生和运输要求的独立外包包装,装车后应有严格全面的覆盖,避免风吹雨淋和阳光暴晒；运输过程中不得与其他对粮食食品安全和卫生有影响的货物混载。粮食食品采用铁路、轮船、航空等公用运输工具运输时，必须向运输部门申明粮食食品的名称，提出运输的要求，以确保运输过程中不被污染，如果不能确保食品的安全，则不得采用此类运输方式。严格禁止和其他商品，特别是有毒有害商品、化学物品的混装，亦严禁人货混装。

其次，粮食运输的另一个关注点是大宗粮食产品的运输，我国现有粮食储备体系中有用于社会保障及市场调剂两个体系，这也是社会主义市场经济条件下的特有结构，因此，粮食运输也就包括两个方面，一是属于国家宏观调控的专项储备粮食。这部分粮食由主管部门负责，通过粮食批发市场公开拍卖的形式予以调配，运输则按照及时、准确、安全、经济的原则进行组织，以确保应对突发事件、平抑市场及进出口的需要。二是属于调剂市场的粮食。这部分粮食由作为市场主体的粮食经营者组织运输，力求以较低的运输成本取得最佳的经济效益。无论是哪种形式的粮食制品，在运输过程中必须选择能够保证粮食产品质量安全的方式安排粮食运输。

我国粮食运输方式目前仍以传统的包粮运输方式为主，散粮火车、散粮汽车、内河散粮船舶、散粮集装箱（袋）运输处于起步阶段，运输量有限，发展散粮运输是粮食流通现代化的必然选择，国外主要发达国家自20世纪80年代起已全部实现粮食散装、散卸、散储和散运的"四散化"物流，为我们提供了成功的经验。但是，面对我国粮食经营者独立实体分散、粮食批次多、批量小，难以实现规模化经营是现阶段我国散粮运输过程中的主要问题。一方面可以从解决粮食合理化运输的组织入手，参考国际食品法典委员会制定的有关标准以及国际海事组织制定的《国际散装谷物安全装运规则》的要求，在保证运输安全的前提下，结合国内粮食运输模式、运输装备的发展，通过政策、规章及标准的规范，引导粮食物流企业成立粮食运输专业合作组织，在对运输装备优化选择及集成创新的基础上，保障粮食物流及时、准确，经济和粮食产品安全。另一方面，发展以散粮集装箱（袋）多式联运为主、专用粮食运输车辆（船）为辅的综合运输一体化模式，保障运输粮食质量安全，获得数量、时间、效益等多方面的保障。

(三)构建完善的粮食质量安全追溯体系

欧盟、日本、新西兰等发达国家和地区正大力推广和实行的食品溯源制度，是食品卫生安全管理的一个重要和有效的手段。食品溯源制度最初是由欧盟为应对"疯牛病"问题于1997年开始逐步建立起来的。食品溯源制度的主要特征之一，是采用现代化信息技术给每件商品标上号码、保存相关的管理记录，从而实现追踪溯源。《欧盟食品法》的规定，食品、饲料、供食品制造用的家畜，以及与食品、饲料制造相关的物品，在生产、加工、流通各个阶段必须建立食品信息可追溯系统，以保证可以确认各种提供物的来源和去向。日本的食品溯源制度，已经从牛肉推广到猪肉、鸡肉等肉食产业、牡蛎等水产养殖产业及蔬菜产业。澳大利亚、加拿大等国都已提出要在本国强制执行肉制品的可追踪系统。

仓库要建立详细的食品质量安全台账，记录食品"从农田到餐桌"的全过程信息。包括农场、食品加工厂、生产日期、进货日期、保质期、进货数量、运输包装、产品质量等信息，确保食品从采购、运输、储存到销售环节的可追溯性。发达国家普遍实行了严格的标签管理制度，要向发达国家学习，逐步建立食品标识信息卡片系统，食品包装上的标签包含从农场到餐桌的全过程信息内容。

美国是世界上食品标签法规最完备和管理最严格的国家。如果一种食品的标签不符合相关法规要求或作出未经证实的描述，这种食品即被认为贴了假标签而受到相应的处罚。美国规定除肉、禽和蛋制品外，所有在美国销售的包装食品必须符合有关食品过敏源标注要求，过敏源包括牛奶、蛋、鱼类、甲壳贝类、树坚果类、小麦、花生、大豆。日本的食品标签制度，要求注明食品品名、原材料名称、内容量、制造时间、制造厂家或经营商名称、适食期限、保存方法、烹调方法、使用方法、保存温度、原产国（进口品）等信息。欧盟规定凡食品中含有可能导致消费者过敏或其他不适的成分，不论含量多少，均应在标签上标明。

目前，在我国构建适用的、符合实际需要的原粮质量安全追溯体系要比理论上复杂得多，主要原因在于我国粮食生产受地形地貌的限制，生产分散、面积小、规模小、集约化大田粮食种植受限，同类粮食的种子品种多，有的粮食品种可能达到数百种。粮食收储企业或粮食经纪人收购时难以实现单品种单收单储，给构建和实现"从农田到餐桌"全程粮油食品可追溯体系带来了极大障碍。面对现实，基于保障粮食质量安全的需要，我们应采取积极的态度，参照HACCP和GMP的要求，首先应从能够控制的关键点——粮食收储企业的粮食入库开始，尝试建立粮食质量安全追溯体系，为加强粮食质量安全监管提供有效工具，为未来实现"从农田到餐桌"全程粮食食品质量可追溯奠定基础。

第三篇　粮食流通

第五章 我国粮食流通与管理

粮食流通是连接原粮生产和商品粮需求的桥梁和纽带。粮食流通、粮食生产、粮食需求（交易与消费）三者相互联系、相互制约。粮食流通一方面保证农民生产出来的粮食能够及时销售出去，实现粮食商品的价值，获得成本补偿的同时获取相应的经济利益，从而保证粮食再生产所需资金，保护了种粮农民的利益，调动了其粮食生产积极性。另一方面粮食流通在把农民生产的原粮经过收购、运输、加工和储藏等环节后，最终转移到需求（交易和消费）环节。通过需求环节反馈的粮食消费结构和数量的变化，引导粮食种植生产，促进粮食资源按照市场需求进行优化配置。因此，粮食流通对促进和引导粮食种植生产，调节年度之间、地区之间、品种之间的余缺需求和平衡交易市场，减少供求波动，从而促进产销衔接，保持粮食供求平衡，繁荣粮食市场，促进国民经济全面、协调、可持续发展具有举足轻重的作用。

第一节 我国的粮食流通格局及演变

粮食作为一种特殊商品，足则国定，足则民安。不同的时代、不同的社会经济基础、不同的土地资源、不同的生产方式、不同的富庶程度、执政者不同的执政理念直至不同的周边地缘政治经济环境都会影响粮食流通政策的制定与粮食流通的形态。我国地域辽阔，人口众多，东西南北自然环境差别悬殊、地理结构与土壤特性迥异、粮食种植选择性差异明显，粮食产品分布的区域性造就了区域性的粮食消费偏好，粮食的丰歉也有很大的差别。如何利用世界7%的耕地养活世界20%的人口，充分考验政府粮食流通管理者的智慧和水平。粮食流通的管理敏感而艰巨，我国在不同的历史阶段适时适当地修订了改革粮食流通政策和流通形式，力争达到粮食生产、粮食交易与消费的平衡，保证粮食市场价格稳定，满足社会各方面对粮食的需求。

一、1949年前的粮食流通——国家指令计划与市场调节

粮食生产的地域性特点与国家政权对粮食流通的干预与管理直接影响粮食的供给。中国是一个农业大国，古代中国粮食生产是为了满足自给，商品粮生产所占比重极少，但随着历史的演进，时代的发展，我国古代农业领域也逐渐分化形成某些商品经济成分。我国古代粮食流通的萌芽和初步发展始于先秦至秦汉时期，这段时期是我国古代由原始共产主义向奴隶社会过渡之时，即原始共产主义公有制解体，私有制出现之时，伴之而来的是商品交换的出现，其中包括粮食交换，即粮食流通。但当时农业生产力十分低下，粮食产量也很低，农民剩余的粮食主要用于贮藏，以备灾荒之年或战争，加上古代社会交通运输条件在粮食流通产生了瓶颈效应。因此，在古代社会早期粮食作为商品进行市场贸易的规模很小。这一时期，政府对粮食流通也进行了一定的干预甚至是控制。西周时，政府开始对粮食流通进行干预，至春秋战国时期城镇等非农业人口的迅速增加和各地区经济、自然气候条件发展的不平衡性，贩卖粮食逐渐成为商人经营的大宗买卖。最早的粮食流通政策就是齐桓公大会诸侯订立的"毋遏籴"的盟约，随后，管仲运用"轻重"论实现了政府对粮食市场流通的控制，促进了古代粮食向市场化方向的发展。

战国秦汉时期，为了漕运业的便利，中央政府沿黄河、洛河两岸修建了星罗棋布的粮仓，形成了颇具特色的仓储业。魏晋时期，富庶的江南逐渐开发，南方的粮食产量已超过北方，粮食交易比较活跃。到了隋唐时期，朝廷在漕运沿线建立了一大批"转相灌注仓"，这些仓储设施地处沿河傍水，以便漕粮能暂时储藏于仓内，等待起运，粮食流通出现更为兴盛的局面。在商品粮贸易中，隋唐统一后，长江流域经济不断发展，水稻生产发展很快，长江流域的水稻在唐以后一直处于举足轻重的地位，特别是太湖流域成为最大的粮食基地，提供更多的商品粮，加上长安人口剧增，开始形成南粮北调的格局。因此魏晋至隋唐时期是古代粮食流通持续发展时期。

北宋时期，江南农业随着占城稻（早禾、早籼稻）的引入和稻麦连作制的推行继续发展，粮食产量迅速增加，在刺激漕运发展的同时也为粮食的流通提供了保障。宋元时期，"富商大贾自江、淮贱市杭稻，转至京师，坐邀其利"，粮食在地区间转运贸易相当发达。"春夏之间，淮甸荆湖，新陈不续，小民艰食，豪商巨贾，水路浮运，通此饶而阜彼乏者，不知其几千亿斤计。"这个时期形成了粮食流通与税赋并举的局面，政府创立"转搬法"。于真州（仪征）、扬州（扬州）、楚州（淮安）、泗州（盱眙）设四大"转搬仓"，江南租赋先输入

"转搬仓",再由"汴纲"负责运至京师,可见"转搬仓"已兼有收纳赋租的功能,其地位已超过隋唐"转相灌注仓"。在宋代的粮食买卖中,规模最大的应属和籴。和籴,即官方以买主的身份出现于粮食市场,从商人或农民手中购买粮食,这是国家在以赋税形式征收粮米已不能满足军国之需的情况下所采取的办法。所籴粮食主要用于军储、政府官员消费、填补官仓。元代,凿通大运河使漕运物资直抵大都城内的积水潭,形成了新的仓储中心,在于都、通州、河西务、直沽等处新建仓储数十处,形成了京津仓储中心,改变了我国古代经济及仓储中心的格局;最具特点的是发展粮食海运,每年海运粮食达 300 万石(元朝 1 石大米约 57~70kg),航线经济安全,海运的发展进一步促进了南北经济交流,并为商品粮的生产和流通提供了有利条件。商品粮的增加保证了城市居民的粮食消费。如号称"人烟百万"的大都,居民所需粮食除漕粮外,多为商品粮,《通制条格》载:"大都每年百姓食用粮食,多一半是客人从拖南御河里搬将这里来卖有。"这个时期商品粮由南向北的流动主要是政治军事需要,这部分粮食大多数由和籴所得。粮食转运贸易的兴盛,不仅解决了缺粮地区民众的吃饭问题,而且还成为促进商品经济发展,保证社会稳定的重要条件。总之,这一时期的粮食流通奠定了古代一定历史时期的粮食流通的基本体制,即政府消费靠漕运,灾荒赈济靠常平(常平仓),正常交易靠市场。

明清时期是古代粮食流通体制变化最大的时期,一方面明清时期国家统一,人口繁衍迅速,清代的田赋改革完全放开了对人口的控制,人口增长极快,加上大量市镇的涌现、非农业性城居人口的增多等招致对粮食需求的增加。与此同时,在经济作物收入高于粮食作物的驱使下,宋元时期粮食的输出地区——江南地区变为需求量相当可观的商品粮输入地,原来靠江南地区供粮的东南沿海地区急需大量粮食,致使经济作物种植业较为落后的湖广等地逐渐发展成为我国新的商品粮基地,原来的"苏松熟,天下足"被改为"湖广熟,天下足"。"江苏省各府县产米不敷民食,向赖湖广等省商贾贩运。"这些变化加快了我国农村由自然经济向商品经济过渡的历史进程,随着商业性农业的发展,明清时期粮食贸易流通的规模很大,范围很广,且范围都超过了此前任何时期。

总体来看,古代粮食流通在大部分时间里还是以国家的指令性计划为主,辅以市场调节,这样的流通体制,或曰供求机制,有利于保证国家的急需,如军粮、救灾及城市用粮,有利于保持社会稳定,有利于维护统治阶级的统治地位。

近代以后,由于中国被迫卷入资本主义世界经济体系、商品经济发展、城市化等原因,中国粮食流通格局再次发生变化。一方面,粮食流通数量有所增加。另一方面流通线路增多并延长。20世纪30年代以后，由于东北沦陷，东北豆麦输出数量大为减少，至抗战前，中国粮食流通路线较清代粮食流通鼎盛时期反而缩短，主要集中在东南和华北。再者，粮食需求地也发生变化。虽然长江下游和闽粤仍旧为粮食进口地区，但是随着城市化进程迅速发展，粮食销售市场日益集中于沿海口岸城市。原来全国最大的粮食集散地苏州米市逐渐衰落，为无锡米市、上海米市、镇江米市所取代，上海变成全国最大的消费市场，其次为广州、天津等商埠，上海、广州、天津成为全国粮食贸易3大中心。随着粮食需求地区发生变化，也引起了粮食商品性质的变化，即近代以后以工业品或者经济作物换取粮食的趋势逐渐加强，与鸦片战争前粮食流通基本为农业产品的互通有无和与手工业产品交换性质不同，某种程度上反映了中国经济的转型。

实际上近代粮食的流通受闭关自守的观念影响，流通实际上受到制约。早在"光绪三十一年（1905年），定运米出省章程及稽查私运米石章程，始实行'秦越相视'之政策，无论何时，除特别规定外，均不准运米出省"。民国以后，"省自为政"的状况并没有改变，产粮各省常有禁粮出省政策，甚至一县有一县之禁。作为三大米市的长沙、九江和芜湖在1922—1931年十年间仅有很少月份取消禁令，在米荒的1934年和1936年，湖南、安徽和江苏等省仍旧禁粮出省。缺米麦地区在国内来源断绝的情况下，只得唯洋米麦是求。同时因为长期没有统一的国内粮食市场，导致粮食市场组织和运销机构效率低下，粮食交易中间环节过多，成本过高，国粮的竞争力减弱。粮禁政策也造成谷贱伤农现象，"封禁之时，往往不明歉折究竟若何？存粮有无多寡？封禁以后，因不流通之关系，使米价低落，迨新谷登场，农民欲思出粜，致遭因封禁而有谷贱伤农之害"。

民国时期的国民政府对粮食流通问题是非常重视的。1932年10月7日，财政部召集湘鄂皖赣苏浙闽京沪各省市代表举行调节民食会议，开始提出筹设中枢管理粮食机关或统制全国粮食机关。1933年，国民党实业部所属中央农业实验所开始主办全国性的农业调查，在全国各地设有农情报告员，"调查各省主要农产之收获丰歉及各地农产经济之兴衰实施"。每月出版一次《农情报告》。1933年10月召开赣湘鄂豫皖冀浙苏沪粤十省市粮食会议。1933年11月27日，各省代表在上海组设八省粮食运销局筹备处，确定以官督商办的方式运作。1934年5月，国民党中央决定粮食运销局由政府承办，国内各商埠区域设立分局，或运销代办处。1934年11月20日，行政院通过《粮食运销局暂行组织章程》，由财政部设置粮食运销局，办理全国粮食运销事宜。1935年4

月，行政院修正通过《粮食运销局组织章程》，1936年成立全国粮食运销局，粮食运销涉及各省市，需要统筹管理，而设立全国运销管理机关。1936年各部研究粮食问题，并在11月24日通过《食粮调节暂行办法》，1936年12月25日，全国粮食运销局开始在上海办公。1937年5月6日，公布《食粮调节办法》，并且采取了一系列具体措施，如调查产销情况和设立全国粮食运销局，这一时期的政令包括开放禁令、减免费用、进口征税，出口免税等措施。

二、1949—1978年我国的粮食流通——自由购销转向统购统销

中华人民共和国成立后，由于连年战争给国家和民众带来的深重灾难，粮食供求矛盾突出。中华人民共和国成立之初，利用政治上的优势，国家成功地取得了"粮棉之战""银元之战"的胜利，击退了不法资本家的猖狂进攻，控制了通货膨胀，百姓的生活日趋稳定。1949—1952年我国实行粮食自由购销政策，农民除了缴纳农业税（公粮）外，粮食可以自由上市。人们在粮食买卖、运输、存储、销售上自由选择不受太多限制。此时的粮食购销体制基本上是以市场为主导，政府只是粮食市场的主体之一，没有粮食垄断权和优先权。1952年，私营商业占全国商品批发额的36.3%和零售额的57.2%。在粮食流通上国有粮食企业经营规模很小，私营经济在粮食流通中占比很大。政府为了从宏观上保持粮价的稳定，对流通市场加以调控，主要采取的政策是：一是加强粮食流通市场交易准则的制定，防止出现市场失灵；二是政府通过利用自己手中储备的粮食，选择恰当的时机向市场抛售，以达到稳定粮食交易价格的作用。这个阶段国家组织了大规模的粮食调运，并首次提出了"储备粮"的概念，并开始着手在全国重要城市和地区建立粮仓。政府销售粮食既通过即有的批发市场，也通过自己建立的零售交易市场，销售价格与市场价格持平。实际上中华人民共和国成立之初，全国粮食供求矛盾比较尖锐，国营商业企业无力调控市场，很多私商趁机大搞投机活动，抬高粮价，从而影响整个物价稳定。"当时私商活动频繁的地区，粮食市价一般高出牌价20%~30%。"粮价的大幅度波动，不仅威胁着百姓的日常生活，而且"如果放任这种波动，就会引起人心不安，社会震动，大规模经济建设就很难进行"。因此，针对私营粮商的两面性，政府采取了"利用、限制、改造"，对合法经营的粮商予以支持，对扰乱粮食市场秩序的粮商依法严惩。

1952年年底，国民经济恢复任务基本结束，1953年，全国将转入大规模的经济建设。随着第一个五年计划的实施和工业化步伐的加快，城镇人口快速增长。1953年城镇人口比1952年增加663万，增长9.3%；非农业居民的消

费水平比1952年增长32%。① 除了城镇人口自然增长之外，一批工矿企业纷纷开工建设，众多农民离开农村进入城镇从事工矿业，这既减少了农业劳动力的投入，又增加了吃商品粮的人数。同时，1953年上半年，全国灾情严重，到1953年下半年，全国粮食供给存在很大的缺口。鉴于此，中共中央于1953年10月发布了《关于实行粮食的计划收购和计划供应的决议》，1953年11月，中央人民政府政务院通过了《关于实行粮食的计划收购和计划供应的命令》，规定从当年12月起，除西藏以外，在全国范围内开始实行粮食统购统销政策，由政府对全国粮食实行计划收购和计划销售，规定严禁私营粮商对粮食进行自由流通买卖，在粮食价格方面由政府统一制定，实行统一管理。粮食统购统销的主要内容是：对农村的余粮户在留足农户的口粮、种子、饲料和缴纳农业税后，政府统购其绝大部分的余粮；对城镇居民和缺粮的农民实行粮食统销。

1953年实施的粮食统购统销政策，对分散的农民进行了有效管理，取消了覆盖面广的自由市场，国家完全掌握了粮食等主要农产品，甚至将计划管理深入到消费领域，这为后来建立计划经济制度奠定了基础。该政策一经颁布，就取得了明显的成效。据统计，1954年的粮食收购量为5089万吨，比1953年增加784万吨。这在一定程度上缓和了严峻的粮食危机。这样，中华人民共和国成立以来一直难以真正实现的农业生产终于纳入了国家计划经济的轨道。

1955年粮食"三定"政策和粮食票证制度的出台，加强了国家对粮食市场的控制。这是国家对粮食流通制度进行初步创新的表现。

1958—1978年这一时期，国家通过完善各种计划体制，使统购统销成为了一项基础性的经济制度。人民公社组织体系的建立、粮食票证制度的加强、城乡分割局面的形成等保证了统购统销在结构体系、力量对比、利益分享等方面达到了均衡。

统购统销政策作为计划经济体制的一个组成部分，对国家工业化的快速发展起了不可低估的作用。但是，该政策违背了经济规律，主观地用行政手段代替经济手段来调控农产品的生产和流通，成为造成我国农业生产发展缓慢的重要因素，阻碍了城乡商品经济的开展。

三、1979—1984年我国的粮食流通——统购统销向计划为主、市场调节为辅转变

1978年党的十一届三中全会后，开始改变高度集中的计划经济体制，在

---

① 陈国庆. 建国初期粮食流通体制的探讨[J]. 广西社会科学，2006(4)：100-103.

粮食问题上坚持立足国内、自力更生、发展生产、厉行节约的方针，坚持统购统销的粮食购销体制和"统一领导，分级管理"的粮食管理体制。从1979年开始，大幅度提高粮食统购价格和超购加价幅度，调减粮食征购基数，开展粮食议购议销，恢复粮食集市贸易，逐步放宽农村政策，调动农民生产粮食的积极性，为粮食流通体制改革作了物质上和思想上的准备。

从1982年起，国家对各省（区、市）实行"粮食征购、销售、调拨包干一定三年"的粮食管理办法。在完成国家粮食征超购任务后，积极开展粮食议购议销，调剂余缺。粮食包干以后，实行中央和省（区、市）两级管理粮食的办法，国家储备、中央直接掌握的周转库存、省间调拨、归中央支配的议价转平价粮、军粮、棉糖奖售粮、进口和出口，由中央统一管理；粮食征购、销售、定额周转库存、议价粮库存、代队储备，由省（区、市）统一管理。根据粮食包干办法和当时"分灶吃饭"的财政体制，粮食财务仍由中央粮食管理部门和省（区、市）两级管理。

1983年年初，农村家庭联产承包责任制的推行，打破了我国农业生产长期停滞不前的局面，促进农业从自给半自给经济向较大规模的商品生产转化。这一年，经国务院同意，在完成粮油统购任务后实行多渠道经营，国营粮食商业是粮食多渠道经营中的主渠道，同时积极开展议购议销业务，参与市场调节。供销社和农村其他合作商业组织可以灵活购销，农民私人也可以经营。这一步粮食流通体制改革坚持以计划经济为主、市场调节为辅的原则，在延续以固定征购基数和低于市场价格的统购价为特征的统购统销政策的前提下，对各地实行购销调拨包干，允许多渠道经营进行市场调节。农村家庭联产承包责任制的实行和粮食流通体制改革的推进，带来了农业生产力的解放和粮食生产的跨越发展，粮食连续丰收，1982—1984年连续3年我国粮食增产，供求关系发生变化，粮食价格逐步走低，出现了购销价格倒挂现象，超购部分的加价使各级财政不堪重负。1984年首次出现农民卖粮难问题。

四、1985—2000年我国的粮食流通——统购统销制度解体，购销双轨制形成

1985—1992年取消粮食统购，实行合同定购。1984年10月，党的十二届三中全会提出社会主义经济是有计划的商品经济的重要论断。1985年1月，国务院颁布了《关于进一步活跃农村经济十项政策》，针对当时实行粮食统购统销，粮食产量增加，但质量、品种不适应市场需求，农民"卖粮难"，影响粮食生产发展和农民收益提高等问题，党中央、国务院决定取消粮食统购，实

行合同定购,合同定购的品种是小麦、玉米、稻谷、大豆,按"倒三七"比例计价,即:对小麦、玉米、大豆3个品种的收购价,30%按原统购价,70%按原超购价;粳米按"倒二八"比例计价,销往农村的粮食实行购销同价。但同时调整农村粮油购销价格,改变农村粮油购销倒挂的状况。合同定购在辽宁、吉林、黑龙江、内蒙古、安徽、河南是大豆,定购以外的粮食自由购销。合同定购粮食计划由国家确定,各省(区、市)按照国家确定的合同定购计划,合理安排分品种的定购数量,逐级下达,通过同农民签订合同予以落实。各地落实合同定购计划时,从有利于调整农村产业结构出发,根据不同情况区别对待,重点放在适宜种粮、提供商品粮较多的地区,以保护粮农的生产积极性。取消粮食统购、实行合同定购,标志着实行了32年的统购统销制度开始逐步退出历史舞台。此后,国家数次调整粮食合同定购任务,逐步缩小计划调节范围,扩大市场调节范围;提高粮油合同定购价格和统销价格,使粮油定购价逐步接近市场价,逐步改变粮食购销价格倒挂状况;充实粮油合同定购的经济内容,实行粮食合同定购与供应化肥、柴油和发放预购定金"三挂钩",以增加农民收入,调动农民种粮积极性。1989年,合同定购又进一步改为国家定购,从而形成了由国家行为主导的国家定购价、国家统销价与市场行为主导的市场收购价、市场销售价并存的粮食价格"双轨制"。

  1990年,针对当时一些主产区出现农民"卖粮难"、粮食部门储粮难、产区和销区之间调销不畅的现象,国务院决定在完成国家粮食定购任务、敞开收购议价粮的基础上,建立国家专项粮食储备制度,成立国家粮食储备局负责管理国家粮食储备,各省(区、市)也逐步建立地方粮食储备,以保护农民粮食生产积极性,防备灾荒,调剂余缺,增强宏观调控能力,保证粮食市场供应和粮价基本稳定。同时,逐步建立粮食批发市场,开展有组织的余缺调剂,搞活粮食流通。1991年5月和1992年4月。国家两次提高城镇居民定量口粮的销售价格,不仅缩小了粮食价格的购销倒挂,而且缩小了粮食牌市差价,即由国有商业执行的用挂牌方式公布的国家计划价格与由市场供求变动形成的市场价格之差,基本实现了购销同价,为粮价的放开创造了重要条件。1992年邓小平同志南方视察讲话和党的十四大提出建立社会主义市场经济体制的总目标,党的十四届三中全会通过《中共中央关于建立社会主义市场经济体制若干问题的决定》,推动粮食流通体制改革加快步伐。1992年年初,国务院同意采用以分区决策、分省推进的方式促进粮食购销和价格体制改革,允许各地根据当地的实际情况决定其放开粮价的时机和方式。这一步粮食流通体制改革坚持计划经济与市场调节相结合,其主要特征是实行粮食经营和价格"双轨制"。

1993—1995年粮食价格和经营双放开,探索粮食购销市场化改革。1993年,国务院决定在国家宏观调控下积极稳妥地放开粮食价格和经营,实行"保量放价",即保留粮食定购数量,价格随行就市,继续实行和改进粮食定购"三挂钩"政策,取消国家食油收购计划和食油定量供应政策,取消食油指令性调拨计划。同时,建立粮食收购保护价格制度和粮食风险基金制度,保护价的制定以弥补生产成本并有适当利润,有利于优化品种结构,并考虑国家财政承受能力为原则。随着国家财力的增强,逐步提高保护价格水平,在条件具备时向支持性价格过渡。保护价的实施范围限于原国家定购和专项储备的粮食。

1993年11月发布的《中共中央国务院关于当前农业和农村经济发展的若干政策措施》指出:经过10多年的改革,粮食统购统销体制已经结束,适应市场经济的购销体制正在形成,决定从1994年起,国家收购的粮食全部实行"保量定价",即保留定购数量,收购价格随行就市。1993年年末,粮食品种结构不能满足消费需求,粮价上升较快,市场供应一度比较紧张。为加强国家和地方政府对粮油市场的宏观调控,1994年,国务院批准了财政部、国家计委、国家经贸委、内贸部、农业部、国家粮食储备局六部门提出的《粮食风险基金实施意见》;组建了以经营农产品收购资金为主的农业政策性金融机构——中国农业发展银行;国务院发出深化粮食购销体制改革的通知,决定提高粮食定购价格,要求切实做好粮食收购工作,确保国家掌握必要的粮源,建立健全粮食储备调节体系和灵活的粮食吞吐调节机制,组织好产区和销区的购销衔接,建立两条线运行机制,深化粮食企业改革,充分发挥粮食部门主渠道作用,并提出了中央统一领导、地方分级负责的粮食管理原则和省、自治区、直辖市政府领导负责制。1995年,国务院又进一步强调坚持和完善省长、自治区主席、直辖市市长负责制,明确划分中央和地方粮食事权,搞好两级总量平衡;将粮食部门政策性业务和商业性经营分开,并建立精干、高效、责权统一的中央粮食调节管理系统。这一步粮食流通体制改革是在建立社会主义市场经济体制的大背景下进行的,长达40年的粮食统购统销制度彻底结束,从1955年开始发行给无数中国人留下难忘记忆的粮票进入收藏市场,并对全面放开粮食购销市场,在粮食歉收情况下加强粮食宏观调控,进行了探索和尝试。

1996—2000年确定"四分开一完善"的改革原则,推行"三项政策一项改革"措施。1996年,中央决定从当年新粮上市起,进一步提高粮食定购价格,调动农民粮食生产积极性,当年我国粮食产量首次突破5000亿斤大关,粮食供给形势明显好转,但粮食系统销售下降,导致经营性亏损猛增,粮食财务挂账日趋增多，给各级财政、银行造成很大负担；省际间调销不畅，有的粮食企业停止议价粮收购，部分地区出现粮食市场价低于定购价的趋势；粮食收购资金被挤占挪用现象相当严重，调销资金回笼缓慢，影响收购资金周转。针对这些情况，国务院决定要按照政企分开、储备和经营分开、中央与地方责任分开、新老财务挂账分开和完善粮食价格机制的原则，进一步深化粮食流通体制改革。1997年，为切实保证农民增产增收、保护农民生产积极性，国务院决定，在粮食丰收情况下，要按保护价敞开收购农民余粮，加强粮食市场管理，严格执行国家粮食销售价格政策。在党中央、国务院一系列政策措施作用下，粮食生产迈上新的台阶，粮食流通体制改革取得了一定进展，但粮食流通体制仍然没有摆脱"大锅饭"的模式，不适应社会主义市场经济的要求。"不改革，中央和地方的责权关系不清，中央财政不堪重负；不改革，国有粮食企业就难以扭转亏损，不能担当粮食流通主渠道的重任；不改革，不利于保护农民的生产积极性，必将影响粮食生产的持续稳定增长。"按照党的十五大提出的目标和要求，1998年中央1号文件进一步明确了"四分开一完善"（即政企分开、中央与地方责任分开、储备与经营分开、新老粮食财务挂账分开和完善粮食价格机制）的改革原则。1998年5月，国家出台了《国务院关于进一步深化粮食流通体制改革的决定》，该决定的重点可以概括为"三项政策，一项改革"，即"敞开粮食收购，实行顺价销售，封闭运行，同时加快国有粮食企业的改革"。这一政策的实施，又使得国家在粮食购销和价格控制方面进一步加强，缩小了市场机制在粮食价格制定过程中的作用。同时，国务院作出了进一步深化粮食流通体制改革的决定，按照"四分开一完善"的原则，转换粮食企业经营机制，实行政企分开；合理划分中央和地方的粮食事权，全面落实粮食省长负责制；完善粮食储备体系，实行储备和经营分开；建立和完善政府调控下市场形成粮食价格的机制；积极培育粮食市场，促进粮食有序流通；妥善解决粮食财务挂账，改进资金管理办法。同时，国务院有关部门制定了关于完善粮食风险基金管理的办法、关于完善粮食价格形成机制的意见、关于实施粮食企业附营业务与收储业务分离的方案、关于做好国有粮食企业减员分流工作的意见、关于清理消化国有粮食企业新增财务挂账和其他不合理占用贷款的办法、关于划转中央直属粮食储备库（站）的有关规定6个配套文件。同年国务院办公厅发出进一步做好粮食购销和价格管理工作的补充通知，强调粮食流通体制改革工作重点是坚决贯彻敞开收购、顺价销售、收购资金封闭运行三项政策，加快国有粮食企业自身改革，提高市场竞争力。6月和8月，国务院先后发布《粮食收购条例》《粮食购销违法行为处罚办法》。10月召开的党的十五届三中全会通过的《中共中央关于农业和农村工作若干重大问题的决定》进一步强调，各地和有关部门要按照中央的部署，统一认识，坚决贯彻按保护价敞开收购农民余粮、粮食收储企业实行顺价销售和粮食收购资金封闭运行三项政策，加快国有粮食企业自身改革，确立自主经营、自负盈亏的新机制，确保粮食流通体制改革顺利实施，达到预期目标。11月，国务院印发当前推进粮食流通体制改革的意见，对落实"三项政策、一项改革"作了进一步部署。为应对亚洲金融危机，确保按保护价敞开收购农民余粮政策的落实，国务院还决定利用国债资金进行大规模的粮库建设。

1999年，针对我国粮食已由长期短缺变成总量大体平衡、丰年有余，粮食生产结构性矛盾日益突出，优质品种相对不足，一些粮食品种销售不畅，库存大量积压，而农民仍在继续大量生产；按保护价收购的范围偏大，影响粮食生产结构调整和效益提高；粮食超储补贴办法不尽合理，导致一些国有粮食企业不积极销售、坐拿超储补贴，财政补贴负担过重的状况，国务院决定进一步完善粮食流通体制改革政策措施，在继续坚定不移地贯彻"三项政策、一项改革"的基础上，适当调整粮食保护价收购范围，降低粮食收购价格水平，完善粮食超储补贴办法，促进顺价销售。为深化粮食流通体制改革，完善中央储备粮经营管理体制，国务院决定调整中央储备粮管理机构，将原国家粮食储备局改为国家粮食局，负责全国粮食流通宏观调控的具体业务、行业指导和中央储备粮行政管理。同时组建中国储备粮管理总公司，负责中央储备粮的经营管理。2000年，国务院又下发了《关于进一步完善粮食生产和流通有关政策措施的通知》，提出了大力推进农业和粮食生产结构的战略性调整，退出保护价收购的粮食品种范围进一步扩大，粮食收购渠道拓宽，这一轮粮食流通体制改革是在我国粮食连年丰收的背景下进行的，坚持了市场化取向，保护了粮食丰收情况下农民粮食生产的积极性，促进了生产和流通的协调发展，并认真落实了按保护价敞开收购农民余粮的政策。同时，适当增加了粮食风险基金规模，扩大了国家粮库建设规模，积极促进了粮食销售、加工转化和出口等政策措施的实施。

五、2001—2003年我国的粮食流通——保护产区放开销区，向全面市场化过渡

2001年我国加入世界贸易组织（WTO），对深化改革、扩大开放产生广泛而深刻的影响。特别是经过1998年以来的改革，粮食收购渠道逐步拓宽，粮食流通体制发生了很大变化。针对我国社会主义市场经济体制初步建立、粮食

生产和流通形势的变化以及加入世界贸易组织给粮食产销带来的机遇与挑战，2001年7月，国家出台了《国务院关于进一步深化粮食流通体制改革的意见》，明确了粮食流通体制改革的根本目标：在国家宏观调控下，充分发挥市场机制对粮食购销和价格制定的影响力，循序渐进，建立符合中国特色社会主义市场经济发展要求的粮食流通体制。浙江、广东、上海、福建等8个粮食主销省（市、区）率先实行了粮食购销市场化，进行了粮食购销市场化改革的尝试和探索。根据国务院下发的进一步深化粮食流通体制改革的意见，粮食主产区继续发展粮食生产，在继续实行"三项政策、一项改革"的前提下，赋予省级人民政府自主决策的权力，切实保护农民种粮积极性；加快国有粮食购销企业改革，切实做到自主经营、自负盈亏；粮食主销区加快粮食购销市场化改革，放开粮食收购，粮食价格由市场供求形成；完善国家储备粮垂直管理体系，适当扩大中央储备粮规模，增强国家宏观调控能力；中央财政将粮食风险基金补贴完全包干给地方，真正建立起粮食生产和流通的省长负责制。2001年7月底召开的全国粮食工作会议进一步确定了"放开销区、保护产区、省长负责、加强调控"的改革思路。北京、上海、天津、浙江、江苏、福建、广东、海南8个粮食主销省（市）率先放开了粮食购销市场。粮食主产区在继续坚持按保护价敞开收购农民余粮政策的同时，按照粮食省长负责制的要求，进行了粮食购销市场化改革的尝试和探索，如安徽、湖南、湖北、内蒙古、新疆5个省（区）全面放开粮食收购市场和价格，在全省范围或省内部分地区对农民实行直接补贴试点；河北、河南、吉林、辽宁、江西5个省在坚持保护价制度的同时，在省内部分地区实行对农民直接补贴或价内补贴，在实行直接补贴的地区放开粮食收购市场和价格；黑龙江、山东、四川、陕西4个省缩小保护价收购范围，放开省内部分非主产区的粮食收购市场和价格。产销平衡区的广西、重庆、云南、贵州、青海5个省（区、市）也实行了粮食购销市场化改革。2003年8月，国务院颁布了《中央储备粮管理条例》，对加强中央储备粮的管理，保证中央储备粮数量真实、质量良好和储存安全，保护农民利益，维护粮食市场稳定发挥了积极作用，同时，又有效发挥了中央储备粮宏观调控的作用。

六、2004年至今我国的粮食流通——全面市场化的粮食购销市场

2003年党的十六届三中全会通过《中共中央关于完善社会主义市场经济体制的决定》，标志着我国社会主义市场经济体制从建立走向完善。随着国民经济市场化程度的提高，粮食流通体制改革的深入和农村税费改革的全面实行，进一步推进粮食购销市场化改革的条件基本具备。2004年5月，国务院出台

《关于进一步深化粮食流通体制改革的意见》(即粮食流通体制改革的总体方案),提出深化粮食流通体制改革的基本思路是:放开收购市场,直接补贴粮农,转换企业机制,维护市场秩序,加强宏观调控。决定在总结经验、完善政策的基础上,按照有利于粮食生产、有利于种粮农民增收、有利于粮食市场稳定、有利于国家粮食安全的原则,全面放开粮食收购市场。提出深化粮食流通体制改革的总体目标是:在国家宏观调控下,充分发挥市场机制在配置粮食资源中的基础性作用,实现粮食购销市场化和市场主体多元化;建立对种粮农民直接补贴的机制,保护粮食主产区和种粮农民的利益,加强粮食综合生产能力建设;深化国有粮食购销企业改革,切实转换经营机制,发挥国有粮食购销企业的主渠道作用;加强粮食市场管理,维护粮食正常流通秩序;加强粮食工作省长负责制,建立健全适应社会主义市场经济发展要求和符合我国国情的粮食流通体制,确保国家粮食安全。深化粮食流通体制改革的步骤和要求是:全面规划,分步实施,因地制宜,分别决策,加强领导,落实责任。同时,颁布施行《粮食流通管理条例》,依法规范粮食经营者和市场监管者的行为,维护正常的流通秩序。

2006年,完善最低收购价政策和直接补贴政策,除继续对种粮农民实行粮食直补外,中央财政再新增补贴资金,对种粮农民柴油、化肥等农业生产资料增加支出实行综合直补。为妥善解决改革中出现的新问题,以科学发展观为统领,坚持既定的粮食流通体制改革总体目标和基本思路,国务院下发了《关于完善粮食流通体制改革政策措施的意见》,从规范政府调控与企业经营关系、加快国有粮食购销企业组织结构创新、发展粮食产业化经营、解决国有粮食企业历史包袱、培育和规范粮食市场、建立产销区之间利益协调机制、完善最低收购价政策和直接补贴政策、健全粮食宏观调控体系等方面,进一步完善政策措施,健全体制机制,保证粮食流通体制改革的顺利推进。这一次粮食流通体制改革,从真正意义上全面放开了粮食购销市场和价格,标志着粮食流通体制完全迈上了社会主义市场经济的轨道。

粮食流通市场化的改革,使原粮的生产、粮食的流通与粮食的供给三者达到了和谐统一。在2007年、2008年世界粮食价格大幅波动的粮食危机期间,我国为了扩大内需,适时做好秋粮收购工作,稳定粮食市场价格,保护种粮农民利益,增加了临时存储粮食收购计划,并提高了收购价格。2008—2009年年度,国家累计下拨增储资金750亿元,累计收购临时储备粮4500万吨,平稳的度过了世界性粮食危机与金融危机。2009年至今,我国粮食产量一直保持着强劲的增长态势,截至2019年,粮食的年总产量达到66384万吨。说明经过改革后的粮食流通机制对平衡粮食的供需平衡,应对粮食市场的波动,维护粮食市场安全有着很强的适应能力。由此以市场为导向的中国特色的粮食市场化流通机制有序运行,保证了国家的粮食安全,居民消费的供需平衡。

第二节 我国粮食流通模式与管理

中华人民共和国成立70多年来,中国的粮食流通根据不同时间国内经济发展水平和粮食供需结构变化,经过了不断的改革完善,经历了自由购销—统购统销—双轨制—初步市场化—全面市场化的发展变化。特别是改革开放40多年来,根据经济社会发展的需要和粮食供求形势的变化,国家适时调整粮食购销政策,完善体制机制,推动粮食流通体制改革沿着正确的方向稳步前进,最终形成了现在完全市场化的粮食流通体制。

我国不同时期粮食流通的模式和管理如表5-1所示,从表中我们可以清楚地看到,不同的粮食流通结构模式所对应的管理体制是不同的,这也彰显了中国社会主义特色。与此同时,我们也可以看出不同的流通机制对原粮生产者的种粮积极性的影响。从2004年我国的粮食流通完全市场化开始,经过10多年的运行其已经逐渐完善和成熟。

表5-1 我国不同时期粮食流通模式和管理

时间	流通模式	流通主体	管理	模式效果
1949年前	国家指令计划与市场调节	粮食生产者、国家、私营米商	民国前:国家/户部 民国时期:粮食运销局	逐利行为大于政府调节
1949—1978年	自由购销转向统购统销	1949—1952年:粮食生产者、私营粮商、国营粮食部门 1953—1978年:粮食生产者、国营粮食部门	中央粮食部	停止自由购销后,农业种植与粮食市场脱节,生产受到抑制
1979—1984年	统购统销向计划为主市场调节为辅转变	收储:粮食生产者、国家粮食收储部门 销售:国营粮店	粮食部/商业部	粮食生产能力提高,市场流通受限
1985—2000年	统购统销制度解体,购销双轨制形成	粮食生产者、私营粮食企业、国家粮食收储部门	行政:粮食局 业务:粮食储备局	政策更迭,市场流通体制失衡

续表

时间	流通模式	流通主体	管理	模式效果
2001—2003年	保护产区放开销区,向全面市场化过渡	粮食生产者、非国有粮食企业、国有粮食收储部门、粮食行业协会	行政:粮食储备局 业务:中国储备粮管理总公司	粮食流通市场机制显现,粮食生产遵循市场规则
2004年至今	全面市场化的粮食购销市场	粮食生产者、非国有粮食企业(包括外资)、中储粮管理总公司、粮食行业协会	行政:粮食和物质储备局; 业务:中国储备粮管理总公司	粮食流通市场机制活跃,粮食安全隐忧不可忽视

一、我国现行粮食市场流通模式

目前,我国形成了以粮食期货市场和全国性粮食批发市场为主导,以区域性粮食批发市场为骨干,以城乡粮食集贸市场和粮食购销网点为基础的,现货与期货相结合的多层次粮食市场体系(见图5-1)。粮食市场分工明晰,市场定位逐步明确,作用日益显现。全国已有大批获得粮食收购资格的粮食经营者,在贯彻国家粮食收购政策、方便农民售粮、促进粮食生产发展和农民增收、提供商品粮源方面发挥了基础性作用;经营粮食零售业务的集贸市场遍布各地,大部分城乡超市都经营粮油产品,粮食零售市场在满足和方便人们日常生活需要,调剂粮食品种余缺方面作用明显。粮食批发市场的数量和规模有了大幅度提升,批发市场经营主体有国有、股份制、民营等,市场类型有大型的粮食商品物流批发市场、区域性市场、大中城市成品粮市场、城镇摊位市场等。交易方式有协商交易、竞价交易、网上交易等。粮食批发市场在组织大宗粮食品种交易,形成现货市场价格,传递市场供求和价格信息,服务国家宏观调控等方面让粮食流通渠道功能更全面,市场机制逐步和国际接轨;大型粮食商品物流批发市场主要承担了国家政策性粮食的竞价销售任务,促进了粮食产销衔接和粮食价格稳定;大中城市成品粮市场主要发挥了保证城市口粮供应的功能;粮食期货市场稳步发展,我国现有郑州、大连两个粮食期货市场,在发现价格、规避风险等方面发挥着不可替代的作用。

二、我国粮食流通主体

在现有的粮食流通机制下,我国粮食流通的市场主体已经完全多元化,包括粮食生产者(种植者)、非国有粮食企业、国有粮食企业、粮食行业协会。他们在粮食流通中扮演着不同的角色。

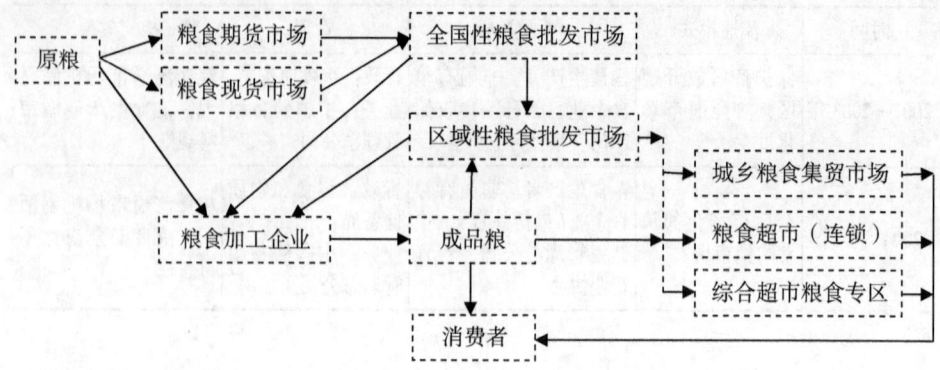

图 5-1　我国现行粮食流通模式

(一)粮食生产者(种植者)

粮食生产者包括个体农业种植者、种粮大户、农村粮食种植合作企业(种植合作社、农业社会化服务组织)、国有粮食种植企业(国有农场),他们均按照各种粮食产品的市场表现以及经济性,按照粮食流通反馈的市场信息安排种植生产,当然还有农业农村部的《全国优势农产品区域布局规划》与粮食管理部门的补贴计划,充分利用土地资源与国家的补贴政策。2006年《国务院关于完善粮食流通体制改革政策措施的意见》要求"对种粮农民直接补贴和农业生产资料增支综合直补要坚持向产粮大县、产粮大户倾斜的政策。2006年,13个粮食主产省、自治区的粮食直接补贴资金,要全部达到本地区粮食风险基金总规模的50%以上"。现在的种植业者除山区和丘陵地区外,大多开始走联合、合作或租赁的道路,扩大种植规模与集团化种植,获得规模效益。

(二)非国有粮食企业

从国家放开粮食流通市场后,参与粮食流通的非国有企业超过50%,他们包括粮食加工企业、工农贸一体化企业(粮食产业链上下游延伸)、私营粮食流通商、粮食流通经纪人、外商合资加工企业、外商独资加工企业、跨国粮商,这些企业面对中国庞大的粮食消费市场以资本为纽带进入粮食流通的每个环节。多种成分的粮食流通企业参与我国的粮食流通,一方面活跃了我国的粮食市场。另一方面逐利的资本市场是需要利润的,特别是资本实力雄厚的跨国粮商如AMD、益海嘉里,当他们的市场占有率足够大以致可以垄断和左右我国的粮食市场时,将直接威胁我国的粮食市场的安全,我国大豆产业就是前车之鉴。

(三)国有粮食企业

参与粮食流通的国有粮食企业包括国有粮食加工企业、国有粮食综合性企业、国有粮食储运企业。国有粮食加工企业和国有粮食综合企业他们的运营仍然是市场机制下参与粮食流通,目的是满足自身业务需要,如中粮集团在国内投资有大量的加工企业,他们采购原粮主要是满足自身工厂加工成品粮,并将成品粮用于市场销售和贸易之需。国有中国粮食储备总公司参与粮食流通,其主要目的是保障我国的粮食储备充足和稳定市场,体现国有粮食流通企业的主渠道作用。

(四)粮食行业协会

粮食行业协会参与粮食流通主要功能在于提供市场中介,一方面帮助中小粮食企业形成行业合力,参与国内国际市场竞争;另一方面为会员单位提供行业加工、流通、价格、市场信息,提供技术咨询、把控粮食质量;还有一个功能是制定相应的行业标准或组织行业会员产品的质量评定,打造粮食行业产品品牌。

三、我国流通环节的粮食储备

自 1990 年国家建立专项粮食储备制度和中央储备粮垂直管理体制以来,中央粮食储备规模不断增加。同时,各地按照粮食省长负责制的要求,也建立和充实了部分地方粮食储备。2006 年《国务院关于完善粮食流通体制改革政策措施的意见》要求"要按照'产区保持 3 个月销量、销区保持 6 个月销量'的要求,核定和充实地方储备粮规模"。同时要求"国务院有关部门要继续加强对中央储备粮管理工作的指导和监督,完善中央储备粮的轮换和有关财务管理等方面的政策。对承储中央储备粮的代储企业实行资格认证,未取得承储资格的企业不得存储中央储备粮"。从 2015 年开始,按照"产区 3 个月,销区 6 个月,产销平衡区 4.5 个月"的市场供应需求,增加了地方粮食储备规模。

现在我国的粮食储备由中央和地方落实,有国有企业、社会企业,还有一部分来自农民。按照联合国粮农组织标准,库存量占消费量的 17%～18% 即可,其中 12%～13% 的为周转储备,5%～6% 的为后备储备。目前我国粮食库存比例为高于国际公认的安全线的 6 倍左右,为国家宏观调控提供了雄厚的物质基础。而随着国家粮食储备体系的进一步完善，粮食储备和其他粮食流通环节一起在保护农民利益、增加农民收入、支持粮食生产、调动农民种粮积极性、促进粮食加工业的发展、调节粮食供需关系、缓解供需矛盾、保障国家粮食安全等方面发挥的效应越来越明显。

我国的粮食流通政策从 1949 年到 2004 年经过漫长的调整改革，在不同的阶段特定环境下，尽量从国民生活与国家建设两个层面去协调平衡，特别是在改革开放 40 年多以来，历经数次粮食流通政策的修改及完善，目前已基本建立起适应社会主义市场经济发展要求和符合我国国情的粮食流通模式与管理体制，政策法规体系逐步健全，在国家宏观调控下充分发挥市场机制配置粮食资源的基础性作用，确保粮食市场供应，维护粮价基本稳定与正常粮食流通秩序。从而有效平衡粮食供需，确保国家粮食安全。

第六章　发达国家粮食流通与管理

国际上粮食的流通与管理，大多根据各国粮食生产状况、政治经济条件的变化各有不同，并且随着各种条件的变化，管理形式也在发生变化。吃饭问题是任何国家政府都不能回避和漠视的问题，它关系到政府和社会的稳定与民众的向心力。因此各国都会根据本国实际建立一套同其社会经济水平相适应的粮食流通体制，并实行相应的流通政策。通常分为分散管理、集中管理、分散集中管理，政府之手与市场调节交织呈现。我们之所以要了解发达国家的粮食流通与管理，目的是为了适应经济的全球化，以及粮食市场已经出现的全球一体化趋势，恰当调整我国的粮食流通政策，合理利用全球化市场机会，规避可能出现的贸易壁垒与贸易自由化滥用，充分利用各国的粮食流通政策，扩大我国粮食产品的国际贸易渠道与机会。

第一节　日本的粮食流通与管理

日本是一个岛国，山地和丘陵占总面积的71%，耕地面积仅占13%，并且土地瘠薄细碎，生产成本较高，经营单位偏小。截至2019年，日本总人口为1.2478亿人，而数据显示其耕地面积仅454.9万 hm^2，人均耕地面积仅0.548亩，且务农人员中超过60%为60岁以上的老龄人口，平均年龄达66.5岁。[①] 进入21世纪，虽然日本的农业现代化、机械化水平较高，但却面临着农地面积进一步缩减、务农人数减少且严重高龄化以及农业收入剧减、粮食供给总量不足等问题。日本与中国同属亚洲国家，在农业领域两国的自然条件、资源禀赋和社会文化背景相似，而且在粮食流通体制的变革中也有许多的相似之处。

---

① 张雪婷，胡品品等. 日本粮食流通体制及其对中国的启示[J]. 世界农业，2019(5)：4.

第六章 发达国家粮食流通与管理

一、粮食紧缺阶段政府主导的管制流通

1942年至1969年期间虽然战后日本的粮食紧缺现象有所缓解，但出于对当时特定的政治、经济背景的考虑，这个时期日本制定了《粮食管理法》，依据法律规定，粮食流通开始被置于政府的直接管理之下。粮食的供求调整是粮食厅根据供给分配制度从农民手中收购大米，再根据分配制度分配给消费者。粮食的进口也是在粮食厅直接管理下进行的。粮食生产者生产的粮食除去自给部分以外其他都卖给当地的农业协同组织（以下简称农协），再由当地农协把收购上来的粮食集中起来卖给经济农业协同组合联合会，然后由全国农业协同组合统一收购，出售给粮食厅。在这个政策下国家控制了粮食的收购环节，并通过特定的收购商、销售商控制了粮食的流通渠道，在粮食流通中，收购价格和销售价格均由政府决定。这种政策又从价格方面阻止了农民将大米私下卖入市场。所有这些政策的实施都是为了国家能够很好地控制粮食流通，确保粮食生产和供给，以稳定社会、稳定民心。

二、粮食盈余阶段的双轨制流通

日本的主粮是稻谷，1969—1981年期间，由于政府主导下的粮食收购政策是鼓励粮食生产者多生产粮食，粮价的提高及农民对粮食生产不断地增加技术投入，如：引进高产品种、采用机械化种植、增加土地改良的投入等，使稻米产量大幅度增加。尤其是1967—1969年，日本稻米产量连续3年丰收，创历史纪录，解决了大米国内自给问题。与此同时，受欧美文化的影响，日本国民对稻谷的需求开始下滑，导致大米供应过剩。1969年，修改后的《粮食管理法》规定，减少政府合同收购数量、允许农民将部分粮食自行销售，同时放宽粮食零售商的注册限制，这样，在粮食市场上就出现了两种类型的合法大米，政府米和自主流通米。由此形成了粮食流通的双轨体制，亦即粮食价格上的"双轨制"。在减少政府压力的同时放开了一部分粮食市场，促进了市场竞争，提高了粮食流通效率。

1970年政府持有陈米的数量达到720万吨。政府在处理陈米的同时，从1971年开始调整大米生产政策来抑制生产。其主要内容为：政府根据大米的需求制定减少全国耕种面积的计划，具体目标分配到都道府县，最后细化到各个乡镇村。此次生产调整不是以法律为基础来进行的，而是政府行政性指令。具体是由当地政府和地方农协来执行，对减少耕种面积的农户实施补贴。生产调整政策导致2003年日本的水田耕种面积减少40%。

三、双轨制规则的过渡深度融入流通

1981年至1994年是日本粮食双轨制向自由流通的开放经营的过渡阶段,有的将这一阶段称之为新规融入阶段。自粮食流通双轨制制度改革以来,自主流通米在市场上越来越活跃,所占份额也越来越大。这一阶段政府制定的粮食收购价(生产者价格)明显高于销售价格(消费者价格),购销倒挂部分由农业财政予以补贴。这实质上是对生产者的一种收入补偿。在这种价格补贴政策下,客观上也导致零售价格随之上扬。随着日本大米的政府购销差价加大,增加了政府负担,还有政府负担的巨额的管理费用。截至1980年政府在大米流通中出现的财政赤字高达1兆亿日元。针对高额的财政负担,政府不得不调整修订1969年制定的《粮食管理法》,由政府强制管理的粮食流通机制,引入粮食自主流通机制,其目的是稳定粮食供应的同时,减少政府压力,并通过市场机制的引入,提高粮食的流通效率,引导大米生产走向良性循环。所谓自主流通粮食是指不受政府价格控制的在市场上"自主流通"的米。实际上,在政府允许自主流通米进入市场之前,市场上已经出现了自由米,自由米是政府无法控制的黑市米,它的存在为自主流通米的形成奠定了基础。自主流通粮食政策实施后政府粮食层面的流通机制并没有发生变化,只是政府粮食的收购量和流通量减少了,而自主流通粮食的数量增加了。自主流通米与政府米最大的差别在于流通过程中的价格决定机制,自主流通米的价格是由市场供需双方共同决定的,而政府米价格仍然由政府决定。实际上,自主流通米的价格是由供应商、零售商和政府三方面因素共同形成的,具有一定的垄断性。

在这种混合粮食流通体制下粮食流通上的矛盾也日益凸显,为了进一步促进粮食的市场化,减轻政府在粮食补贴上的财政负担,日本政府在1981年再次修改《粮食管理法》,放松了零售商增设新销售点的限制,放宽了零售商的销售权限。在这样的规定下,粮食零售商数量增多,作用加大,粮食市场进一步活跃起来,为进一步的粮食流通政策开放奠定了市场基础。

四、完全市场化的放开经营流通

由于1981年至1994年粮食双轨制向自由流通的开放经营的过渡阶段政策使粮食生产与需求间的供求关系已走向平衡,自主流通的粮食流通模式日益成熟,1981年修改的《粮食管理法》早已落后于实际需要,政府在整个粮食流通过程中的决定性作用一直支配着粮食的生产和流通。1994年11月日本政府决定全面废除1981年修订的《粮食管理法》,制定了《关于主要粮食的供需及价格稳定法》(简称"新法")。"新法"主要内容：一是根据粮食需求状况（预测），制定有关粮食供需和价格稳定的基本计划，以调节生产和流通，保持供求平衡和价格稳定；二是自主流通是粮食流通的主体，政府控制的粮食限定在必要数量内；三是设立专项储备，以政府控制及部分进口粮食建立，并由政府与民间共同负责（费用由政府补贴一部分），以政府为主；四是减少水稻种植面积，对减少的农户给予补贴；五是自主流通和政府控制计划粮食流通，确保其稳定，废止生产者必须向政府交售粮食的义务，对流通业者实施登记制度和流通渠道全面放宽；六是为进一步确保自主流通价格形成上的透明度，使形成的价格确实反映供需实际，自主流通价格形成机构改组为价格形成中心，并赋予法律地位。在"新法"中从粮食的生产到流通的各个环节，政府的作用都从以前的全面监督转变为部分监督管理。大米的生产和流通更贴近市场，计划外流通的粮食完全开放经营，对经营也不再加任何限制。因此，随着"新法"的实施以及市场调节作用的增强，粮食的管理也将接近于"普通商品"，以往各种制度上的统制措施被大大减弱。日本的大米流通体制在经历了上述改革后，终于向自由流通和市场化迈出了实质性的一步。从而使日本粮食的生产和经营在1998年以后基本完成了市场化，政府的大米赤字也日益减少。

由于日本是典型的人多地少的农业资源约束型国家，加上老龄化造成的农业产业人员减少，谷物产品自给率在40%左右，但其主食大米基本自给。从2008年开始日本农林水产省粮食厅在谷物供给保障上做了很多工作，到2017年日本五大贸易商社中的三井物产、伊藤忠和丸红等均在海外开拓粮食产品基地，保证了国内粮食产品的流通需要和粮食安全。

第二节　美国的粮食流通与管理

美国位于北美洲南部，自然条件优越。幅员辽阔的美国，耕地面积1.9亿公顷，人均耕地0.73公顷，大部分地区土质肥沃，气候温和，雨量均匀适中，有着发展农业得天独厚的自然条件。美国农业科技发达，生产效率高，20世纪40年代，美国已实现农业机械化，70年代又全面实现了农业现代化，从而促进了农业劳动生产率的迅速提高。美国的农业生产专业化程度很高，形成了一些著名的农作物生产带，如东北部和新英格兰地区的牧草和乳牛饲养带、中北部地区的玉米带、中部和北部大平原地区的小麦带、南部地区的棉花带等，这种区域分工使美国各个地区能充分地发挥各自的比较优势，有利于降低成本提高生产率。美国拥有高度商业化的家庭农场，美国农业的基本生产单位是家庭农场,2000年共有217.2万个农场,平均规模为193.4公顷。美国农业高度机械化,使得农业抗御自然灾害能力强。长期以来,美国一直是世界上最大的粮食生产国之一,粮食生产量和人均占有量居世界前列,出口量约占世界粮食出口量的一半,库存约占世界粮食库存量的30%。

一、美国的粮食流通

美国的粮食流通产业发展可以根据三部法律的颁布时间划分为三个阶段:1933年颁布的《农业调整法》,主要目标是支持农民收入,为美国农业的发展奠定了基础;1996年颁布的《联邦农业完善和改革法》,取消了农产品保护价格,改对农民进行直接补贴,解决了在粮食储备方面政府和农场主的关系问题;2002年颁布的《新农业法》,扩大了农业补贴范围,用直接补贴代替了生产灵活性合同补贴,增设了新的"反周期"财政补贴方式,并改进了对农产品的信贷支持制度。

美国的粮食流通体制是市场流通加政府调控的混合流通体制,但市场流通仍是美国粮食购销体系中的主体,政府的调控和干预只是弥补市场流通的缺陷和不足。农场主、经销商、加工商在政府调控层面上自主经营,自负盈亏,从而既保证了粮食流通的效率,又维护了农场主的经济利益,维持粮食价格的平稳。美国粮食流通主要包括以下几个环节。

1. 初级市场的农场主销售

美国农场主产出的粮食是自主销售的。因此,销售给谁、销售多少完全由农场主自主决定。但如果农场主与粮食加工商、贸易商、政府等签订了长期合同(收获前签订),则农场主应按合同规定出售自己生产的产品。

2. 批发商(包括中间商、代理商和加工商)

随着美国农业生产专业化和社会化水平的提高,粮食经营者逐渐由分散向集中发展,美国粮食批发环节基本上为粮食加工商所垄断。美国共有三十几家大型粮食加工公司,基本上控制了美国的国内批发市场和向国外出口的市场。在这个环节,粮食加工商的粮食来源主要通过拍卖市场收购粮食。

3. 零售商

零售商主要是超市和连锁店零售成品粮,以及政府对低收入者、学生等提供粮食券,免费提供粮食制品的窗口。零售环节较为活跃,竞争较激烈。但由于美国市场高度发达,价格基本在供求平衡点上,所以零售商的价格和利润也是比较稳定的。零售商一般从批发商手中进货,不直接与生产者打交道。

4. 期货市场

期货市场在美国粮食市场体系中占有重要的地位,从农场主到消费者每个不同交易阶段美国粮食都在采用期货交易,有时期货交易总量是实际产量的10倍以上。在期货交易中,芝加哥的商品交易所左右着全美甚至世界各地的粮食价格。

二、美国对粮食流通的政府监管

美国政府对粮食流通主要通过法律、经济和行政手段来实施。一方面美国制定了有关粮食法规如1890年制定的《谢尔曼反托拉斯法》及后来的《克莱顿法》《农业公平生意法》《美国粮食标准法》和每隔五年左右修订的《粮食安全法》等,国家通过立法和执法,以法律形式将市场运行中的各种行为纳入法制轨道,特别对期货交易,用法律规范了各参与主体的行为,起到了抑制和消除欺诈、垄断、操纵、内幕交易和恶性投机现象等;维护了期货市场的良好运行;保证了美国粮食市场的健康有序发展。另一方面,政府以管理和调控市场为目的,采用间接调控方式影响和参与市场运行。在期货市场监管中,可以运用金融货币政策对市场施加影响;或通过税率和税收结构的调整直接造成交易成本的增减,达到抑制或刺激期货市场交易的作用。同时,政府监管部门采用计划、政策、制度等对期货市场进行干预和管理。与经济手段相比,行政手段更具有强制性和直接性。例如,对期货市场的品种采取审批制度,对期货经营、咨询机构等实行市场准入和许可制度等。

三、美国政府对粮食流通体系的干预

粮食长期过剩是美国粮食政策力图解决的主要问题。美国政府对粮食流通的干预主要包括三方面内容,即支持补贴、限耕限售、鼓励出口。

1. 支持补贴政策

20世纪30年代,罗斯福政府面对经济危机,实施"农业调整法",建立商品信贷公司,对参与农产品计划并与政府签订合同的农场主实行贷款支持。当农产品市价低于政府公布的贷款率时,农民可以把产品作为抵押交给商品信贷公司(Commodity Credit Cooperation, CCC)并得到贷款。贷款资金由政府拨给。这种形式实际上类似我国西汉时期的"常平仓"制度。

从1977年起,美国农业立法规定建立农民自有储备,主要目的是减少价格和供应的不稳定性,减少商品信贷公司的保管库存费。参加农民自有储备计划者须同商品信贷公司签订合同,公司向农民提供贷款和补贴,3~5年内谷物受贷款率的保障,由此大大减轻了商品信贷公司的储备压力。1977—1983

年，多数年份的期末库存量都低于农民自有储备。同时，美国还鼓励自由储备。这部分储备的目的是赚取利润，而不是平衡供需，因此，储备数量比商品信贷公司要稳定得多。

1978年，卡特签署"农业紧急法案"，制定主要农产品最低保护价。如果市场粮食的加权平均价在此之下，农场主可将粮食储存到商品信贷公司，依据存量获得政府贷款。如果低于保证价出售，差额由政府补贴。但每个农场主享受这种补贴的年最高限额为4万美元。如果市场价高出保证价。农场主可以随时把粮食取回销售，收入归农场主，但同时要归还贷款。如果市价不回升，商品信贷公司就按基本保证价收购。综上所述，美国农业中的"价格支持"，主要是粮食抵押贷款、干预性收购和直接补贴。

2. 限耕限售政策

这是一个有弹性的计划政策。短期休耕，主要是为了控制面积和产品总量以及恢复土壤肥力；长期休耕，则是为了保持水土和保护环境。美国政府根据世界市场对粮食的需求，制订"农产品计划"。计划不仅清楚地表明了世界市场对每种农产品的需求量，而且还表明了美国根据这一需求应播种多少面积、停耕多少面积，并由此算出停耕面积的比例和补贴金额，以及农产品的目标价格、贷款率等。凡是轮到休耕的土地，政府均按种植面积收入的80%给予补贴。这种补贴通常以现金方式支付，但是有时也以实物形式，即以政府拥有的库存农产品支付。此计划属自愿性质，农民可根据政府公布的条件，计算出执行计划的好处。如觉得不如耕种土地有利，也可以不参加计划。对农民来说，政府计划只是他们制订下一年度生产计划时的参考。

美国长期限制粮食生产，减少粮食供应，抬高国际市场粮食价格，可以使农场主获得较高的利润。当国际粮食价格下跌时，美国政府加紧限耕限售政策；当国际粮价上涨时，就放宽相应的政策。

3. 鼓励出口政策

美国的粮食国际贸易主要操纵在少数垄断企业手中，国家对粮食出口商采取鼓励和支持政策。主要的政策内容包括：关税保护、出口补贴等。保护关税指对本国粮食出口减免关税，对进口的外国粮食加征关税。出口补贴指政府对出口商发给大量补贴，以支持他们在国际贸易竞争中获得价格优势。

第三节 欧洲粮食流通与管理

欧盟是当今世界最大的超国家经济贸易区实体，也是世界粮食主要生产区、消费区和出口区。在欧盟各国，人地比例属于世界中等水平，人均耕地在0.3~0.5公顷，接近或略高于世界平均水平。农场经营规模一般在10公顷以上，且欧盟一直推行支持中等规模农户的政策，土地经营规模一般不是很大。同时，欧盟生产力比较发达，机械化程度较高，市场体系比较完善，粮食单位产量较高。欧盟创立初期，粮食不能自给，当时粮食政策重点是提高粮食价格，刺激粮食增产。20世纪70年代中期以后，欧盟实现了粮食的自给，以后出现了日益严重的过剩，于是粮食政策的重点又转为解决粮食过剩问题，即推行粮食出口的国际贸易。

一、欧盟粮食流通体系

欧盟国家粮食流通体系主要由合作粮食商业企业和私人粮食商业企业构成，这些企业承担粮食收购、储存和销售任务。在德国，合作社粮食商业企业和私人粮食商业企业大体各占一半。在法国，合作社粮食商业企业约占总数的30%，私人粮食商业企业占70%，但在收购量上，合作社商业企业达70%以上。合作社粮食商业企业的机构收购网点遍布各地，经营量大。农民收获粮食后，直接送到粮食收购企业交售。粮食收购企业把收购的粮食进行干燥、分类等预处理，依据欧盟的统一粮食政策和粮食质量标准对农民加价和减价，并把粮食集中起来，销售给粮食批发商和粮食加工厂。

在流通管理方面，欧盟各国根据自身特点所使用的机构会有不同。如英国、法国、瑞典都有负责粮食行政管理的政府机构，法国粮食购销、出口、价格的制定均由农业部所属的粮食管理局(ONIC)负责；德国则由农业市场管理局负责粮食行政管理工作；英国由相关的政府机构负责对粮食流通的行政管理。而丹麦在粮食流通方面，农业理事会起主要作用；芬兰是以国家公司为主导，作为国家的代表Avena集团由芬兰政府100%控股，是芬兰最大的粮食转运和仓储公司；瑞典的粮食流通由负责粮食生产和经营服务的协会管理，协会主要成员是合作社，在11个地区中有9个区合作社。尽管各个国家粮食管理机构的具体职责有所区别，但从总体来看，这些粮食管理机构基本履行了以下主要职能：一是负责本国粮食政策的协调、制定和实施，对粮食流通进行行政管理；二是负责欧盟共同农业政策的贯彻和农业补贴的落实。这些国家的粮食行政主管部门也会将许多日常事务交给中介组织去办理。如法国、英国、瑞典、德国都有为粮食生产者和经营者服务的协会，如瑞典的农民协会；法国的粮食行业联合会、粮食出口协会、小麦协会；英国的谷物及饲料协会；德国的粮食仓储协会，谷物、市场和营养研究会等。协会一般由政府资助，但也向会员收取一定费用。

欧盟粮食流通的参与机构与途径主要有以下几种。

1. 粮食流通政策制定——农产品共同市场组织(CMOS)

欧盟农产品共同市场是按照产品分类建立的共同市场组织,其中的作物共同市场是主要经营粮食产品的组织。该市场由欧盟委员会在市场管理委员会的协助下进行管理。通常作物共同市场的管理委员会,由欧盟委员会代表主持工作。主要工作事项为执行共同粮食政策和管理产品市场立法,包括一年一度的粮食价格的制定。

2. 粮食流通的主体——合作社

合作社是农民在自愿互利的原则下所组成的经营性合作组织,是欧盟国家粮食流通的主体。欧盟各国都有支持合作社发展的传统政策,合作社发展迅速,现在已经成为大型的涉农企业集团。合作社将比较分散的粮食生产者联合起来,为他们提供产前、产中、产后的服务,供给农业生产资料,提供种植技术和市场信息服务,实行粮食统一销售,形成规模优势,降低粮食流通成本。

3. 粮食流通途径——商流通路

合作社或粮商等收购机构从农民手中买进粮食,经由三种途径出售粮食:①在欧盟内部市场进行销售,即由主产粮区销往缺粮地区。②卖给粮食出口商,实施出口贸易。③在粮食市场疲软,价格下跌时,收购机构在政府政策干预下,对粮食进行公共储存。

4. 粮食流通的模式——产业一体化

欧盟各国支持与农业有关的产前、产中、产后部门的发展,促进工业、商业、金融、保险等与农业生产的结合,以形成互惠、互利的结构,达到产业一体化。粮食流通是农工商产业一体化中一个不可分割的环节。以农工商公司为一方,粮食生产者为一方组成垂直一体化的体系,通过签订合同,将农业生产资料的供应、粮食生产、销售和加工等紧密地连接在一起。

5. 粮食流通设施——产地建设

流通设施建设充分体现了粮食商品的产销特点,邻近粮食主产区为建设重点,充分保证运输的便利。同时,欧盟各国鼓励私人建设粮库,并给予包括贷款、补贴、优先采购等方面的优惠政策。

二、欧盟粮食流通体系的政策干预

欧盟对粮食的干预包括对生产的干预和对流通的干预。其中对流通的干预是重点,即通过市场经济手段对粮食流通进行宏观调节。

(一) 内部价格支持体系

实施对粮食等重要农产品支持政策体系是欧盟共同农业政策的重要措施。这项政策以共同农业政策的形式规定和实施，是欧盟粮食价格体制框架的基础。欧盟农业部长理事会根据保护农民生产不受伤害；欧盟各国粮食生产、库存、需求状况；国际粮食生产形势和价格走势等因素，制定内部支持价格体系，即粮食市场价格在其范围内可以进行自由波动，一旦超出限定范围，欧盟机构则通过三种价格机制包括目标价格、干预价格、参考价格，对粮食等农产品市场进行干预。具体来说，以目标价格为市场粮价的上限，干预价格（支持价格）为市场粮价的下限，即当市场价格高于目标价格时，政府按目标价格出售粮食，使市场价格不高于目标价格；当市场价格连续三天低于目标价格85%时，应该进行干预；当市场价格连续三天低于干预价格时，就开始以干预价格统一收购粮食。

(二) 农业补贴支持体系

欧盟共同农业政策结合本地区各国国情和世贸组织的规则要求，建立了一整套农业补贴支持体系。一是作物面积补贴；二是休耕面积补贴；三是生态环境补贴，包括环境保护、绿化造林等；四是流通补贴，包括干预库存的收购、仓储、销售补贴，国家储备补贴，产业化企业和有机化农业补贴，中介服务机构的运作补贴等；五是农民保障补贴，包括农民社会保障体系建立，农民退休津贴等。从2014年开始主要采用生态环境补贴。

(三) 对进出口粮食的贸易保护政策

欧盟对粮食实行鼓励出口和控制进口的贸易政策。

1. 对粮食进口设置门槛价格

通过门槛价格限制欧盟外部的粮食进口，对低于欧盟门槛价格的非欧盟成员国的粮食进口按价格变化征收可变的差价关税，差税额等于进口粮食价格（到岸价）与门槛价格的差额。门槛价格等于目标价格减去该宗进口粮食在欧盟内部的运输费用（德国杜伊斯堡至欧盟主要进口港鹿特丹的运费）。

差价关税是对进口粮食所征收的一种调节关税，它等于门槛价格与世界市场价格之差。差价税的具体作用效果取决于门槛价格与欧盟内部实际市场价格的高低关系，当内部市场的价格低于门槛价格时，外国粮食无法进入欧盟市场，这时差价税表现出强烈的保护农民生产的作用；当欧盟市场价格等于门槛价格，差价关税则表现出稳定市场的作用，因为国际市场上的粮食可以按门槛价格的水平大量输入欧盟市场，并可使欧盟内部价格稳定在门槛价格水平上；当欧盟内部市场价格高于门槛价格时，差价税不存在。与进口差价税相对应的措施是出口补贴，其目的在于鼓励出口以消除过剩问题。

欧盟设置门槛价格对进口粮食价格进行干预，致使进口的粮食只能在进口价格水平比欧盟干预价格高的情况下进入欧盟，避免低价粮食对内部粮食生产的冲击。

2. 出口补贴

欧盟在促进农产品生产时，为了减轻过剩粮食积压的压力，对出口者给予补贴，使其能够在国际市场上展开竞争。这种补贴由各国粮食行政机构事先垫付，然后由欧盟从预算中偿还。粮食出口补贴为欧盟的粮食出口离岸价与世界粮食市场平均价格的差额。

尽管近年来欧盟削减了农产品直接的出口补贴，以直接收入补贴代替了价格补贴和出口补贴等。但当欧盟内部市场价格高于国际市场价格时，对出口商仍然给予补贴，以保证欧盟的粮食具有与其他出口商竞争的能力。

尽管欧盟由20多个独立的国家组成，每个国家都制定了自己的粮食流通管理政策，但均在欧盟CAP（欧盟共同农业政策）与1999年通过的《欧盟2000年议程》大框架下运作，欧盟的粮食流通经过规范发展形成了涵盖粮食种植、粮食加工、包装、运输、储藏、批发、零售等产销一体化产业体系，由政府管理市场，通过农业合作社与粮食商业组织为主体的社会化服务组织将生产与市场有机联系在一起，形成强大的市场合力与经营优势。

从发达国家的粮食流通政策来看，日本具有明显的政府导向，而欧美则是市场导向型。不同国家根据不同国情形成不同类型的粮食流通体制，但总目标是以建立高效率的市场化粮食流通体制。由于发达国家市场成熟、机制完善，粮食流通运用经济杠杆，推动了市场化，减轻了政府财政负担。

另外，粮食产品的特殊性，使得粮食生产流通面临着自然风险与市场风险。从各国粮食发展的过程来看，粮食生产都离不开政府的政策保护，政府通过建立宏观调控体系以防止市场失灵。这也提醒我们，建立较为完整的粮食生产流通政策保护体系，是中国粮食流通体制改革的重要一环。

第四篇 粮食产品营销

第七章　粮食产品营销管理

在前面的章节中我们对粮食已经作了介绍，随着人们对大自然开发利用程度的不断提高，科技的不断进步，粮食的品种也随之不断发展和变化。粮食包括谷物、豆类、薯类等。中华人民共和国成立初期，我国人均谷物产量很低，为了确保人人有饭吃，政府把有助于实现温饱水平的豆类、薯类也纳入粮食产量之中。1950年，粮食包括七大品种：小麦、大米、大豆、小米、玉米、高粱、杂粮。从1953年起，国家修改农业统计口径，在每年公布粮食产量时，均采用广义的粮食概念，即粮食分为五大品种：小麦、大米、大豆、杂粮、薯类。1994年，粮食的五大品种又改为：小麦、大米、玉米、大豆、其他。

20世纪80年代，中国有的学者针对过去在"以粮为纲"的口号下过分强调淀粉类粮食生产而忽视肉、蛋、奶、鱼、果、蔬、糖、油等食物生产的情况，提出了"大粮食观"。"大粮食观"是一种广义的粮食观，认为粮食不仅包括稻谷、小麦、玉米等以淀粉为主的食物，还包括肉、蛋、奶、鱼等动物蛋白类，以及植物蛋白、植物油、蔬菜、水果、食糖等。法国医学博士富斯指出：以碳水化合物为主的食物结构，是粮食的旧概念，以蛋白质为主的食物结构是现代粮食的新概念。因此，现代的大粮食观认为，粮食不仅包括谷物、豆类和薯类，而且包括其他一切能维持人体生命、保证机体发育、补充营养消耗的各种动植物产品。

我们这里讨论的粮食营销及其管理主要是针对我国民众的主食谷物，亦即稻谷、小麦。

第一节　粮食营销的特点

一、粮食在流通中的分类

1. 原粮

原粮指收割、打场、脱粒和整理以后，尚未碾磨加工，其籽粒或块茎仍保持原自然形态的粮食。不需要加工能直接食用的粮食，也列为原粮，如小麦、稻谷、玉米、高粱、大豆、蚕豆、豌豆等。原粮一般在计算粮食产量及消费量时使用。

2. 贸易粮

贸易粮指在综合计算国家收支平衡和国有粮食行政管理部门统计粮食流通各环节数量时所使用的计量单位的统称，它由需要折合与不需要折合的原粮和成品粮构成，包括小麦、大米、玉米、大豆和其他杂粮（包括薯类折粮数）。贸易粮同原粮、成品粮的主要区别是将稻谷折合成稻米（大米），将小麦粉（面粉）折合成小麦。

粮食折合率。粮食折合率是指原粮与成品粮互相折合的比率。在粮食商品经营业务活动中，原粮和成品粮的形态不同，价格也不相同，且两者在加工前后的数量有一定的比例关系，这种表示原料和成品粮之间数量比例关系的百分率就是折合率。由于各地粮食的品质不同，加工技术水平和设备条件也有差别，粮食加工出品率不完全一致，因此，全国一直没有规定统一的折合率，而是由各省、自治区、直辖市粮食行政管理部门根据当地具体情况来确定。折合率与粮食加工企业的实际出品率还存在差异，因此，贸易粮概念只是在计算国家粮食收支平衡大账时使用。

3. 成品粮

成品粮指原粮经过加工后形成的产品，如稻米（大米）、小麦粉（面粉）、小米、玉米面等。有些不经过加工即可食用的，既是原粮，也算成品粮，如豆类等。目前在城乡市场零售的供居民食用的粮食，绝大多数是成品粮（口粮）。

4. 混合粮

混合粮是原粮和成品粮的统称。在粮食商品流通过程中有原粮，也有成品粮。在粮食加工、运输、库存管理和进出口贸易中一般以混合粮的形式存在。

二、粮食的营销特征

民以食为天，粮食永远是人类生存与发展面临的首要问题。马克思在《政治动态——欧洲缺粮》一文中指出，最文明的民族也同最不发达的未开化民族一样，必须保证自己有食物，然后才能照顾其他事情。在众多的食物中粮食无疑是一种最基本的，也是最重要的形态。粮食作为人类赖以生存的商品，它既有普通商品所具备的相同特征，但同时由于它有别于其他普通商品，它又有自己独有的营销特征。

(一)粮食产品的功能性

我国是一个农业大国,"民以食为天,国以粮为本",谷物是人类最宝贵的生命资源。在我国漫长的封建社会里,粮食问题一直是封建王朝的头等大问题,粮食政策也是最重要的社会经济政策。现实主义国际政治学大师汉斯·摩根索指出:"粮食自给自足或粮食匮乏是国家强权的一个相对稳定的因素。"在刚刚过去的一个世纪里,粮食始终不是一个简单的经济问题,粮食的经济性和政治性也有突变性和转化性,充满了社会和政治因素。粮食具有经济、社会、政治、文化、生态等多种功能,且各功能又有多种分功能,它们相互依存、相互制约、相互促进,成为一个有机统一体。粮食作为一种特殊商品的功能性表现在以下方面。

1. 经济性

粮食的经济性功能主要表现在为社会提供食品,其以价值形式表现出来的功能,是粮食的基本功能。其中核心功能是满足人类生存和发展对食品的需要,是国民经济的战略物资,确保国家的粮食安全,为工业发展提供质优、充足的原材料,用于生产具有比较优势的产品,在满足国内消费者需求并创造社会经济价值的同时,兼顾国际贸易,从而获得直接和间接经济效益。

2. 社会性

粮食的社会性功能主要表现在为社会提供就业和劳动保障上。粮食作为一个产业不仅能容纳大量的劳动力就业,而且粮食的质量、数量及其安全性本身就直接影响着居民的健康状况和最基本的生存需要,涉及社会的稳定和发展。古人云:"安民之本,必资予食,安谷则昌,绝谷则危。"粮食谷物是一个民族生存和发展的必要条件。

3. 政治性

粮食的政治性功能主要表现在促进社会稳定的作用上。孔子提出"足食,足兵,民信之矣"的治国思想,他把"足食",即满足国家的粮食需要作为国家最重要的基础之一。在中国,粮食直接关系到大多数人的切身利益,在很大程度上影响着他们的政治选择;同时,粮食还是国家的战略储备物资,在有14亿人口的中国不可能依靠进口粮食来解决食品供应问题,因此粮食具有重大的政治功能。

4. 生态性

粮食的生态性功能主要表现在对生态环境的支撑和改善的作用上。以粮食生产为主的农业作为自然生态系统的有机组成部分,在当下我国人多地少、人均自然资源匮乏的情况下，既要最大限度地开发利用自然资源满足 14 亿人的生活需要，同时也要保持"留与子孙耕"的理性，维护现有生态环境、保护绿水青山颐养生态。

5. 文化性

粮食的文化性功能主要表现在文化传承和休闲等方面，管子的"国多财则远者来，地僻举则民留处，仓廪实则知礼节，衣食足则知荣辱"的思想则阐明了粮食与文明的关系。粮食生产是一个古老的产业，发展到今天的粮食生产就是历史文化的产物，其内部蕴藏着丰富的文化资源。各地形成的种植方式、耕种技艺、农具农器等都充满了人类发展所凝聚的智慧，是记录和延续农耕文明、传承文化的重要载体，是人类文明进步的重要标志。粮食生产贴近田园、山村和水源等自然风光，有利于缓解紧张喧嚣的都市生活。

(二) 粮食是商品但不是普通商品

粮食既具有一般商品的属性，又是一种和普通商品有区别的特殊商品。这种有别于其他商品的特殊性在于：其一粮食的特殊性在于具有不可替代性。在完全市场化条件下，一般的商品，其性能总可以找到相似的商品进行替代，但是，至今还没有科学家发明出可以替代粮食的食物。其二粮食的特殊性在于具有不可或缺性，对于人是一种"刚性需求"。吃饱肚子是每个人的生存需要，是基本人权。联合国粮农组织要求："保证任何人在任何时候，都能得到为了生存和健康所需要的足够的食物。"其三粮食的特殊性在于其具有战略性。粮食关系到乡村农民和城市居民两大群体的利益，"谷贱伤农"、"米贵伤民"，而且关系到国家的安全稳定。"为政之道，首在足食。"因此，任何国家对粮食的生产和流通，一直是纳入其基本保障和宏观调控之中的。

(三) 粮食是服务民众和社会的重要基础公共产品

粮食既服务于民众也服务于社会，其准公共产品属性，表现在其生产条件的准公共产品性、粮食国家调控的公共安全性、公民粮食产品消费的非竞争性、公民粮食产品消费的非排他性和粮食产业的公共多功能性等。当前，世界粮食危机频发，粮食已经成为世界经济大战中一张重要的战略王牌，与美元、石油等经济战略武器的排列组合过程，就是世界经济格局重新洗牌的过程。粮食的表象属性是私人物品，但其本质属性是公共物品。因为把粮食安全作为一个整体的概念，作为一个"物品"，它完全符合公共物品的特征。粮食是国民经济的战略物资，是全体社会成员赖以生存的必需商品，涉及千家万户，其供给的价格弹性大，需求的价格弹性小，具有"放大"效应，供给上如不正确引导，就可能引发大的波动，带来连锁反应。而且随着社会、政治、经济的发展，粮食的功能不断扩展，其价值的评估将更加复杂。粮食是基础商品，基础产业，它的变化会引起其他商品和产业的变化，即所谓粮价是万价之源。

(四) 粮食是抗风险能力较弱的产品

粮食是依靠自然生态循环再生产的产品，同时也是与经济相关联的再生产产业，既受自然界气候、虫灾的影响，如干旱少雨、多雨积涝、非洲蝗灾等，又受市场丰歉导致的价格波动的风险影响。因此，粮食生产在市场经济竞争环节中处于抗风险的弱势地位，如果完全靠市场配置资源，粮食生产将受到极大的制约。粮食这种弱抗风险的特征在中国更加突出，因为中国人多地少、农业基础设施薄弱、农业生产经营规模小、种粮科技水平不高等，所以粮食生产抵御自然风险和市场风险的能力就很小，比较效益很低。

三、粮食的消费特点

我国的粮食市场需求根据消费的形式来分包括口粮(居民食用)消费、饲用消费、种子消费、工业消费四个方面。

(一) 口粮(成品粮、居民食用)消费

口粮消费是指城乡居民主食消费。我国城乡居民的主食消费受经济发展、区域、消费习惯、人口数量、收入水平、饮食偏好的多方面因素的影响。特别是主食产品的选择上有较大的区别，主要体现在区域和饮食偏好上。稻谷是我国城乡居民主要的口粮作物。目前用作城乡居民主食消费的稻谷量占到了稻谷消费总量的86%。稻谷消费量占谷物口粮消费量的60%。用作口粮的小麦需求量经历了先增后减的变化，这与城乡居民的饮食消费结构的调整有关，如1999年为9879万吨，2002年为10227万吨，2018年小麦口粮的消耗量为9300万吨，目前用于口粮消费的小麦数量占总消费量的80%左右。

(二) 饲用消费

顾名思义，饲用消费主要是用于饲料粮的消费。在国外对粮食类谷物有专门的食用谷物和饲用谷物之分，它们在营养成分和谷物特性方面都有一定的区别。在我国由于人多地少、粮食产量不高的情况下并没有对种植谷物区分食用和饲用，不论是在产品选育，还是在营养成分、谷物特性上都还没有相关的研究和育种工作。因此饲用粮要么靠进口，要么将蛋白质偏低的产品用于饲料用粮，再者就是将食粮加工的副产品用于饲料。随着我国经济的发展，人民生活水平的提高，以及高品质粮食进口量的增加，现在也有直接将食用粮用于饲用的。目前用作饲料的稻谷消费量正呈上升趋势，是除用于口粮外的第二大消费量。少量低品位的小麦也有用于饲料用粮的。

（三）种用消费

种用消费是成品粮食消费的一个重要组成部分，为了能够循环再生产，农民在收获季节都会留用一部分质量较好的粮食籽粒用于下一个年度的种子。稻谷成品粮用于种用的消费量由稻谷的单位面积播种量和播种面积两方面的因素决定。我国小麦成品粮用于种用粮的比例占小麦消费需求总量的5%左右。随着播种技术的提高，近几年来小麦种子用量有所减少。与此同时，随着转基因技术的应用和国外种子公司的进入，这些新品种的成品粮已经不能留做种子，农民每年必须向种子公司重新订购种子。这样用于种用的成品粮将会逐步减少。

（四）工业消费

由于人们生活水平的提高和生活节奏的加快，我国城乡居民的主食消费呈现多样化的变化，除传统的主食消费外，对快速食品、方便食品、休闲食品、精深加工产品的消费越来越多，这使得食品业者加快了对这些产品的研究与开发力度，一方面满足了城乡居民生活的需要，另一方面也极大地提升了粮食的利用率和经济价值，当然这个过程也会消耗部分粮食。如稻谷深加工用于淀粉、酒精、酿酒、谷氨酸、速食米饭等的生产；小麦用于生产方便面、面包、饼干、点心等食品，虽然这部分消费占小麦总消费量的比重较小，为2%~3%，但近几年增长速度很快。

四、粮食的区域性营销特征

我国地域辽阔，气候多样，不同地区的粮食生产和消费情况存在着明显差异。过去，区域间由于气候、降水的差异使得粮食生产结构差别大、市场不发达和运输组织能力低下是我国粮食区域营销（Regional Marketing）的总体特征，这一特征导致了中国的粮食生产和消费具有强烈的区域化色彩，即当地生产什么粮食，就消费什么粮食。但是，近年来，随着改革开放、经济的发展、区域间人员的流动增加，以及物流便利化增加、信息流的快速传播，各地间的饮食文化得以互相交流和融合，推动了全国粮食消费市场的形成，但仍没有改变我国粮食消费市场区域化的总体特征，地区间谷物消费需求的差异性仍十分明显。

(一) 不同区域的生产与需求

(1) 东南沿海地区有6个省(直辖市)，除江苏省外，上海、浙江、福建、广东、海南都为缺粮地区。

(2) 东北地区的传统主食是小麦，黑龙江、吉林、辽宁以及内蒙古自治区的东部是我国的玉米主产区，玉米产量占全国总产量的40%，内蒙古是小麦欠缺省份。

(3) 华北地区的北京和天津两个直辖市是两个粮食消费量较大的城市，是重要的粮食消费区。山西省可以基本自给，河北、河南、山东为我国重要的小麦生产区和调出区。

(4) 我国水稻生产越来越向优势区域集中。华中地区的湖北、湖南、江西和安徽是我国稻谷的主要产区，总产量占全国稻谷总产量的35%。这4个省的消费者习惯于吃稻米(大米)，但由于产量大，主要向周边的上海、广东、浙江等省、自治区、直辖市销售。

(5) 西北、西南地区是缺粮区，是主要的粮食调入区。

(二) 我国谷物区域营销的特征

1. 稻谷

中国稻谷消费呈明显的区域性特征。中国内地稻谷消费量较大的18个省市区(包括15个南方省市和东北三省)其稻谷消费量占全国稻谷消费量的95%以上。

稻谷产销区位明确，流向基本稳定。稻谷主产区为长江中下游地区(湖北、湖南、安徽、江西、广西、广东等省)，主销区主要为北京、天津、上海、浙江、福建、广东、广西、海南等省区市。产销区位明确，决定了必须有相当的流通数量，并且流向明确。多年来，长江中下游的湖北、湖南、安徽、江西四省输出的稻谷主要经铁路、公路干线以及长江航线运往东南沿海及西南地区。

同品种稻谷的消费也呈现明显的区域性特征。长江流域以南地区稻谷消费多以籼米为主，长江流域以北地区稻谷消费多以粳米为主。稻谷主产区基本上遵循"种什么，吃什么"的就近供应原则，南方诸省籼稻主产区成为籼米的主要消费区，这些省份的居民一直对籼米具有较强的消费倾向，是南方籼米消费比较集中的地区。而东北、华北、西北则是粳米消费的主要地区，东北地区是中国粳米的主要输出地区，北京、天津等北方城市是主要消费地区。从稻谷消费结构来看，粳米消费数量和区域在不断增加与扩大，粳米消费由原来主要集中北方地区逐渐向长江流域及以南地区渗透。例如，江浙等沿海省份的稻谷消费出现了从籼米向粳米的转变，反映在稻谷生产上就是江淮等粳稻生产适宜区出现了"籼改粳"的趋势。从1980年到2008年，我国粳米产量在稻米总产量中所占比例由10.8%增至28.7%，籼米产量所占比例由89.2%降至71.30%。①

2. 小麦

小麦一直以来是北方居民的传统主食，但近些年来南部和东部小麦消费水平也有了大幅度的提高。东部经济发达地区小麦消费数量较高，食物消费不再是解决温饱，而是讲究营养，以精细粮和精细加工产品消费为主，因此，精细加工是影响小麦消费水平的重要因素。而中西部地区主要以原粮消费为主，面粉加工品消费量远小于东部沿海地区，人均小麦消费量只有100千克左右。中部地区（鲁、豫、冀、陕、晋和内蒙古）的鲁（山东）和豫（河南）是中国最大的小麦生产省份，其他四省都是缺小麦的省份。

中国小麦区域流向的总体格局是：由地处黄淮海平原、华北平原及西南的小麦主产区向东南沿海、东北区、华南区和西北区流动。从各个地区看，西北区的新疆，西南区的四川，中部的山东、河南，东部的江苏、安徽等是小麦输出区，输入量最大的是长江中下游区和华北区，其次是东北区和西北区。

第二节 粮 食 市 场

一、我国的粮食市场

（一）我国粮食市场的主体

自1992年中共十四大确定建立社会主义市场经济体制基本国策之后，我国粮食市场才开始构建，其后我国粮食市场在探索中不断发展。近年来伴随我国强力推进战略性经济结构调整，以及全球经济一体化进程的不断加速，我国粮食市场逐渐趋于成熟。多元化的市场经济主体、日臻完善的市场体制和运行

---

① 李崇光. 农产品营销学[M]. 北京：高等教育出版社；2010：266.

机制，使粮食市场成为我国市场体系中重要的专业性市场，在国民经济中发挥着越来越重要的作用。我国粮食市场的主体主要有以下六类。

1. 国家粮食行政管理部门

国家粮食行政管理部门是指国家授权主要负责全国粮食流通宏观调控、粮食行业指导和管理国家粮食储备的行政机构。国家粮食行政管理部门是粮食市场的管理主体。我国粮食行政管理部门，主要包括国家粮食局和各地方粮食局，其中国家粮食局的法定职责有以下几个方面。

(1) 监控粮食总量平衡、重要粮食品种结构变化，研究并向国家有关部门提供有关粮食流通中长期规划、现代粮食流通产业发展战略的宏观调控建议。

(2) 编制粮食市场体系、仓储、加工设施以及科技发展规划，拟订和实施粮食流通体制改革方案。

(3) 负责管理中央或地方粮食设施投资项目，包括提供储备粮规模和布局的建议。

(4) 作为职能机构制定涉及国家粮食安全的重大行政决策。

(5) 根据国家改革进程负责国有粮食企业改革和发展工作。

(6) 制定和调整相关粮食生产者、经营者和消费者的政策措施、制度和标准技术规范等。

各地方粮食局的法定职责有以下几个方面。

(1) 监管最低粮食收购价的执行和储备粮等政策性粮食的收购及新陈轮换。

(2) 监督粮食经营者履行法定储粮义务。

(3) 监督检查国家粮食流通统计制度的执行情况。

(4) 监测粮食质量安全。监督粮食收购、仓储、运输等一般市场经济活动。

(5) 认定储备粮代储资格和粮食质量监督检验机构的资质，维护粮食流通市场正常秩序。

2. 粮食生产者

粮食生产(种植)者是指直接从事原粮生产的组织和个人。在我国现有农业生产体系中既有以农户为单位的个体粮食生产者，也存在大规模国有粮食企业，如生产建设兵团、农垦总公司，还有民间社会资本投资形成的生产者。

粮食生产是粮食产业的起点和粮食市场的基础，由于我国现阶段粮食生产集约化和机械化程度还比较低，粮食生产产业化程度不高，以农户为单位的个体粮食生产者在粮食生产者中所占的比重较大，因此，当前乃至今后一段时间内，国家将通过政策倾斜和制度设计，改变我国个体粮食生产者群体在粮食市场中的弱势地位，重视个体粮食生产者的市场利益诉求，调动其种粮积极性。同时在粮食生产过程中各类新技术的应用、农业水利设施建设和粮食种植面积等相关因素也会影响粮食的生产。

当然，最为理想的解决途径是从根本上改善我国粮食生产者结构，形成以集团化企业为主的集约化粮食生产格局，以此保障我国的粮食安全，增强粮食生产者在粮食市场中的话语权，完善粮食市场结构，进而增强粮食产业的国际竞争力，使我国粮食市场更加健康地可持续发展。

3. 粮食加工企业

粮食加工企业是指对原粮进行初级加工和深加工的社会组织。粮食加工企业是现代粮食产业体系的重要组成部分，也是粮食市场重要的主体之一。

粮食加工企业一方面作为买方直接参与粮食市场原粮交易，另一方面又是粮食市场中成品粮的粮食商品供应商。由于受多种国内外粮食政策因素的影响，目前国内粮食市场主要粮食品种的价格基本上高于国际市场价格。据相关统计数据，主要谷物原粮的国内市场与国际市场价格差分别为每吨 300~700 元不等，甚至更高。在上游有国家执行政策性粮食收购保护价抬高原粮价格（地板价），下游有进口粮食的挤压（天花板），国内粮食加工企业普遍面临较大的生存压力。

4. 粮食流通中间商

粮食流通中间商是指直接或间接参与粮食市场流通的经济活动主体。粮食市场流通中间商种类较多，从功能差异方面可分为以下几种。

（1）粮食购销企业。粮食购销企业是粮食市场中粮食交易的主体，主要从事原粮的收购和粮食的销售等经济活动。随着我国粮食流通体制改革，国有资本（国有粮食储备企业）在加强政策性平衡市场重点业务的同时，逐渐退出一般粮食购销领域，让位于民间资本经营。

（2）粮食仓储企业。粮食仓储企业以粮食的存储保管和周转为主要业务。粮食仓储旨在调节粮食供应平衡、稳定粮食市场价格、应对重大自然灾害和影响粮食供给的突发事件、保证储藏期间的粮食质量、保证社会粮食消费。我国粮食仓储企业以国有企业为主（中储粮），多种经济成分并存。截至 2018 年全国共有标准粮食仓房仓容 6.7 亿吨①，仓储企业 2 万多家，粮食仓房产权属于中央政府的仓房占有效仓容的比例约为 16.7%，由各省（区、市）以及以下政

---

① 国务院新闻办公室. 中国的粮食安全[R]. 2019.

府的地方和企业的仓房占有效仓容的比例约为 83.3%。粮食仓房权属的中央与地方的比例为 1∶5，国有与社会企业的比例约为 3∶1。① 中国储备粮管理总公司是目前国内最大的粮食仓储企业，是直属国资委管理的粮食类中央企业，亦即中储粮。中储粮成立于 2000 年，注册资本 166.8 亿元，拥有国内覆盖面最广、规模最大的粮食储运网络和先进的粮食储运技术和装备水平。中储粮主要承担特殊政策性粮食流通业务，对中央储备粮的总量、质量和储存安全负总责。

（3）粮食运输企业。粮食运输企业主要从事粮食异地转移的运输业务。粮食运输是我国粮食行业市场化程度较高的领域，粮食运输企业间的竞争尤为激烈。由于粮食的转运量一般较大，在大宗粮食长途运输方面，以铁路运输和水路运输为主，公路运输主要集中在粮食短途运输业务和粮食集散运输业务方面。

（4）国际粮食供应商。粮食是当前规模较大的国际贸易品种，虽然我国粮食生产从 2003 年开始除 2016 年因气候原因外，其他时间一直处于增产状态，但在国际贸易格局中，仍然是世界粮食的主要进口国之一，尤其是大豆和玉米等粮食品种。在世界经济一体化的今天，我国粮食市场经营者面临着国际粮食供应商的竞争。

在众多的国际粮食供应商中，国际上的四大粮食供应商俗称"ABCD"，即美国 ADM（Archer Daniels Midland）、邦吉（Bunge）、嘉吉（Cargill），法国路易达孚（Louis Dreyfus），它们控制了全球近 80%的粮食国际贸易。

5. 粮食市场中介机构

粮食市场中介机构是指间接服务粮食市场，促成粮食交易的社会组织，一是直接参与的粮食专业性交易市场，如粮食批发市场、粮食期货市场等。另一部分是为粮食市场服务的咨询服务机构，如粮食专业研发机构、粮食市场调研机构等。

6. 粮食消费者

粮食消费者是指为满足个人和家庭生存需要，购买并消费粮食及粮食复制品（粮食延伸产品、粮食二次加工产品）的消费者。粮食消费者是粮食商品的最终消费主体，一般泛指社会中的个体消费者。粮食工业企业，如粮食工业、饲料加工、食品酿造等企业，只是加工转化粮食，因而不是粮食消费者。由于

---

① 亢霞，钟昱等. 我国粮食仓容现状、存在问题及对策研究[EB/OL].（2016-9-8）[2020-1-9]. http：//www.chinagrain.org/kjfw/lyzl/zlyj/201609/t20160908_2499.html.

我国人口基数庞大，地域广阔，粮食安全对于社会稳定和社会发展异常重要。随着经济社会的发展，人们对物质生活的需求会根据经济的改变而变化和调整，以及可预见人口基数的缓慢增长，在消费特点和消费总量方面，我国粮食消费将会随着时间的推移发生较大的变化，这些变化将直接影响我国的粮食生产和粮食安全。

(二) 我国粮食市场的主要类型

我国粮食市场从市场影响面和市场具体业务角度，涵盖了粮食生产(种植)、粮食加工(工业)、粮食流通、粮食消费、政府粮食政策性干预等粮食相关领域。虽然上述粮食相关领域彼此制约和相互影响，但从粮食再生产和市场参与者特性等角度，我国粮食市场大体分为三种类型。

1. 粮食工业生产者市场

由于谷物原粮不能直接满足粮食消费者的需要，只有经过粮食工业企业加工或深加工，才能实现其使用价值，因此，在粮食市场中，粮食生产者(农业种植)只是原粮供应者，粮食工业生产者才是实质上的粮食商品供应商——商品粮(口粮)生产者。

粮食工业生产者市场是指粮食工业企业因工业生产需要而形成的特定市场。粮食工业企业的基本业务主要有：在粮食市场中购买原粮(原料)、对原粮进行加工或深加工使之成为符合消费者需要的粮食商品(生产)、组织粮食商品的销售并从中获取利润(销售)。粮食工业生产者市场具有以下主要特征。

(1) 粮食工业生产者是专业购买者。随着我国经济的发展，在市场机制优胜劣汰下，我国粮食加工工业格局发生了深刻变化。早期遍布城乡的小作坊式粮食加工企业多数已被市场淘汰，社会资源逐渐向大中型粮食加工企业集中，而且呈现加速趋势。这种变化，使得粮食工业企业生产规模越来越大，生产专业化程度越来越高。在粮食市场原粮采购过程中，不论是采购方式和采购数量，还是质量判别和价格磋商，粮食工业企业都不同于一般消费者。在判定拟购原粮品质方面，有别于普通消费者通过个人感觉判断，粮食加工企业以专业的技术指标和专业的检测手段检测拟购原粮水分、干物质、蛋白质等的品质特性；在采购方式方面，由于全年生产耗用原粮数量巨大，粮食工业生产者还通过科学安排采购频次，控制最经济单次原粮采购量，提高资金使用效率；在议价方面，粮食工业生产者有一定的定价话语权；对粮食市场变化时刻保持关注，了解并影响粮食市场商品行情。

(2) 生产规模大且分布相对集中。在粮食生产者市场中越来越明显地表现出现代工业生产和产业规模经济的特点。由于激烈的市场竞争和高度专业化的生产技术要求，粮食生产者市场处在不断的市场整合和社会配置中，少数市场适应能力突出的粮食工业企业逐渐成为粮食市场上的生产者主力，规模化的集中生产使之生产规模越来越大。

在粮食工业生产者分布上，整体表现为相对集中分布于主要粮食品种主产区周边大中城市，以及重要的沿海港口城市。这种分布格局的形成，主要是为了满足大宗粮食商品运输和集散的低成本。

(3) 生产专业化程度高。粮食工业一般被认为生产简单、技术含量低。其实不然，如小麦粉(面粉)加工，即使有着丰富实践经验，面对生产现场的复杂粉路，也不会感觉轻松。随着近年来粮食生产技术的升级，粮食工业生产专业化、自动化程度越来越高，粮食生产在技术水平、装备水平、主要经济技术指标和加工质量等方面已达到或接近国际先进水平。

(4) 粮食工业生产者市场需求弹性小。粮食是特殊的商品，不具有替代性，下游消费领域消费者的需求基本稳定，价格弹性小，因此，粮食工业生产者市场，不论是原粮的需求总量，还是粮食商品的供给总量，一般情况下对市场价格波动不敏感，受市场价格波动影响小。但是由于粮食是生活必需品和基本的生产资源，如果社会对粮食价格波动异常敏感，容易引发一系列的社会问题。因此，对粮食产品价格的调节会用市场和政府两只手去应对，当粮食的价格波动是可接受的正常的市场波动则可以由市场自发调节，而当粮食的价格波动处于非正常波动时则需要政府加以干预。

(5) 与粮食市场中间商联系紧密。一般情况下，企业的生产规模及市场渠道短期内不会有较大变化，在实际经营活动中，粮食工业生产者为保持生产的连续性，通常与粮食中间商建立长期合作关系，构建稳定的原粮供应和粮食商品销售体系，以降低市场风险。但在目前国家的粮食政策下，粮食工业生产者除向粮食中间商采购原粮外，也可以并且也会自己直接从粮食生产(种植)者手中采购。

2. 粮食流通中间商市场

粮食流通中间商市场是指从事粮食流通业务的组织和个人所构成的市场。粮食流通中间商市场的一般包括原粮收购、仓储、转运和粮食批发、零售等，流通中间商的存在不仅完善了粮食市场结构，而且提高了粮食市场运作效率。粮食流通中间商市场具有以下主要特征。

(1) 有效沟通粮食生产、粮食工业生产和消费者。粮食流通中间商能够专业地大规模组织原粮收购、仓储和转运，并在市场中根据粮食市场需求特点，有效建立粮食商品销售渠道和网点，提高粮食市场流通效率。

（2）对价格波动极为敏感。粮食流通中间商处在粮食流通的前沿，对粮食市场价格波动极为敏感，擅长在粮食价格波动中寻找经营机会。中间商对地区间粮食价格差的敏感性，客观上起到缓解地区间粮食供给不平衡和消除地区间粮食价格过大的差异，稳定粮食市场价格的作用。

（3）资金占用庞大。粮食生产的季节性和粮食消费的连续性，造成粮食流通中间商，特别是粮食收购、仓储等粮食流通中间商的资金占用庞大。据国家粮食局公报，我国各类粮食企业收购粮食每年的收购量都在3亿—4亿吨，由此可见，庞大的收购库存量，使粮食流通中间商承担了较大的资金占用压力。

（4）兼顾政策性市场保障功能。粮食流通中间商，特别是国字号粮食储备企业，还承担着粮食市场政策性保障任务。

3. 粮食消费者市场

粮食消费者市场亦即粮食零售市场，是粮食商品终端消费的市场，它由众多的个人和家庭消费者组成。粮食消费者市场是粮食市场存续的基础。粮食消费者市场具有以下主要特征。

（1）价格弹性小。粮食是特殊的消费品，是人们赖以生存的基本生活资料，同时不同地域的消费者对粮食品种有不同的消费偏好（如南米北面的主食习惯），粮食的替代性较小，粮食价格的变化对粮食消费者的需求影响较小。但从另一方面看，粮食价格变化对粮食消费者心理及整个社会经济的影响非常大。因此，稳定的粮食价格对社会意义重大，国家需要对粮食市场价格的非正常波动进行政策性干预。

（2）粮食消费者数量众多。在现实社会中，有别于其他工业品消费，社会上每一个人都必须消费粮食。众多的消费者、消费的连续性、粮食购买频次高但数量小，以及现阶段我国人口的流动性大等因素，对我国的粮食市场供给和粮食安全提出了更高的要求。

（3）粮食消费趋同性和差异性并存。同一地区，因生活习惯相同，粮食消费具有一定的趋同性，但收入、年龄的不同导致粮食消费又具有一定的差异性。粮食消费表现出趋同性和差异性并存的特点。

（4）粮食消费者属非专业购买者。粮食消费者一般缺乏粮食商品品质专业评价知识和检测手段，在购买时，多数凭借自我感觉或广告宣传，属于典型的非专业购买者。因此，粮食消费者消费行为具有可诱导性，粮食生产和经营企业在经营过程中需要加强自身宣传和商品宣传，特别是增强粮食商品品牌意识，提高企业或企业经营商品的社会知名度、消费者的美誉度。

(三)我国粮食批发市场

商品经济发展到一定阶段,随着商品交易范围的扩张和交易量的扩大,供应商直接面对零售企业或消费者的传统市场模式遭遇发展的瓶颈。为适应市场的发展,在现实社会中,人们摸索尝试一种新型商业形式,即在生产和零售两个环节之间,设立专门机构成批量吸纳生产者生产的商品,并将商品批量转售给零售企业。这种商业形式就是商业批发,自此社会商业部门内部形成批发和零售业务的分工。由于商业批发的成批购进和售出商品,商品能够更有效地从社会生产领域进入流通领域,不仅加速了生产企业的资金周转,而且批发商在购进和售出期间的商品储存,发挥着商品流通的"蓄水池"作用,有利于平衡社会商品供求关系。因此,这种"生产—批发—零售—消费"商业模式得到迅速推广应用。

粮食批发市场是为粮食批发交易提供服务的流通中介机构,是现代社会粮食流通的一种组织形式。我国粮食批发市场一般由政府(主要是地方政府)投资兴建。粮食批发市场有专门的管理人员和专职技术人员,为粮食批发业务提供交易资格审查、粮食商品信息、交易粮食品质检测、交易报价平台、交易品种展示、交易结算等服务,是一种组织化程度较高的粮食现货交易市场形态。我国粮食批发市场多采用会员制。

1. 我国粮食批发市场的发展进程

我国粮食批发市场伴随粮食流通体制的改革产生和发展。1990年中国郑州粮食批发市场的成立,标志着我国粮食批发市场正式进入现实社会经济生活。我国粮食批发市场20多年的发展,大致可分为三个阶段。

(1)初期建立阶段(1990—1993年)。以1990年中国郑州粮食批发市场正式成立为标志,我国拉开了粮食批发市场建设的大幕,不少地方积极报备建设粮食批发市场。

(2)停滞调整阶段(1994—1999年)。1993年年底,我国逐渐出现全国性粮食价格大幅上涨的情况,为平抑粮食价格,国家采取了挂牌销售、凭本供应、抛售2000万吨储备粮,并进一步加强粮食市场管理等政策措施,粮食批发市场因此进入停滞调整阶段。这一局面一直延续到1999年,这期间各大全国性粮食批发市场不断尝试发挥粮食批发市场作用的新途径。

(3)正常发展阶段(2000年之后)。2000年,为调整农业粮食生产结构,推动粮食流通体制改革,国务院办公厅下发《关于部分粮食品种退出保护价收购范围有关问题的通知》;2001年国务院出台《关于进一步深化粮食流通体制改革的意见》。国务院出台的两个文件，不仅为粮食批发市场发展创造了较为宽松的政策环境，而且大力支持培育全国性和区域性粮食批发市场。我国粮食批发市场由此进入正常发展阶段。

2. 我国粮食批发市场的特征

(1) 辐射面广且交易规模大。以合肥国家粮食交易中心（2002年成立的原安徽粮食批发交易市场）为例，合肥国家粮食交易中心拥有4000多个交易会员，在业务方面与河北、山东、江苏、天津等全国25个省（市、区）批发市场联网，业务基本覆盖全国各地，交易标的包括稻谷、小麦、玉米、大豆、中央储备粮5个大类20个品种的粮食。据统计到2012年12月，合肥国家粮食交易中心的统一平台共举办国家政策性粮食竞价销售交易会1737场次，累计成交各类粮食2亿吨，成交额3900亿元。①

(2) 市场功能完善，交易规范有序。从全国各地粮食批发市场的情况看，目前我国粮食批发市场功能较为完善，交易机制规范，主要体现在会员制、交易资格审查、发布粮食商品信息、交易粮食品质检测、交易报价平台、交易品种展示、交易结算等方面。其能够有效预防商业欺诈和交易纠纷的产生；交易报价平台规避了市场操纵，保证了市场交易的公开、公正和公平。

(3) 社会影响力大。粮食批发市场通过场内粮食交易平台，提高了成交机会，并能够在较短时间内完成交易，降低粮食流通费用和规范粮食流通秩序，进而吸引更多粮食商品经营者进场交易。同时，粮食批发市场形成的粮食交易价格较为真实地反映了粮食供求关系，不仅对粮食生产者和经营者具有指导意义，而且为政府宏观调控粮食市场提供了原始依据。

我国粮食批发市场充分发挥了指导生产、引导消费、规范流通、调节供求、价格发现、稳定市场和保证国家粮食安全等方面的积极作用，同时粮食批发市场自身的社会影响力，在这一过程中也得到不断扩大。

(四) 我国粮食期货市场

期货市场按照国际惯例也称期货交易所，是指交易双方按照既定的交易规则，达成交易协议后，约定在未来某个时间交割交易标的物的商业组织形式。期货市场是商品经济发展到一定阶段，交换双方为规避未来市场不确定风险而发展起来的一种商业形式。期货市场是在现货市场基础上发展形成的一种高度规范化和组织化的市场。

---

① 韦胜强，李红梅. 粮食营销[M]. 北京：北京理工大学出版社，2016：33.

不同于货款两讫的现货市场，期货市场交易的是远期标准商品合约。市场参与者对某种商品和整个市场的未来预期决定着期货市场商品交易价格，期货市场商品价格实际上是市场对于未来一段时间商品价格变化的价值预判。同时，期货市场严格按照"公平、公正、公开"的市场原则组织商业活动。因此，期货市场是市场发展的一种高级组织形式，成为现代市场体系的重要组成部分。

随着社会生产力的提高和商品经济的高度发展，以及全球经济一体化的加速，市场供求关系越来越复杂多变，一次性反映市场供求关系变化的现货市场逐渐不能适应经济发展的需要。如何在复杂多变的市场中根据市场变化，预估市场商品价格变化趋势，通过远期交易规避市场价格波动风险，使整个社会生产过程顺利进行，成为发展到一定阶段的商品经济社会的一种迫切需求。在这种情况下，期货市场应运而生。

粮食收获季节，市场由于严重供过于求，粮食价格暴跌。而每年春季，市场又因为供不应求，粮食价格暴涨。为解决粮食价格暴涨暴跌对市场的巨大影响，1848年美国芝加哥82名商人为降低粮食交易风险，发起组建了芝加哥期货交易所。芝加哥期货交易所的建立，标志着期货市场正式进入现代市场体系，期货交易也开始步入现实经济生活。随后的标准化合约制度、保证金制度、对冲交易规则、期货结算制度等完善的期货交易制度的推出实施，才是真正意义上的期货市场的形成。

我国粮食期货市场的发展过程如下。

我国粮食期货市场的发展始于20世纪80年代末，其发展过程大致可分为四个阶段。

（1）启动阶段。为适应我国粮食流通体制改革需要，我国于20世纪80年代后期，开始探索实践社会主义市场经济条件下粮食批发、粮食期货等粮食流通新形式。1990年10月经国务院批准，中国郑州粮食批发市场在现货交易的基础上，引入期货交易机制。中国郑州粮食批发市场期货交易的准入，标志着我国粮食期货市场的正式启动。

（2）快速发展阶段。1990—1993年，在我国属于新生事物的粮食期货市场，备受社会和各地方政府的支持，粮食期货市场发展迅速。但由于受我国粮食流通市场改革初期过高的期望值、社会高涨的期货市场投资热情、地方经济利益驱动等因素的影响，加之因粮食期货市场管理经验不足导致对市场监管不力，1991—1993年上半年，国内粮食期货市场过快发展，逐渐脱离现实经济社会的实际需要，呈现发展失控趋势。截至1993年年底，我国筹建的粮食期货市场达50多家，粮食期货经纪机构近千家，粮食期货市场发展渐现盲目无序迹象。

（3）治理整顿阶段。鉴于1990—1993年粮食期货市场超常规发展引起的一系列社会问题，尤其是这一时期粮食市场充斥的浓厚投机色彩，国家在1993年年底开始对粮食期货市场进行治理整顿。1993年11月，国务院发出《关于制止期货市场盲目发展的通知》，1994年5月，国务院办公厅批转国务院证券委《关于坚决制止期货市场盲目发展若干意见的请示》，对国内粮食期货市场进行整顿。到1998年，粮食期货市场经重组调整为三家：大连商品交易所、郑州商品交易所和上海期货交易所；原35个期货交易品种调减为12个；兼营机构退出期货经纪代理业；期货经纪公司缩减为180家左右。

经过治理整顿，以及随后颁布实施了《期货交易管理暂行条例》和四个期货交易管理办法，到1999年年底，我国形成中国证监会、中国期货行业协会和期货交易所三个层次的市场监控体系，期货市场主体行为逐渐理性和成熟，市场规范化得到很大程度的提高。

（4）稳定发展阶段。从2000年开始，特别是2004年国家在《关于推进资本市场改革开放和稳定发展的若干意见》中明确提出稳步发展期货市场之后，我国粮食期货市场在规范中稳定发展。作为粮食市场价格发现和规避远期粮食价格波动风险的粮食期货市场，在我国社会主义市场经济的发展，特别是粮食市场发展过程中，将会体现出越来越大的作用。

二、世界粮食市场

（一）世界粮食市场概况

粮食是人类赖以生存和发展的基本物资，也是国家战略性资源之一。第二次世界大战后，随着各国对粮食问题的重视，以及粮食种植技术的发展，全球粮食生产得到较快发展，粮食总产量增长迅速。据联合国粮农组织统计数据，1950—1984年，世界粮食总产量从6.3亿吨增至18亿吨，2018年世界粮食谷物总产量接近30亿吨。世界粮食总产量和人均产量整体呈增长趋势。但世界粮食生产地区分布不均衡，人口只占全球人口25%的发达国家，粮食产量占全球粮食总产量的50%。

由此可以看出，全球国家间粮食生产与消费极度不均衡，同时现代工业的发展造成大气污染与气候极端变化等工业化后遗症，化学肥料的大规模使用导致土壤退化，以及世界人口的自然增长，人类社会面临可耕地面积逐渐减少，特别是发展中国家，可耕地面积绝对或相对减少的情况更加严重，粮食自给紧张或不足等问题也更加突出。

由于粮食安全引发的社会问题极易在全球传导，这使得全球粮食安全问题越发成为当今世界各国忧虑和担心的隐患。尤其在经历 2007—2008 年粮食价格飙升引发的全球性粮食危机后，粮食生产与粮食贸易备受世界各国政府和国际社会的重视。

随着世界各国不断加大粮食生产投入，世界粮食总产量连年刷新历史纪录。目前，世界粮食市场整体形势是供给总量大于需求总量。据联合国《经合组织-粮农组织 2017—2028 年农业展望》显示近 10 年农产品增长强劲，2018 年世界谷物产量达到近 30 亿吨，世界谷物库存水平达到新高，国际粮食价格的态势一路下滑。

世界粮食市场主要谷物品种库存增加主要还是集中在那些粮食出口国和粮食自给率较高的国家，如欧盟、中国、印度和俄罗斯的小麦库存增加；印度、印度尼西亚和泰国的大米库存增加。与此形成强烈反差的是，世界上仍有很多国家处于粮食短缺的困境中，赞比亚、塞内加尔、几内亚比绍和中非等国家存在严重的粮食危机。联合国发布的《2019 年全球粮食危机报告》显示，2018 年，全球仍有 53 个国家的大约 1.13 亿人处于重度饥饿状态。其中，有近 2/3 都集中在阿富汗、刚果（金）、埃塞俄比亚、尼日利亚、南苏丹、苏丹、叙利亚、也门 8 个国家。非洲国家受到饥饿影响人口比例最高，近 7200 万人遭遇严重的食品短缺。

国际粮食价格持续走低，一方面对粮食进口国有利，有助于保障世界粮食安全。但另一方面，可能会抑制世界粮食生产，造成国际粮食总产量下滑。同时，国际粮食主要以美元计价，考虑到美元的强势和粮食进口国的支付能力，国际粮食价格走低并不能确认可以解除世界粮食安全问题。联合国粮农组织谷物经济学家在接受媒体采访时表示，通过观察世界饥饿人口总数不难发现，不管是在近年国际粮价达到峰值时，还是在过去始终徘徊于低谷时，世界饥饿人口的总数并没有出现大幅波动。

美国是目前全球最大的粮食出口国。在世界粮食市场中，美国、加拿大、澳大利亚、阿根廷等国是世界上小麦的主要出口国；美国、巴西、乌克兰、阿根廷等国是世界上玉米的主要出口国；泰国、越南、美国等国是世界上大米的主要出口国。我国 2004 年以前在世界粮食市场中是粮食净出口国，从 2004 年开始成为粮食净进口国。单品上 2019 年我国大米为净出口。

(二)世界粮食市场的特点

在人们极度关注粮食安全的当今社会,世界粮食市场呈现以下特点。

1. 世界粮食市场价格波动剧烈

自2004年以来,世界粮食市场价格跌宕起伏。2004年前,世界粮食市场整体价格水平较低,粮食价格波动也较为平缓。2004年后,由于全球饲料工业消费的替代效应和粮食能源化,引发世界粮食价格上涨。尤其在2006年年底,出于对气候变化导致粮食减产的担忧,世界粮食市场价格经历了持续两年的飙升,2007年全球小麦价格上涨49%,玉米价格上涨52%。世界粮食市场价格持续上涨局面一直延续到2013年。随着全球主要粮食出口国自2013年以来粮食连续丰产,世界粮食市场整体供给充足,到2019年粮食的价格水平会因为持续近10年库存增加的原因保持在一定的水平徘徊。

2. 全球粮食总产量和粮食贸易总量持续增长

在世界各国对粮食生产的日益重视下,全球谷物总产量整体上逐年递增,2010年、2012年徘徊在22.8亿吨左右,2018年达到近30亿吨。值得注意的是,随着全球可开发耕地资源的枯竭,试图通过大规模增加耕地面积来大幅度提高世界粮食总产量已不可能。今后粮食总产量的提高将更多依赖提高粮食单产来实现。

1990年关税及贸易总协定(GATT)"乌拉圭回合"谈判签订《农业协定》后,国际粮食贸易迅猛发展,其发展速度远超世界粮食总产量增长水平。全球越来越多的国家参与到世界粮食市场之中,建立粮食调剂国际通道或借此影响世界粮食市场,世界粮食市场也因此成为调节国际粮食供求关系和全球粮食安全的重要因素。

3. 世界粮食市场进出口地区相对集中

近年来,世界粮食市场粮食进出口贸易发展迅速,同时世界粮食贸易方向地理清晰。从粮食国际贸易地理分布上看,北美和欧洲是粮食出口相对集中的区域,而亚洲和非洲则是粮食进口相对集中的区域。从国别分布上看,世界粮食贸易出口国多集中于发达国家,进口国多集中于发展中国家和落后国家。从世界粮食贸易格局成因上看,全球主要粮食出口国,如美国、阿根廷、加拿大、乌克兰等大多具备耕地资源丰富、农业科技发达、自身人口压力小等特点。而主要进口国,如日本、埃及、非洲等国家,多是耕地资源少、水资源短缺的国家。

4. 世界粮食市场贸易品种少

相对于工业品贸易,世界粮食市场贸易主要集中于玉米、小麦和大米三个品种,约占粮食贸易(不包括大豆贸易)90%的份额。三个主要粮食贸易品种中玉米和小麦贸易又远远超过大米贸易。

(三)世界粮食市场发展趋势

近年来,随着国际贸易和互联网技术的发展,全球经济一体化不断加速,经济的国际融合度不断提升,特别是电子商务的发展,作为一种新的商务形式,其正在对世界经济交融和国际贸易产生革命性影响。在经济全球化的大格局下,世界粮食市场呈现以下发展趋势。

1. 世界粮食市场参与国多元化

粮食作为基础性生产、生活物资,随着人类对全球性粮食安全的担忧,特别是在2007—2008年的世界粮食危机之后,世界各国越来越重视粮食生产和粮食国际贸易。在联合国粮农组织和国际谷物理事会的推动下,世界粮食市场参与国越来越多,其中既有发达国家,也有发展中国家。传统的粮食市场出口国和进口国格局也在悄然发生变化,乌克兰、俄罗斯、印度、印度尼西亚、泰国、越南等跻身世界粮食主要出口国行列。在粮食对外贸易政策方面,世界各国也在不断调整,既有争夺国际市场份额的激烈竞争,也有限制出口的贸易保护,各国通过粮食对外贸易政策的调整,不断扩大对世界粮食市场的影响力。

2. 世界粮食市场贸易结构发生变化

受发展中国家人口增长、全球饲料工业发展、粮食能源化和各国粮食库存调整等因素的影响,世界粮食市场贸易结构近年来发生较大变化。在小麦、玉米、大米三大粮食贸易品种中,饲料工业和能源工业对玉米的强劲需求,促使全球玉米贸易总量快速上升;小麦的需求量基本稳定,但在全球粮食贸易总量中比重下降;随着亚洲国家对大米需求的上升,大米国际贸易由弱转强,贸易份额在全球粮食贸易总量中逐年扩大。

3. 世界粮食库存总量呈现先减后增趋势

世界粮食库存总量以2008年为分界线,呈现先减后增趋势。据联合国粮农组织发布的数据显示,2003年世界粮食库存为4.76亿吨;2004年世界粮食库存为3.76亿吨,三大谷物库存量均有所下降;2005年世界粮食库存为3.67亿吨;2007年世界粮食库存为3.61亿吨,库存量占本年度消费量的比例为15.4%,首次低于18%,的粮食安全线。[①] 2008年世界粮食库存下滑趋势得到

---

① 数据来源:OECD [EB/OL]. https://www.oecd.org/.

遏制。国际粮食专家分析，有四个因素导致世界粮食库存总量发生减增逆转：一是国际市场粮食价格持续上升对粮食生产的刺激作用；二是世界主要生产大国粮食种植结构的调整；三是良种、化肥和灌溉等增产技术的推广运用；四是主要粮食生产大国气候条件相对较好，没有遭遇大范围自然灾害的不利影响。2008年之后世界谷物库存总量逐年递增，2012年世界谷物库存总量为5.03亿吨，2013年世界谷物库存总量5.82亿吨。2018年、2019年世界谷物库存均在7亿吨之上。预计2020年年底世界谷物库存达到8.66亿吨。[1]

4. 跨国公司对世界粮食市场影响越来越大

在国际市场重组整合的大环境中，世界粮食市场也难以置身事外。大型跨国公司凭借其强大的资金、研发、公共关系和市场开拓能力，在世界粮食市场取得无可比拟的竞争优势，占有较高的市场份额，仅美国ADM、邦吉、嘉吉和法国路易达孚四大国际粮食跨国公司，到2010年他们通过粮食贸易和粮食期货交易，直接或间接控制的粮食国际贸易量占当年全球粮食贸易总量的近80%。

大型粮食跨国公司多通过布局掌控粮食产业链，直接或间接影响世界粮食市场和粮食贸易。例如，截至2018年，美国ADM公司在全球200个国家有450个公司，包括食品、饮料、食疗及饲料等分布世界各地的企业，从事可可、玉米加工和食品、营养品、类固醇、食用油等生产和销售，以及从事有关粮食储备与交通运输等商业活动。ADM的谷物与作物油料处理量在世界排名第一，谷物输出贸易在世界排名第五，黄豆压碎处理和玉米类添加剂制造在美国排名第一，面粉加工在美国排名第二。

5. 粮食生产和存储新技术研发投入和推广应用力度加大

受世界人口增长、可开发耕地资源逐渐枯竭、极端气候等自然灾害频发等客观因素影响，在粮食安全的重压下，世界各国纷纷加大粮食生产和粮食存储技术的研发和推广应用，以期从提高粮食单产、节约社会水资源、减少粮食存储和运输消耗等方面，降低粮食安全的风险。

世界各国或通过政府投资，或通过鼓励民间资本投资，加大粮食生产和粮食存储技术研发投入力度，并加速推广应用相关的新技术，如节水灌溉、生物工程、作物生长模拟模型、粮食生产技术与知识信息化和网络化、农作物生产遥感监测、粮库自动控制系统等粮食生产和存储技术得到广泛的应用，在实际

---

[1] OECD/FAO. OECD-FAO Agricultural Outlook 2019-2028 [R]. https://doi.org/10.1787/agr_outlook-2019-en.

经济生活中发挥着越来越大的作用。

第三节　粮食产品营销及其管理

一、粮食产品营销组合的4Ps向6Ps大营销的外延扩展

企业的市场营销战略包括两个既有明确分工，又有紧密联系的有机组成部分。一是目标市场策略，主要用来确定企业未来准备为之服务的目标顾客群；二是市场营销组合，是企业为了满足其目标顾客群的需要，动员与组织其可以控制的变量而采取的一系列措施和手段。市场营销组合的制定和实施直接影响企业对顾客的满足程度，也决定着企业市场营销活动的成败。

所谓市场营销组合，是指企业在市场调查研究的基础上，针对所选定的目标市场，评估环境、能力、竞争状况，以及企业经营战略决策，综合运用企业可以控制的产品、价格、销售渠道和促销等因素，实行最优化组合，以实现企业经营。

20世纪60年代，是市场营销学的兴旺发达时期，突出标志是市场态势和企业经营观念的变化，即市场态势完成了卖方市场向买方市场的转变，企业经营观念实现了由传统经营观念向新型经营观念的转变。与此相适应，营销手段也多种多样，且十分复杂。美国市场营销专家杰罗姆·麦卡锡(E. J. McCarthy)教授在营销实践的基础上于1960年在其《基础营销》(*Basic Marketing*)一书，提出了著名的4P营销策略组合理论，即产品(Product)、定价(Price)、地点(Place)、促销(Promotion)。1967年，菲利普·科特勒在其畅销书《营销管理：分析、规划与控制》第一版中进一步确认了以4Ps为核心的营销组合方法。"4Ps"是营销策略组合通俗经典的简称，其奠定了营销策略组合在市场营销理论中的重要地位，它为企业实现营销目标提供了最优手段。

20世纪80年代以来，世界经济走向滞缓发展，市场竞争日益激烈，政治和社会因素对市场营销的影响和制约越来越大。这就是说，一般营销策略组合的4Ps不仅要受到企业本身资源及目标的影响，而且更受企业外部不可控因素的影响和制约。一般市场营销理论只看到外部环境对市场营销活动的影响和制约，而忽视了企业经营活动也可以影响外部环境，另一个方面，克服一般营销观念的局限，大市场营销策略应运而生。1986年美国著名市场营销学家菲利浦·科特勒教授提出了考虑企业之外的公众影响的大市场营销策略，在原4P组合的基础上增加两个P：政治权力(Political Power)和公共关系(Public

Relation），简称 6Ps。"大营销"（Mega Marketing），意思是说营销是在市场特征之上的，即不仅仅是要考虑市场环境因素，还要考虑政治和社会因素。

4Ps 的提出奠定了管理营销的基础理论框架，该理论以单个企业作为分析单位，认为影响企业营销活动效果的因素有两种：一种是企业不能够控制的，如政治、法律、经济、人文、地理等环境因素称之为不可控因素，这也是企业所面临的外部环境；一种是企业可以控制的，如产品、价格、渠道、促销等营销因素称为企业可控因素。

企业营销活动的实质是一个利用内部可控因素适应外部不可控环境的过程，即通过对产品、价格、渠道、促销的计划和实施，对外部不可控因素作出积极动态的反应，从而促成交易实现和满足个人与组织的目标，用科特勒的话说就是"如果公司生产出适当的产品，定出适当的价格，利用适当的分销渠道，并辅之以适当的促销活动，那么该公司就会获得成功"。所以市场营销活动的核心就在于制定并实施有效的市场营销组合。

我们在讨论粮食产品的营销时，应该充分了解和明确粮食产品的营销特性，它是一个特殊商品，既有其作为普通产品本身特性，又有作为粮食产品的基础性公共性特点；既是国际战略物品，又是国家间利益博弈的重大筹码。因此我们在粮食产品的营销过程中既要从它作为一般商品特性制订营销组合方案，但同时我们不能忽略它作为公共产品属性而导致政府与公众对它的关注强度和影响烈度，应该从普通商品的 4Ps 向更宽泛、更全面的角度分析和理解政府与公众对它的介入所产生的制约或助推效应，而将营销组合向 6Ps 大营销方向扩展和延伸。

（1）粮食产品不单纯是产品本身，它是一个产品体系，从产品层次来讲，包括核心满足饱腹和营养；期望获得的蛋白质、碳水化合物、矿物元素等；还有色香味的愉悦要求；同时也要考虑品牌、特色、提高质量等的可持续发展，以及对粮食加工产品、二次加工的延伸产品、深加工产品等产品系列所涉及的产品长度、深度和相关性扩展期望要素；更重要的是作为公共产品属性所要求的产品的售后服务和国家层面的民生基础服务。

（2）粮食产品的价格也不单纯是价格本身，而是一个价格体系，它不仅包括出厂价格、经销商出货价格、零售价格，还包括企业的价格政策里面的折扣、返利等指标，这样的要素才构成了整个的价格体系，以及不可以忽视的国家政策层面的价格指导与价格限制。

（3）粮食产品的渠道也不单纯是渠道本身，它包括了公司的渠道战略，是自己建设渠道，还是通过总经销建设渠道；是总经销还是小区域独家代理，还是密集分销。产品要占领哪些终端、终端的策略怎样、渠道链的规划、客户的选择怎样，客户的管理和维护、渠道的把握、渠道客户的切换等方面的问题，还有在特定时期和情况下国家政策层面的托底渠道——国有粮食商业组织。

(4)粮食产品的促销也不单单是促销活动本身，而是面对消费者、员工、终端、经销商的一个促销组合。同时，粮食产品又是城乡居民的"刚性需求"产品，大多数情况下粮食产品的促销只对深加工产品有作用。

(5)4Ps理论诞生于饱和经济时代，它强调以企业为中心，对当时的营销理论与实践起到了不可磨灭的作用，对今天的企业营销管理也有重要的指导意义，但对具有公共属性的粮食产品而言，必须考虑国家层面的政策因素以及公众层面的民生民意，所以要引入大营销概念(6Ps)，充分考虑政治权力和公众营销。

由于粮食产品的特殊性，它是影响国计民生，影响政治权利、影响广大民众的切身利益。因此，除了给粮食产品消费者和粮食流通各个环节的中间商（如代理商、分销商和经纪人）提供利益外，必须考虑政府、工会和可以阻碍企业进入某市场以获利的其他利益集团的影响和牵制。政治权力是为了进入和在目标市场上经营，向产业官员、立法人员和政府官僚们提出自己的主张，为了获得其他利益集团的预期反应和关注，而必须运用审慎的外事活动和谈判技巧来获得粮食产品经营所要求的政治环境和商业环境；公共关系则在于影响公众的观念，在公众心目中树立良好的产品和企业形象，这主要是通过大众性的沟通技术来实现。营销者必须借助政治技巧和公共关系技巧，以便在全球市场上有效地开展工作，而粮食产品营销就必须考虑政治和公众对国计民生的关注和回应。世界贸易组织"多哈回合贸易谈判(Doha Round of World Trade Talks, or Doha Round negotiations)"，关于涉及影响WTO每个国家农业和农民利益的问题，自2001年11月开始至今已进行了近20年，仍然没有达成一致协议，由此可以看出粮食问题对政府和民众利益的影响之重要。

二、粮食产品营销

粮食产品由于其特殊性，在原来计划经济体制下的国家统一经营基础上，经过几十年的市场经济磨合逐步向多元化的市场营销体系发展，并且在营销通路上越来越成熟，营销创新也紧随科技的进步和发展而不断完善。粮食产品的需求包括口粮需求、饲用需求、种用需求和工业需求，除口粮(成品粮)需求为粮食工业产品外，其他均为原料粮，实际上这也是粮食产品在销售上有别于其他商品的地方。通常大宗粮食产品贸易、国际贸易大多属于原粮贸易如原粮现货、期货、竞拍。因此我们主要讨论粮食产品的成品粮(口粮)及粮食递延产品销售通路，口粮销售的形式有产地市场的直接销售或连锁机构直接销售；通过批发、营销中介、销地分销商的间接销售，通过现代互联网渠道的电子商务网络销售等几个方面。口粮销售的形式比较普遍的是连锁销售和网络销售。所以我们在后面两节主要讨论这两种形式的粮食产品销售。

第四节 粮食产品的连锁经营

一、粮食产品连锁经营的必然性

随着粮食产品经营多元化格局的逐步形成，粮食产品的安全问题日益突出。近年来，各个领域、各个类型的食品安全问题频频被曝出，如毒大米、毒韭菜、地沟油、苏丹红、瘦肉精、三聚氰胺等。这些问题贯穿于生产、加工、储存、运输、销售和消费等各个环节，涉及面越来越广，引起了人们的高度重视，也促使消费者更加关注粮食产品质量并保持戒心与谨慎。目前国内外对于食品安全的定义也各有不同。最早提出"食品安全"这一概念的是联合国粮食与农业组织(FAO)在1974年召开的世界粮食大会上通过的《世界粮食安全国际约定》。这时提出的"食品安全"仅仅是食品数量安全，即解决人们温饱问题所需的最低的食品供应。世界卫生组织(WHO)在《加强国家级食品安全性计划指南》中，将"食品安全"定义为：对食品按其原定用途进行制作和食用时不会使消费者受害的一种担保。《中华人民共和国食品安全法》将"食品安全"定义为：食品无毒、无害，符合应有的营养要求，不会对人体健康造成任何急性、亚急性或者慢性危害。

目前影响我国粮食加工和流通的产品质量安全问题的主要原因有以下几点。

(一)原粮生产过程的农药、化肥致源头污染

原粮生产是季节性的，且生产周期长，不同年份自然条件也会有很大的差异，面对的自然危害因素层出不穷，且多种多样。如不同自然条件下的虫害就会有不同的表现形式，为了保证粮食的正常生产，稳产高产，粮食种植者必须利用现有科技手段干预不利的自然影响因素。如在原粮种植生长的不同阶段过量、滥用农药与化肥。从实际国情来看，中国历来是一个农业大国，农药的使用量也居世界较高的水平。虽然国家为了加强对农药的监管力度，相继出台了

一系列关于农药的生产和使用的规定,但由于农民的知识水平普遍较低,传统的农业种植观念根深蒂固,这些规定往往无济于事。农民为了提高产量仍然大量使用农药与化肥,这无疑给人们的生命健康及生态环境带来了很大的威胁。"据不完全统计,我国每年农药使用量超过130万吨,单位面积使用量是世界平均水平的两倍。其中,低毒性、不污染环境以及病虫害不易产生抗性的生物农药使用率不足10%,而属剧毒和高毒农药的有机氯农药、有机磷农药和有机氮农药占到我国农药使用量的70%左右。"①农药影响粮食安全的途径为:一是药剂的过量使用在不同的种植阶段影响不同,特别是粮食的成熟阶段或收割前会让药剂直接附着在籽粒表面,附着的农药残留在加工环节进入污染成品粮;二是农作物通过空气、水、土壤等周边环境吸收药剂,并迁移到植物的结构中,致使原粮籽粒直接有农药残留。存在这两种状态残留的原粮经粮食加工厂加工成成品粮后,如果消费者长期食用就会出现累积效应给人们的身体健康带来潜在的安全隐患。相应内容可参阅第四章。

另外,在原粮的种植过程中过量使用化肥也会对农作物的质量安全产生影响。为追求高产在原粮的种植生长过程中,过量使用化学肥料对我国农产品的质量安全和产量安全也产生了严重的影响。农民使用化肥的初衷是为了提高粮食的产量,但过量使用化学肥料的结果可能会事与愿违。过量使用化肥不仅没有达到高产量的目的,反而破坏了农产品的质量及土壤的正常酸碱度。另外,过量使用化肥会使农作物的抗病虫害能力减弱,继而农民会使用防虫害的农药来保障农作物的产量,这样会导致周而复始的恶性循环,而农药会残留在农作物中,人类食用这些有农药残留的粮食产品后同样会通过积累危害到生命健康。

(二)原粮在粮食加工过程中过量、滥用添加剂

《中华人民共和国食品安全法》对"食品添加剂"的定义:指为改善食品品质和色、香、味以及防腐和加工工艺需要而加入食品中的化学合成或天然物质。随着社会经济的不断发展,人们对生活水平的要求也越来越高,对于食品的要求也不例外,在新鲜程度以及色、香、味上都提出了更高的要求。一些不遵守商业道德的企业为了改善食品的色、香、味,以获取高额的利润,从而过多、过量、过乏地添加添加剂或者是添加食品禁用的添加剂。如在加工食品的过程中添加过量的化学合成制剂及防腐剂、违法添加禁用的人工合成色素或者

---

① 韦胜强,李红梅. 粮食营销[M]. 北京:北京理工大学出版社,2016:137-138.

是其他工业级添加剂、商家违背良心利用劣质的地沟油生产有毒有害的食品等；如面粉加工者为提高面粉的白度过量使用抗氧化剂和国家禁止使用的食品添加剂。如果上述这些过量、滥用的食品添加剂在粮食产品加工过程中被使用，消费者长期食用会严重危害健康，严重的还会致癌甚至是死亡。相应内容可参阅第四章。

(三) 粮食加工环节原料控制缺位

在粮食产品的加工过程中，加工企业原粮质量检验控制缺位，会导致已经变质或污染的原粮进入加工环节，从而导致产品质量不合格或有毒有害；还有一种情况是不法分子为了获取暴利或者达到某种目的而故意使用劣质的粮食原料生产的有毒有害的假冒伪劣粮食制品，利用我国人口众多，贫富差距仍然存在以及部分粮食制品经营环节监管薄弱的现实，欺骗那些没有分辨能力、收入水平低、防范意识薄弱的消费者，特别是人口流动大、落后的偏远农村地区。相应内容可参阅第四章。

有鉴于此，为了满足消费者对粮食产品质量安全的要求，为了普通大众的生命安全，在我国粮食产品主管部门的倡导和政府政策有力的支持下，"以健康优质并实惠的安全、绿色的粮食产品充实老百姓的米缸"，粮食加工生产企业"自愿成为家家户户放心的'第一米缸'"的忧患意识引领下，各地各具特色的"放心粮油"连锁经营模式开始应运而生。我国与粮食制品有关的连锁经营在很多地区已经起步并进入成长期，如福建的"超大"，江苏的"苏果""万方""天惠"，内蒙古的"草原兴发"，湖南的"心连心"，河南的"双汇"，辽宁的"绿色阳光"等企业已经做出了品牌效应。连锁经营模式的创建改变了原来无序、散乱、个体形式为主的粮食产品营销模式，给未来的粮食市场开拓了一种全新的营销平台。在越来越多的消费者关注粮食产品安全的形势下，粮食连锁超市的规范采购与经营可以满足消费者购买"放心食品"的刚性需求。

粮食连锁经营的经营模式一方面要求粮食产品连锁经营者有长远的经营规划，在采购渠道上，能够从正规渠道进货并能保障粮食产品的品质；在商品储藏上，专业人员要考虑粮食产品的特殊性，从仓储到连锁店的商品摆放都能更加合理，粮食产品质量能够得以保证，消费者消费会更加安全放心。避免重蹈过去大多数城镇、农贸市场、个体粮油店的经营者的短期逐利行为所带来的粮食产品经营环节的安全问题的覆辙。另一方面粮食产品连锁经营者应该关注到随着城镇居民生活水平的提高，粮食食品占家庭的支出越来越少，即城镇居民家庭的恩格尔系数逐年降低，对粮食产品和服务的个性化、多元性需求增加。

尽量规避过去个体粮油店和超市仅仅提供大众性粮食商品，而忽视消费者个性化的粮食产品需求和多元化的服务需求，如绿色粮食食品、有机粮食食品、特殊加工粮食食品、不同区域的粮食产品、配送服务等。

粮食产品连锁店的经营主业是粮油产品，由于具有强大的专业采购力量，往往能够提供比超市更加全面和更富个性的粮食产品，从而能更加准确地满足消费者的差异化需求。粮食产品的连锁经营由于其形成了一定规模的销售网络和销售量，在采购方面，集中统一采购数量巨大，议价能力较强，采购价格较低的产品；在配送方面，粮食连锁企业有强大的物流能力，统一配送，合理安排配送路线，对单店而言，运输费用很小；促销费用较低，单位商品价格分摊促销费用会很少；由于是便利店，所以消费者时间成本、交通费用较少。这样多方面资源的优化高效配置，使经营成本降低，给消费者带来了实惠。

与此同时，专业的粮食产品连锁经营者可以建立强大的销售网络，为粮食产品的生产者提供了专业的销售渠道，形成了产、销的分离，社会分工更加明确，使得粮食生产企业专注于提高生产能力、产品质量、品牌建设和维护，从而改变粮食生产企业散、乱、小、弱的现状。绿色粮食已经逐步被消费者所重视，具有广阔的发展前景，建立绿色粮食连锁系统能够更好地拓展消费者市场，扩大品牌的知名度，让消费者能够放心地购买、食用安全的产品，从而使企业在市场竞争中立于不败之地。

从宏观层面上看，粮食产品的连锁经营的多网点布局属于劳动密集型产业，可以为社会提供更多的就业机会；通过有计划的采购在分散随机的基础上可以逐步向订单化的粮食采购发展，优化农业粮食种植业结构；严格的采购与销售管理有助于国家相关职能部门能更好地对粮食产品经营进行监控，从而保障消费者的自身利益。

二、粮食产品连锁经营的战略选择

粮食连锁经营尽管是历史的选择，但作为一种营销形式它要适应市场竞争的规则，同样是优势与劣势同在，机遇与挑战共存，不可回避，适者生存。我们必须清楚它的优、劣势与机遇和风险。

与工业品连锁经营相比，在采购、装卸、运输、储存、销售等各环节上，粮食连锁经营都有其自身的特殊要求。粮食连锁经营既具有连锁经营的一般特征，又因其自身的特殊性，具有与一般工业品连锁经营不同的特征。主要表现为需求的刚性强、价格的弹性小、保鲜技术要求高、销售的时效性明显、季节性影响大,等等。

(一)粮食产品连锁经营的优势

1. 粮食产品是人们生活的必需品

粮食产品需求的特性决定了它是一种刚性需求的产品,市场需求不会因为价格上涨而增加它的需要量,也不会因为它的价格下跌而减少它的需要量。因此,它的需求价格弹性小。正是由于粮食市场的价格弹性小,需要市场供应具有均衡性。在这种需求价格弹性小的情况下可以利用粮食连锁经营扩大企业规模、提高企业的核心竞争力的优势。

粮食连锁经营把连锁经营管理模式应用到粮食销售管理过程中,把相关生产经营主体整合起来,形成利益链联合,增加了销售额,扩大了经营规模,稳定了供应,增强了粮食企业在市场竞争中的生存和发展能力。粮食连锁经营的几种模式都能有效地扩大企业规模,例如,直营连锁模式,借助于大资本,以吞并、兼并或控股等途径,发展、壮大实力,使企业像滚雪球般做大做强。其最明显的优势是可以有效地统一调动财力、物力和人力资源,统一经营战略,统一开发运作整体性事业。同时,由于企业资金雄厚,可以和其他部门跨界合作,如与金融界、生产部门联合等。尤其重要的是,直营连锁凭借其较大的规模,能占有较大的市场份额,成为连接大生产、大消费的新型流通体制。这种发挥整体优势统一、集中地大批量地采购,保证了稳定的供货渠道,获得较为合适的折扣利益,达到减少费用、降低成本的目的,这样的规模经营优势是单个营销企业所无法比拟的。

2. 粮食连锁经营的经营活力与抗风险的能力更强

粮食产品传统的经营模式,主要是以粮油店和粮食批发市场为主,规模小、交易环节多、交易手段落后、流通销售的成本很高,而且粮食的来源渠道复杂,质量优劣不齐,也无法有效地监控粮食产品质量及其卫生、环保质量指标。此外,粮食的市场仓储、保鲜设备也不完善,容易出现无人管理的现象,难以保证粮食稳定的高质量。而通过粮食连锁经营,各环节职责分明,制度健全。粮食连锁店经营的产品都能凭借规模优势,形成固定的进货渠道;建立严格的产品质量控制体系,销售的粮食是经过卫生质量检测的合格产品,避免了假冒伪劣商品流入市场;粮食连锁企业及其门店可以通过对粮食的深加工,为消费者提供安全、放心、满意、高效的绿色粮食市场,满足消费者对经营卫生、粮食质量安全、食品健康的需求,免去了广大消费者的后顾之忧,确保了居民的生活质量。特别是通过粮食的连锁经营,也有助于规范流通秩序,提高流通效率，实现大规模、快周转、低成本，发挥规模经济的优势，有效降低流通成本，增加了企业抵抗市场风险的能力。

3. 粮食连锁经营可有效稳定粮食价格和粮食市场

粮食连锁经营企业由于其成规模的吞吐量，稳定的货源和产品质量，可以更多地吸引消费者，稳定粮食价格，稳定市场供应。连锁经营企业在其销售的粮食产品品类中，为了保证货源充足和粮食产品的多样性，可以建立自己的生产和加工基地，还可以同时其他粮食种植生产者签订供货合同，采用订单式粮食种植与加工，这样既增强了粮食种植生产者的信心，增加了农民的收入，又使农民意识到粮食种植业的可持续发展前景，懂得绿色农业和生态平衡意识，采用科学技术，使用生态有机肥料，降低农药化肥的使用依赖性。由此，既保证了粮食产品的高质量，也从宏观上促进了新农村建设和现代农业经济有序发展，促进粮食产品的现代化生产加工水平的提升。

此外，粮食连锁经营还能在维护流通秩序、吸纳就业方面发挥作用。粮食的连锁经营模式，可以有效地提高有关企业的组织性，有利于规范市场秩序，避免无序竞争。另一方面，粮食连锁经营企业需要大量的经营管理人员，而且也需要不断地培养这类员工，因而在解决社会就业、提高人力资源的素质上发挥着积极作用。

总之，粮食连锁经营相对于传统粮食市场或个体经营者来说，在规模、质量、效益、管理等方面，都有着极为显著的优势。

(二) 粮食产品连锁经营的劣势

原粮的生产极大地依赖自然环境提供合适的气候条件包括水分、阳光等，具有季节性的特点。粮食生产的季节性、生产循环性构成了粮食生产的周期性。粮食生产的周期性决定了粮食的上市供应有"淡季"和"旺季"之分。在粮食的收获季，粮食刚收割，供应量充足，品种多，质量高，呈现为"旺季"的繁荣景象，这时粮食的市场价格有可能呈现降低趋势；在粮食生产的非收获季，由于粮食还处于生长期，粮食市场供应依靠的是储存粮，这时市场价格有可能上涨。因此，粮食生产的周期性决定了流通周期性的特点。粮食生产和流通的周期性，要求粮油连锁经营企业的经营要适应周期性的特征，及时做好市场供应的储备准备工作，以确保粮食市场的供应。

除了粮食种植的季节性波动之外，粮食市场的刚性需求，也会因为丰歉或供需矛盾造成价格波动，但当粮食市场供应不足时，这种刚性的需求，会使市场粮食价格大幅上涨，由于价格的上涨，诱导农民扩大粮食生产，市场供应量大幅增加。由于粮食的需求量相对稳定，也就是说刚性的需求致使粮食的消费量相对稳定，其结果又可能出现粮食产品的供应过剩，迫使粮食市场价格下跌；价格下跌又会促使粮食生产减少，供应市场的粮食量也会减少，而需求量未变，粮食供不应求，其价格又会暴涨。这是在完全市场调节下的需求波动，而且这种波动是长期存在的。除了正常市场调节引起的波动外，由于粮食市场信息的不对称和利益驱使下的生产盲目性以及不法中间商的操纵，粮食市场也时常会出现非正常市场调节下的人为扰乱而致的价格波动。还有就是进口粮食对正常国内粮食市场的价格干扰，所以粮食的连锁经营始终会面对粮食市场的需求与价格波动，企业要有专业的市场调研人员对粮食市场的趋势作出预测和判断，制订合理的采购计划，抑或采用订单式采购、期货贸易对冲，合理地规避这种影响粮食需求与价格波动的市场形态。

（三）粮食产品连锁经营的机遇

我国政府一直以来都非常重视城乡居民的"米袋子"，每年的政府一号文件都是和农业农村有关的，都关系到治国根本的原粮的生产问题，国家制定的《乡村振兴战略规划（2018—2022）》中明确提出"坚持以我为主、立足国内、确保产能、适度进口、科技支撑的国家粮食安全战略，建立全方位的粮食安全保障机制。按照'确保谷物基本自给、口粮绝对安全'的要求，持续巩固和提升粮食生产能力。深化中央储备粮管理体制改革，科学确定储备规模，强化中央储备粮监督管理，推进中央、地方两级储备协同运作。鼓励加工流通企业、新型经营主体开展自主储粮和经营。全面落实粮食安全省长责任制，完善监督考核机制。强化粮食质量安全保障。加快完善粮食现代物流体系，构建安全高效、一体化运作的粮食物流网络"。由此我们可以看出，一方面国家在原粮生产环节加大了政府主导力度，减少市场调节引起的波动，同时国家储备也会在粮食价格波动时主动地利用政府储备干预，避免了粮食价格的大起大落以及需求波动所引起的价格波动。

另外，国家的粮食储备近年也加大了低温储备库的建设，在保证粮食品质的同时，也可以通过政府储备调节季节性粮食生产对供应的影响。与此同时国家也非常重视粮食流通环节的管理和政策扶持力度，不仅购销口有国家参与的连锁农贸、连锁超市，而且鼓励和支持民营企业进入粮食连锁领域，保证城乡居民的"米坛子"和"菜篮子"。

在欧美发达国家，80%~95%的农产品通过超市和大型食品商店流通，绝大多数人购买农产品选择去超市。而我国目前仅有不足10%的农产品是由超市售出，绝大多数居民购买农产品选择去农贸市场。① 但从我国经济的发展水平来看，农产品销售超市化是社会发展的一种必然趋势。中国产业信息网提供的《2017年中国生鲜品类超市行业渠道及市场前景分析》得出的数据是生鲜品类农产品在超市的销售占22%，农贸集市占73%。而据艾媒数据中心对2019年中国农产品流通各渠道占比调查中数据显示，在我国农产品的销售渠道中，农贸市场占比最高达到51.8%，而超市占比位列第二位36..4%，位列第三的是个体商贩占比为8.5%，占比最少的是便利店，仅有0.8%。现在已经跨入2020年，超市与连锁经营仍然会是一种趋势，作为重要农产品的粮食产品连锁经营也将得到逐步完善和发展。

（四）粮食产品连锁经营的威胁

粮食连锁经营的产品不仅是"刚需"产品，同时也会受收获季的影响，这样除了连锁门店所需要的大量硬件投资及门店租赁的固定成本外，还由于粮食市场的产品品种多，又是消费者日常必需品，采购环节讲究时间性和季节性等，需要有足够的采购资金来满足持续销售的充盈库存，故而需要较大的流动资金。

为满足市场占有率的要求，连锁门店的覆盖率势必会加大，门店数量的扩张直接带来的是资金投入的压力，同时为满足持续销售的充盈库存，也给配套仓储设施的充足以及仓储设施对粮食产品的防腐、保质的保证提出了要求，物流配送的安全与及时也变得非常重要，因为粮食产品在储存、运输过程的货损、霉变、虫蚀、鼠患的影响始终存在，如果不能解决这些问题也会直接影响连锁经营的产品质量安全与经济效益。

粮食产品物流配送形式通常有：以零售超市等大型采购集团为依托，企业客户货源为主的物流配送中心；以对本地粮食促销为主的物流配送中心；以本地大宗团体消费者为主的物流配送中心。一般来说，粮食物流配送环节，如进货、整理分拣、加工、储存保管、配送、信息处理等，只要某个环节不到位，就会影响到整个过程。现实中运输设备不足或利用率不高、配送率低、来回空载率高、运力浪费等都是粮食物流所面临的主要问题。这些物流问题都制约了粮食连锁经营的发展。

另外，粮食市场变化很快，企业对市场的真实情况调研不充分，对市场需

---

① 国家食物与营养咨询委员会. 食品安全问题的原因分析和对策[EB/OL].（2013-5-23）[2019-11-2].http://www.doc88.com/p-3089984115526.html.

求的预测失误，就可能导致难以想象的后果。例如，根据目前订单和销售信息来预测未来粮食产品的销售量，就可能对未来市场走向作出错误的判断而导致预测不准，而出现要么库存不足，不能保证稳定的销售，要么对需求预测过大使库存量增加，资金压力加大，产品滞销，带来仓储压力和产品过期变质的风险。

因此，粮食产品连锁经营的管理者必须充分分析、了解市场，明确存在的优劣势、市场给予的机会和挑战，选择并制定适合自身企业规模、企业资源、资金、组织形式、人才等的发展规划和战略，使企业在良性健康的轨道上发展。

三、粮食产品连锁经营的组织形式

连锁经营（Chain Operation）是在商品流通领域中，将若干同业商店以统一的店名、统一的标志、统一的经营方式、统一的管理手段等联结起来，共同进货、分散销售、共享规模效益的一种现代组织形式和经营方式。

连锁经营的实质是把现代化大生产的原理应用于商品流通领域，达到提高协调运作能力和规模效益的目的。这种组织形式把原来垂直链条型的组织结构转变为扁平网络型的组织结构，通过一定的连锁形式，实现了流通组织结构的网络化和低成本扩张企业规模，加速了资本和资源的集中过程，大大提高了流通企业的组织化和集约化程度，实现了规模化经营、科学化管理和标准化服务。

美国是连锁经营的鼻祖，也是世界上连锁业最发达的国家。从全球范围看，美国连锁经营的发展始终充当着世界连锁经营的"领头羊"角色。迄今为止，美国仍是世界上最发达的连锁业大国。

在中国，连锁经营的起步应该是从1984年皮尔·卡丹专卖店落户北京开始。随后，连锁作为一种企业组织形式在中国发展迅猛，尤其以食品、零售、餐饮等行业最具代表性，如上海的"荣华鸡""华联"；北京的"福兰德""家家福"；济南的"百亩园""统一银匠""馋面"等。2001—2005年，是中国连锁业发展最快的几年。其中前四年，中国连锁百强企业的平均年店铺增长率达51%，年销售增长率达38%。连锁业快速发展的几年，也是政府管理部门探索连锁行业管理、连锁企业深入思考和实践发展模式的几年。随着国际大企业进入中国市场，这种经营方式猛烈地冲击着传统的流通体系。连锁经营在中国火爆起来，连锁经营遍布整个第三产业的几乎所有行业，特别是被广泛地应用于服务业领域，中国成为世界上最大、最富有潜力的连锁经营市场。

第四节 粮食产品的连锁经营

粮食产品的连锁经营是以独特的粮食品牌实体店为基点，不断复制其经营模式并采取统一标识的商标和同等质量的产品进行推广的经营活动。粮食产品的连锁经营的本质是把放心粮食产品作为一种品牌和营销策略，努力让消费者感到其购买的不仅仅是放心产品，更是一种童叟无欺的商业信誉，从而使消费者对其品牌产生信赖，实现企业规模效益的发展。

粮食产品连锁经营的组织形式既有连锁经营共同特点，又有其自身的特点和运作要求。按照连锁经营的范围与形式来分，大致可分为连锁超市粮食专区、综合性专业连锁、单一专业品牌连锁等连锁经营形式；根据企业资本的实力其经营规模可分为大型、中型、小型三类粮食连锁经营机构。

(一)连锁超市粮食专区

将所经营的粮食产品设置在一般连锁经营机构的卖场内，作为专门的粮食产品经营专区。例如，在沃尔玛、大润发、家乐福等连锁超市内都设有食品专区或设有专门的粮食连锁专柜，消费者可以根据不同的需求来选购各种品牌的粮食商品。由于连锁超市内经营的品种多，经营场地较大，市场影响力大，市场辐射的范围广，因此客流量多，经营的规模大，真正体现了规模效益的优势，深受市场的欢迎，是粮食连锁经营的主要形式。

(二)综合性专业粮食连锁机构

综合性专业粮食连锁机构是专门从事粮食经营且经营的粮食品种较多的连锁机构。例如，专门从事大宗粮食贸易的公司，其主要业务是负责进行粮食对口渠道经营。这类经营机构最大的特点是整个连锁门店都是经营粮食产品的，而且经营的粮食品种较多，以其良好的社会信誉和专业化经营吸引消费者。近年来，越来越多的消费者喜欢选择去专门的粮食门店消费。但这类专门的专业连锁由于其同类产品较多，对产品的品牌知名度、产品质量的要求较高，如果某品牌产品没有形成较好的口碑，则产品在这类连锁机构的销售量会受影响。

(三)单一品牌连锁机构

单一品牌连锁机构是专门经营某类粮食或某一种粮食的连锁经营机构，其宗旨是向广大消费者提供安全的、品质优良的粮食商品。近年来，随着市场营销工作者对市场细分的深入，出现了一些专门从事某类粮食或者某种粮食产品经营的连锁经营机构。如放心粮油公司、绿色大豆油，等等。这类连锁经营机构由于经营的品种单一，专业化程度很高，对经营管理的要求更高，也更加受到消费者的青睐。

四、粮食产品连锁企业的管理

粮食连锁经营要符合现代连锁经营的要求，具有连锁经营的特质。主要是利用总部与众多分散的商店网络，及时掌握消费者的各种需求，克服粮食零售业传统的小规模分散性特点，采取批量生产、批量定购、批量配送、定点销售，实现规模化经营。这样，由总部大量集中进货，克服了过去零售机构小规模经营的分散性弱点，降低了生产成本，确立综合采购的集权管理与销售的分权管理的体制。零售企业有权自行决定粮食商品的设计、品质、价格以及数量，并按计划组织广大农户以及中小生产加工企业进行计划生产和加工。

粮食连锁经营所形成的统一的流通体制和营销机制，都体现了现代大市场营销和连锁经营的基本要求。粮食连锁经营管理者要制定明确经营管理战略规划、商品政策、建店规划、人才储备等现代经营理念，具体业务也需要有详细的管理要求，明确业务的部门、不同工种管理要求等。譬如采购人员专业管理的要求，商店经营、管理方面的实操业务要求，以及具体的营销规范要求等，以适应现代化流通发展的粮食连锁经营对管理、经营、人才队伍建设上的标准和要求。

(一)粮食产品连锁企业的经营管理

首先，粮食产品的连锁经营不同于传统的粮食市场由农户小型生产、自营摆摊设点完成粮食产品的市场供应与销售，而是经营的网点多，覆盖的市场广，需要的商品品类多、数量大，因此，需要有一定规模的生产基地才能满足批量采购的需要。同时，由于粮食具有易耗、易腐、易霉的特殊性，要求拥有快速高效的物流配送系统，以确保产品质量，满足粮油连锁经营的需要。

其次，由于粮食连锁经营是由一个个单体分散的店面组成批量销售，因此，在连锁经营总部集中采购进货时，为了准确地掌握商品和交易动向，必须进行准确的市场预测和制订进货计划。对此，必须要有能准确地掌握有关商品动向的商品管理系统，能对销售网点上的销售情况实时了解和把握，对每一种粮食产品的种植情况、培育情况、产地采购、生长时长、物流配送过程、储存过程、上柜过程、销售过程等都有信息跟踪记录，严格控制各个环节，确保连锁经营的粮食产品质量安全、放心，也便于及时发现问题并解决问题。还可以利用连锁销售系统实现即时的商品管理、订货管理、库存管理，实现信息化系统或电话系统来自动订货和发货，建立粮食营销的网络化管理系统、高效的信息管理系统，以提高经营管理效率。

要建立经营产品的质量管理系统，连锁经营企业不同于个体商户的市场行为，要让消费者购买到放心、安全的粮食产品，培养客户的忠诚度，企业必须配备专业的产品质量检测部门，对所采购的产品质量实行实时监测，如产品的营养成分、水分含量、农药残留量等。

(二) 粮食产品连锁企业的门店管理

1. 粮食产品连锁门店的地址选择

粮食产品是居民的日常生活所需，门店的地址选择首先是要考虑便民，而不能像大型 Mall 一样选择市郊。要考虑交通的便利性，居民的收入水平，消费层次特点、人口密度大小、商业活动频次等。最简单的评判标准就是分析商圈。商圈一般分为三类：成熟的中央商业圈、成型的商务圈和社区型商圈。第一类是城市的核心商业区域，无论是本市人还是外地人都会去光顾；成型的商务圈一般是区域性的商务办公楼或开发区，来购物的一般是生活节奏较快、追逐时尚潮流的年轻人；社区型商圈的主要消费人群则是在社区周边居住的居民。

作为粮食产品零售店铺的选点，要考虑每间店铺的覆盖面，亦即店铺的业务辐射半径，即以店铺所在坐标点为圆心，向外延伸某一距离，以此距离为半径构成的一个圆形消费圈。从理论上说，消费圈结构层次分为三个不同半径的同心圆，是用不同的延伸半径来定义，其关键在于确定各层次的半径距离。以位于居民小区的店铺为例，一般以半径 500 米为核心消费圈，半径 1000 米为次级消费圈，半径 1500 米为边缘消费圈，步行所需时间分别为 8、15、20 分钟左右。通常情况核心消费圈会给门店带来 55%~75% 的顾客，次级消费圈会给门店带来 15%~25% 的顾客，边缘消费圈会给门店带来 5%~10% 的顾客。当然也有来自消费圈之外的购买力，如流动购买力、特殊关系购买力等，但所占比重很小。上述定义消费圈的半径或步行距离是经验值，具体落实到每一个店铺的选址，则需要第一手的居民调查数据作为修正依据。

粮食连锁店的店址选择原则是要坚持"方便顾客"，以节省顾客的购买时间，并最大限度地满足顾客的需要。最优的选点区域是人口密度高的街区，在这样的街区居民聚居、人口集中，对各种各样的商品都有大量的购买需求。如果粮食连锁门店能够设在这样的地方，致力于满足人们的需要，那肯定会生意兴隆，收益自然也会比较稳定。其次是客流量大、交通便利的街道，这些地方可以有较大的自然人流量，也可以减少购物顾客的步行距离，方便顾客的购买。最后是关注人群聚集量大的场所，有如剧院、公园、游乐场、学校等，或者大企业、机关单位等附近。

连锁经营要形成规模、扩大市场覆盖面和占有率，选择经营场所时不可能都是自己的物业，大部分都要租赁经营场所。在租赁经营场所时可选择独立的经营场所或是租赁大型商场、超市的场地或柜台。在租赁独立的经营场所时，除了考察周边消费环境外，还应查看出租人是否持有该场所的房产证，然后与其签订房屋租赁合同，确保在租赁期间不出现因场地所有权问题引起的经济纠纷。在租赁商场、超市的场地、柜台时，要考察该商场、超市的出租率，这是保证连锁店正常经营的基本要求，出租率的高低势必影响人流的大小和市场的持续经营能力，所以租赁物业本身场地和柜台的出租率至少达到60%～70%才可考虑租赁。如果该商场、超市的场地柜台出租率不高，即使租金再便宜，也应慎重考虑。

2. 粮食产品连锁门店的商品管理

粮食连锁门店商品的采购与配送管理通常是由集团或总部统一采购，即连锁总部设立专门采购部门来负责，采购权不下授，商品的导入、淘汰、价格制定、促销活动规划完全由总部控制，分店只负责陈列、库存管理及售卖工作，对商品有建议权无采购权。其优点是可发挥集中议价的功能，价格、形象一致，毛利率容易控制，连锁店可专心于经营。缺点是弹性小，较难满足消费者需求；营业人员与采购人员容易对立。由于粮食食品属于特殊行业的商品，采购的商品质量如何非常重要，所以，专门的质检部门对商品采购质量的控制也是必需的，严把商品的入口关。

由于粮食产品连锁经营的门店产品是由集团或总部统一配送，对配送环节相关的储存、分拣、流通加工要确保相应的质量控制，避免配送环节出现包装物的破损造成污染、霉变、变质等影响粮食产品质量的因素，加强集团或总部相关部门的配合协作，充分利用网络化的信息处理系统，对物流配送信息进行数据库化和代码化，信息传递的标准化和适时化，完善计划、采购、配送、补退货的数字化信息处理，做到迅速、及时、准确、安全、低成本。利用信息化管理系统在配送环节如果能做到"零库存"将会减少因库存而产生的多种费用，有效提升企业的经营效率。

3. 粮食连锁门店商品的陈列管理

商品的陈列是一门科学，通过视觉来打动顾客，其效果是非常显著的。商品陈列的好坏决定着顾客对店铺的第一印象，使卖场的整体看上去整齐、美观是卖场陈列的基本要求。商品陈列是无声的促销员，陈列要富于变化，不同陈列方式相互对照。充分利用有限的空间陈列，达到最佳的陈列效果，创造出最大的利润。

因此，门店商品的陈列管理要了解商品成列的基本要求(见表7-1)，把握陈列要领，确保陈列规范(见表7-2)。

表7-1　　　　　　　　　　商品成列的基本要求

要求	内　　容
先进先出	注意保质期，生产日期在先的商品摆放在销售前端，防止商品过期变质或损耗
货签对应	商品与价格签一一对应，价格签包括POP、价格立牌、贴签等标明商品价格或性能的标识
分类陈列	按用途、性能、颜色、品牌、大小对商品进行分类组合
纵向(垂直)陈列	同类商品品种数超过4种时，商品陈列应由上至下纵向摆放。通过照明、音乐渲染购物氛围，演绎使用商品的实际生活场景
关联陈列	使用目的、用途、购买对象等关联关系，使商品组合起到互补和延伸
配色协调	相邻商品之间颜色、形状、大小反差不应过大；纵向陈列的商品上下之间的颜色反差不应过大。一般由暖色调至冷色调过渡(冷暖交替陈列应注意配色的和谐)
黄金位陈列	货架离地120~160厘米的区域、堆头、端架、临通道区域应陈列高利润商品、季节性商品或需突出陈列的特价商品

表7-2　　　　　　　　　　商品陈列规范

内容	陈　列　规　范
陈列顺序	由小到大，由左到右，由浅而深，由上而下
货架分级	上层(远期保质产品、理货层)；黄金层(季节性、高利润、高周转)，中层(近保质期产品)、下层(理货层)
商品标签	朝向正面可使顾客一目了然，方便拿取
安全及稳定性	开架式的卖场确保商品不自动掉落，尤其是最上层商品
	最上层的陈列高度必须统一
配置隔板	可使商品容易整理，且便于顾客选购。尤其是小东西，更应用隔板来陈列
割箱陈列	切勿有切口不平齐的情形，否则会给人不佳的印象

续表

内容	陈列规范
近入口处	陈列周转率极高的商品
入口处次远	配置陈列能够吸引顾客视线，而且单位数量不是很大的商品
畅销产品	必须平均配置在所有的通道上
冲动性购买的商品	必须配置在主要通道上，或是靠近主要通道的地方
行走线路设计	必须使每一个通道都能有一些吸引顾客的商品
货架高度	最适高度：男性85~135厘米，女性75~125厘米
	一般高度：男性70~145厘米，女为60~135厘米
	方便高度：男性60~180厘米，女性为50~165厘米
	理货高度：60或50厘米以下为仓库

（三）粮食产品连锁门店商品的防损管理

门店经营的日常考核中有一个非常重要的工作就是"防损"，"损耗"是由盗窃、损坏、变质、过期等各种因素共同引起的。"损耗"是门店收货时的商品零售货值与售出后获取的零售货值之间的差额。这些"损耗"涉及内部员工、仓管、供货商、收银环节、顾客等多维度控制与防范。具体如表7-3所示。

另外，门店的防损在管理上要充分关注顾客的投诉，特别是对产品质量、产品保质期的投诉势必会造成门店的额外损失，对门店的社会声誉和顾客满意度造成无法逆的损害。这种损害比门店"损耗"对粮食产品连锁经营企业更具伤害，公共关系的应急处理不当还会导致企业的倒闭。

表7-3　　　　　　　　　　连锁门店损耗控制方法

影响因素	影响形式	防范措施
内部员工	a. 作业错误（商品条码标签贴错、新旧价格标签同时存在、POP与价格卡的价格不一致、商品促销结束后未恢复原价、高价商品低价结算） b. 员工偷拿、偷吃 c. 意外损失：未及时检查商品的有效期遭受投诉损失	a. 员工明确的分工 b. 加强开门之前的店面检查，如POP与价签 c. 及时调换商品价格调整后的价签 d. 检查商品的保质期，并将近期产品调整到最外面 e. 加强员工自律教育和管理

续表

影响因素	影响形式	防范措施
仓库管理	a. 门店单次进货量过大 b. 零星商品管理不当 c. 储存中的包装破损、虫蚀、霉变、鼠损	a. 安排专人进行监督 b. 加强零散商品的堆放管理 c. 加强仓库规范化管理 d. 加强库存产品的检视，减少仓库里的内损
供应商	a. 供应商误交供货数量 b. 以低价商品冒充高价商品 c. 擅自夹带商品 d. 退货手续不完善 e. 与员工勾结实施盗拿等	a. 减少供应商不当行为 b. 健全供应商退换货手续 c. 加强进出库人员的管理 d. 加强供应商送货后的包装物检查（空箱开检，空袋折平）
进场顾客	a. 顾客随身夹带商品 b. 顾客不当的退货 c. 抽拿包装盒内商品 d. 偷食即食商品，扔掉包装盒 e. 顾客偷换商品包装（如高价商品换入低价包装） f. 顾客在购物过程中将商品污染、毁损等	a. 完善免费寄存服务，禁止顾客携带大型背包或手提袋购物进入货架区 b. 顾客携带小型背包入场时，应留意其购买行为 c. 对贵重物品或小商品要设专柜销售或设置防盗报警 d. 及时制止顾客边吃边购物 e. 杜绝顾客的不当行为
收银员	a. 忽略购物车、购物篮的检查 b. 忽略大包装物的储物空间 c. 忽视条码的形态 d. 和顾客交谈，放松警惕	a. 检查结算顾客的购物车、篮的底端，确保没有更小的物品藏匿 b. 检查大包装商品可能的储物空间，以防藏匿其他小物品 c. 机智检查顾客手中的报刊、袋式包装，防止藏匿扁平物品 d. 防止以次换好，以低价包装装高价物品 e. 关注条码形态，警惕将一个UPC条码粘在原有的正确条码上 f. 避免在收款录入时和顾客攀谈，分散注意力 g. 巧妙处理顾客的疑似不当行为
营业/理货员	a. 不注意巡场和分辨顾客的不当疑点 b. 忽视基本的服务礼仪 c. 缺乏对不当行为的判断能力	a. 强调服务的礼貌、礼仪建立与顾客的联系 b. 培养训练员的防盗意识和判断力 c. 工作中要不断扫视通道，及时协助徘徊状态的顾客 d. 关注购物顾客手推车中的敞口手提包 e. 关注顾客携带的"反常"物品，如晴天带雨伞等 f. 礼貌处理卖场发生的争辩、斗斗、酗酒顾客等乱局，冷静观察"趁火打劫"者 g. 应特别注意把物品放在手推车周围而留下中间以备打包用的"筑巢"顾客 h. 机敏处理疑似顾客的不当行为

(四)粮食产品连锁门店的人员管理

有关数据显示,卖场全部损耗中的88%是由员工作业错误等造成的,随着连锁店的扩张,人事管理成为粮食产品连锁经营最重要的问题之一。员工的素质和工作状态直接反映公司的公众形象。另外,由于粮食产品连锁经营定位是便利店,每个单店由较少的人员组成,员工的能力也直接决定着单店经营现状和发展的潜力。所以粮食产品连锁经营的人员管理和后备干部的储备非常重要,它直接影响到企业的生存和发展。企业要对招聘的员工进行业务和管理培训,也可以和大专院校合作,定向培养后备员工,提高员工对企业的忠诚度。粮油连锁门店主要岗位有店长、理货员(营销员)、收银员、门店会计等。由于便利商店内店员较少,许多岗位存在相互兼任或由集团兼管等情况,如会计。门店基本员工相关的职位设置和职责如表7-4所示。

表 7-4　　　　　　　　粮食产品连锁门店员工岗位设置及职责

岗位	职责
店长	连锁门店店长是门店的主要负责人,店长作业化管理的水平将直接影响到整个门店的营运效率。店长既要与总部保持良好的配合,又需协调与激励全体员工做好门店作业活动。 (a)负责本门店的经营管理,制订年度工作计划及实施方案;负责完成本门店上级下达的各项经营指标,包括各项销售、促销活动 (b)监督、检查各环节工作计划的执行情况。负责对员工工作业绩的考核及奖罚 (c)负责与所属单位其他部门及连锁总部的协调。协助连锁总部职能部门对员工进行培训 (d)掌握经营动态,及时向总部提出市场分析和购销建议,对本门店的经营状况全面负责 (e)处理门店的各种与业务有关的协调与应急事务
收银员	(a)服从领导的工作安排,严格遵守财务有关制度,完成收银工作 (b)严格按POS机操作规范作业。负责POS收银机设备的日常保养 (c)营业前认领备用金并清点确认,营业结束后,按所收货款填写交款清单,本人签字后将货款交给有关人员 (d)收银时要做到正确、快速,了解当日打折和特价商品。对顾客保持亲切友善的笑容,做到更好地接待顾客 (e)收银时要唱票"收您多少钱",找零时要唱票"找您多少钱" (f)保证正常的收银工作,合适合规处理顾客的抱怨与投诉

续表

岗位	职　责
理货员（营业员）	（a）熟悉商品，做好陈列、更新、添补工作，保持货架、平台、展柜的充实、整洁、美观，添补品种时不能影响顾客购买 （b）关心粮油信息，了解顾客的合理要求，为消费者提供方便 （c）做好商品的拆包、验收、上架、保管、盘点工作，及时向上级反映供求信息 （d）巡视卖场，减少损耗，保持卖场整洁 （e）了解卖场内主要设备的性能、使用要求与维护知识，能排除因使用不当而引起的小故障 （f）了解基本岗位技能的同时掌握服务礼仪规范，还要了解和掌握门店商品分布情况、商品知识及有关知识，以便能顺利地回答各种询问，掌握便民服务的内容和措施 （g）认真完成各项盘点作业。盘点要做到"诚实，认真，仔细"，绝对避免弄虚作假

第五节　粮食产品的网络营销

粮食产品网络营销是指基于互联网平台，利用信息技术与软件工程，通过在线活动创造、产品宣传和信息传递等方式，满足粮食企业与企业之间、企业与客户之间、客户与客户等活动对象之间的企业宣传、粮食产品品牌推广、产品宣传等营销过程，以达到吸引顾客的目的。粮食产品网络营销是粮食整体营销战略的一个组成部分，是为实现企业总体经营目标所进行的、以互联网为基本手段营造网上经营环境的各种活动。

互联网是人类历史发展中一个伟大的里程碑，20世纪60年代末70年代初，美国国防部为支持国防而研究建成阿帕网（ARPA Net）。20世纪80年代以后，网络的商业价值逐渐被挖掘，阿帕网转变为军民两用，并逐步发展为全球最大的计算机网络系统，即互联网。20世纪90年代末期，欧美的一些企业率先利用网络平台展开营销活动奠定了网络营销的基础。今天Internet正奇迹般地改变着人类生活的方方面面。坐在电脑前，轻点鼠标，即可浏览不同商店的网站，继而选购琳琅满目的各色商品，网上购物已不再是天方夜谭。以网络营销为中心的商业活动已成为Internet上最主要的内容。"电子商务""网络营销""网上贸易"等也成为上自各国领袖，下到家庭主妇们热衷的话题。它改变了我们的生活，也带给大大小小企业不同的商业机遇和全新的营销模式。

广义上说，凡是以互联网为主要手段进行的，为达到一定的营销目的的营销活动，都可称为网络营销。网络营销贯穿于企业开展网上经营的整个过程，从信息发布、信息收集，到开展以网上交易为主的电子商务阶段。从"营销"的角度，网络营销是企业整体营销战略的一个组成部分，是为实现企业总体经营目标所进行的，以互联网为基本手段营造网上经营环境的各种活动。它包括新时代的传播媒体Internet、信息高速公路、数字电视网等，其运作过程包括网上的信息收集、商业宣传、网上客户服务等，从产品推出前的市场调研，到产品设计制造过程，到营销传播，到售后服务，网络营销贯穿营销的整个过程。简单地讲，网络营销(Electronic Marketing, Cyber Marketing 或 Online Marketing)是利用计算机网络(互联网)、现代通信技术以及数字交互式多媒体技术来实现的现代营销方式。

伴随着信息技术的发展而发展起来的网络营销，将不再局限于传统的广播电视等媒体的单向性传播，而是与媒体的接受者进行实时的交互式沟通和联系。网络营销随着入网用户的指数倍数增加，网络的效益也随之以更大的指数倍数增加。企业如何在如此潜力巨大的市场上开展网络营销，占领新兴市场，对众多企业来说，既是机遇，又是挑战。

一、粮食产品网络营销的功能

网络营销的特色主要在于其传播的广度、更新的速度、内容的深度，以及可实现供求双方的在线交互交流等，这些均非一般媒体所能比拟的。网络营销覆盖全球，没有地域和时间的限制，随时传递企业的形象、经营和产品等信息；而其多路传送、适时快捷的功能，可将产品的最新信息提供给众多的客户同时阅览或查询。利用Internet的网络营销在企业的营销活动中所发挥着如下功能。

(一)进行市场调研，收集各种信息

一方面粮食产品经营企业可以通过企业网站设立的在线调查问卷、通过电子邮件发送的调查问卷，以及与大型网站或专业市场研究机构合作开展与粮食产品经营企业相关的产品、需求、偏好等专项调查。收集粮食产品各方面的信息，如时事、经济、技术和用户需求等，并反馈给粮食产品的生产销售活动的主体，由此开拓新思路、采用新技术、开发新产品。网上市场调研具有调查周期短、成本低的特点。网上调研不仅为制定网络营销策略提供支持，也是整个市场研究活动的辅助手段之一。合理利用网上市场调研手段对于市场营销策略的制定具有重要价值。另一方面粮食产品经营企业可以通过网络进行宣传，与需求者进行沟通。例如，通过网页在线填写的一些调查表格，可获取客户信息及他们的反馈，甚至可据此先期分析出不同的消费习性群体，为下一个生产、销售循环作好准备。

(二) 宣传企业的形象、企业品牌与经营理念

在目前开放的市场竞争态势下，企业除了制造和销售产品外，更应强化品牌和形象，粮食产品经营企业的线下品牌可以在网上得以延伸，粮食产品经营企业可以通过互联网快速树立品牌形象，并提升企业整体形象。网络品牌建设是以企业网站建设为基础，通过一系列的推广措施，如专业性的企业网站、域名、搜索引擎排名、网络广告、电子邮件、会员社区等，达到顾客和公众对企业的认知和认可。在一定程度上，网络品牌的价值甚至高于通过网络获得的直接收益。而利用Internet的功能可使企业的形象推广变得更加生动。通过精心设计的网页，可以深刻表达企业的形象与经营理念，及时传播各种信息。例如，企业的基本状况、近期规划、发展远景、技术及服务等，这些都有助于企业贴近自己的客户，与客户达成更多的共识，建立相互信赖的关系。

(三) 网站推广与产品信息发布

网络推广的第一要务是获得必要的访问量，从访问量可以看出网络营销取得的成效。尤其对于中小企业来说，由于经营资源的限制，发布新闻、投放广告、开展大规模促销活动等宣传机会比较少，因此通过互联网手段进行网站推广的意义显得更为重要，这也是中小企业对于网络营销更为热衷的主要原因。即使对于大型企业，网站推广也是非常必要的，事实上许多大型企业虽然有较高的知名度，但网站访问量并不高。要想获得高访问量，必须重视网站推广。网站推广作为网络营销最基本的职能之一，基本目的就是让更多的用户对企业网站产生兴趣，并通过访问企业网站内容、使用网站的服务来提升品牌形象、促进销售、增进顾客关系、降低顾客服务成本等。

粮食产品经营企业产品的信息发布需要一定的信息渠道资源，这些资源可分为内部资源和外部资源。内部资源包括：企业网站、注册用户电子邮箱等。外部资源则包括：搜索引擎、供求信息发布平台、网络广告服务资源、合作伙伴的网络营销资源等。掌握尽可能多的网络营销资源，并充分了解各种网络营销资源的特点，向潜在用户传递尽可能多的有价值的信息。运用计算机网络可以使产品的推销过程更加生动，除提供产品的规格型号及销售信息外，产品的外观、功能、使用方法甚至制造过程等都可以通过多媒体信息形式呈现给客

户,增加了知识性、趣味性和真实性。

(四)销售促进

市场营销的目的是为最终增加销售提供支持,网络营销也不例外。各种网络营销方法大多直接或间接具有促进销售的效果,同时还要有许多针对性的网上促销手段。这些促销方法并不仅限于对网上销售的支持,事实上,网络营销对于促进线下销售同样很有价值,这也是为什么一些没有开展网上销售业务的企业同样有必要开展网络营销的原因。例如,粮食产品经营企业可配合营销活动开展多姿多彩的促销活动,如网上摸彩、虚拟旅游等都是网上常用的促销手段,这些都有助于吸引客户或潜在的客户。

(五)提供多元化的客户服务与客户关系建立

互联网提供了更加方便的在线客户服务手段,包括从形式最简单的常见问题解答,到电子邮件、邮件列表,以及在线论坛和各种即时信息服务等。网络服务就像一个虚拟的销售人员,通过友好的网页界面和丰富的数据库,同时提供多人、多层次的数据咨询、意见交流、业务技术培训以及售后服务等,使客户可以获得自己所需要的内容,享受多元化的服务。在线客户服务具有成本低、效率高的优点,在提高顾客服务水平方面具有重要作用,同时也直接影响到网络营销的效果,因此,在线客户服务成为网络营销的基本组成内容。

客户关系是与客户服务相伴而生的,良好的客户服务才能带来稳固的客户关系。客户关系对于开发客户的长期价值具有至关重要的作用,因此,以客户关系为核心的营销方式成为企业创造和保持竞争优势的重要策略。网络营销为建立客户关系、提高客户满意度和客户忠诚度提供了更为有效的手段,通过网络营销的交互性和良好的客户服务手段增进客户关系,成为网络营销取得长期效果的必要条件。

网络营销是一个高效率、高收益的企业营销渠道,尽管它在实施中还会出现这样或那样的问题,但其前景是诱人的。网络营销将和未来的"集成制造系统"一起,构成一种被人们称为"现代生产要售"的系统。

二、粮食产品网络营销的竞争优势

(一)网络营销的经济性优势

一方面,网络营销采取的是新的营销管理模式,它通过Internet改造传统的企业内部的营销管理组织结构与运作模式,由于其对企业、产品的营销及服务都是通过互联网进行的,可以减少营销与市场工作人员的交通费、通信费、水电费、人员成本、办公场所租赁成本,据统计,互联网可减少企业在传统交通和通信中30%左右的费用;另一方面网络营销获取的客户通常通过网上电子商务来完成交易,可以降低销售成本。利用互联网的交互性和富媒体性进行促销可以减少促销费用。通过这些经济性指标极大地减少了企业的经营成本,带来明显的成本优势。

我国粮食价格偏高,运用网络进行粮食营销可以在种植成本日益攀升的价格成本中,降低营销推广成本和经营成本。通过网络组织粮食流通,能够使价格更加透明,最大限度地减少中间环节,减少有形市场所需的费用,大大提高企业的经济效益。

(二) 网络营销的市场机会优势

首先,利用互联网可以实行7/24(每周7天,每天24小时)的企业宣传与产品营销,突破时间限制,增加了市场机会的获得。其次,由于所有营销互动都在网上完成,所以没有地域限制,如美国网上书店Amazon.com轻松地将其市场拓展到世界各地。而全球第一大零售商沃尔玛(Wal-Mart)要想拓展全球实体市场,就必须要做花巨资选择店址、装修店面、建立网络以及培训员工等工作,而且风险较大,一旦不成功很难退出。所以在不增加固定资产投入而使营销地域扩大无疑也使市场机会增多。再者,由于网上营销比较方便、快捷,而且不受时间和地理位置的限制,对那些在传统营销渠道中受到限制,但又很喜欢公司产品的顾客,无疑可以增加很大的吸引力。如从Dell公司站点购买计算机的80%的消费者和一半以上的小公司在以前从没有购买过Dell的产品。据调查,其中1/4的人认为,如果没有互联网站点,他们就不会有这样的消费行为。所以说互联网营销降低了企业获得顾客的成本,增加了企业获得市场销售的机会。

在粮食产品营销中,利用互联网,形成覆盖面广、交易便利的无形市场,以一种快捷的方式向企业提供全方位的服务,可使商家与客户之间保持及时、良好的沟通,交易更加直接,克服了"采购员满天飞,推销员遍地跑"的弊端,为企业提供了交互式的营销渠道,增加了交易机会。

(三) 网络营销增加了顾客的黏性,提高了顾客满意度

利用互联网,企业可以将企业中的产品介绍、技术支持和订货情况等信息

都放到网上，顾客可以随时随地根据自己的需求有选择地了解有关信息。克服了在为顾客提供服务时的时间和空间障碍。

一方面为满足客户差异化的需求，企业可以随时随地了解客户的需求，按客户的特定需求提供产品和服务。利用互联网，企业可以很容易地知道客户的特定需求，然后根据客户的特定需求来生产，最大限度地满足顾客的需求，保持顾客的品牌忠诚度。如美国最大的牛仔服装生产企业 VF 公司，允许消费者通过公司的网站定制自己满意的牛仔服。消费者只需要根据网站提供的辅助设计软件 CAD 系统设计出自己满意的牛仔服样式，VF 公司就可以提供相应的产品，这样也增加了企业对顾客的黏性。

另一方面网络营销利用网络开展服务和技术支持时可以通过多维互动，全景展示形成极具魅力的营销。1998 年著名的调查机构 Price Waterhouse 在新加坡进行的一项专题调查发现，企业发展电子商务主要是为了提高客户服务及竞争力，而以增加收入为目的者不到 20%。这就是说企业主要是利用网络来进行宣传和推广。

企业在激烈的市场竞争中，其经营的触角要不断地延伸，而提供的服务也需要多元化。当企业将传统经营形式中的销售服务和技术支持搬到网上时，可以借助 Internet 充分展示产品服务和技术支持信息，及时准确地收集客户的反馈信息，并据此作出响应，给客户以最大的便利，缩短企业与客户之间的距离，提高顾客的满意度。

(四)满足消费者的个性化需求

网络营销的最大特点在于以消费者为主导。消费者可根据自己的个性特点和需求在全球范围内找寻满意的商品，通过进入感兴趣的企业网址或虚拟商店，消费者可获取产品的相关信息，使购物更显个性。此外，随着计算机辅助设计、人工智能等技术的进步，现代企业将具备以较低成本进行多品种、小批量生产的能力，这为个性营销奠定了基础。网络营销这种双向互动的沟通方式提高了消费者的参与性和积极性。在网络环境下粮食产品经营企业可以从产品的设计阶段就开始充分考虑消费者的个性需求和意愿，实行全程营销，比如小包装粮食产品、精粗粮搭配产品、不同粒径粉化粮食产品、全麦产品、糙米产品等。

(五)增加文化融合与信息共享的机会

利用网络进行粮食行业的营销活动打破了原有的相互独立、相互分割的市场。粮食网络营销市场的广域性决定了粮食市场文化的差异性、价格的变动性、需求的民族性及网上顾客的可选择性,这些特性都使原有的市场突破了既定的界限,使粮食市场更加融合,更加广阔。如我国南北饮食习惯在过去是非常明显的"南米北面",随着人员流动的加大和互联网购物的便利性,不同区域的消费者也开始作出消费的改变。

在传统市场营销体系下,由于地理区位的原因往往会出现信息不对称的情况,如果不能准确地了解相关信息,那么在产品营销上就会出现不对等的非公平性。因此,信息是现代企业的"耳目",如果一个企业没有眼睛和耳朵,它将是一个没有前途的企业。企业可以借助于互联网将不同的营销传播活动进行统一设计规划和协调实施,以统一的传播资讯向消费者传达信息,避免不同传播中不一致性产生的消极影响。

如西部市县国有粮食企业与沿海和大中城市粮食企业相比,在信息获得方面是不对称和不平衡的,信息的来源、信息的数量、信息的可信程度、获取信息的速度和对信息的综合分析能力都存在差异,利用网络进行粮食营销,可以改变我国粮食市场上原有的地区信息不对等、供求不平衡的状况,能更加合理地解决"买粮难,卖粮难"的问题,避免由于信息的原因而错失经营良机。同时利用网络营销,还能够改善企业资源的整合。粮食企业在企业功能、经营方向、经营渠道、资金来源、信息获取等方面都有相似之处,这就为企业间的相互整合提供了条件。粮食企业要降低经营成本,在资金、仓储、信息、市场、规模等资源利用上就要相互联合、互通有无、共享成果、共求发展,形成从粮食信息至收款、售后服务等一条龙式的营销模式。

三、网络营销中4Ps与4Cs营销组合策略的应用

(一)网络营销与传统营销的比较

美国市场营销专家杰罗姆·麦卡锡(E. J. McCarthy)教授在营销实践的基础上于1960年在其《基础营销》(Basic Marketing)一书,提出了著名的4P营销策略组合理论,即产品(Product)、定价(Price)、地点(Place)、促销(Promotion)。

20世纪80年代末90年代初,人类社会发生了更为巨大的变化,首先是信息技术革命所带来的对企业生产经营以及社会文化方面的冲击,从而导致产品的生命周期缩短,技术创新不断,生产工艺更加现代化,单位产品的生产成本大幅下降,人们的消费理念和消费行为日益感性化和个性化等,经济也由短缺转向饱和,在这种环境条件下,市场营销出现了新的变化,不能仅仅站在企业的角度来思考问题,而要站在客户的角度来思考问题。在这种情况下,美国北卡罗来纳大学的罗伯特·

劳特朋(Lauteborn)教授提出了与杰罗姆·麦卡锡(E. J. McCarthy)教授提出的传统营销的4Ps相对应的4Cs理论，即Customer Needs and Wants(顾客的需求和欲望)、Cost(顾客的成本和费用)、Convenience(顾客购买的便利性)、Communication(企业与顾客的沟通)。4Cs理论的提出引起了营销传播界及工商界的极大反响，从而也成为整合营销传播理论(IMC：Integrated Marketing Communications)的核心。4Cs理论契合了网络营销的所有特点。

网络营销是以互联网为主要手段的一种新型营销手段，尽管历史较短，但已经在企业经营策略中发挥着越来越重要的作用，网络营销的价值也为越来越多的实践应用所证实。

从表7-5网络营销与传统营销的区别和表7-6网络营销与传统营销的优劣比较中，我们可以看出传统营销的营销组合更强调产品的4Ps结构，而网络营销

表7-5　　　　　　　　　　网络营销与传统营销的异同点比较

	比较内容	网络营销	传统营销
相同点	营销目的	发现需求并满足需求来实现销售，创造利润	
	营销中心	以消费者为中心，围绕消费者需求提供产品和服务	
	活动范畴	消费者需求调查、产品设计开发、产品定价、销售、促销、了解消费者的评价及反馈等，涵盖从产品研发到消费结束的全过程	
不同点	关注点	强调以市场为主，顾客需求的个性化、顾客满意度为目的	强调以企业为中心，获得利润为主
	营销环境	工业经济基础外，还有网络经济、网络技术和现代通信技术基础，没有时间和空间的限制	以工业经济为基础，受时间空间限制
	目标市场	除针对特定群体外，更多的是个性需求者	针对某一特定消费群体
	营销策略	消费者不能触摸到产品的实体，企业利用多媒体技术将产品的外形、性能、特点、品质及为用户提供的服务展示出来；采取双赢的定价策略对产品或服务进行定价；渠道上利用互联网与顾客直接沟通，实现直销，借助于第三方物流减少对库存和中间环节的依赖，降低流通费用和交易费用；无形产品则可以直接通过网络进行配送；网络广告是网上促销的主要手段；交易双方通过网站、E-mail、BBS、社交软件平台	消费者可以直面感知产品；产品价格重点考虑产品成本和企业目标利润；销售渠道取决于营销各主体间的空间距离及交通条件，产品销售采取库存和中间环(分销商)的迂回模式来实现；促销是运用广告、人员推销、公共关系、销售促进等各种促销手段；沟通是直接面对面

中则更关注顾客的 4Cs 的营销组合,网络营销并非独立的,而是企业整体营销策略中的组成部分,网上营销与传统营销相结合形成一个相辅相成、互相促进的营销体系。

表 7-6   网络营销与传统营销的优劣比较

	比较内容	网络营销	传统营销
优势	公平性	没有时间、空间的限制,减少了市场壁垒和市场扩展的障碍,信息公开透明	空间、时间受限,存在信息不对称
	个性化	沟通的便利与快捷及定制化服务,最大限度地满足个性化	通用化、程式化、批量化
	反应速度	获取信息与顾客反馈快速及时	获取信息速度慢,反馈需要时间
劣势	网络质量与安全性	受网络的普及率、网速及信号质量的影响,安全保障机制有待提高	不用借助网络,安全保障较好
	价格的敏感性	价格公开、透明,消费者对价格敏感	消费者对价格的比较困难,价格的敏感性低
	购物乐趣	缺乏实际感受,乐趣受限	直面产品,可显示自身社会地位、成就或支付能力心理上有获得感

网络营销作为一种新的营销模式和手段,与传统营销同属现代市场营销理论,两者既有相同点,又存在明显的区别。

表 7-7   **4Ps 与 4Cs 营销组合策略的比较**

类别		4Ps		4Cs	
关注点		企业、产品		市场、顾客	
阐释	产品(Product)	产品体系,包括产品线宽度、广度、产品定位等	顾客(Customer)	生产产品前先研究顾客的需求和欲望	
	价格(Price)	价格体系,包括关注成本及各个环节的价格策略	成本(Cost)	出台价格前先了解顾客愿意支付的成本费用	
	渠道(Place)	渠道策略,选择何种分销模式	便利(Convenience)	建立销售渠道时考虑顾客购买的便利性	
	促销(Promotion)	促销组合,包括产品流通过程的每个对象	沟通(Communication)	加强沟通,采取顾客乐意接受的方式促销	

从表7-7可以看出，4Cs营销理论注重以市场(顾客)为导向，与以产品(企业)为导向的4Ps相比，更加符合市场经济条件下"以顾客为中心"的理念。

当然，在营销实践中，4Cs与4Ps并没有优劣之分，如同营销没有真正的捷径一样。真正的捷径在于对顾客和市场的透彻分析，对产品品质的把握，对市场价格的准确预定，对渠道关系的良好维系，对传播的概念与卖点的精准提炼，等等。这些4Ps可以做到，4Cs也可以做到，只是操作的人对其领悟程度不同而已。

如果实在要有所区别，则4Ps更强调产品，4Cs更关注顾客，如果企业不管顾客，只是一味地强调产品，那就有可能是在闭门造车，从而制订出不切实际的销售政策、无效的促销计划；如果企业只是一味地站在顾客的角度进行思考，并满足顾客的需求，企业的成本将可能会无限量地被放大，企业得不偿失，企业也很可能会设计出过度超前的产品或使企业亏损的促销计划。所以企业在考虑产品定位、价格方案、渠道策略、促销活动时要有4Cs的观念，在执行计划或者方案时，要按照4Ps营销组合策略进行调整。也就是企业要用4Cs来思考，用4Ps来行动。

因此，无论网络营销还是传统营销，基本的营销原理都是相同的，仅仅表现在选择更有利于企业产品销售和企业利益行为模式上。有效整合网络营销与传统营销策略和手段，更好地唤起顾客对产品的注意，满足顾客需要，是企业营销者必须研究的重要课题。

(二)网络营销与传统营销的整合

在现代市场营销中，网络营销和传统营销各有侧重，所以粮食产品经营企业应该把两者整合，其是实现营销目标的关键。

网络营销作为一种新的营销模式，与传统营销相比有许多优势，但现阶段不可能完全取代传统营销，主要是因为：第一，到目前为止，依托于互联网的电子商务市场仅仅是整个商品市场的一部分，电子商务市场的交易额只占整个市场交易额的一小部分，如湖北全省重点粮油加工企业2016年年度和2017年上半年网上交易与线下交易情况的对比分析，不少企业也只是从2016年或者2017年开始涉足网上销售，并且网上交易量占企业整体销售量的比例也就10%~20%，有的还不到10%；第二，网络营销市场所覆盖的消费群体只是整个产品销售市场中的一小部分，许多群体由于种种原因还不能或不愿参与网上交易，如老年人、农村地区的消费者等；第三，许多消费者因个人生活方式、兴趣、偏好等原因，不愿接受网上交易方式，如许多消费者习惯于在传统的商场里边购物边休闲；第四，互联网作为一种沟通工具，难以具备传统营销中以人为本的营销策略所具有的独特的亲和力。借助于互联网虽然可以使企业与顾客有条件直接进行交流，但这个过程中缺少面对面交流中的肢体语言，在一定程度上制约了企业与顾客间的情感交流。

网络信息技术和现代通信技术的发展，使4Cs营销组合策略在网络营销中得到更有成效的运用，也使市场营销实践得到快速发展。因此，利用互联网进行市场营销时必须在应用传统营销的4Ps组合策略的同时，恰当地引入4Cs营销组合策略。

1. 消费者策略

粮食产品经营企业应把追求消费者满意度放在第一位，在粮食产品生产之前，要进行深入的市场调查与研究，了解顾客的需求和欲望，不要再卖你能生产的产品，而要卖顾客确定想要买的产品。不满足顾客需求的产品必定被淘汰。

2. 成本策略

粮食产品经营企业应努力降低消费者的购买成本，尽管粮食产品是低利润产品，在出台定价策略之前，要先了解顾客满足其需求与欲望愿意支付的成本与费用，考虑顾客对价格的敏感度，还要考虑顾客的交易成本和企业的生产经营成本，没有创新、没有成本优势的产品必定被淘汰。

3. 便利策略

粮食产品经营企业要充分注意到消费者购买过程中的便利性，在建立销售渠道时，一定要考虑到顾客购买商品的便利性。这就要加强销售网络建设，提供优质服务，如果销售渠道不创新、不提供购买便利，则销路不会畅通。

4. 沟通策略

粮食产品经营企业应以消费者为中心实施有效的营销沟通，不加强沟通，不采取顾客乐于接受的方式促销，必定无效。因此，要加强与顾客的沟通，寻找顾客更易接受的促销方式，脱去促销所体现的"卖"的外衣，增加顾客"买"的情愿系数，真正关心顾客。企业应与那些主要顾客加强沟通，提供资讯，建立感情，这是保持老顾客、开拓新顾客的有效手段。

(三) 网络营销与传统营销的整合策略

传统营销与网络营销是现代市场营销的两个有机组成部分，这两者缺一不可，粮食产品经营企业必须有效整合这两种营销形式才能使其发挥最大的功效，满足消费者的个性化需求，实现企业的营销战略和目标。

1. 产品策略整合

粮食产品经营企业在产品和服务上要更加注重对消费者个性化需求的满足。粮食产品经营企业通过市场调研了解消费者的需求和欲望，设计生产符合消费者需求的产品，借助于传统营销模式，满足一般消费者需求；借助于网络平台，满足更广大区域内的网络消费者的个性化需求。网络营销的实施，不仅为企业提供了一种全新的营销模式，也为企业提供了新的开拓市场的工具和增长点。例如，Dell公司通过互联网，根据顾客的需求组装计算机，在计算机零部件价格急剧下降的今天，实现了销售量的急增。

2. 价格策略整合

价格的高低不仅影响企业的收入和利润，也同时影响着消费者的需求和支付成本。在定价时，企业不仅要考虑生产成本、费用和目标利润，还要借助网络平台了解目标市场的支付能力和意愿，平衡企业和消费者双方的利益，从而提高定价的有效性和可行性。

3. 渠道策略整合

不同的消费者有不同的偏好和渠道选择，同一消费者在不同时间和条件下也会选择不同的渠道。企业若采用单一渠道模式，无异于放弃更大的市场份额和市场拓展空间。粮食产品经营企业要通过传统渠道和网上销售渠道的有效整合，以更有效、更便利的方式满足消费者需求，从而提高营销效率和业绩。

4. 促销策略整合

促销的本质是沟通，线下交流与网上交流各有目标和优势。有效利用两种不同的方式进行沟通，充分了解消费者的意愿和真正关心的利益点，是影响促销策略成败的关键。

四、粮食产品网络营销的环境分析

网络营销环境可以分为网络营销宏观环境与网络营销微观环境两部分。网络营销宏观环境是指对企业网络营销活动影响较为间接的各种因素，包括政治、法律、人口、经济、社会文化、科学技术、自然地理等环境因素。网络营销微观环境是指与企业网络营销活动联系较为密切、作用比较直接的各种因素，包括企业内部条件和供应商、营销中介、顾客、竞争者、合作者以及公众等企业开展电子商务、网络营销的上下游组织机构。

（一）粮食产品网络营销的宏观环境

1. 政府对网络营销的支持与规范的法律环境提速企业网络营销的行动

第五节 粮食产品的网络营销

网络营销首先要有适合网络营销及电子商务的政府方针政策及规范和保障网络营销的法律法规，我国政府一直在从各个政策层面鼓励企业开展电子商务与网络营销，弥补实体经济的不足。法律法规方面，目前关于电子商务、网络营销的国际立法主要有《电传交换数据统一行动法则》《电子提单规则》《电子商务示范法》《电子签字示范法》等。自1994年以来，我国颁布了一系列与互联网管理相关的法律、法规，主要包括《全国人民代表大会常务委员会关于维护互联网安全的决定》《中华人民共和国计算机信息网络国际联网管理暂行规定》《中华人民共和国电子签名法》《中华人民共和国电信条例》《互联网信息服务管理办法》《中华人民共和国计算机信息系统安全保护条例》《信息网络传播权保护条例》《外商投资电信企业管理规定》《计算机信息网络国际联网安全保护管理办法》《互联网新闻信息服务管理规定》《互联网电子公告服务管理规定》等，对于我国企业的网络营销活动具有重大的影响。

2. 经济的发展与市场化使网络营销成为企业竞争的新阵地

我国改革开放40多年来，国家经济得到了飞速的发展，2019年全年国内生产总值990865亿元，人均国内生产总值70892元，居民人均可支配收入30733元，全年全国粮食总产量66384万吨，连续5年保持在65000万吨以上。① 全年社会消费品零售总额411649亿元，全年全国网上零售额106324亿元。其中，实物商品网上零售额85239亿元，占社会消费品零售总额的比重为20.7%。② 网络经济的快速发展和变化，要求企业必须具备极强的适应性。在网络经济时代，市场竞争是在全球范围内进行的，市场瞬息万变。企业的适应性包括三方面的内容：一是企业产品的适应性，即企业产品或服务能够适应不断变化的市场需求；二是企业行为的适应性，即企业行为要适应急剧变化的市场竞争的需要；三是企业组织的适应性，即企业组织要富有弹性，能够伸缩自如地应对市场变化的要求。网络经济有着与传统经济迥然不同的特征、原理和规律。在网络经济中，企业必须顺应环境的变化，采取新的竞争战略与策略，才有可能在激烈的竞争中取胜。

3. 社会文化的多元化加快了网络营销的节奏

任何企业都是由社会成员所组成的一个小的社会团体，存在于一定的社会

---

① 国家统计局. 中华人民共和国2019年国民经济和社会发展统计公报[R]. (2020-2-28)[2020-3-17]. http://www.stats.gov.cn/tjsj/zxfb/202002/t20200228_1728913.html.

② 商务部电子商务和信息化司. 中国电子商务报告2019[R]. 北京：中国商务出版社，2020：1-5.

环境中，受到社会环境的影响和制约。社会文化环境的内容很丰富，在不同的国家、地区、民族之间存在明显的差异。在营销竞争手段向非价值、使用价值型转变的今天，营销企业必须重视对社会文化环境，尤其是网络文化的研究。网络技术为人们创造了崭新的、数字化的虚拟空间，为人类营造了一个"虚拟社会"。在这个虚拟社会里，没有权威和世俗的约束，而是为人们彰显个性提供了场所，创造了机会；通过快速、高效的信息传递和虚拟的身份，人与人之间进行着前所未有的思想、观念和价值观的交流与影响，进而改变行为，并形成一种独具特色的网络文化。网络文化作为一种不分国界、不分地区、建立在互联网基础上的亚文化，涵盖了人们在参与信息网络应用与技术开发过程中所建立起来的价值观念、思想意识、语言习惯、网络礼仪、网络习俗及社会关系等，并对网络消费群体产生重大影响。

4. 网络消费人群的增加是网络营销更容易被接受

人是企业营销活动的直接和最终对象，是产品的购买者和消费者。人口的规模决定着市场规模和潜力；人口结构影响着消费结构和产品构成；人口组成的家庭、家庭类型及其变化，影响着消费品的消费结构及其变化。网络营销的人口环境包括网民数量、结构及其变化趋势等。中国互联网络信息中心（CNNIC）在北京发布的《第 44 次中国互联网络发展状况统计报告》显示：截至 2019 年 6 月，我国网民规模达到 8.54 亿，互联网普及率达到 61.2%，较 2018 年年底提升了 1.6 个百分点。我国手机网民规模达 8.47 亿，较 2018 年年底增加 2984 万人，网民中使用手机上网的人群占比进一步提升，由 2018 年的 98.6% 提升至 99.1%，手机网民规模超越传统 PC 网民规模。我国网民男女比例为 52.4∶47.6，截至 2019 年 6 月，10～39 岁网民群体占网民整体的 65.1%，其中 20～29 岁网民群体占比最高，达 24.6%；40～49 岁网民群体占比由 2018 年年底的 15.6% 提升至 17.3%；50 岁及以上网民群体占比由 2018 年年底的 12.5% 提升至 13.6%，互联网持续向中高龄人群渗透。截至 2019 年 6 月，初中、高中/中专/技校学历的网民群体占比分别为 38.1%、23.8%；受过大学专科、大学本科及以上教育的网民群体占比分别为 10.5%、9.7%。截至 2019 年 6 月，在我国网民群体中，学生最多，占比为 26.0%；其次是个体户/自由职业者，占比为 20.0%；企业/公司的管理人员和一般人员占比共计 11.8%。

5. 网络应用技术的发展是网络消费变得更快捷

网络营销的产生和发展是以计算机和通信技术为基础的。科学技术的发展在促进网络发展的同时，也为企业改善经营管理提供了有力的技术保障。粮食产品经营企业在开展网络营销时必须密切注意信息技术的发展变化,掌握信息技术的发展变化对网络营销的影响,及时调整营销方式和策略。技术进步改变了网络用户的结构,扩展了网络营销的范畴。宽带技术的发展使视频点播、多媒体网络教学成为可能;无线上网技术的发展实现了移动办公、移动购物。我国从1995年问世的1G移动网络,1996年开始使用的2G移动网络,2000年升级为3G的移动网络,2012年4G移动网络的应用,到2019年下半年开始升级的5G移动网络,不论从网络质量还是网络带宽都得到了很大的提高,由此不仅促进了我国电子商务和网络营销的发展,而且促进了移动网络的电子商务与网络营销的发展。

截至2019年6月,我国网络购物用户规模达6.39亿,较2018年底增长2871万,占网民整体的74.8%。[①] 网络购物市场保持较快发展,下沉市场、跨境电商、模式创新为网络购物市场提供了新的增长动能:在地域方面,以中小城市及农村地区为代表的下沉市场拓展了网络消费增长空间,电商平台加速渠道下沉;在业态方面,跨境电商零售进口额持续增长,利好政策进一步推动行业发展;在模式方面,直播带货、工厂电商、社区零售等新模式蓬勃发展,成为网络消费增长新亮点。

6. 网络技术的虚拟化规避了自然环境的影响

每个国家或地区的客观环境因素,主要包括自然资源、气候、地形地质、地理位置等。网络营销的自然环境是指影响网络营销目标市场顾客群需求特征与购买行为的气候、地貌、资源、生态等因素。从网络营销活动本身来看,互联网跨越时空、地域,网络营销不受自然环境的影响,但从网络营销目标市场需求特征与消费行为来看,自然环境因素对网络营销策略选择有较大的影响,譬如粮食产品的生产是受地理、气候等自然条件影响较大的产品。

(二)粮食产品网络营销的微观环境

企业内部环境包括企业内部各部门的关系及协调合作。进行网络营销的粮食产品经营企业要求对计算机的应用应该更为普及和深入,在企业内部管理中相关部门要能够及时应对外部环境的变化,这就要求内部各部门的配合更加协调。

1. 互联网技术的应用和普及让企业更容易接受网络营销

---

① 中国互联网络信息中心. 第44次《中国互联网络发展状况统计报告》[R]. (2019-8-30)[2020-3-4]. http://www.cac.gov.cn/2019-08/30/c_1124938750.html.

粮食产品经营企业在网络营销的活动中，信息交换和网上交易是营销活动的重要内容，并由此形成三种网络化，即粮食产品经营企业内部网络化，如管理信息系统(MIS)和以互联网为基础的企业内联网；粮食产品经营企业与企业之间的网络化(B2B)，如关联信息交换平台；企业与消费者之间的网络化(B2C)，企业通过互联网与分布广泛且不稳定的消费者进行交易。网络化是网络营销活动的基础，网络营销部门在制订网络营销计划时，应以企业营销战略和发展目标为依据，兼顾企业内部各部门间、企业决策层与管理层间、企业各级管理层间的沟通、协调和配合，使整个企业成为快速高效、有较强市场反应能力和竞争力的有机整体。

2. 网络营销服务商的选择为企业保驾护航

网络营销服务商的选择目的。一是对粮食企业营销网站的建立和维护，粮食产品经营企业为了使其网站正常运转，应与相关的网络服务提供商合作，获得他们的技术支持。面对呈爆炸式、散乱式增长的网上信息，浏览者往往无从下手，这就需要网络服务提供商对信息进行有效的组织和引导，对原本无序的信息进行过滤和梳理，为访问者节省搜索、分类、整理信息的时间，从而提高网站的访问量。对于粮食产品网络营销企业来讲，抓住信息就等于抓住顾客，与网络服务提供商建立长期的、良好的合作伙伴关系，有利于提高网络营销活动的效率，如国家粮食电子交易平台、中华粮网等。

二是对粮食营销企业营销服务的支持与配合，网上营销服务机构为企业提供营销的网络技术支持、网上调研、营销策划、网络广告设计发布、站点推广、会计及法律咨询等服务，对企业顺利开展网络营销活动，提高营销效率、降低营销成本及费用具有重要作用，是社会分工专业化的结果。如中粮集团的"我买网"，恒大粮油的"恒优米 APP"，借助网络直接与最终用户接触。

3. 消费者的选择更加多元化

顾客是产品的购买者或消费者，是企业最终的营销对象。计算机和网络技术的发展极大地消除了企业与顾客之间的空间距离，为双方提供了一个快速、高效的信息交流平台，使经济全球化、市场一体化得以实现。同时也为消费者在更大范围内选择商品、比较商品创造了条件。网络顾客亦即网络消费者可以通过网上购物和在线销售自由地选购自己需要的商品，通过网络他们可以获得更多的产品或服务信息，作出更为合理的购买决策；借助互联网双向沟通平台，粮食产品经营企业可以充分展示其产品服务形象，丰富产品服务信息，了解顾客需求和市场竞争状况，有针对性地开展营销活动，从而更好地满足顾客需求。

网民是网络营销企业的潜在顾客，是企业网站的主要访问者和企业的营销对象，是企业关注的核心。网络营销企业必须关注网民对其网站、产品或服务的态度和评价，树立良好的网上企业形象。

4. 网络营销的竞争不可避免

竞争是商品经济活动的必然规律，没有竞争就没有发展。粮食产品经营企业在开展网上营销的过程中，不可避免地要遇到业务与自己相同或相近的竞争对手。与传统市场相比，网络营销的竞争范围更为广阔，价格竞争更为激烈、透明。在网络环境下，粮食产品经营企业的竞争者来源于两个方面：一个是线下市场竞争者；另一个是网上市场竞争者。网上竞争者也以相同的方式、相同或相近的价格，向相同的顾客提供相同或相近的产品或服务，他们是网上企业的主要竞争对手。为取得竞争优势，粮食产品经营企业可以通过直接访问在线的其他粮食产品的竞争者的网站，了解其新产品、价格、服务、优惠措施等信息；通过阅读与在线竞争者有关的新闻组上的内容，了解顾客对竞争者产品、服务的评价；粮食产品经营企业也可以通过自己的网站，了解顾客对本企业的评价或与在线竞争者的对比情况等，做到知己知彼。除此之外，粮食产品经营企业还应该从网络的特点上做文章来应对网上竞争，譬如增加网站界面设计的吸引力，网站页面是网络营销的"脸"，做好界面设计是站点推广的重要前提；产品信息查询的便利性，网站应做好信息分类，方便访问者查询，提高访问量、留住访问者，进而提高市场竞争力；提供快捷、方便的物流是网络营销的重要环节，也是网络营销企业竞争的手段；加强企业网站的防火墙建设和顾客个人信息的保密工作，增强顾客对网络支付的信任感，对争取顾客、获得更多交易订单有重要影响；在网络经济下，产品质量、价格、性能都是透明的，唯有服务是个性的、差异的，建立快捷有效的网络营销服务体系是实现网络营销可持续发展的关键。

五、粮食产品经营企业网络营销的实施

(一)粮食产品经营企业网络信息的收集、整理与发布

不同的网络营销信息对不同用户的使用价值(效用)不同，以网络营销信息本身所具有的总体价值水平和服务深度为标志，可以将它概括为四个层级。第一是一些粮食产品信息服务商为了扩大本身的影响，从产生的社会效益上得到回报而推出的一些方便用户的信息，如在线免费软件、实时股市信息等。这类信息主要是社会公益性的信息，对社会和人们具有普遍服务意义，这部分信

息往往是免费的，如一些粮食产品的信息网站。第二是粮食产品信息服务商采集、加工、整理、更新得比较容易，花费也较少的较为大众化的普通信息，这部分信息是低收费信息。第三是粮食产品经营信息的采集、加工、整理、更新等比较复杂，要花费一定的费用，同时信息的使用价值较高，提供的服务层次较高，可能存在知识产权或经济杠杆的信息，这类信息约占信息库数据量的60%，是信息服务商的主要服务范围，它们是会有相应收费标准的信息。第四是具有极高使用价值的专有、专用信息，是信息库中成本费用最高的一类信息，可为用户提供更深层次的优质服务且含金量高的收费信息。

1. 粮食产品经营企业网络信息的收集渠道

网络信息的收集是指在网络上对商务信息的寻找和调取工作，这是一种有目的、有步骤地从各个网络站点查找和获取信息的行为。要进行成功的网络营销离不开及时有效的网络信息，信息是企业的耳目，收集、处理与发布网络信息是网络营销的基本职能之一。常用的网络商务信息收集的方法有以下几种。

(1) 利用搜索引擎收集。搜索引擎是在互联网上进行信息资源搜索和定位的基本工具，它本身并不提供信息，而是致力于组织和整理网上的信息资源，建立信息的分类目录，如按社会科学、教育、商业、娱乐、计算机等分类，用户连上这些站点后通过一定的索引规则，可以方便地查找所需的信息和信息的存放位置。搜索引擎是用户通过互联网进行信息搜索的重要途径。随着互联网技术的不断发展，现在的著名搜索引擎都提供了各具特色的查询功能，能自动检索和整理网上的各种信息资源。许多搜索引擎已经不仅是单纯地提供查询和导航服务，而且开始全方位地提供互联网信息服务。如果说互联网上的信息浩如烟海，那么搜索引擎就是海洋中的导航灯。如百度、Google 等。据第 44 次《中国互联网络发展状况统计报告》显示，截至 2019 年 6 月，我国搜索引擎用户规模达 6.95 亿。

(2) 利用电子邮件收集。电子邮件也称 E-mail，它是用户之间通过计算机网络收发信息的服务，是网络用户之间快捷、简便、可靠且成本低廉的现代化通信手段，也是互联网上使用最广泛、最受欢迎的服务之一。利用电子邮件收集商务信息，要主动出击、准确定位，避免滥发邮件、邮件没有主题或主题不明确，还要避免隐藏发件人姓名、邮件内容繁杂、内容采用附件形式等问题。利用电子邮件收集商务信息时首先要获得客户的电子邮件地址；要制作网上调查问卷；接下来通过电子邮件向客户派发调查问卷；最后通过自己的电子信箱接收客户反馈信息，汇集反馈信件，统计问卷返回比例。

(3) 利用 BBS 收集。BBS(Bulletin Board System)是一种电子信息服务系统，

又称"电子布告栏系统"或"电子公告牌系统"。它向用户提供了一块公共电子白板，每个用户都可以在上面发布信息或提出看法。现在多数网站上都建立了自己的 BBS 系统，供网民通过网络来结交更多的朋友，表达更多的想法。目前国内的 BBS 已经十分普遍，可以说是不计其数。利用 BBS 收集信息要登录某个 BBS 网站并成为其会员，登录 BBS 后便可以浏览相关论坛上的帖子并收集感兴趣的信息。

（4）利用新闻组收集。新闻组（Usenet 或 Newsgroup），简单地说，就是一个基于网络的计算机组合，这些计算机被称为新闻服务器，不同的用户通过一些软件可连接到新闻服务器上，阅读其他人的消息并可以参与讨论。新闻组是一个完全交互式的超级电子论坛，是任何一个网络用户都能进行相互交流的工具。

2. 粮食产品经营网络信息的整理

将从网络上不同途径收集到的粮食产品经营信息存储起来，信息存储的方法主要是根据信息提取频率和数量，建立一套适合需要的信息库系统。信息库系统由大小不等、相互联系的信息库组成。信息库的容量越大，信息储存量越多，对决策越有帮助。但大容量信息库也有缺点，就是提取和整理比较麻烦。然后根据所需发布信息的要求进行条理化和有序化的整理，如信息来源、信息分类、信息筛选。其目的在于提高信息的价值和提高效率，防止信息库中的信息滞留，发现所储存信息的内部联系，为信息加工作好准备。接下来就是通过人工处理或机器或人机结合对收集、整理的信息进行比较分析，并以企业的目标为参照点，发挥人的聪明才智，进行综合设计，形成新的信息产品，如市场调查报告、营销规划、销售决策、人事安排等。这种信息加工的目的是要进一步改变或改进企业的现实运行状况，使其向着目标状态运行。信息加工是一个信息再创造的过程，而不是停留在原有信息的水平上。

3. 粮食产品经营网络信息的发布

网络信息的发布就是将整理加工的信息分门别类地根据需要在网络上进行发布，网络上的信息发布方法有很多，比较常用的方法有以下几种。

（1）邮件列表。在互联网上，有许多对某个问题感兴趣的组，每个组少则几十人，多则成百上千人，这些人散布于互联网的各个地方。每个组都有一个别名，即一个公共的电子邮件地址。任何发送到别名中的邮件都会自动地邮寄到组中的每一个人，而无须知道每个人的 E-mail 地址。这些公共电子邮件地址的集合或各组别名的集合称为邮件列表，互联网上的这项服务称为邮件列表服务。

邮件列表服务和 E-mail 营销在很多方面类似，但 E-mail 直接向用户发送促销信息，而邮件列表是通过为用户提供有价值的信息，在邮件内容中加入适量促销信息，实现营销目的。

(2)邮件群发。通过邮件群发可在几秒内将商业推广信息及商业广告发送到数千万客户的电子信箱中，只要对方打开信箱便可看到商业信件。它的广告宣传效果可以与花费几十甚至上百万资金的广告相媲美，而且成本非常低廉，并且简单易用，无需专业知识。

(3)企业网站。利用企业自己的网站发布商务信息，它具有成本低、自主性好、负面影响小、宣传效果直接的优势，但这种形式的效果取决于企业网站在消费者和客户群中具有的知名度的大小，知名度越高，效果越好。

(4)借助专业的信息发布网站。专业发布供求信息的网站知名度较高，在此类网站上发布商务信息的企业较多，而且这类网站整合了相关领域的多数企业，为相关企业提供有关领域的供求信息，具有一定的针对性和高效性。

(5)网络博客。博客(Blog)，是一种特殊的网络个人出版形式。一个 Blog 就是一个网页，通常由简短、经常更新的文章构成。这些文章按照年份和日期倒序排列，所以也称为"网络日志"。现在博客不仅被用于发布个人的网络日志，也成为企业发布信息的工具。

除此之外，可以用来进行网络商务信息发布的工具还有新闻组、BBS、搜索引擎等。还有互联网已经进入新媒体传播 2.0 时代，网络杂志、TAG、SNS、RSS、WIKI 等这些新兴的媒体传播手段也大量地应用于信息发布。即时通信的社交软件平台微博、微信、QQ，视频软件抖音、快手等都可以作为信息发布的手段。

(二)粮食产品经营企业网站设计与优化

企业网站被称为是一个企业和组织最有效的工具，可让企业展示产品或服务，以及企业的通信与沟通方式。粮食产品经营企业的网站要有专业的团队精心设计网站结构，组织好网站的管理维护团队，提供真实、丰富、翔实的内容。企业建设的网站是企业网络营销最为基本的工具，也是企业面向消费者的门户和窗口。

1. 粮食产品经营企业网站的设计与建设

网站建设总的来说需要经历四个步骤，分别是网站的规划与设计、站点建设、网站发布和网站的管理与维护，如图 7-1 所示。

网站的规划与设计是网站建设的第一步。它需要对企业的产品、面向的顾

第五节 粮食产品的网络营销

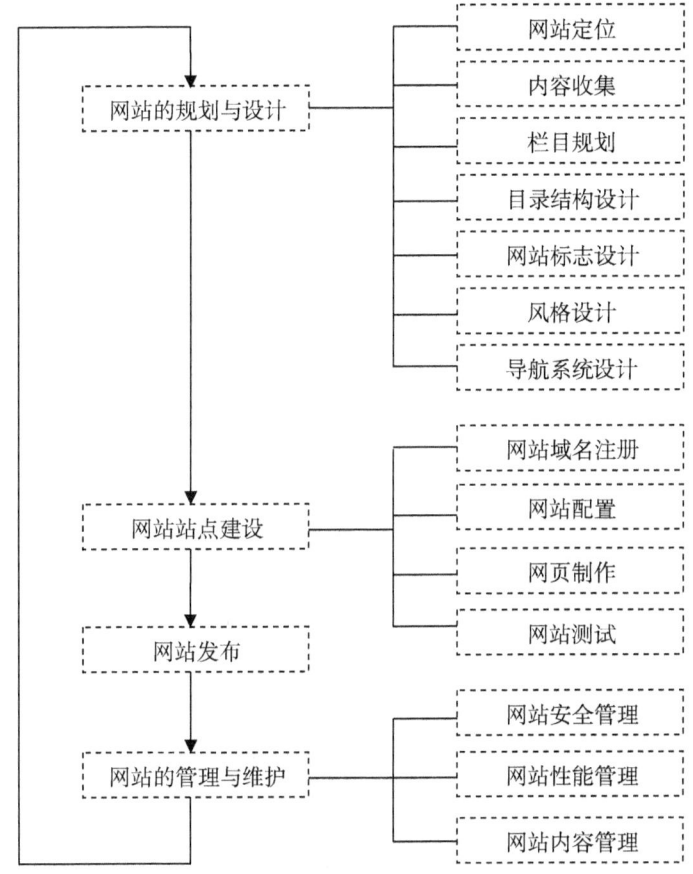

图 7-1 粮食企业网站的建设步骤

客、需要提供的内容、想要达到的目标进行整体的分析，粮食产品经营企业的网站建设者应该明确网站的建设标准和目的，栏目规划、确定访问对象、网站粮食产品的内容与服务及网站的域名，设计网站的标志、网站的风格、网站的目录结构等各方面的内容。网站建设成功与否关键在规划和设计步骤，其是所有后续步骤的基础。

　　网站的规划与设计完成之后，接着进入具体的站点建设步骤。这个步骤主要包括域名注册、网站配置、网页制作和网站测试四个部分。除了网站测试必须要在其他三项内容开始之后才能进行之外，域名注册、网站配置和网页制作相对独立，可以同时进行。相关的内容都建设好后，就可以正式地发布网站，也就是说，将网站放到互联网上，允许用户通过网站的域名进行访问。

229

网站的建设完成仅仅是网络营销的起点,后续的网站管理与维护是一个连续的过程,贯穿网络营销的全过程,只要网站没有停止运行,就需要对其进行管理和维护,其主要包括安全管理、性能管理和内容管理三个方面。

同时,网站建设也是一个循环的过程,它需要随着需求的变化不断地对网站进行再次规划与设计,不断地建设和发布新的内容与服务,不断地升级服务器和网络环境以保障网站的运行性能。

2. 粮食产品经营企业网站的优化

企业网站是企业网络营销的一个窗口和工具,它应该随着社会的发展、企业自身经营产品的更新、计算机应用技术的发展、消费者审美观念的变化、网络推广手段的变化,不断地补充、修改、完善,提供给网站的访问者良好的访问体验和便捷快速的搜索表现。

(1) 网站客户体验的提升。客户体验在网站建设的现代营销中无处不在。网站是一个直接面对市场主体的窗口,更需要重视其客户体验性。客户体验又是一个无法量化的指标,更多的时候是源自不同受众的感觉。客户体验往往体现在可用与易用性(网站的基础标准:速度、安全、兼容性以及导航等)、网站的沟通性(对于特殊用户群体的定制,企业网站应该具备的交互与沟通功能)、网站的可信度(与传统信息的一致以及站内信息的一致,信赖程度等)、易于传播(分享是网络营销中价值转换率最高的一种模式)等方面。所以网站的栏目规划不仅要能给用户的访问带来极大的便利,帮助用户准确了解网站所提供的内容和服务,快速地找到自己所感兴趣的网页,而且能帮助网站管理员对网站进行更为高效的管理。网站提供的内容要有质量和有价值,每个页面上的内容必须是易于被预期目标观众所理解的。要优化页面加载速度,访问网站的人往往需要在较短的时间内阅读更多的网站来了解他所需要了解的产品,很少有耐心等待网站慢悠悠地加载内容,如果你的网站需要很长的时间来加载,人们就会选择离开你的网站,很可能再也不会回来,也许你就失去了一个潜在的顾客。

(2) 良好的搜索引擎表现。网站另一个重要功能是网站优化推广功能,而搜索引擎是目前网民获取信息最重要的渠道。如果网站无法通过搜索引擎进行有效的网络优化推广,那么,这个企业的网站从一定程度上来讲其营销性会大打折扣。所以,企业网站一定要解决网站的搜索引擎问题,也可以理解为搜索引擎优化的工作。

在企业网站解决方案中,搜索引擎优化工作是基础和长期的工作。从企业网站的网络营销策划阶段乃至从企业网络营销的战略规划阶段就已经开始,而且贯穿于企业网站的整个营运过程中。

(3) 准确定位网站的功能以帮助企业实现经营目标。网站建设往往是有一定的目的性且是为了满足企业的某些方面的网络营销的功能要求的，比如面向客户服务为主的企业网站营销功能；以销售为主的企业网站营销功能；以国际市场开发为主的企业网站营销功能，这些都是以实现企业的经营目标为核心，从而通过网站这样的工具来实现其网络营销的目标。

(4) 便于网站监控与管理。营销型网站建设要便于管理和维护者及时了解网站上线后的效果，在网站结构设计上要便于管理和维护者及时、准确地了解网络营销的各个环节给网站带来的流量或访问量、成交率以及用户反馈。

(三) 企业网站的推广

企业网站推广的目的在于让尽可能多的潜在用户了解并访问网站，从而利用网站实现向用户传递营销信息的目的。用户通过网站获得有关产品和公司的信息，为最终形成购买决策提供支持。

制定网站推广策略的前提是在分析用户获取网站信息的主要途径基础上，发现网站推广的有效方法。根据网络营销的实践经验，以及中国互联网络信息中心(CNNIC)近年来发布的《中国互联网络发展报告》等，网站推广的方法主要包括搜索引擎、网站链接、口碑传播、电子邮件、媒体宣传等方式，具体如表7-8所示。

表7-8　　　　　　　　　网站推广的常用方法

网站推广方法	相关推广工具和资源
搜索引擎	搜索引擎和分类目录
电子邮件	潜在用户的E-mail地址
资源合作	合作伙伴的访问量、内容、用户资源等
信息发布	行业信息网站、B2B电子商务平台、论坛、博客、社区等
病毒性营销	电子书、电子邮箱、免费软件、免费贺卡、免费游戏、聊天工具等
网络广告	分类广告、在线黄页、网络广告媒体等
综合网站	网上应用、网下各种有效方法的综合

企业网站的推广会受企业对网络营销不同的要求和阶段而采用不同的方

式，但是作为网络营销者，要充分了解网络营销过程中访问流量对销售的影响，网站推广力度大则访问流量大；企业促销多则访问流量大；网站的知名度高则访问流量大。所以，要做好网络营销，企业必须重视网站的推广工作，提升搜索引擎的排名位，增加网站的链接数量，提高注册用户的数量和质量，让网站真正能帮助企业提升网络销售业绩，实现网络营销的目标。

网络营销是企业整体营销战略的组成部分，它一方面包括传统营销活动在网络环境下的应用和实现过程，另一方面包括网络环境下特有的、以数字化形式的产品及无形服务为核心内容的各种营销活动。网络营销与传统市场营销并存，并同时在营销实践中得到应用与发展，两者共同为实现营销目标而努力。例如，网站推广，除了在网上做推广外，还要利用传统营销方法进行推广。

网络营销势必带来网络销售，网上销售是企业在网络平台上与消费者开展网上交易的过程。而网络营销则贯穿于企业开展网上经营的整个过程，包括网站推广、信息发布、顾客服务、网上调研、销售促进等内容。网上销售只是网络营销的最后一个商务环节由电子商务去完成。

这里我们可以归纳如下：

第一，网络营销不是孤立存在的，网络营销是企业整体营销战略的一个组成部分，网络营销活动不可能脱离一般营销环境而独立存在，在很多情况下，网络营销必须与传统营销相融合。

第二，网络营销不等于网上销售（网络贸易），网络营销是为最终实现产品销售、提升品牌形象的目的而进行的活动，网上销售是网络营销发展到一定阶段产生的结果，但这并不是结果，因此网络营销本身并不等于网上销售。网络营销是进行产品或者品牌的深度曝光。

第三，网络营销不等于电子商务，网络营销和电子商务是一对紧密相关又具明显区别的概念，两者很容易造成混淆。电子商务的内涵很广，其核心是电子化交易，电子商务强调的是交易方式和交易过程的各个环节。网络营销是企业整体战略的一个组成部分。网络营销本身并不是一个完整的商业交易过程，而是为促成电子化交易提供支持，因此是电子商务中的一个重要环节，尤其是在交易发生前，网络营销发挥着主要的信息传递作用。

有关粮食产品电子商务我们将在下一章中具体介绍。

第八章　粮食产品的电子商务

互联网是人类历史发展中一个伟大的里程碑，它极大地促进了人类社会的进步与发展。网络也越来越成为人们日常工作和生活中不可缺少的工具，网络媒体在社会信息环境中的地位日益提升，企业需抓住信息化的历史机遇，借助网络的力量获得成功。网络基础资源的快速发展，一方面为企业网络营销奠定了基础，另一方面也促进了网络营销的快速发展。

在现代互联网时代，网络营销、电子商务已经为大多数消费者所熟知，但概念上出现了很多误解，网络营销与电子商务存在密切联系，但也有一定的区别。网络营销只是一种营销模式，注重通过开展以互联网为主要手段的营销活动来促进商品交易、提升企业品牌价值、加强与顾客沟通及改善服务等。而电子商务的内涵要宽泛很多，其核心是电子化交易，强调的是交易方式和交易过程的各个环节都是在网上实现的。例如，发生在网上交易过程中的网上支付、安全与法律等问题，都不是网络营销重点研究的内容。网络营销是电子商务的重要组成部分。由此我们可以看出：第一，电子商务和网络营销的研究范围不同，电子商务的核心是电子化交易，强调交易方式和交易全过程的各个环节。电子商务分为交易前、交易中、交易后。而网络营销注重以互联网为主要手段的营销活动，主要研究的是交易前的各种宣传推广。第二，电子商务和网络营销的关注点不同。电子商务的重点是实现了电子化交易，而网络营销的重点在交易前的宣传和推广。第三，电子商务和网络营销在企业的应用阶段和层次不同。在某种意义上讲，电子商务可以看作网络营销的高级阶段，企业在开展电子商务前可以开展不同层次的网络营销活动。

电子商务是指在全球各地广泛的商业贸易活动中，在互联网开放的网络环境下，基于客户端/服务端应用方式，买卖双方不谋面地进行各种商贸活动，实现消费者的网上购物、商户之间的网上交易和在线电子支付以及各种商务活动、交易活动、金融活动和相关的综合服务活动的一种新型的商业运营模式。电子商务的类型在不断创新，我们常见的有：ABC、B2B、B2C、C2C、O2F、O2P、B2G、C2G、O2O，等等。

第八章 粮食产品的电子商务

电子商务是计算机技术与网络技术发展的直接产物，是网络技术应用的全新发展方向。互联网本身的开放性、全球性、低成本、高效率使得电子商务大大超越了作为一种新的贸易形式所具有的价值，它不仅会改变企业本身的生产、经营、管理活动，而且将影响到整个社会的经济运行与结构。以互联网为依托的"电子"技术平台为传统商务活动提供了一个无比宽阔的发展空间，其突出的优越性是传统媒介手段根本无法比拟的。

第一节 我国的电子商务的发展历史

国家统计局电子商务交易平台调查显示，2019年全国电子商务交易额为34.81万亿元，比上年增长6.7%。其中商品、服务类电商交易额33.76万亿元，增长6.6%；合约类电商交易额1.05万亿元，增长10.1%。[1] 那么电子商务的发展过程如何呢？

计算机的出现及互联网的发展，催生了电子商务。国际电子商务的发展分为E-mail，信息发布，电子商务和全程电子商务四个阶段。实际上从20世纪70年代开始电子邮件迅速增长可以认为是电子商务的第一阶段。接下来1995年起开始应用Web技术进行信息发布。1997年年底在加拿大温哥华举行的第五次亚太经合组织非正式首脑会议（APEC）上美国总统克林顿提出敦促各国共同促进电子商务发展的议案，其引起了全球首脑的关注，IBM、HP和Sun等国际著名的信息技术厂商接着就宣布1998年为电子商务年，这一阶段为电子商务（EC、Electronic Commerce）阶段。随着SaaS（Software as a Service）软件服务模式的出现，软件纷纷登录互联网，延长了电子商务链条，形成了当下最新的"全程电子商务"模式。2011年开始互联网信息碎片化以及云计算技术趋于成熟，主动互联网营销模式出现，i-Commerce（individual Commerce）顺势而出，电子商务摆脱传统销售模式硬生生搬上互联网的现状，以主动、互动、用户关怀等多角度与用户进行深层次沟通。其中以IZP科技集团提出的ICE最具有代表性。这一阶段称之为电子商务智慧阶段。

那么，我国电子商务的发展情况又如何呢？

1990—1993年，电子数据交换时代，成为中国电子商务的起步期。

1993—1997年，国家和政府相继组织了金关、金卡、金税等"三金工程"，

---

[1] 商务部电子商务和信息化司. 中国电子商务报告2019[R]. 北京：中国商务出版社，2020：1-9.

金桥网与因特网正式开通，1997年4月制定电子商务在内的信息化建设规划，广告主开始使用网络广告。1997年4月以来中国商品订货系统(CGOS)开始运行，这个阶段是我国电子商务的雏形期，为电子商务发展期打下坚实基础。

1998年3月，中国第一笔互联网网上交易成功。1998年10月国家经贸委与信息产业部联合宣布启动以电子贸易为主要内容的"金贸工程"，它是一项推广网络化应用、开发电子商务在经贸流通领域的大型应用试点工程。1999年3月8848等B2C网站正式开通，网上购物进入实际应用阶段。1999年兴起政府上网、企业上网，电子政务(政府上网工程)、网上纳税、网上教育(湖南大学、浙江大学网上大学)，远程诊断(北京、上海的大医院)等广义电子商务开始启动，并已有试点，并进入实际试用阶段。因此，可以认为1998—2000年是我国互联网电子商务发展阶段。

2000—2009年，电子商务逐渐以传统产业B2B为主体触网，标志着电子商务已经进入可持续性发展的稳定期。2000年5月开始3G网络的蓬勃发展促使全网全程的电子商务时代成型，电子商务已经受到国家高层的重视，并提升到国家战略层面。

"十二五"时期，我国电子商务行业发展迅猛，产业规模迅速扩大，电子商务信息、交易和技术等服务企业不断涌现。2010年中国电子商务市场交易额已达4.5万亿元。2011年我国电子商务交易总额再创新高，达到5.88万亿元，其中中小企业电子商务交易额达到3.21万亿元。截至2013年年底，中国电子商务市场交易规模达10.2万亿。其中，B2B电子商务市场交易额达8.2万亿元。网络零售市场交易规模达18851亿元。[①] 排在前十的省份(含直辖市)分别为：广东省、江苏省、北京市、上海市、浙江省、山东省、湖北省、福建省、四川省、湖南省。截至2013年12月，电子商务服务企业直接从业人员超过235万人。由电子商务间接带动的就业人数，已超过1680万人。2013年电子商务市场细分行业结构中，B2B电子商务占比80.4%；网络零售交易规模市场份额达到17.6%；网络团购占比0.6%；其他占1.4%。2018年，我国数字经济规模达31.3万亿元，占国内生产总值(GDP)的比重达34.8%。我国的阿里巴巴网站于2009年创立的双十一购物狂欢节，当年的销售额为5000万元，但到了2019年，销售额已经到了2684亿元，是创立之初的5000多倍，

---

① 中华人民共和国商务部. 中国电子商务报告2013[R]. 北京：中国商务出版社，2014：1-123.

达到了单日2000多亿的成交额。①

与此同时，国家也针对电商出台相应的扶持政策，包括可信交易、移动支付、网络电子发票、商贸流通和物流配送等，同时也制定了相应的管理制度和监督机制。2019年年初《电子商务法》正式实施，电子商务行业迎来规范发展新阶段。

第二节　我国粮食产业的电子商务

我国是人口大国、粮食大国，受世界新经济时代的强烈影响和受机制与观念等多方面的转变，以及农业的结构调整和产业化的冲击，我国粮食行业各企业在从计划经济时代的垄断经营到参与市场经济的激烈竞争的过程中，面临着经营模式的转换和经营手段提高的双重任务。早在我国粮食体制改革之初，1993年，我国就成功推出粮食期货交易，成为较早的粮食网络交易模式。伴随着我国粮食批发市场的逐步建立和发展，大宗粮食批发开始逐步进场交易，形成了较为规范的场内现货竞价、投标等多种交易模式。随着互联网及电子商务的发展进程，我国粮食产业的电子商务也得到了循序渐进的发展。

一、我国粮食产业电子商务的产生与发展

1995年郑州商品交易所集诚现货网(中华粮网前身)成立，1998年12月第一笔粮食网上交易完成。自1998年以来，通过中华粮网电商平台参与网上交易的粮油企业已有3000多家。2002年，我国出台的《大宗商品电子交易规范》，规范了大宗现货电子交易方式，使得我国大宗粮食现货电子交易活动的开展有据可依。

2003年开始，国家发改委利用国债资金，支持重点粮食批发市场信息化建设，2003年建立中国(衢州)网上粮食市场。

我国的粮食电子商务经过几年的研究和摸索，在2005年得到了各级粮食管理部门的高度重视，同时也得到了科技部、国家发改委、财政部等的支持与关注。国家发改委在"全国重点农产品批发市场信息化建设项目"中，为全国近百家农粮产品批发市场重点建设了多种交易模式的电子交易系统，在农产品流通领域打下了未来电子商务发展的基础；科技部在"十五"重点科技攻关项

---

① 商务部电子商务和信息化司.中国电子商务报告2018[R].北京：中国商务出版社，2019：1-15.

目中将现代粮食流通平台研究列为重要的课题,在2005年取得了圆满的结果,建立了中华粮网、大连北方市场等电子商务示范点;财政部在这一年重点研究了利用电子商务手段促进粮食流通现代化的相关课题;国家粮食局明显加大了对粮食网络营销的支持力度。

基于国家政策的支持和电子商务、网络技术的飞跃发展,国家粮油信息中心着手进行我国粮食网络竞价交易平台的调研工作,于2006年年初成功开发了电子竞价交易系统,并携手国内重要产销区省级粮食批发市场,共同构建全国粮食网络竞价交易系统的统一大平台。这个平台的应用,有效地解决了粮食流通中间环节多、信息不对称、交易成本高、流通效率低等问题。仅天津市场利用该平台在2006—2013年就发展了本市会员150家、外埠会员60家,销售食用油、玉米、小麦、稻谷共计160.97万吨,交易额达450873万元。①

2006年《国家临时存储粮食销售办法》出台,国家有关部门第一次明文许可粮食可以在网上进行流通,安徽等地推出网上粮食交易。

2007年国家通过中储粮总公司现代电子交易平台,实现了全年国内小麦市场价格的总体稳定。中储粮总公司网上物资采购平台建立,促使首次200万条塑料编织袋网上采购顺利完成,粮食电子交易平台逐渐成为国家宏观调控的重要载体。

自2010年开始中国网上粮食交易市场开办早稻网上交易会,至今已连续举办9届,2017年8月3日当天网上交易会达到4.1万吨,交易额1.14亿元。2014年国家粮食局粮食交易协调中心成立,搭建了全国粮食统一竞价交易系统平台。②

根据国家粮食局发布的《全国粮食市场体系建设与发展"十二五"规划》的要求,"积极组织开展跨区域大宗粮食品种的交易,充分发挥在粮食产销衔接中的作用",以郑州为龙头包括天津市场在内的25家大型粮食批发交易市场共同协商,并成为签约市场,于2012年5月31日正式开通粮食批发市场场际交易系统,充分发挥网上交易不受时间、地点限制的优势,组织不同地区、不同品种的贸易粮进场交易。这些都标志着开展粮食网络营销与电子商务已经成为各级政府的共识,推进粮食网络营销与电子商务已经形成了高级别、宽领域

---

① 张莹,孟智.粮食网络交易的发展优势与存在的问题[J].天津经济,2013(12):33.
② 洪涛.2018年中国粮食电子商务发展报告[J].粮食科技与经济,2018,43(12):5-7.

的态势。

2016年1月8日，全国粮食统一竞价交易系统（国家粮食电子交易平台）正式上线运行，在国家有关部门的大力支持和全国29家联网省级交易中心的共同努力下，2017年1月9日升级改版为国家粮食电子交易平台，截至2018年12月31日，共组织国家政策性粮食竞价及挂牌交易会1222场，累计成交各类粮油2.5亿吨，成交金额4500亿元，成交品种包括小麦、稻谷、玉米、大豆和菜籽油，成交地域覆盖全国。其中，2018年组织交易会456场，累计成交1.26亿吨，成交金额2063亿元。10月25日，单日成交玉米、小麦393.2万吨，成交金额62.2亿元，粮食成交再创新高。①

2017年9月1日国务院办公厅发布的《关于加快推进农业供给侧结构性改革大力发展粮食产业经济的意见》明确指出：积极发展新业态。推进"互联网+粮食"行动，积极发展粮食电子商务，推广"网上粮店"等新型粮食零售业态，促进线上线下融合。

《粮食行业"十三五"发展规划纲要》指出，"以全国粮食统一竞价交易平台为中心，辐射链接现货批发市场信息系统，建立涵盖粮食生产、原粮交易、物流配送、成品粮批发、应急保障的完整供需信息链或数据中心"。至此，我国粮食电商进入转型升级的关键时期。

二、我国发展粮食产业电子商务的优势

1. 建立全国统一的粮食大市场

我国粮食批发市场体系无论是全国性粮食批发市场，还是区域性粮食批发市场，都是相对独立的、相互分割的市场，引进互联网技术后，可以充分发挥互联网技术扁平拓扑结构的优势，拉近全国各个交易市场的空间距离，缩短各交易市场的交易时间差，从而助推链接全国乃至全世界粮食市场，有效提高我国批发市场价格的权威性和代表性。

2. 实现粮食交易信息数据资源共享

由于网上会员遍及全国各地，不间断的交易方式，不再受时空限制，每位客户都可以从多种渠道第一时间获取大量的交易信息和成交机会。同时粮食市场通过对粮油交易、粮食行情等海量数据专业化搜集统计分析预测，更能全面地反映各类粮油品种的市场动态和走势，为粮食生产者、经营者决策、研判市

---

① 国家粮食交易中心. 平台成交情况[EB/OL]. (2018-12-31)[2020-2-19]. http：//old.grainmarket.com.cn/Html/Reality.

场提供精准信息服务,从而使交易商利益实现最大化。

3. 不断拓展粮食交易范畴

通过网络电子商务可以促进原有商品粮(原粮)流通的粮食市场,也可以开始积极拓展成品粮市场。如长春国家粮食交易中心承办的吉林大米网,借助自身客户资源和吉林大米品牌优势,结合粮食电子商务发展趋势,充分利用"互联网+"的电子商务平台,成立"吉林大米产业联盟",不断提升吉林大米的影响力与美誉度。

4. 大幅降低粮食营销成本

粮食行业传统的交易方式存在流通环节过多,交易成本偏高等现象。粮食网上交易相对于粮食市场传统交易方式而言,具有不可替代的优势,形成了打破地域、行业限制的点对多,即一家对数家、甚至数十家的交易模式,容易形成规模采购和销售。方便周到的质检、运输、金融结算、商务协调等服务,减少了中间环节,降低了企业的人力、财力费用的支出。电子商务通过向广大粮油企业免费提供网络空间,发布和查阅相关信息等方式,既可为众多粮油企业节省大笔广告费用,还可促进各大粮油企业之间和粮油批发市场之间的交易。据国际权威机构统计,网络电子商务可节省直接成本15%、间接成本75%。据统计,目前网上交易双方的直接交易成本仅2.25元/吨左右,比传统现场粮食交易低25%~50%,大幅降低了交易成本,提高了经营效率。[①] 因此,网络电子商务应该成为我国广大粮油企业开源节流的重要手段之一。

5. 极大地提升粮食企业竞争力

通过互联网查阅和发布有关信息,可以在最短时间内获得国际市场最新的粮油价格及生产、保管等技术的变化情况,扩大企业在国内、国际市场的影响,所以开展电子商务是最好的选择和最有效的途径。

6. 合理规范粮食交易

开展粮食电子商务有助于我国粮食流通的组织化、规范化,有助于粮食交易按照既定的交易规则,公开、公平、公正地参与网上交易,并且有完善的履约保障机制和安全防范措施,可以有效防止不良交易行为和交易风险的发生,提高交易过程的透明度,减少因不良交易给国家、企业造成的经济损失。

7. 快速提升企业品牌效益

网络的电子商务借助于网络营销的推广效率,可以将企业的线下产品品牌在线上得到快速的扩散和推广。湖北省潜江市巨金米业有限公司加入京东超市

---

① 黄钢. 我国粮食交易线上线下融合发展之初探[J]. 中国粮食经济,2018(1):74.

2017年的6.18促销活动,当天对企业名下的潜江虾稻米进行低价促销,一天的销售额就达到了创纪录的150万元。① 由于当天的促销价低于成本,导致纯利润亏损了几十万元,但是另外一方面,"潜江虾稻"在京东商城的当天销售量高居全国大米排名第4,一炮打响了"潜江虾稻"这一不为消费者熟知的地域特色大米品牌,并带来了后续源源不断的粉丝消费群体,产生了良好的广告效应和社会效应,这是以往采取传统的单一线下交易模式以及媒体宣传推广所完全无法实现的。

8. 促进粮食交易信用评价体系建立

目前粮食市场电子商务交易模式形式多样,但如果是借助交易平台进行的交易,交易平台提供方均不参与交易,从而保证了交易的公平性和公开性。交易平台普遍采取会员制,运用 CA 数字认证技术,确保网上交易双方身份真实。从公告发布、竞价交易、成交签约到履行合同、资金结算,整个交易过程都能在网上实现全程动态管理,从而最大限度地保证了交易双方诚实守信,为经营者提供了交易的安全保障,减少了违约毁约、投机欺诈等现象的发生,降低了交易风险,并为粮食交易信用评价机制的形成提供了重要的数据支持。

第三节 我国粮食产品电子商务模式

一、互联网电子商务模式

现在已经被应用和为商业企业所使用的电子商务模式已经很多,涵盖的范围也很广,按照交易对象,电子商务可以分为 ABC(代理商、商家和消费者,Agent、Business、Consumer)、B2B(企业对企业,Business to Business)、B2C(企业对消费者,Business to Consumer)、C2C(个人对消费者 Consumer to Consumer)、B2G 或 G2B(企业对政府,Business to Government)、O2O(线上对线下,Online to Offline)、B2F(商业机构对家庭,Business to Family)、O2P(门店在线,Online to Partner) 8 种模式,其中主要的是 B2B、B2C 模式。还有被马云等认为是电子商务的未来的 C2B(消费者对企业,Consumer to Business)模式,以及 B2M(企业对生产者)、M2C(生产者对消费者)。以 P2D 为目标的新型电子商务(供给方对需求方,Provide to Demand),C2B2S 以消费者为中心的全新商业模式也在兴起。

---

① 黄钢.我国粮食交易线上线下融合发展之初探[J].中国粮食经济,2018(1):73.

二、我国现有粮食产品电子商务模式

(一) B2B(企业对企业)

B2B 电子商务是粮食生产、加工、流通企业间的一种商务模式,典型的就是粮食的网上期货交易。代表企业为郑州商品交易所,其从 1990 年现货开始起步发展到期货交易,现有交易的粮食品种有强麦、普麦、菜籽油、早籼稻、油菜籽、油菜粕、粳稻、晚籼等;大连商品交易所交易的粮食品种有玉米、玉米淀粉、黄豆一号、黄豆二号、豆粕、豆油、棕榈油等。改革开放以来,中国期货交易所与其他国家不一样,均采取电子撮合交易的方式。2017 年我国粮食农产品期货、期权交易 7.89 亿元,交易额达到 40.88 万亿元。

B2B 的另一种形式就是大宗商品电子交易,2015 年 11 月中粮集团和招商局集团注资 3 亿元携手上线了粮食电子交易平台"粮达网",其上线的目的是围绕大宗农粮产品现货交易,立足中间市场打造第三方平台,为买卖双方提供公平、公正的一站式服务。2016 年"粮达网"新增交易商 2982 家,累计注册交易商 4350 家,现货挂牌交易总额高达 236 亿元。此外还有苏州市粮食批发交易市场的"良粮网"、大连粮食批发市场易粮网(B2B+O2O)、粮多多的一站式综合服务平台、中国大米网(中国大米第一门户网站)。自 2015 年 11 月粮达网正式上线,到 2016 年 8 月成交额突破百亿;2016 年 11 月粮达网上线一周年,注册交易商已达到 4000 多家,交易笔数达到 9000 多笔,交易量达到 1000 多万吨,交易额超 200 亿元。截至 2017 年 7 月底,其已经实现供应链金融规模 200 亿元,完成供应链金融业务量 1000 万吨,并为企业提供了供应链金融服务。[①]

在我国 B2B 还有一种形式就是政府主导的粮食市场自建网站,从事企业间的电子商务交易,如福州市粮食批发交易市场是一家在全国成品粮市场中起步较早运用"互联网+"技术的市场,从 2007 年开始自建网站——"榕粮网",从事粮食电商 B2B 交易。近十年来,市场在福建省范围内运用福州国家粮食交易中心的"金字"招牌,致力于粮食网上交易业务的推广,业务形态实现了中央、省、市、县四级政策性(储备)粮食网上交易业务的覆盖。

---

① 洪涛.2018 年中国粮食电子商务发展报告[J].粮食科技与经济,2018,43(12):5-6.

(二) G2B(政府对企业)

我们国家储备粮拍卖交易,亦即政府储备商品向市场政策性抛售。如 2016 年 1 月 8 日,全国粮食统一竞价交易系统(国家粮食电子交易平台)正式上线运行,在国家有关部门大力支持和全国 29 家联网省级交易中心共同努力下,2016 年 200 多万吨的国家粮食作为饲料粮进行了轮换拍卖。2017 年 1 月 9 日升级改版为国家粮食电子交易平台,2017 年共组织国家政策性粮食竞价及挂牌交易会 766 场,累计成交各类粮油 1.15 亿吨,成交金额 2183.7 亿元,成交品种包括小麦、稻谷、玉米、大豆和菜籽油,成交地域覆盖全国。其中,2017 年组织交易会 395 场,累计成交 7699.1 万吨,成交金额 1335.7 亿元,2017 年 5 月 18 日单日成交玉米 356.2 万吨,成交金额 50.2 亿元,粮食成交再创新高。平台每周安排国家政策性粮食、地方储备粮和社会贸易粮竞价交易,采取会员制方式交易,目前共有交易会员 2.95 万户,国内主流用粮企业基本都是交易平台会员。① 交易平台已经实现交易、签约、出库、资金结算、商务纠纷处理全程电子化。

(三) B2C(企业对消费者)

企业对消费者典型的操作就是企业独立建立网站或者平台,如中粮集团自建的"我买网",北京粮食集团的"点到网"、山西首家杂粮电商平台——"饭中有豆"等。

中粮集团的"我买网"采取"双品牌"运营模式,即采取"中粮集团""我买网"两个品牌来进行市场运营与市场推广。2013 年以来先后完成 A、B、C 三轮融资,2014 年完成 B 轮 1 亿美元融资,2015 年获得百度、泰康人寿领投的 C 轮 2.2 美元融资。"我买网"主要经营粮油、食品、水果蔬菜等,现已成为综合型的粮食食品购物网站。2017 年 6 月其在北京开出首家体验店。还推出了"我买网"APP 和"我买网"微店。"我买网"自有品牌及特色产品的销售额 2014—2016 年分别为 3.61 亿元、6.09 亿元及 8.59 亿元。截至 2017 年 6 月底,拥有的 14 个自有品牌的营收占比已达到 29.5%。从 2014 年到 2016 年,"我买网"公司年收入从 10.8 亿元增加至 23.22 亿元,两年复合年增长率达到 46.7%。②

---

① 洪涛. 2018 年中国粮食电子商务发展报告[J]. 粮食科技与经济,2018,43(12):5-6.
② 洪涛. 2018 年中国粮食电子商务发展报告[J]. 粮食科技与经济,2018,43(12):5-6.

另外一种模式就是利用其他平台,如在淘宝、京东网络平台上建旗舰店、开特色馆。2014年吉林东福米业、梅河大米公司和柳河国信米业8家企业入驻淘宝"吉林大米馆",2015年以来,"吉林大米"品牌市场影响力越来越大,开设网店161个,淘宝"吉林大米馆"销售大米26.2万件,既满足了市场需求,又拉动了农民增收。

(四)O2O(线上线下结合)

现在有一定的资本实力或比较大型的电子商务平台,往往有自己的物流或第三方物流,或自有的配送中心,依靠自营电子商务平台或第三方电子商务平台采用O2O的形式开展粮食产品的销售。如西安爱菊粮油集团全面启动社区电子商务项目——"电商+店商"O2O模式。左权县的"左权模式",即"田农宝"网上"以粮换物"的电商模式,它是拿玉米换手机,用高粱换衣服,不出村就能用地头上的庄稼把吃穿用品全部换回家。恒大粮油采取自营平台与第三方平台"双运行"。①自营平台:恒大粮油产品分别在自营平台恒优米App、恒优米官方商城销售恒大粮油。②依托第三方平台:恒大粮油在第三方电商平台天猫、京东商城、"我买网"建旗舰店销售自己的粮食产品。再如湖北荆楚粮油股份有限公司已经比较好地运用了O2O模式,线上该公司通过在淘宝网开设荆楚大地品质粮油官方店(直营店)以及通过京东超市自营销售,运用淘宝、京东两个第三方平台网上销售荆楚大地品牌系列粮油产品,并通过自己创办的湖北放心粮油网大力进行品牌推广。线下该公司依托100多家分布在全省的放心粮油示范配送中心,1600多家省级放心粮油示范连锁店,打造湖北放心粮油线下"一张网",实现线上下单,线下即时送货。重庆渝百家公司拥有2家大卖场和500多家粮油便利店,实行"线上线下+物流配送"的经营模式。配送率达90%以上。① 辽宁粮食电子交易有限公司(东北粮网)以落实国家"一带一路"和"互联网+"战略为宗旨,全面构建粮食流通发展新业态、新模式,逐渐打造"大贸易依托大物流,大物流促进大贸易,线上电子交易,线下物流协同"的新格局。截至2018年5月底,东北粮网会员注册累计76家,通过平台签订粮食购销合同累计7万余吨;通过物流服务平台,完成集装箱多式联运130余个。②

粮食产品电子商务除了上述典型的几种电子商务模式外,还有粮食网上交

---

① 国家粮食局.2017中国粮食年鉴[M].北京:中国社会出版社,2017:85-87.
② 东北粮网.助力"北粮南运"通道建设[J].中国粮食经济,2018(9):76.

易会,创新综合平台"粮多多",等等。

第四节 我国粮食产品电子商务模式的实现

一、我国粮食产品 B2B 电子商务模式的实现

B2B(Business to Business)是企业与企业之间通过互联网进行产品、服务、支付及信息的交换。粮食产品电子商务的 B2B 模式,是指粮食企业之间通过互联网的各种商务网络平台进行粮食产品的供求信息发布、粮食产品的收购和销售、订货及确认订货,支付过程,以及票据的签发、传送和接收,确定配送方案并监控配送过程等活动,如图 8-1 所示为国家粮食电子交易平台的 B2B 网络。

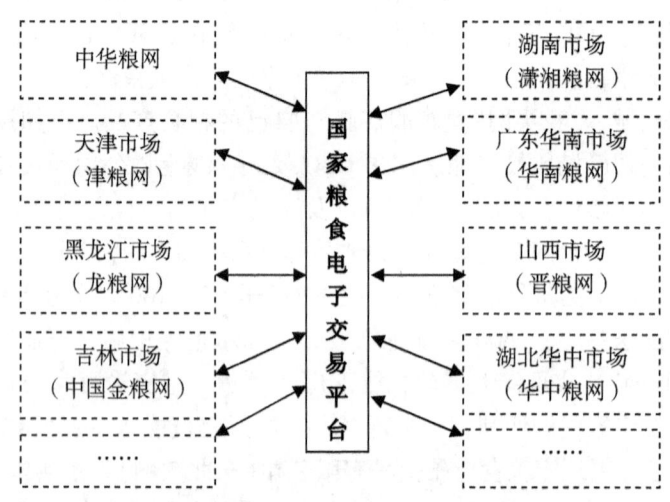

图 8-1 国家粮食电子交易平台的 B2B 网络

目前,我国粮食行业 B2B 粮食电子商务交易平台以批发市场或专业网上交易平台为依托,进行大宗粮食产品交易,这种网上交易分为网上协商、网上竞价等(见图 8-2)。其中竞价又分为集中拍卖(采购)和招投标两种方式。

国家粮食电子交易平台上 B2B 模式的网上协商式粮食电子商务交易,交易双方企业需在网上注册,成为粮食电子商务网站的会员,交易双方存入适当的保证金,在交易网站上录入买卖需求,并可以通过网站信息与交易对象进行洽谈,促成交易。而 B2B 模式的网上竞价交易式粮食电子商务交易,交易企业

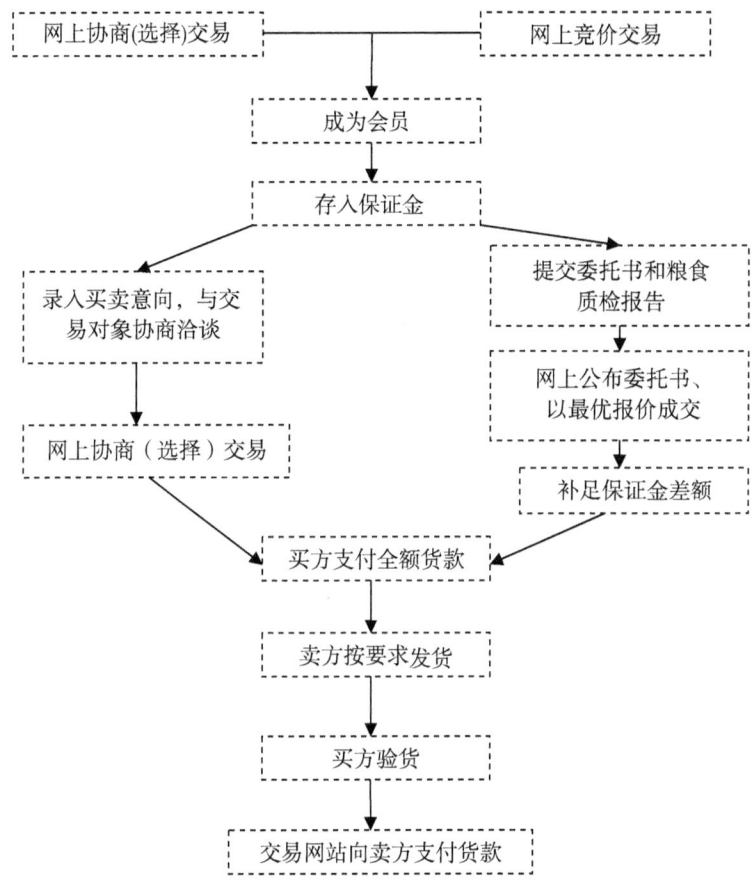

图 8-2 基于电子商务交易平台的 B2B 粮食产品交易流程

在注册成为会员存入保证金后,还要向网站提交委托书和粮食质检报告,网站公布委托书,以最优价格买卖双方达成交易。当网上协商、网上竞价的交易达成后,买方通过交易网站支付全额货款,卖方按合同要求进行发货,买方验货后,交易网站向卖方支付货款。

B2B 方式下的粮食产品电子商务交易,交易网站能够为交易双方的企业提供粮食政策、粮食价格等信息,能够有强大的安全技术支持交易双方按照交易价格进行网络交易,甚至进行交易后的评价和商务纠纷的处理。

这种 B2B 的电子商务交易模式,其优点在于:第一,降低粮食产品经营企业的营销成本,电子商务网站买卖双方都可以一次性地建立和发布信息,网站可以 24 小时为用户提供详细的服务,用户随时都可以浏览自己感兴趣的信息，这无疑大大降低了企业营销成本。第二，降低企业采购成本，采用电子商务以后，企业与供应商之间紧密协作，可以自动实现粮食产品的采购，而且采购可以实现最优化，同时也有利于在全球市场上招标。第三，优化企业的库存，采用电子商务则可以最优化企业库存，同时企业和供应商由于实现了电子商务的 B2B 模式，方便了沟通和交流，能及时实现原粮的调配，从而使库存得到适时的补充。

二、我国粮食产品 B2C 电子商务模式的实现

B2C(Business to Customer)是"企业对消费者"的一种电子商务模式，也就是通常说的网络商业零售，直接面向消费者销售产品和服务。这种形式的粮食产品营销一般以网络零售业为主，主要借助于互联网开展在线销售活动。粮食产品电子商务的 B2C 模式是企业通过互联网为消费者提供一个新型的购物环境——网上商店，消费者通过网上商店实现在线搜索商品，在线订购，在线支付，最终完成商品的购买活动。

目前基于粮食电子商务交易商品提供者的成分不同，B2C 可以有自产自销的 B2C 形式、提供交易平台式的 B2C 和传统商业网络销售式的 B2C。以中粮旗下的"我买网"为例，"我买网"是中粮打造的千亿元营销规模的交易平台，集自产自销和中间商代销方式于一体的互联网电子商务平台，主要销售"中粮生产"和"中粮精选"的产品。

中国粮油食品进出口(集团)有限公司(简称"中粮""中粮集团"、COFCO)，于 1952 年在北京成立，是一家集贸易、实业、金融、信息、服务和科研为一体的大型企业集团，横跨农产品、食品、酒店、地产等众多领域。1994 年以来，一直名列美国《财富》杂志全球企业 500 强。"我买网"是中粮集团于 2009 年投资创办的食品类 B2C 电子商务网站。"我买网"致力于打造中国最大、最安全的食品购物网站。

在自产自销的 B2C 粮食产品电子商务交易模式下，企业可以通过自建网络平台、创建网站，直接面向消费者宣传企业产品，树立企业形象，最终通过网站为消费者提供粮食产品，实现粮食销售。在这种交易模式下，对企业而言，可以实现产、供、销这一完整价值链，可以直接获取消费者的基本信息和对粮食产品的喜好甚至支付信息，这些在大数据时代都能够帮助企业分析消费习惯、消费能力等。然而，这种企业自立门户的 B2C 方式，对企业无疑是巨大的考验，要求企业在资金、物流、计算机安全技术方面都能够有与之相匹配的资源，相对而言，成本过高，风险较大。

在提供交易平台式的 B2C 粮食网络营销交易模式下，企业还可以利用电子商务平台企业已经搭建好的网络平台(如天猫、京东)实现粮食产品的交易，相当于在一个大型的超市中，找到自己产品的展位(见图 8-3)。在已有的网络平台上进行网上销售，对企业而言一方面能够利用现有网站在消费者心中的信用保障，为企业树立形象、宣传产品。另一方面可以规避自建平台的成本风险、安全风险。目前，仅进驻天猫的 B2C 的大米品牌就超过 200 家，涉及大米销售的 B2C 销售店铺超过 1000 家，这已成为 B2C 发展的主要趋势。但需要交易平台严格把好企业的资质关。

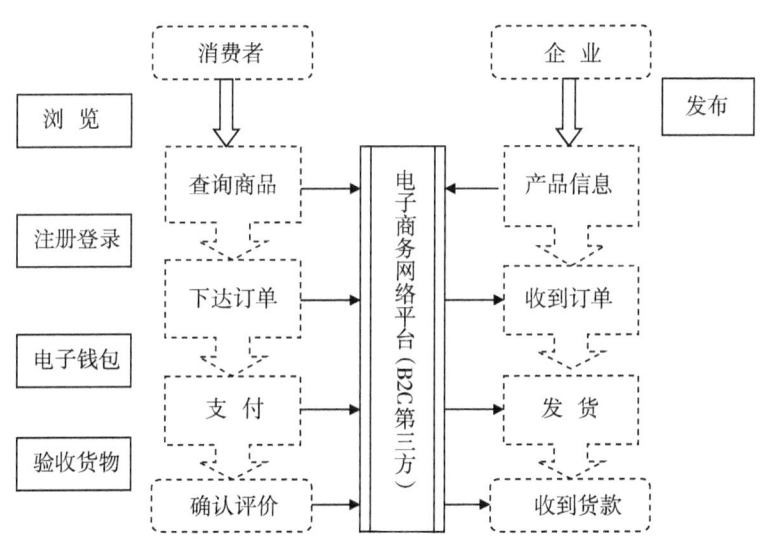

图 8-3　基于电子商务交易平台的 B2C 粮食产品营销模式

随着网络技术的不断普及，很多传统大米行业的销售企业，除了继续维持自己原有的店铺销售外，也发展了网络电子商务。传统商业网络销售式的 B2C 粮食网络营销，可以利用传统店铺作为配送中心，利用网络缩短消费者的购买时间，提供送货上门的服务，这种方式将会在日后的 B2C 交易中被广大消费者认可。如湖北荆楚粮油股份有限公司线上通过在淘宝网开设荆楚大地品质粮油官方店(直营店)以及通过京东超市自营销售两种网上销售模式销售荆楚大地品牌系列粮油产品，线下依托 100 多家分布在全省的放心粮油示范配送中心，1600 多家省级放心粮油示范连锁店，打造湖北放心粮油线下"一张网"，实现线上下单，线下即时送货。

无论是哪一种方式，都是企业通过电子商务交易平台面向消费者提供粮食产品,这在粮食的消费流通过程中大大降低了销售成本,有利于企业向消费者提供价低质优的粮食产品。

三、我国粮食产品 C2C 营销模式的实现

C2C(Consumer to Consumer)电子商务交易模式是指为消费者与消费者之间提供电子商务活动平台的网站,是现代电子商务的一种。C2C 网站就是为买卖双方交易提供的互联网电子商务平台,卖家可以在网站上登出其想出售的商品的信息,买家可以到网上浏览,查询需要的商品,然后从中选择购买自己需要的物品(见图 8-4)。

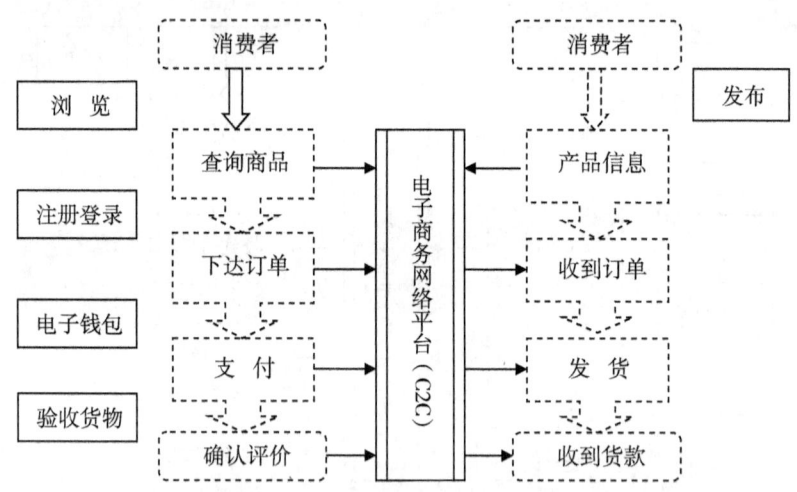

图 8-4 基于电子商务交易平台的 C2C 粮食产品营销模式

C2C 电子商务交易平台的出现,首先,是基于买卖双方在虚拟而庞大的网络市场上,对于一个可信任中介的迫切需要。其次,C2C 电子商务交易平台还担负着对交易过程和买卖双方信用的监督和管理职能,最大限度地防止网络欺诈的产生。再次,交易平台还要为买卖双方提供支付方式、物流查询等技术支持服务。目前在我国淘宝网是最大的 C2C 交易平台。

在淘宝、京东、1 号店、微店等知名 C2C 交易平台上,有大量的粮食产品。与传统的销售方式相比,C2C 模式的销售能够降低成本,但粮食产品的质量参差不齐,物流配送管理等方面还存在很大的问题,对于卖方的约束还不够。

四、电子商务网络交易平台的实现技术

当然，上述电子商务网上交易模式的实现是基于专门的电子商务交易平台，它是一个物理支撑服务工具，在这些平台的建设上要有专业的企业和技术人员来从事电子商务网站和网页的设计，包括网页设计技术语言的应用、数据库的应用、Web 服务技术等；要考虑电子商务交易过程中的信息系统安全，包括交易身份信息认证、防火墙技术、数据传输安全等，以及电子商务的支付安全、网上支付和网上银行与交易平台安全的信息交互传递等。另外还有支持电子商务网站正常运行的计算机系统、计算机硬件和软件的安全与稳定，等等。上述这些物理支撑是由专业的公司去完成并实现的问题，在这里我们不作讨论。

第五节 我国粮食产品电子商务面临的风险与控制

电子商务的发展是计算机技术和互联网技术发展的必然趋势，粮食行业要掌握实施粮食产品电子商务营销的时机，必须要有一定的前瞻战略，提前判断行业竞争、消费行为、经济与社会的变化趋势。粮食企业的决策者必须积极主动地制定电子商务营销的实施规划，如果采取消极观望的态度，则很可能贻误时机。企业进入电子商务领域的前提是要获得先发优势，但是，我们在利用先进的技术与营销手段的同时也要关注可能带来的风险并加以防范和控制。

一、粮食产品电子商务的风险因素

(一) 政策与法律风险

任何新事物出现时，都会因为人们的认识能力的不同、政府的行政效率高低以及公众对新事物给国家和国民经济带来的帮助或冲击的感知能力的不同，给政府政策的制定和法制的建设带来挑战。一项看似合理的应用方案，却可能因政府政策、法令、社会争议或利益集团的施压而产生问题，从而导致不能实施。譬如阿里的支付宝对银行体系及国家金融体系的冲击。还有粮食行业事关国计民生，尽管是销售政策松绑但仍然是国家政策调控的产品。所以在利用电子商务从事粮食产品营销，特别是创新营销时要充分考虑国家的政策和法律规范，在政府政策和法律许可的范围内从事创新营销。

还有就是国家政策的缺失，如粮食产品电子商务被电商大潮"边缘化"，

自 2014 年以来，国家开展了电商进农村、电信进村入户试点、网络监管与市场服务示范区建设等，但是在粮食电商领域几乎没有什么政策支持，在交易政策方面、在物流配送供应链政策方面、在支付结算及网络金融方面，粮食电商政策几乎空白。

(二) 技术及安全风险

电子商务的应用必须借助于计算机技术与互联网，互联网虽然给人们带来了很多的便捷，但是也存在着很多不安全的隐患。目前，由于我国网络发展快速迭代，很多企业网络基础设施建设不够完善、安全性防范技术普及有限等原因，再加上很多企业的资金、技术以及技术人才有限，网络运行经常发生上网网速慢、网络易堵塞、信息传递出错、交易平台混乱等现象，还有黑客技术手段的不断更新和升级，网站很容易被攻击，这些都加剧了粮食产品商务网络交易的风险。

(三) 消费者消费习惯带来的市场风险

电子商务是营销观念的一次革新，是对原有传统营销模式的观念冲击。消费者习惯了传统的市场消费模式，对新模式有一个适应和接受的过程。粮食产品在面向消费者的 B2C、C2C 营销过程中，如果消费者对粮食产品的购买无法接受网购或不习惯使用网上信用支付方式，以及网上购物的普及程度不够，都会严重影响企业的电子商务网络营销的实施。

(四) 经济风险

电子商务网络营销在实际执行的过程中所产生的成本与效益，是否与原先的策划吻合，有时是不以人的意志为转移的。一个粮食企业在电子商务营销方面的资金投入是可以预测的，但市场上的收益往往不以企业的意志为转移。自 2014 年到 2016 年，中粮集团的"我买网"，虽然公司年收入从 10.8 亿元增加至 23.22 亿元，两年复合年增长率达到 46.7%，但连续三年都出现亏损，亏损金额分别达到 6.31 亿元、9.78 亿元和 8.87 亿元。而在 2017 年上半年，亏损达 8.39 亿元。也就是说，在 3 年半时间内，中粮集团"我买网"累计亏损 33.35 亿元人民币。[①]

---

① 洪涛. 2018 年中国粮食电子商务发展报告[J]. 粮食科技与经济，2018，43(12)：5-6.

(五)组织与执行风险

任何一个新生事物或一项技术上可行的新方案在其推广阶段可能无法保证公司内部人人都能接受。一方面它可能威胁到公司的传统、规范、管理过程或文化，而另一方面，推行方案所需要的知识、能力与技巧却又是公司员工所欠缺的。因此，电子商务作为一种新的营销模式是一个系统工程，一旦某个环节出现问题势必影响整个电子商务营销的实施。例如，在网上购买的粮食产品还需要线下配送，现在物流已经是电子商务营销过程中必不可少的一个环节，物流配送是唯一的实体行为，而粮食产品在物流环节又是比较容易污染和损毁的，物流中的任何疏忽都会导致一次网络营销活动的失败。

二、粮食产品电子商务的风险控制对策

为了降低粮食企业面对的电子商务网络营销的风险，无论是基于国家宏观层面的控制，还是基于企业微观层面的控制，都必须要全面考虑和规范。

(一)完善国家宏观管理体制和电子商务的法律法规

保证市场秩序、维护经济运行是政府责无旁贷的责任。在极具发展潜力的电子商务市场中，政府首先应致力于制度建设和法制建设，使企业的经营活动有序开展，保证社会信用体系的建立健全；其次，政府应以防范制度风险作为基础，针对所有的电子商务营销风险，应当制定恰当的政策，或进行积极的引导，使企业对风险防范和控制有充分的准备；最后，政府还应加强对风险防范的监督和协调，为企业提供诸如市场信息、产业动态等多方面的帮助，尽可能地减少企业电子商务的营销风险。

无论网络安全、网上结算还是货物配送，都涉及法律法规问题。只有健全法制，严惩违法者，才能保证网络营销的正常运行。因此，国家必须在立法和执法上加大力度。从网络安全来说，要组织力量，选择符合我国国情的网络交易安全技术，积极开发属于我国自己的网络安全产品。要强化网络交易安全管理，制定有关的网络交易标准和管理标准，规范买卖双方和中介方的交易行为。要尽快完善网络交易的法律法规，明确交易各方当事人的法律关系和法律责任，严厉打击利用网络营销进行欺诈的行为。2019年1月1日《中华人民共和国电子交易法》正式实施，为网络安全提供了法律保障。

(二)完善粮食企业管理制度,有效管控运营风险

完善粮食产品电子商务营销的风险防范和控制要从源头着手,粮食企业的制度建设是有效防范各类风险、减少风险损失的重要手段。粮食产品经营企业的制度建设主要应从人员管理、风险预警与监督几个方面来落实。任何企业的有效运转都要靠人来完成,所以,首先要严格制定各级人员的行为权限,明确其权责范围,规范企业内部人员的行为,并通过教育培训提高人员的风险防范意识和能力;二是要做好企业电子商务营销的战略规划、执行计划与预警机制的建立。企业要完善预警系统,以预防为主为企业在风险决策、交易管理、危机应对等提供规范的处理方法与应对机制,有效地帮助企业规避风险,避免电子商务的营销过程中可能出现的风险和可能带来现实的损失;三是要建立监督制度,通过严格的监督监管,保证各项制度措施能够顺利实施并充分发挥效用;四是粮食电子商务经营企业需要利用现有的硬软件设施和条件建立发达的信息处理系统,及时把握行业信息、市场信息、产品信息,增强品牌意识,对企业的数据库和网站进行严格规范的管理,使用有效的安全管理软件等。从而为企业的电子商务交易活动提供有效防范和控制风险的制度保证。

(三)培养专门电子商务人才,加强网络安全技术的应用,从企业、政府两级保障交易安全

粮食产品电子商务营销的网络安全防范要有专业的电子商务人才,借助现有网络安全技术,及时更新电子商务的软、硬件设施,确保电子商务经营活动中的信息传输、数据交换、信息确认、交易者身份确定等风险的可防可控。同时,也要及时了解、甄别和共享信用不佳的客户或交易者的信息,避免不必要的损失。

建立多层次的、开放的、市场化的粮食电子商务平台自治与监管体系、粮食电商行业协会风险防范机制、政府监管部门的风险防范监管体系,有效地防范粮食电子商务网络金融风险,更好地为实体粮食产业经济服务。

第六节 我国粮食产品电子商务的发展趋势

粮食产品的电子商务随着电商的发展大潮,从1995年到现在已经走过了20多年的历程,"互联网+"作为一种新的经济形态深刻改变着传统的粮食营销发展模式,粮食行业这一传统产业在互联网时代换发着新的生机,粮食电子

商务交易串联起一二三产业，加快推进"互联网+粮食"，尤其是"互联网+粮食交易"对于提高粮食市场调控能力、推进粮食产业转型升级、提升粮食流通效益都有很大的帮助。

但是在粮食产品电子商务方面成品粮及粮食延伸产品的电子商务尚处于初级发展阶段，亟待扶持与引导。虽然粮食市场的电子商务具有起步早、发展快的特点，但从总体上讲，粮食电子商务平衡性发展相对落后。如对湖北全省重点粮油加工企业2016年年度和2017年上半年网上交易与线下交易情况的分析，不少企业也只是从2016年或者2017年开始涉足网上销售，并且网上交易量占企业整体销售量的比例也就10%~20%，有的还不到10%。[①] 同时很多粮食企业都是借助天猫、京东等成熟第三方电子交易平台进行销售，由于粮食企业自身规模小，在与这些大的网商打交道时，很难有话语权与议价权，也会面临与进商超时碰到的门槛高、摊派多、账期长等一些类似问题的困扰。

同时还存在顶层设计缺乏，计划经济色彩浓郁；没有好的营利模式；行业内大多企业是单打独斗，引领的龙头企业有限；国家支持政策缺乏，粮食产业的电子商务被电商大潮"边缘化"；品牌保护不力；线上线下竞争激烈，产品同质化严重等问题。

尽管粮食产品电商经营企业存在上述种种问题，但我们也看到粮食主管部门一直在努力改变这种局面，2016年10月13日，国家发展改革委，国家粮食局联合印发的《粮食行业"十三五"发展规划纲要》提出"以全国粮食统一竞价交易平台为中心，辐射链接现货批发市场信息系统，建立涵盖粮食生产、原粮交易、物流配送、成品粮批发、应急保障的完整供需信息链和数据中心"。

2016年12月30日国家粮食局印发了《粮食行业信息化"十三五"发展规划》，规划中指出"推动'互联网+粮食'电商平台建设。坚持市场化主导，引导有条件的企业试点建设粮食电子商务平台。加强与成熟电子商务平台合作，建设粮食应急供应点网上超市，推动电子商务在产销衔接、'放心粮油'工程中的示范和推广。推动粮食现货批发市场采用电子商务交易模式，鼓励粮食企业、新型粮食生产经营主体等应用电子商务平台，开展在线销售、采购等活动，打造粮食电子商务品牌。建立电子商务产品质量追溯机制，鼓励企业利用电子商务平台的大数据资源，提升企业精准营销能力"。

由此我们可以看到，不论是从政府及主管部门层面，还是从全球化的发展趋势来看，粮食电子商务面临着更多的机会与更多的合作，这也直接诱导消费

---

① 黄钢. 我国粮食交易线上线下融合发展之初探[J]. 中国粮食经济, 2018(1): 74.

者在采购方面作出改变。展望未来，随着网络、设备、平台、支付、物流、数据、云计算等基础服务的日益完善且更加开放，未来电商行业会朝着场景化、智能化和去中心化的大方向跨越式发展。而粮食电子商务在经历了前面的摸索渐进式发展之后，也将迎来制度化、规范化、集群式发展的新时代。

一、"互联网+粮食"将得到进一步的发展

2017年9月1日国务院办公厅发布的《关于加快推进农业供给侧结构性改革大力发展粮食产业经济的意见》明确指出：积极发展新业态。推进"互联网+粮食"行动，积极发展粮食电子商务，推广"网上粮店"等新型粮食零售业态，促进线上线下融合。完善国家粮食电子交易平台体系，拓展物流运输、金融服务等功能，发挥其服务种粮农民、购粮企业的重要作用。"互联网+粮食"将推进互联网和粮食行业的融合，伴随着网络普及化、产品差异化、经营集约化、服务深度化及对粮食电子商务的认知程度的提高，互联网电子商务在粮食行业将得到加速发展，粮食行业产业链各个环节，包括信息发布、物流配送、资金融通等将会深度融合，通过技术进步、效率提升和组织变革，提升粮食行业的创新力，形成一个粮食互联网电子商务生态圈，推动粮食市场"互联网+"交易模式的全覆盖，从而提升粮食企业的市场竞争力和企业效益。

二、粮食产品电子商务的线上线下融合模式逐步完善

粮食行业电子商务的发展历程，实际上也是传统渠道自身变革和发展的一个过程，目前，线上线下已经没有绝对的界线，融合才是新趋势。线上对于实体店铺有冲击，但线下服务也在不断升级，线上体验，线下下单，实体店铺的开设并不是为了抢占渠道，而是打开了消费者一个体验和尝试的窗口。对于成品粮油行业来说，在线上有一定的销量以后，在线下做旗舰店、专卖店之类的实体店，不仅可以让客户的消费体验大大提升，同时也可以作为仓储物流使用。线上下单，门店提货或门店配送。这对于生活中必备的粮食产品的销售也将是有力的推进。如以杭州粮食物流中心批发市场为例，该市场2002年下半年开始进行粮食产品电子商务B2C的交易探索，通过与第三方物流——杭州邮政物流公司的紧密型合作，实现了新颖的粮食网络销售和市区范围内4小时配送到家的交易方式。

三、粮食产品品牌建设和保护将加强

由于粮食企业电子商务线上与线下产品同质化竞争现象日益严重，仿冒优

质品牌产品，鱼目混珠的情况时有发生，如黑龙江的"五常大米"，湖北的"潜江虾稻"等品牌被假冒盗用，倒逼粮食企业注重产品品牌建设，以优势产业为依托，以优势产品为核心，打造具有中国特色、地域特色的粮食品牌。推动粮食产业转型升级，实现企业增效。要采取包括中国地理产品标志等方面的品牌保护措施，成立或强化相关的粮食行业协会，提升粮食行业协会在粮食品牌建设中的主导作用，对加工企业进行品牌授权，讲好品牌故事，做好品牌文章，提升品牌知名度和商业价值，推动粮食产品的品牌建设。相关政府与行业主管部门应当加强粮食品牌整体统筹规划，发挥企业的市场主体作用和政府的监督引导作用，形成品牌建设合力。

四、粮食产品营销中个性化服务将成趋势

电子商务是将线下销售搬上线上，增加用户的全景体验。伴随着互联网行业软硬件技术的迅猛提高，电子商务网站规模不断增大与消费者日益个性化需求将成为主要的矛盾。电子商务行业去中心化趋势的出现，以及大量基础设施的升级提高，企业的运营成本会逐渐降低，生产效率会逐步提高。对于粮食行业来说，根据客户的个性化需求，开展订单粮食产品及延伸产品的生产和加工，实施定制化的服务将成为企业面对同质化、透明化的市场竞争建立和打造自身的竞争优势。粮食产品电子商务经营企业深入了解客户的真实需求，企业生产均围绕优良的产品质量以及完善的售后服务而展开，这将使企业的采购成本、仓储库存压力、库存产品耗损以及资金成本大大降低，企业的运营成本也将大幅降低。

五、粮食产品电子商务行业数据资源的共享和挖掘常态化

建立粮食电子商务网络交易大数据采集体系，制定统一、规范的粮食交易系统数据接口和协议，拓展物联网数据采集渠道，加强研发智能终端等技术装备，实现收储、物流、加工、消费、贸易、政策、价格、质量、信用等信息的全面采集。可以依托云计算等技术对网站海量数据资源进行智能化处理，提炼精准有效的数据，有针对性地生成优化方案，迅速满足消费者的个性化需求，提高消费体验，增大消费转化率，最终增加消费者满意度以及网站黏性。智能化数据分析功能可帮助粮食企业从简单的数据处理业务提升到智能的数据库挖掘，为企业提供更有价值的决策参考。

建立粮食交易大数据开放共享机制，依托国家粮食电子交易网络，加快数据交换共享机制建设，实现国家、省、企业各类系统的互联互通。加大对粮食

交易数据分析挖掘、整理、分析力度，提高宏观调控、行业监管以及公共服务的精准性和有效性。

六、新的应用催生更多的电子商务场景传播模式

伴随互联网 Web2.0 新兴媒体技术普及和更新，在电子商务的宣传和推广中除原有的博客(Blog)、RSS、网摘、播客(Podcast)、网络杂志等外，TAG、SNS、RSS、WIKI 等也被大量地应用于信息发布。企业网络资源的获取渠道、网络营销的方法也在不断增加。5G 技术的普及提升了移动电子商务的普及率，加上物联网的发展等，电子商务会变得越来越常态化、便利化。即时通信的社交软件平台微博、微信、QQ，MSN，视频软件抖音、快手等都可以作为信息发布、网络营销的手段。新媒体和即时社交软件平台的广泛应用与普及也使得电子商务获得了更多的传播渠道和销售场景，将进一步提高电子商务的业务通路和获利能力。如移动客户端应用中的中粮集团的"我买网"APP，恒大粮油的"恒优米"App；微信商城平台应用中如吉粮集团的"微粮"微信平台，中粮集团的"我买网"微店。

七、跨国粮食产品电子商务将得到重视和利用

我国是一个粮食生产、贸易、消费大国，每年生产粮食 6 亿多吨，同时进口粮食 3000 多万吨，大豆 9000 多万吨、食油 600 多万吨，由此可见，跨境粮食电商也将有一个很大的发展空间。随着国际化的发展，中国积极参与国际贸易组织，加快了粮食网上"一带一路"、粮食网上"RCEP"、G20 国家的 E-WTP 之中粮食网上跨境电子商务的发展。

2013 年以来，中国与 56 个国家和区域合作组织发表了对接"一带一路"倡议的联合声明，与"一带一路"沿线 11 个国家签署了自贸区协议。近年来，特别是 2017 年北京"一带一路"国际高峰论坛的召开，大多数"一带一路"国家都在探讨跨境电子商务。粮食国际贸易、投资、合作也是"一带一路"建设的重要内容，这些将催生我国粮食产品电子商务与"一带一路"国家的合作。

区域全面经济伙伴关系协定(RCEP)是由东盟十国发起，邀请中国、日本、韩国、澳大利亚、新西兰、印度共同参加(10+6)，通过削减关税及非关税壁垒，建立 16 国统一市场的自由贸易协定，是一个涵盖人口约 35 亿、GDP 总和约为 23 万亿美元全球最大贸易集团。2019 年 11 月 4 日，第三次区域全面经济伙伴关系协定领导人会议在泰国曼谷举行，会议发表了《区域全面经济伙伴关系协定》(RCEP)第三次领导人会议联合声明。RCEP 谈判参与各方已就谈

判"关键要素"基本达成一致,粮食贸易也是 RCEP 的重要内容,"RCEP"粮食网上电子商务也将进入人们的视野。

20 国集团(G20)是一个国际经济合作论坛,于 1999 年 9 月 25 日由八国集团(G8)的财长在华盛顿宣布成立,属于布雷顿森林体系框架内非正式对话的一种机制,由原八国集团以及其余 12 个重要经济体组成。G20 的成立为国际社会齐心协力应对经济危机,推动全球治理机制改革带来了新动力和新契机,全球治理开始从"西方治理"向"西方和非西方共同治理"转变。G20 有一个农业部长会议,2016 年 6 月,G20 农业部长会议在西安举行,其中粮食问题是其中的重要议题。2016 年 9 月 4 日至 5 日 20 国集团(G20)领导人第十一次峰会在中国杭州举行,会前形成了 B20 提案,其中包括 E-WTP 的建议,得到许多国家的一致认可。E-WTP 是以发展中国家为主体的、以中小企业为主的电子世界贸易平台。G20 国家的 E-WTP 也将是粮食企业所应关注的跨境网上电子商务渠道之一。

以上这些已经形成和即将形成的跨境贸易组织,将使我国的粮食产品电子商务向外延伸,从而提升我国粮食产品电子商务的国际渠道。当然,我们的粮食企业在拓展这些跨境营销渠道之前也得增强粮食市场化程度,提升产品品质、强化粮食产品的品牌知名度,培养电子商务的国际化人才,熟悉粮食产品的国际贸易惯例,从而提升国际竞争力。

八、电子商务人才的培养力度得到加强

电子商务是社会和科技进步的必然结果,我国粮食产品经营企业必须高度重视并参与到这一浪潮中来。但由于粮食产品经营企业进入电商领域的时间较短,电子商务方面的经营人才普遍缺乏,特别是中小企业紧缺一线专业技术人才和实用型人才力度。因此,粮食产品经营企业开始重视粮食电子商务人才的培养,相应的人才培养和人才引进力度也在不断加强。

第九章　粮食储备、粮食安全与国际营销

　　天下粮仓，国运所系。粮食不仅是餐桌上的食物，而且与政治、经济、社会、人文紧密相连，它的重要性是不言而喻的。特别是在我们这样一个大国，保障国家粮食安全和主要粮食的供给是一项具有长期性的国家战略，只有把饭碗牢牢端在自己手上，我们推进改革才能有底气，有定力。

　　粮食储备在发挥的政策与功能作用上，无论是作为应急储备来应对，如在各种自然灾害、战争、瘟疫等造成的供应短缺来备荒；或在粮食生产歉收、粮食供给不足时的调剂市场安民稳市；抑或是忧患意识下的积储备战；还是作为缓冲库存来稳定物价、抑制价格飞涨，都是非常重要和必需的。在古代农业社会，充足的粮食储备是取得战争胜利的重要基础。用于备战需积储多少？周文王称，"有十年之积者王，有五年之积者霸，无一年之积者亡"。现在看来，出于战争目的存粮，存粮规模视战争的需要而定。用于备荒需积储多少？古人云，"天有四殃，水旱饥荒。其至无时，非务积聚，何以备之"。古代的抗灾能力很差，存粮数量当然也是多多益善。安民需积储多少？《夏箴》曰："小人无兼年之食，遇天机，妻子非其有也……。"古时灾害频发，粮食生产能力低下，不存一年之食，遇到饥荒年份，便会妻离子散。饥饿的记忆是深刻的，在历史的长河中，我国绝大多数年份的粮食供给紧张，粮食供给过多的时候很少。中华人民共和国成立之后，也曾经发生过非常严重的粮食供给危机，于是粮食储备的重要性在粮食供给有所好转之后得以强调。习近平总书记在党的十九大报告中指出，要确保国家粮食安全，把中国人的饭碗牢牢端在自己手中。认真贯彻落实总书记的要求，端牢手中的饭碗，确保国家粮食安全，需要采取有效措施，保证国内具有足够的粮食生产能力。

　　就单一国家而言，粮食的储备影响着国家政治稳定、民众安居、军安戍边，实际上粮食储备直接关系到国家粮食安全的问题。但现代社会，经济的全球化是不可回避的趋势，那么粮食的储备除了影响粮食安全外，对粮食的国际贸易与国际市场营销也会带来直接的影响，全球若干互动渠道同时影响着粮食安全的不同方面，即可供量、获取、利用和稳定。粮食安全又会催化粮食贸易

多方面的经济和社会变量,如市场结构、基础设施开发、农业产出的生产率和组成、食品的多样性、质量和安全,以及膳食构成。这些变量的变化不同程度地影响着粮食国际贸易与粮食市场的价格。所以粮食储备影响粮食安全,粮食安全的程度又会导致粮食国际市场的价格体系变化与国际贸易的顺逆之别。

第一节 粮食储备

联合国《经合组织-粮农组织 2018—2027 年农业展望》指出,近年来,全球主要谷物供应量超过总需求,导致库存大量积压,国际市场价格远低于过去 10 年。2017 年,全球谷物产量创新高,超过了 2016 年峰值。在若干主要出口国粮食作物产量增加的推动下,玉米产量增幅最大,在 2017 年创纪录。小麦产量较高,但略低于 2016 年创下的纪录。2017 年,其他粗粮产量下降,主要原因是澳大利亚大麦产量下降以及美国高粱和大麦产量下降。由于亚洲大米产量的持续增长和拉丁美洲大米产量的恢复,大米产量超过了去年的记录。

据美国农业部 2020 年 2 月份最新预测,全球大米产量同比下降 0.6%,达到 4.96 亿吨,期末库存同比增长 1.8%,达到 1.78 亿吨;全球小麦产量同比增长 4.4%,达到 7.64 亿吨,期末库存同比增长 3.5%,达到 2.88 亿吨。[①] 如表 9-1 所示。

表 9-1 **2019/2020 年度全球粮食产品产量和期末库存预测** (单位:万吨)

产品	指标	2018/2019	2019/2020	同比
大米	产量	49918.20	49621.60	-0.6
	期末库存	17500.00	17809.00	1.8
小麦	产量	73145.10	76395.10	4.4
	期末库存	27827.20	28803.20	3.5

数据来源:美国农业部网站,https://www.usda.gov/。

从联合国经合组织-粮农组织对世界粮食库存的分析及美国农业部门对粮

---

① 美国农业部.2019—2020 年度全球主要农产品产量和期末库存预测(2020 年 2 月份预测)[EB/OL].(2020-2-19)[2020-5-15].https://cif.mofcom.gov.cn/cif/html/international_month_report/2020/2/1582077617991.html.

食库存的预测，我们可以看到，全球范围内的粮食库存是上涨的，但如果我们将视野分配到具体的国家我们会发现，库存主要集中在粮食输出国。那么作为一个主权国家，即使是粮食进口国我们是否要保持一定的粮食库存呢？答案是肯定的。

因为粮食的储备会影响到每个国家和经济体的粮食安全，所以每个国家都制定了适应本国特点的储备政策。由于农业发展程度和制度安排的差异，不同国家在粮食储备制度的形成特征上表现出较大的差异性，很难用一种模式加以概括。但是，可以发现粮食自给率高的国家面临粮食供给不安全的情况少些，往往采用市场机制储备粮食；而对于粮食自给率不高的国家，粮食储备体系往往更多地需要依靠政府的直接介入。尽管各国的粮食储备体制不尽相同，但是始终是国家维系粮食安全的重要基础，是粮食安全政策的关键内容。下面我们看看不同的粮食出口国和进口国的粮食储备情况。

一、不同国家的粮食储备

（一）美国的粮食储备

美国是粮食生产大国也是输出大国。美国粮食产量居世界首位，每年谷物总产量大约为2500亿—3500亿千克，人均占有量为1500千克。美国是世界上最大的粮食出口国，出口量占世界粮食出口总量的50%。美国的粮食储备和出口对世界粮食市场影响很大。它的粮食储备目的是为稳定市场粮食价格和增强粮食的安全性。美国政府在粮食储备政策上也是根据市场的变化而不断调整储备规模及储备形式的，其主要目的是为了提高管理效率，降低储备运行成本，减少政府储备开支。美国在《1996年联邦农业完善与改革法》实施以前，政府为了保证粮食安全，通过从农场主直接购买粮食进行储备。储备形式是政府储备加私人储备。委托代储粮食储备制度是美国在粮食流通领域实行粮食市场调控、稳定粮食供给、确保粮食安全的主要措施。近些年来，美国的政府粮食储备量逐渐减少，国家不经营粮食储备和仓储设施，政府粮食储备需要的库容采用与商业性粮仓签约方式解决。政府通过粮食仓储许可证和保证金制度对粮食仓储实施严格管理。美国储备政策倾向于私人储备，扩大社会、农民私人储备的规模，以实现政府储备与私人储备的协调。农场主的自有储备则不断增加，自2009/2010年年度美国政府储备几乎为零，而转向市场储备和农户、农场储备，很好地解决了政府的财政压力。美国有11818个全国性商业粮食储备仓库，占5亿吨全部粮食储备库容的42%，其他58%为农户或农场主所拥有的仓容。国家也不经营储备粮和仓储设施。美国是市场经济高度发达的国家，联邦政府主要通过市场来促进粮食流通，并运用信贷杠杆等经济手段对粮食市场实行间接调控。

如根据美国农业部发布的谷物与大米库存报告，截至2019年6月1日，美国主粮部分，上年度生产的小麦库存量为0.291亿吨，同比下降2%。其中，农场库存为0.056亿吨，同比增幅为58%；非农场库存为0.235亿吨，同比降幅为11%。2019年3月至5月小麦消费量为0.142亿吨，同比增幅为31%。大米(糙米)库存数据，美国大米库存量为298万吨，比去年同期增加94万吨，增幅为46%。其中，农场库存为52万吨，非农场库存为246万吨。在所有大米库存中，长粒米占比70%，中粒米占比28%，短粒米占比2%。①

美国的粮食储备大致有四种：第一，正常储备，即粮食生产者和加工商正常经营的周转性库存。第二，缓冲储备，是在两个生产年度间调节供求的粮食储备，由美国政府和私人共同参与。第三，农民自有储备，是参加自有储备计划的农民储存的粮食。参加自有储备计划的农民必须同政府所属的、作为美国粮食市场的政策性调控机构商品信贷公司(以下简称CCC)签订合同。CCC给农民支付补贴并贷款，贷款利率低于市场利率。农民对储备的粮食在3年内必须保证质量。根据预警信息，当市场粮价平稳时，农场主不得抛售储备粮，以避免压价倾销；当市场粮价剧涨时，农民必须在特定时间内归还贷款，以迫使农民抛售粮食；当市场价大大高于农场主抛售价时，政府运用储备粮投放市场，保证粮食安全供应。第四，政府储备，指政府为保证粮食安全的储备，由CCC经营，在市场价大大高于农民抛售价时，才予以投放市场。如果政府需要增加储备，就从市场采购。

目前，美国每年有相当于总消费量40%的粮食转为储备。可以发现，美国粮食储备体系的极具特点：以农场储粮为主，以商业性粮仓储粮为辅，国家不经营储备粮和仓储设施，具有系统的生产—储备—预测预警—投放机制。

(二)欧盟及其成员国的粮食储备

欧盟粮食储备主要实行国家采购，即按照"干预价格"收购农民粮食。"干预价格"是欧盟为保证农民收入不受过大影响而采取的一种保护措施，主要是通过对各国粮食生产、库存、需求状况等信息，以及国际粮食生产形势和价格

---

① 美国2019年6月作物种植面积及粮食库存状况[EB/OL].(2019-7-3)[2019-10-12]. https://www.sohu.com/a/324550514_120047202.

走势等因素的综合而制定。为确保粮食储量，欧盟会对粮食储备主体给予一定的补贴。例如，欧盟农业补贴委员会对"临时储备"给予必要的储费和利息补贴，各国的粮食管理机构在收到补贴后，会将其转移给承担储粮任务的企业。此外，欧盟一些国家通过对种粮的农户和私商储存按月加价，鼓励其在合理期内自储粮食，避免收获季节粮食过于集中上市而影响市场粮价，促使粮食均衡上市，从而保障粮食供给安全。在欧盟内部，德国和法国的储备粮体制也存在差异。

  法国的粮食储备管理制度及其运作机制在欧盟具有较强的代表性。法国是欧洲最大的农业国，占欧盟粮食总产量的1/3，但出口只占欧盟的1/2，是世界第五大粮食生产国，也是世界第二大粮食出口国。法国的粮食自给率高达329%。因此，法国的粮食储备体制并不是简单地应对粮食供给不足的产物，相反更是一种调节短期市场平衡的手段。法国政府的储备数量很少，主要由330家合作社和800户粮商分散储存。政府与农业合作社经过收购、处理并分级之后，把粮食储存起来，目前收购者拥有3800万吨的储存和收购量，1100万吨辅助储存量，加之农庄的储存量，法国共拥有7200万吨的粮食储备规模。法国粮管局（ONIC）作为政府的粮食和储备粮管理机构，主要职能是在粮食过剩时，收购粮商的粮食作为公共储存或临时储备。在法国，当农业合作社等机构卖不掉粮食时，法国粮管局就必须买下这些粮食，作为公共储存或"临时储备"。或者说，当市场粮价低于"干预价格"时，农民可以把粮食交给欧盟设在法国的"干预中心"作为临时储备，从中得到粮食生产的价格保护。然而，法国粮管局不拥有粮仓。为完成公共储备，法国粮管局往往需要购买收购机构或专业仓储公司的专业仓储服务，或者和私人企业签订收购合同，商谈储存期间的费用补贴标准。欧盟农业补贴委员会对"临时储备"给予必要的储费和利息补贴。补贴方式是由欧盟补贴给法国粮管局，再由粮管局补贴到储粮企业。农业信贷银行充当补贴的结算工具。据统计，法国每年获得的这方面的补贴在所有欧盟成员国中是最高的。对粮食储备的调控，法国实行粮食月加价政策，即对农民或粮食企业储藏粮食的仓储费用的补贴。按月加价政策是对粮食收获户或粮食销售者的手中粮食增加的储存期按月补贴（以月为单位，每增加一个月的储存期计算补贴），其目的在于，通过对粮食种植的农户、私人储存按月加价，避免收获季节粮食过于集中上市而影响粮食市价，从而最大可能地保障粮食均衡上市。由于法国农业发达的市场化运作手段，基本能使农户的生产始终与消费和出口需求保持一种动态平衡，粮食在农业合作社仓库储存的时间较短，因而基本上没有陈化粮问题。法国的粮食储备管理制度及其运作机制在欧盟具有较强的代表性。

德国和法国同属欧盟，许多管理规定遵从欧盟的统一政策。基本的储备政策是类似的，但德国没有大量的储备粮，因为德国的粮食生产存在大量的过剩，其粮食的供给满足需求没有问题。德国的国家储备粮着眼于在发生自然灾害、战争等时的应急储备，当然也包括欧盟的干预粮，农民以干预价格出售给农业部储备局。德国的国家储备粮体系中，供应者和储备者都是通过招标确定的。对于德国的欧盟干预粮，农业部对储备者进行公开招标，粮食所有权属于欧盟，联邦政府执行欧盟的政策。按最低收购价收购的粮食由私营仓储企业承担保管责任。这些由联邦政府确认的私营仓储企业必须按年提出申请，政府对申请企业的财务状况、设施条件、管理能力以及仓储商对其设施的控制能力等进行审核并进行现场核查；政府与获得批准的私营企业签订仓储合同，确定储存费用补贴，并运用高科技手段对仓储进行监控管理。

(三) 澳大利亚的粮食储备

澳大利亚是世界上重要粮食出口国之一，粮食出口约占全年产量的2/3，继美国、加拿大、欧盟之后，居世界第四位。主要出口的粮食品种有小麦、大麦等。长期以来，澳大利亚联邦议会立法规定，澳大利亚小麦局为全国小麦等主要粮食唯一的合法经营单位，统一经营小麦的收购、国内销售和出口。小麦局是半官方半民间的组织，既是政府法定机构，又是生产者的合作经济组织。1989年新的《小麦销售法》颁行后，澳大利亚对粮食流通体制进行了较大的改革，虽保留了小麦局对出口小麦的绝对控制，但放宽了国内贸易的限制，小麦生产者可以在国内市场上自由销售。这使澳大利亚粮食市场由政府主导型转变为合作制主导型，形成了由政府粮食经营机构包括小麦局、大麦局，农民合作经营组织包括各州的粮食储运公司、种子联合公司等，以及各种从事粮食加工、流通的企业的经营实体组成的粮食市场的经营体系。1999年澳大利亚政府对小麦局进行了重大改革，小麦局改为完全由生产者出资的自负盈亏的商业化经济组织，并继续保持小麦局的独家出口经营权。小麦局在每个州都指定一个收购机构代表小麦局收购、装卸、储存和运输小麦等粮食。指定的收购机构在各地农村设立收购点，收购农民的粮食。

澳大利亚粮食储存、处理基本上是由政府授权的五个分散处理的储运公司承担，它们分别在昆士兰、新南威尔士、维多利亚、南澳、西澳五个粮食主要产区，粮食储运公司承担粮食的收购、检验、装卸、储存和运输业务，但没有粮食经营权。各州粮食储运公司都是按合作制原则组成的，股权属粮食生产者所有。储运公司是非营利性的，宗旨是以最低的费用为粮食生产者提供最好的粮食收购、储存和运输等服务。澳大利亚的粮食仓储体系由农村收购仓库、地区终点仓库和港口终点仓库组成。这些仓库一般由小麦局指定的机构经营。

澳大利亚分布在各州的五个储运企业控制了全澳生产的70%以上的粮食储存和处理。每个分散机构都有由公路或铁路连接起来的接收网络。这个网络还与几个出口港口连接。中央储存系统共有大约900个乡村接收基地和17个出口港。它能提供1800万吨的乡村储存，600万吨的港口储存和大约300万吨的其他各种法定储存，合计储存能力达2700万吨。其余由农场和私人商业储存。由此，澳大利亚的粮食储藏及市场格局基本上由澳大利亚谷物协会（Grain Corp）、ABB粮食公司、CBH粮食公司、澳大利亚小麦局（AWB）四大私有化的企业参与的竞争格局，Grain Corp主要在昆士兰州、新南威尔士州、维多利亚州，粮食仓储占有率为37.1%；ABB主要在南澳，粮食仓储占有率为8.0%；CBH主要在西澳，粮食仓储占有率为25.7%；AWB主要在南澳、维多利亚、新南威尔士州和昆士兰州，粮食仓储占有率为9.6%。

（四）日本的粮食储备

日本是粮食进口国，其地少人多，粮食自给率低，对粮食安全供应反应敏感。日本的粮食消费以大米为主，自身年平均生产量约1000万吨左右，消费需求量约1040万吨，缺口由进口满足，如果国际粮食市场动荡，日本粮食安全会面临严峻挑战。为了保证国内粮食安全，日本政府非常重视粮食储备。所以日本制定了健全的粮食储备体制，对储备粮的性质、用途、数量和管理等都有明确规定。1942年的《粮食法》规定，政府储备主要负责平衡供求、调控市场、稳定价格和储备紧急用粮。日本1993年发生的"米荒"，加上20世纪90年代国际粮食市场的动荡，使日本政府充分认识到了大米储备的重要作用。在此情况下，1994年12月日本通过了《关于主要粮食供需平衡及价格稳定的法律》（即《新粮食法》）。也是为了因应关贸总协定乌拉圭回合农业协议的签署，日本履行承诺，放宽了粮食市场管理。1995年11月日本实施《新粮食法》，明确规定设立专项储备，以政府米和部分进口米来充当。日本已形成了法律制度健全、组织系统配套、政府宏观调控有效、适应市场经济发展的流通体制。目前大米流通形成了自主流通米（以农协销售为主）、政府米（储备）、计划外流通米（农户自由销售）并行的流通格局。日本政府确定储备规模考虑三个因素：一是储备所需的保管费和政府承受能力；二是库存量对市场供求、价格形成的影响程度；三是确保粮食的安全供给，按两年因灾歉收所需数量进行储备。为有效调节国内市场，政府确定了储备运作方针，包括储备数量、计划上市数量及政府收购数量。在保证储备水准合理化方面也采取了措施：一是如有一部分政府米未完全销售，政府收购数量将作出相应的调整；二是由于日本大米价格较高，难以出口，为降低政府米储备数量，以减少财政补贴，日本政府把一部分超储备规模的大米用于国际援助。

尽管日本的储备体制健全，但其粮食储备规模并不大，储备的规模为200万吨左右，其中政府米150万吨、进口米50万吨，约相当于正常年份3个月的供应量。粮食的储备量约占消费量的2%~5%，主要用于商业周转。由于战后的日本与美国的特殊关系，所以粮食储备对第一生产大国和第一出口大国美国的依赖程度很高。日本粮食储备规模小的原因之一是日、美关系稳定，海运便利，日本把美国的粮仓作为其主要的储备仓。但是，正如日本在国际政经事务中对美国的依赖和附庸关系，日本的粮食安全实际上受到美国粮食政策和能源政策的约束。实际上日本自2007—2008年全球粮食危机以来，已经要求国内大的跨国企业开始在海外建立粮食生产基地，减少对美国的粮食进口依赖。

（五）印度的粮食储备

印度人口规模巨大，是资源相对贫乏的发展中国家。其虽然是农业大国，但长期以来农产品较为短缺，也是主要的粮食进口国。因此，政府对粮食的管理和价格实行严格控制，统称"政府粮食配售制"。印度较大规模的粮食储备是在1965—1967年粮食歉收形成饥荒以后建立起来的。目的是缓冲由于年度性粮食减产而产生的短缺，从而起到稳定供给、粮价和社会的作用。

印度政府的粮食储备制度包括缓冲库存和业务库存为一体的粮食储备体制。缓冲库存是保障粮食安全，稳定市场价格的长期性库存。业务库存则是平衡地区间和季节间供求矛盾的临时性库存。缓冲库存储备的标准每个季度都有所不同，一般在1600万吨到2700万吨之间不等。缓冲库存费用由中央和各邦政府负担，库存品种主要是小麦（占60%）、大米（占40%）。与此相适应，缓冲库存两级政府要拥有约2800万吨的仓储设施。另外，印度政府建有300万吨小麦和200万吨大米的国家战略储备。政府鼓励和资助县以下各级建立小粮库，形成粮库网点。在粮食储备领域，印度政府始终希望把粮食储备保持在一个较为适当的量上，并希望能在农民中间更多地储备粮食，做到在保证粮食安全的同时也减轻政府财政的压力，使印度的粮食保障体系既经济又安全。

印度的储备制度规定，粮食安全储备库存的临界值为 500 万吨，最佳数量为 1200 万吨。实际上印度对粮食储备的最低库存量逐渐采用动态管理，且管理要求非常详细，一年中不同时间点应保有一定量的库存。如对于小麦和大米的最低库存设定为：每年 1 月 1 日为 820 万吨和 1180 万吨，每年 4 月 1 日，为 400 万吨和 1220 万吨；每年 7 月 1 日为 1710 万吨和 98 万吨；每年 10 月 1 日为 1100 万吨和 520 万吨。

(六) 韩国的粮食储备

韩国粮食的公共储备是为应对灾荒、战争而储存的。韩国政府采取了不受世贸组织规则限制的公共储备制度，对公共储备的稻米进行分品种、分等级的管理，国家储备承担保障本国粮食安全、调节粮食市场价格变动的任务。在符合世贸组织规定的前提下通过买入和释放来调节市场。韩国粮食储备量为 86 万吨（2 个月消费量或年消费量的 17%~18%）。每年储备买入量原则上是 43 万吨左右，对产量严重不足的产品如大豆、红豆等，长期保存 3 个月用量的储备。这些储备主要用于国内价格上升时投放市场，稳定粮价。如果投放储备仍不能稳定物价，政府就会增加市场最低准入量和关税配额。韩国粮食储备体制也很独特。所有的储备都是由农协来承担的，约定农协先支付给农民 95% 的货款。储备粮由农协负责保管和销售，政府支付保管费。由政府具体决定收购量和收购价格、销售时间和销售价格。

二、我国的粮食储备

我国的粮食储备以 1990 年为时间节点，在此之前，自中华人民共和国成立以来，由于相当长一个时期内我国处于短缺经济的状态，以吃"季节粮"著称，虽然也曾建立过"506""甲字"粮等储备，但规模较小，调控力弱。1949—1989 年这个时间段我国国内的粮食储备主要是满足备战储备和备荒储备。党的十一届三中全会以来，在农村改革的推动下和科技革命的支撑下，粮食生产很快上了 4 亿吨的新台阶，于是在 1990 年粮食丰收的大好形势下，党中央、国务院因势利导，当机立断，以最大的决心和卓越的远见，建立了中央直接掌握的专项粮食储备，逐年积累，逐步发展，进而形成了数量充足、调度有序、覆盖全国的多层次互为依托的粮食储备体系，使我们先辈们梦寐以求的"储粮千万石，万民得果腹"的理想得以成为现实，为立足国内解决中国粮食问题探索出了一条新路。1990 年 9 月 16 日国务院作出了《关于建立专项粮食储备制度的决定》，明确提出，建立国家专项粮食储备，增强宏观调控能力，搞好丰歉调剂，保证粮食市场供应和粮价的基本稳定。并要求各省、自治区、直辖市人民政府也要根据实际情况，建立本地区的粮食储备。并新成立了作为国务院直属机构的国家粮食储备局。1990年我国实施专项粮食储备制度以后，备荒储备被纳入专项粮食储备的范畴，因此中国国内使用的粮食储备应该是由战略储备和后备储备两部分组成，即粮食储备＝战略储备＋后备储备。而且中国粮食储备制度是计划储备与市场储备、中央储备和地方储备的"双轨运行"机制。

从目前情况来看，中国将政府宏观调控融入中央储备粮收购、销售、运输和储存的各个环节，逐步规范了粮食储备体系与管理，完善了仓储设施。据2019年10月发布的中国粮食安全白皮书介绍，我国粮食仓储经过几十年的不断完善和建设，仓储设施的现代化水平明显提高。2018年全国共有标准粮食仓房仓容6.7亿吨，简易仓容2.4亿吨，有效仓容总量比1996年增长31.9%；规划建设了一批现代化新粮仓，1998年以后建设的有效仓容占全部仓容的66.8%；维修改造了一批老粮库，仓容规模进一步增加，设施功能不断完善，安全储粮能力持续增强，总体达到了世界较先进水平。我国现有仓储企业2万多家，从现有仓房的权属和地区分布来看，粮食仓房产权属于中央政府的仓房占有效仓容的比例约为16.7%，由各省（区、市）以及以下政府的地方和企业的仓房占有效仓容的比例约为83.3%，也即仓房权属的中央与地方的比例为1∶5。其中，粮食仓房国有与社会企业的比例约为3∶1。这些仓房主要分布在粮食主产区，主销区和产销平衡区粮食仓房比例较少，据国家粮食局统计，现有仓房粮食主产区、主销区、产销平衡区的分布比例为7∶1∶1。

自1990年我国建立专项粮食储备制度三十年来，经历多次市场风波的冲击，屡遇"买粮难、卖粮难"的反复，承受历次突发事件挑战，受到世界粮食危机的波及，中国的专项粮食储备制度经受了上述一系列的重大考验，如1991年的淮河流域大水泛滥、1994年全国性的平抑粮价上涨和抑制通胀、1998年长江大水成灾、20世纪初2003年的"非典""禽流感"和冰雪、地震等重大灾害相继袭来的危急之秋、特别是2007—2008年粮食危机席卷全球且危及我国的紧要关头，中国都能够应对自如，就是因为"手中有粮、心里不慌"，"国家有粮、百姓不慌"。事实证明，粮食储备体系是国家粮食宏观调控的基础，是粮食安全保障体系的重要支撑力量，是综合国力增强的体现。

因此，不论是粮食出口国的美国、欧洲、澳大利亚，还是粮食进口国的日本、印度，抑或是我国都离不开粮食储备。但是，一个国家究竟选择哪种形式的储备制度取决于它的经济体制、农业发展状况以及国内粮食需求情况。

美国、德法、澳大利亚是发达的资本主义国家，私有经济占主体地位，而国有经济所占的份额非常小。同时，市场经济体制十分完善，保障市场顺利运行的法律法规也非常完备，政府对市场的干预较少。因此，这些国家的粮食储备体系主要由市场主导。

而日本虽然也是发达资本主义国家，但是其宏观经济调节与产业诱导的特征十分明显。日本的市场经济不是自然发展的过程，而是依靠政府参与市场的培育、扶持来推动市场经济发展的，特别是第二次世界大战后，日本政府在符合市场经济规律的干预活动中创造了政府和市场相互结合的"合力"。印度和中国都处于由计划经济向市场经济发展的时期，政府在经济活动中占有重要的位置。因此，在日本、中国和印度的粮食储备体系中，政府起很大的主导性作用。

总之，不论是市场主导型粮食储备体系，还是政府主导型粮食储备体系，它们的共同目的都是维持国内粮食供求平衡，维持粮食价格稳定。由于不同国家的基本国情不同，导致政府在粮食储备中发挥作用的程度也不相同。对于粮食生产能力较高的国家来说，政府在规定了粮食储备体系的基本制度之后，可以交由市场来运行粮食储备。而对粮食生产能力较低的国家来说，粮食储备的意义尤为重要，需要政府的有效引导和运行。这就要求政府在粮食储备体系中发挥主导型作用。所以，一个国家粮食储备体系的形成，还是要立足于本国的基本情况，针对不同的经济体制、粮食生产能力和粮食供需状况合理选择，从而保证本国粮食的有效供给和国家的粮食安全。

第二节 粮 食 安 全

粮食安全是指，所有人在任何时候都能通过物质、社会和经济渠道获得充足、安全和富有营养的食物，以满足其积极健康生活的膳食需要和食物偏好的情况。这是联合国粮农组织对粮食安全的定义。根据该定义可确定四个粮食安全维度：粮食可供量、获取粮食的经济和物质手段、粮食利用和长期稳定。实际上从这四个维度来看，粮食安全不取决于消费者个人，而取决于国家或地区粮食安全的举措，包括粮食的供给保障、质量保障和价格保障三方面，且三方面须同时满足，缺一不可。这里供给保障是最重要的，是否能生产足够的粮食满足消费需求？是否有足够的粮食储备应对收获季与非收获季的供给不均以及其他因素引起的供应危机，是否有健康良性运行的市场而不受国际国内粮食价格波动的影响？是否有足够且快捷的物流保证粮食的跨产区与消费区的流动？是否能够提供其他的食用品补充粮食的缺口？

第二节 粮食安全

所以，解决粮食安全问题应该要从世界粮食安全和国家粮食安全两个层面去考虑。如果一个国家的粮食生产是稳定的，那么就要找到处理粮食丰歉的渠道和保证粮食的周转储备和流通，这时就必须要考虑国家的粮食储备与国际市场流通的渠道。粮食的进出口是平衡粮食生产丰歉，保证国家粮食安全的最佳手段。谈及粮食的进出口问题不可避地会涉及世界的粮食安全问题。世界粮食安全是全球化的问题，全世界的粮食经济运行从粮食生产到粮食消费，按照联合国粮农组织的要求必须关注贫穷落后国家和地区粮食消费的满足问题。

1974年11月联合国粮农组织（FAO）在罗马召开的第一次世界粮食首脑会议提出了粮食安全的定义"保证任何人在任何时候，都能够得到为了生存和健康所需要的足够食物"；1983年4月联合国粮食安全委员会提出的新概念是"粮食安全的最终目标应该是确保所有人在任何时候既能买得到又能买得起他们所需要的基本食品"；1996年11月第二次世界粮食首脑会议后，《粮食安全罗马宣言》对粮食安全作了第三次表述，"让所有人在任何时候都能在物质上和经济上获得足够有营养和安全的食物，来满足其积极和健康生活的膳食需要及食物喜好，才实现了粮食安全"。2001年在德国波恩召开的世界粮食大会又提出了持续粮食安全的概念，要求无污染、无公害，向消费者提供增强健康、保证延年益寿的粮食和其他食物。世界粮食安全的充实和发展表达的是一种良好的愿景，但却没有改变世界粮食安全堪忧的事实。2007年下半年以来，由于世界粮食供应短缺和粮价飞涨，一些非洲国家和印度尼西亚、菲律宾、海地等国家爆发了骚乱，共有37个国家面临粮食安全危机，美国也出现了抢购粮食的风波。世界粮食储备一度降至30年来的最低点，已有储备只够维持53天，远远低于2007年年初169天的水平。可以说，联合国粮食委员会等世界性组织，无法从制度和能力上保障世界粮食安全，他们承担得更多的是粮食安全的道义上的责任。

如果我们从国家层面来考虑粮食安全，它应该是比较单一的，国家作为责任主体在政治、法律、生产、加工、储备、流通各个环节完善粮食的丰盈度，并通过储备来调剂丰歉、弥补缺口，稳定粮食供应与粮食价格，达到国泰民安。但是，在经济全球化，消费多样化的时代，即使粮食足够丰沛也会有品种、花色的差异，必须依靠国际产品来互补。何况没有一个国家能够保证所有的产品全部自给自足，都需要通过粮食的进出口国际贸易来达成目标。由此就给了那些惯于在国际交往活动中通过霸权、强权来获得支配控制其他国家的发达国家带来了可以利用"粮食"来获取国家政治利益、经济利益，遏制战略对手的外交手段。

一、世界粮食安全变身外交战略

随着全球社会、经济的发展，粮食供求状况的变化，世界粮食安全在某种程度上变成了强权国家的外交战略，正如时任美国国务卿基辛格所言，"如果你控制了石油，你就控制了所有国家；如果你控制了粮食，你就控制了全人类"。作为世界上粮食出口量最大的国家，美国在世界粮食市场中扮演的角色不可忽视，甚至可以说美国才是世界粮食舞台上真正的主角。

"二战"结束后，西方各国在重建过程中，纷纷挖掘资源潜力，提高自身的粮食生产效率。当时，在全世界范围内，尽管粮食并没有构成为稀缺或紧缺资源，但却成为了各国之间角力的重要工具。特别是，随着美国在全球粮食市场上主导地位的逐步确立，"粮食"日渐成为其在世界范围内实现政治意图、遏制战略对手的重要手段，因此也成为美国外交政策的核心组成部分。其中，屡次被使用的粮食禁运就是一个典型案例。在20世纪50年代之后，国际上一共发生了10次粮食禁运，其中8次由美国发起。1954年美国总统签署公法480号农业贸易发展与援助法案。这个法案成为美国重要的外交工具。1954—1956年，食物对外援助占美国全部援助的一半以上。1956—1960年，世界上1/3的小麦援助来自美国。如海地是以种植稻米为主，在20世纪80年代每年大米产量可以满足这个国家95%的需求。1995年，作为向海地提供贷款的条件，国际货币基金组织要求该国把大米的进口关税由原来的35%降至3%。这是加勒比海地区的最低关税水平。海地接受这一要求意味着向美国敞开了大米贸易，美国以低于海地大米一半的价格向海地倾销大米。成千上万的海地农民为此失去了稻谷生产和生存手段，每年海地有330万人吃不饱饭。

20世纪70年代，人们开始真正注意到"粮食安全"的重要性。这既有天灾和气候的原因，也是大国矛盾关系的产物。在20世纪70年代初，全球出现了连续几年的恶劣气候和自然灾害，导致粮食在世界范围内歉收，一些主要国家的粮食产量和输出量大幅出现下降。苏联也改变了以往屠宰牲畜，以降低粮食需求的做法，开始进入国际粮食市场大量购买粮食，加剧了国际粮食供求紧张状态。这种供求变化的直接结果是，世界上出现了第二次世界大战后最严重的粮食危机。因此，这一时期粮食安全开始迅速成为国际上关注的重点议题。在粮食危机的触发下，美国开始迅速将国家安全战略重点转向控制石油和粮食。特别是在国际金融体系在20世纪70年代初受到巨大冲击，石油危机引发发达资本主义国家的国内经济条件恶化的背景下，美国开始加快推动国家安全战略转型。特别是尼克松上台后，美国的对外政策开展进行深入调整，战略重点开始转向控制粮食和石油市场。借助 1973 年世界粮食危机和粮食安全政策调整，美国的六家跨国公司迅速控制了世界 95% 的粮食库存。美国开始借助高效的农业市场，以世界上最大的粮食供应国的身份，控制粮食供应和价格，及至 20 世纪 80 年代，其扩张性粮食战略基本定型。然而，在这一时期，关贸总协定作为布雷顿森林体系的重要支撑内容开始崩溃，对以美国为首的西方经济甚至世界经济造成了重大冲击，危及美国的世界霸主地位。为此，美国政府开始放弃食物援助作为外交工具，极力说服关贸总协定成员国回到谈判桌，推动持续 8 年的乌拉圭回合谈判，并最终促成了世界贸易组织(WTO)于 1995 年正式成立。世贸组织将包括农业领域在内的一些专业领域纳入管辖范围。自此，粮食贸易自由化进程加快，世界范围内的粮食安全的内涵将被充实和调整。

以发达国家为主导建立的世界贸易组织对于世界粮食安全具有重大影响。其农业协定宣布，通过贸易限制、生产控制、国营贸易等措施造成的人为价格支持是非法的。为加快推动全球的农产品贸易自由化，解决欧美出现的农产品过剩，以及由于农业补贴引发的农产品出口竞争问题。因此，削减农业补贴和促进农业进口国开放市场开始成为世贸组织农业框架协定的主要内容。另外，世界贸易组织实行的自由化和私有化制度促进了跨国农业综合企业和粮食市场的一体化。

在 20 世纪 90 年代中期以前，一方面世界农业开展了第一次"绿色革命"，农业科技进步加快，灌溉技术不断发展，良种良法得到推广应用，农药、化肥、杀虫剂等农业投入品得到使用，大大提高了农业生产率。另一方面东德、西德合并，苏联解体，日本经济衰落等国际格局变化造成全球能源、资源供求关系宽松，全球粮食消费出现暂时性停滞，世界粮食实际价格稳步下降。从而使得世界各国对粮食问题都持比较乐观的态度。据统计，1950—1984 年国际市场粮食价格实际下降了 12.27%。1984—1995 年小麦、大米、玉米价格均出现持续下降。[①] 正是由于这种发展背景，世贸组织在农业支持系统的最初设定方面，表现出大国控制世界农业和粮食的强大力量，美国和欧盟继续对各自的农民进行大量补贴；相应地，全球南方国家放弃了相关权利，开始打开贸易壁垒，开放农业生产部门。这既是世界格局演化的结果，也成为当今国际粮食不安全问题产生的体制根源。这也使得美国和欧盟的粮食体系能够通过国际贸易冲垮其他国家粮食体系。这种国际力量的变化和规则确立，对发展中国家的粮

---

① 天则经济研究所 414 次学术报告会：粮价与粮食安全[EB/OL].(2018-11-5)[2019-7-19].https://www.taodocs.com/p-396195605.html.

食安全产生了重大影响。"有充分证据显示贸易自由化导致了发展中国家食物进口大幅度上升,贸易自由化侵害了小农场主的谋生方式,并且没有帮助这些国家实现食物安全。"在现实中,国际农产品自由贸易远不如理论所设想的那样完美,而是被逐利至上的少数跨国企业巨头所掌控,受到各种政治经济利益的掣肘和错综复杂的国际格局的影响。事实上,早在乌拉圭回合谈判后期,贸易自由化会对粮食安全产生严重冲击这一倾向就已经显现。据联合国粮农组织对 16 个发展中国家的一项研究表明,在乌拉圭回合谈判后期,这些国家的食物进口大幅上升,但出口量却没有任何增加。在贸易自由化的冲击下,一些发展中国家的农业萎缩,迫使农民破产并离开农村,大大加剧了土地向少数人集中,使农民失去收入和生活保障。这些情况正是"典型的自由化后遗症"。

对于区域自由贸易而言,粮食安全同样受到严峻挑战。如北美自由贸易协议要求墨西哥必须向美加的农产品开放市场。在缺乏农业保护措施和农业补贴条件下,大量依靠种植玉米的墨西哥小农无法和高度补贴的美国玉米竞争,被迫外出打工,导致粮食市场被美国掌控。对于墨西哥而言,粮食安全所受到的冲击还在于农村人口向城市棚户区迁移造成粮食生产可持续力的不断下降。

20 世纪 90 年代中期以后,世界粮食市场供求关系悄然发生了转折,粮食由供求平衡逐步转向供求偏紧。自 2002 年以来,随着以石油为代表的能源价格的上涨,推动着全球各种生产资料和生活资料逐步走出低谷,农产品价格也呈现回升之势。美国次贷危机初露端倪时开始引起一部分金融资本的警觉,在危机充分展开之前将大量资金投向大宗重要商品领域,其中包括粮食市场。2007 年后,世界粮食价格升幅加快,先是小幅度上涨,然后是玉米价格飙升。2007 年 11 月联合国粮农组织发布报告称,粮价一年来大幅度攀升,全球粮食储备已降至 25 年来最低点,谷物储量只够维持人类 57 天的需要。同一年前相比,小麦、玉米、大米的价格分别上升 100%、50% 和 20%。进入 2008 年后,大米的价格也开始飞涨。据联合国粮农组织测算,2008 年年度世界粮食库存由 2002 年年度占全年消费量的 30% 下降到 14.7%,为 30 年来之最低;世界粮食储备仅为 4.05 亿吨,只够人类维持 53 天,而 2007 年年初世界粮食储备可供人类维持 169 天。联合国估计有近 10 亿人遭受着长期饥饿,还不包括那些正在遭受维生素缺乏、营养不足和其他形式营养不良的人群。① 随着粮食供求

---

① 安毅,高铁生. 世界格局调整中各国确保粮食安全的贸易、流通与储备政策[J]. 经济研究参考,2013(56):6.

矛盾的不断积累,最终在21世纪第一个10年里爆发了波及世界的粮食危机。这波粮食危机有其深刻的世界格局调整背景。2008年9月美国全面爆发金融危机后,国际大宗商品急速暴跌。

2017年美国总统特朗普上任以来,为缓解美国经济复苏乏力的局面,粮食贸易格局从20世纪90年代的"自由贸易"向"贸易保护"转变,美国加大了对粮食的种植补贴,同时挥舞关税大棒,对欧盟、亚洲各国实行关税惩罚,试图利用关税壁垒扭转经济复苏乏力的局面。自2017年7月美国基于其国内法启动对我国的"301调查"为开端,2018年3月22日对我国出口美国的约600万美元的商品增加了25%的额外关税并限制我国对美国的投资并购,并要求我国大量购买他们的农产品。在此之后又多次变本加厉地追加关税金额和增加加税产品,由此引发了中美在2018年、2019年相互通过增加关税进行贸易制裁的贸易摩擦。在长达两年的贸易制裁拉锯战,以及并行的贸易谈判中并没有完全消除两国的贸易摩擦,尽管2019年12月13日通过分阶段谈判对第一阶段的经贸协议文本达成一致,但对我国的经济和粮食产业仍然带来了很大的影响。这次中美的贸易摩擦表面上看是外贸逆差形成的经济利益纠纷,实际上是美国希望利用贸易战抑制中国的发展,是国际政治和国际安全以及外交战略的综合体现。

二、我国的粮食安全压力

2019年10月我国国务院发布《中国粮食安全白皮书》指出,党的十八大以来,以习近平同志为核心的党中央把粮食安全作为治国理政的头等大事,提出了"确保谷物基本自给、口粮绝对安全"的新粮食安全观,确立了以我为主、立足国内、确保产能、适度进口、科技支撑的国家粮食安全战略,走出了一条中国特色粮食安全之路。中国坚持立足国内保障粮食基本自给的方针,实行最严格的耕地保护制度,实施"藏粮于地、藏粮于技"战略,持续推进农业供给侧结构性改革和体制机制创新,粮食生产能力不断增强,粮食流通现代化水平明显提升,粮食供给结构不断优化,粮食产业经济稳步发展,更高层次、更高质量、更有效率、更可持续的粮食安全保障体系逐步建立,国家粮食安全保障更加有力,中国特色粮食安全之路越走越稳健、越走越宽广。

中国是世界上公认的粮食生产大国,用占世界7%的耕地和6.5%的水源养活了占世界20%的人口。2003—2015年,中国粮食产量实现"12连增",粮食总产量有8年在5亿吨以上;2009—2015年,小麦、稻谷、玉米等三大谷物总产量实现"7连增",7年间三大谷物增产总量9074万吨,总产量达57230

万吨,增长 18.84%,年均增长 2.69%。联合国粮农组织和中国统计局有关统计数据显示,2010—2018 年,中国谷物总产量占世界谷物总产量的份额始终保持在 20.00% 以上。2015—2018 年我国粮食产量连续四年突破 6 亿吨大关,2016—2018 年稻谷产量分别为 21109 万吨、21268 万吨、21213 万吨,小麦产量分别为 13327 万吨、13433 万吨、13144 万吨。具体如表 9-2 所示。

表 9-2　　　　　　　中国 2003—2018 年粮食生产情况　　　　　（单位:万吨）

年份	中国粮食总产量	其中:			世界谷物总产量	中国谷物占世界谷物比例%
		谷物总产量	稻谷	小麦		
2018	65789	61004	21213	13144	296439	20.58
2017	66161	61521	21268	13433	302060	20.37
2016	66044	61557	21109	13327	293919	20.94
2015	66060	61818	21214	13264	284958	21.69
2014	63965	59602	20961	12832	282045	21.13
2013	63048	58650	20629	12371	276904	21.18
2012	61223	56659	20653	12254	256434	22.10
2011	58849	54062	20288	11863	258816	20.89
2010	55911	51197	19723	11614	246742	20.75
2009	53941	49243	19642	11583	249180	19.76
2008	53434	48569	19261	11293	—	—
2007	50414	45963	18638	10953	—	—
2006	49804	45099	18172	10847	—	—
2005	48402	42776	18059	9745	—	—
2004	46947	41157	17909	9195	—	—
2003	43070	37429	16066	8649	—	—

数据来源:中国数据来自 2019 年国家统计局公报。世界谷物(Cereals)总量来自联合国粮农组织数据,http://www.fao.org/faostat/zh/#data。

根据国家统计局公布的数据显示,2019 年国内稻谷产量 2.096 亿吨,较 2018 年下降 1.2%。2019 年国内小麦产量 1.336 亿吨,较 2018 年增长 1.6%。2019 年《中国粮食安全白皮书》指出,我国"实现谷物基本自给。2018 年,谷物产量6.1亿吨，占粮食总产量的90%以上，比1996年的4.5亿吨增加1.6亿吨。目前，我国谷物自给率超过95%，为保障国家粮食安全、促进经济社会发展和国家长治久安奠定了坚实的物质基础。"图9-1显示了我国自1996年以来的粮食生产的变化。

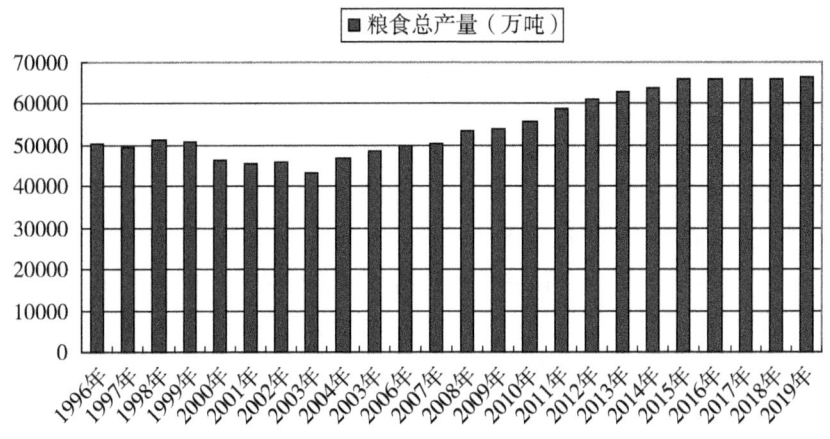

图9-1　1996—2019年我国粮食总产量变化图

白皮书同时指出：中国可以"确保口粮绝对安全。近几年，稻谷和小麦产需有余，完全能够自给，进出口主要是品种调剂，将中国人的饭碗牢牢端在自己手上。2001年至2018年年均进口的粮食总量中，大豆占比为75.4%，稻谷和小麦两大口粮品种合计占比不足6%"。

2014年中央一号文件提出，抓紧构建新形势下的国家粮食安全战略，加大力度落实"米袋子"省长负责制，进一步明确中央和地方的粮食安全责任与分工，主销区也要确立粮食面积底线、保证一定的口粮自给率。实际上是文件明确了国家粮食安全中央与地方、主产区与主销区的国家粮食安全共同责任。亦即进一步明确了中央和地方的粮食安全责任与分工，在中央承担首要责任的同时，全面落实省级人民政府在粮食生产、流通、稳定区域市场和粮食质量安全方面的责任，真正建立起在国家宏观调控下省级人民政府对粮食安全全面负责的体制。

在加强国内粮食安全的各项举措的同时，我们应该清醒地认识到，在经济全球化的今天，任何国家的粮食安全，都离不开世界的粮食安全，也很难规避发达粮食输出国以粮食安全为筹码的粮食霸凌行为。

(一)国际贸易规则的滥用与粮食战争中的粮食安全

我们应该看到现在世界粮食安全不仅仅是一般国家的国计民生的问题与全球贫穷国家消除贫穷、饥饿和营养不良的粮食安全问题,更多的是发达国家利用粮食及现有国际贸易规则的滥用来推行粮食霸权、粮食威胁和粮食讹诈,抑或是美国政治精英们所说的"粮食战争"。利用"粮食"武器达到其经济、政治以及外交战略目的。

1995年成立的世界贸易组织(WTO),将农业领域纳入其管辖范围。世贸组织规则制定的主导者是发达国家,在制定这些规则和协议时,一方面美国与欧盟等盟国在世贸组织《农业协议》中给自身留下了充足的补贴空间,美国一直借助《农业协议》框架下通过不公平的出口补贴与国内支持等规则,对小麦、玉米、水稻、高粱等粮食作物给予名目繁多的各种补贴,如粮食出口花样繁多的出口补贴和出口信贷。另一方面WTO粮食贸易规则中许多定义、原则乃至具体适用要求也存在纰漏,因此,成员国管制粮食贸易具有一定自由裁量权。美国作为西方体系的领导者,为了维系WTO规则的稳定以及盟国的团结,在一定程度范围内容忍其他国家(包括其同盟国)对粮食的管制,而当美国认为这种管制会对其粮食战略构成严重威胁时,就不惜使用WTO争端解决机制打击这种管制。所以,由这些具备话语权的发达国家制定的具有偏袒条件和条款漏洞的规则和协议为后来以美国为首的发达国家为满足自身利益滥用世贸组织规则埋下了伏笔。

尽管如此,无论是粮食出口国还是粮食进口国,无论对于发达国家还是对于发展中国家,在新的国际贸易规则产生之前,现有的国际贸易规则和贸易手段仍然是实现粮食安全的基本途径和基本手段。在粮食安全问题日益突出的发展趋势下,发达国家为更好地将粮食安全与国家安全目标结合起来,都更加注重占领世贸组织规则中的制高点,寻找更有利于确保本国粮食安全的规则制定,通过强大的经济实力推行有利于本国国家安全的粮食自由贸易。相比之下,发展中国家、新兴市场各国日益注重联合起来,争夺粮食国际贸易规则的发言权,防范粮食出口大国利用粮食自由贸易掌控本国粮食安全。特别是在世界经济格局的深刻调整过程中,发展中国家与新兴市场国家为维系不断增加的人口所需粮食,已经开始努力试图冲破发达国家对国际粮食市场的掌控。以美国为首的发达国家粮食贸易保护主义更多地体现在有效地促进粮食出口,通过尽可能地对内施行粮食补贴、提高农业种植技术,对外实施关税政策、倡导市场机制、把控定价权推动粮食出口战略发展,并致力于有效掌控其他国家粮食生产和粮食市场，在"粮食自由贸易"的掩饰下推行其贸易保护主义。而部分传统的粮食出口大国，在国际资源日益稀缺、气候变化异常、粮食价格高涨的情况下，逐渐开始采取公开直接的政策、关税限制手段控制粮食出口，有效保护本国资源，防止高粮价冲击本国的物价体系和资源体系。总的来说，目前粮食产品的国际贸易，天平的砝码仍然掌握在粮食出口国、发达经济体的手上，他们也始终将世贸组织贸易规则的政策解读置于有利于己方的诡辩释义下。

自 2001 年世贸组织开始启动的多哈回合农业问题谈判，就是为了调和发达国家通过现代农业企业与发展中国家经济实力薄弱的小型家庭农业之间的竞争。美国和欧盟农业资源丰富，集约化程度高，在农产品品种、品质、数量、补贴方面占有绝对优势，因而强调坚持自由化路线。而新兴市场国家和发展中国家为保障本国的粮食安全，则对粮食贸易自由化提出尖锐的批评。"发展中国家与发达国家在农业问题上的矛盾表面化，使得世贸组织农业谈判的协调变得更加困难。"并且发达国家间也不是铁板一块，美国希望欧洲大幅降低关税，以便为美国农产品打开新的市场；而欧洲则存在大欧盟思想，强烈要求美国停止或减少向美国农场主提供大量补贴。这种发达国家和发展中国家在粮食问题上的矛盾利益关系的不可调和性，发达国家和发达国家之间的相互倾扎，注定了多哈回合粮食问题谈判历经 20 年仍无法达成一致意见。

总的看来，以粮食安全为内容的国际贸易规则仍将是未来各国确保粮食安全的战略制高点。为保证我国的粮食安全，我们应积极参与国际贸易组织相关贸易规则的制定，争取话语权，有效限制发达国家以贸易自由为由而对自己行贸易保护之实的伎俩。必须充分利用现有的 WTO 国际贸易规则，合理合规地尽可能地运用国际贸易规则赋予发展中国家的国际贸易保护政策，确保国家的粮食安全。

我国与美国发端于 2017 年 8 月，开始于 2018 年 3 月的中美贸易摩擦就是典型的例子，照样沿袭了墨西哥的案例利用所谓的世贸组织规则，通过农产品——粮食的输出，施压我国的进口关税政策。在美国的行为准则里，当自己要进行贸易自由化时可以利用世贸组织规则，当其要进行贸易保护时同样可以利用世贸组织规则。当要进行贸易自由化时其可以要求其他的国家开放粮食市场，当自己的经济复苏乏力时利用关税壁垒要求其他国家开放市场、增加进口，而自身却利用国内法保护自己的农业和农民利益。他们利用丰富的土地资源、发达的农业科技资源、高额的农产品生产补贴，使他们的农产品的价格在国际市场中具有绝对的竞争优势。利用低廉的农产品输出抢占其他国家的粮食市场，从而使这些处于劣势的粮食生产国失去竞争优势，继而丧失国家的粮食主权。

这就是美国学者莱斯特·R. 布朗（Lester. R. Brown）教授所认为的，当今世界应根据粮食短缺状况而不是军事冲突来重新定义国际安全问题。粮食向来都是美国的政治货币，美国长期奉行粮食武器（Grain as Weapon）原则。美国历史上的若干内阁成员都曾说过，"粮食是一种武器，是我们谈判箱中主要的工具之一""粮食是一种武器，使用它的方式之一就是把各个国家系在我们身上，那样他们就不愿和我们捣乱了"，甚至还提出"谁控制了粮食出口，谁就控制了世界""小麦赢得战争"等口号。在实践中，美国的"粮食武器"一直用得很成功。如1948年美国为南斯拉夫提供粮食，使其摆脱了苏联的控制；1970年美国停止向智利出口粮食，迫使刚上台的马克思主义者萨尔瓦多·阿连德下台，在1973年美国恢复对智利的粮食出口后，其又恢复了执政；1974年美国向孟加拉出口粮食，使其停止了对古巴的黄麻出口。

因此，在经济全球化的今天，我们的粮食安全不仅要牢牢掌握在自己的手上，坚持"以我为主、立足国内、确保产能、适度进口、科技支撑"的国家粮食安全战略，通过促进粮食生产，完善粮食加工、合理有效的粮食储备、快捷的流通体制来确保国家的粮食安全和粮食主权。与此同时，我们要极大地利用联合国粮农组织及世界经合组织规则，如WTO《农业协议》中关于各国干预粮食生产的"绿箱政策"和"黄箱政策"，很好地保护本国粮食生产和农民利益。建立粮食合作组织参与国际农产品市场运作机制，达到共同抵御以"粮食"为籍口的粮食贸易霸凌。

(二)跨国商业垄断与粮食安全

世贸组织的一个重要进展是首次将农产品贸易纳入管辖范围，其主要的目的是通过削减农业补贴和促进农业进口国开放市场加快推动全球的农产品贸易自由化，而粮食产品贸易的自由化和私有化制度也促进了跨国农业综合企业和粮食市场的一体化进程。这也为参与粮食贸易的国际资本和先行布局的那些发达国家的粮食经营企业提供了跨国经营的先决条件。如美国的阿彻丹尼尔斯米德兰公司Archer Daniels Midland（ADM）、邦吉BUNGE公司、嘉吉公司Cargill，法国的路易达孚 Louis Dreyfus（LDC）并称世界四大跨国粮商。这四大粮商目前垄断了全球80%的粮食交易量。他们操纵着全世界粮食的进出口买卖、食品的制造与包装，以及价格的制定。这些跨国粮商为了各自的利益与各国的政治集团之间有着千丝万缕的联系，并形成了一个严密的政治、经济、外交的利益集团。

自从美国掌握世界经济霸权之后，美国政府与其国内的跨国粮食经营企业就开始推动粮食商品化和粮食政治化、粮食外交化的发展。而经济全球化和信息科技革命的高速发展则大大加速了这一发展进程。一方面，美国政府向国内的跨国粮食企业提供高额的粮食补贴，为他们在他国建立分支机构、侵蚀他国粮食安全大开方便之门。另一方面在国外，美国的跨国粮食经营企业利用美国在信息科技革命中的领头羊地位，进行"转基因"等概念炒作，企图从源头上控制他国的粮食命脉，同时，利用雄厚的财力，分支机构和各种加工厂遍地开花，极大地左右着别国尤其是穷国、小国的经济命脉和粮食安全。

跨国粮食企业的另一面是在国内加大对美国政府的影响，左右美国政府的粮食决策，并利用美国政府的参与对世界粮食贸易政策的制定产业影响，推动国际粮食贸易规则美国化。1987年到1989年任嘉吉公司执行总裁的丹尼尔·阿姆斯特茨，是"乌拉圭回合"谈判中美国农业首席谈判代表，正是因他的推动，农业首次被纳入关贸总协定体系下，并由后来的世界贸易组织继承。美国的 ADM、嘉吉、邦吉等跨国粮食企业与美国政府密切合作，享受美国政府给予的巨额粮食补贴来进军穷国、弱国的国内市场，并充当美国政府在当地的外交工具，服务于美国的国家利益和政治目的，当他们的利益与美国政府的利益出现矛盾时，双方相互协调直到达成共同的目标。

同样地，面对中国这样的发展中国家，美国政府与其国内的跨国粮食企业联合对中国开展的粮食市场侵蚀在步步紧逼。随着中国加入 WTO 以及融入国际社会，中国的市场包括粮食市场向外资开放。许多国际资本在贸易自由化和投资自由化的旗号下加紧对中国粮食加工产业和流通产业进行渗透，并力图加以主导和控制，并且在有些领域已经取得成效，如大豆产品及食用油行业。

1. 跨国粮企

我们看看世界四大粮食跨国经营企业（又称 ABCD 四大粮商）及益海嘉里的历史以及其在中国的扩张。

（1）美国阿彻丹尼尔斯米德兰公司（Archer Daniels Midland，ADM）。ADM 的创始人自 1902 年开始相关生意，1905 年在美国的 Minneapolis，Minnesota 注册了 Archer Daniels 公司，ADM 公司总部设在美国伊利诺伊州狄克多市。随后几年 ADM 将势力扩大到 Wisconsin，New York 等地。1923 年并购米兰亚麻子产物公司（Midland Linseed Products Company），公司正式更名为 Archer Daniels Midland，亦即 ADM 公司。ADM 逐渐扩大经营范围，增加了面粉工业、食品加工业、饲料业、特殊食品业、可可业以及营养品工业等。20世纪80年代 ADM 开始向国外扩张。1983 年在香港地区设立亚太分公司；1986 年在欧洲的荷兰和德国进行收购；2000年正式进入中国内地。时至今日，ADM已成为巨大而又盘根错节的跨国公司。截至2018年，ADM在全球200个国家有450个公司，从事可可、玉米加工、食品添加物、营养补助品、类固醇、食用油等的生产和市场推销。公司雇佣40000多名员工，运用公司全球领先的农作物收储、运输和加工网络，采购和销售农产品，将农场与餐桌连接起来。① 2017年AMD营业额达到608亿美元，净利润为16亿美元。② ADM是当今世界第一谷物与油籽处理厂，美国最大的大豆压碎处理厂和玉米类添加物制造厂，美国第二大面粉厂和世界第五大谷物输出交易公司。

在四大跨国粮商中，ADM注重研发，不断通过化学研究支撑其发展壮大，与宝洁也有良好的合作关系。几乎在生物燃料出现之初，ADM就迅速成为美国最大的生物乙醇生产商。而在美国前总统布什提出生物燃料计划后，ADM更是积极支持，ADM招来了原石油公司的首席执行官出任公司的首席执行官。仅2007年，公司用于生物燃料的投资就高达10亿美元以上，是世界第一大生物燃料乙醇的生产者。公司还和大众等公司开展一系列的合作计划。

2000年ADM进入中国，目前在中国拥有1000多名员工，是中国市场玉米、油籽、食品及饲料原料的供应商。ADM与中粮集团合资成立了两家公司——广东省东洲粮油工业有限公司和位于山东省菏泽市的中粮艾地盟粮油工业有限公司。ADM同时还拥有德国托福国际有限公司（Alfred C. Toepfer International，简称ACTI）的控股权。托福国际有限公司是一家国际性农业大宗商品贸易商，在北京、大连和上海都设有办事处。

（2）美国邦吉（BUNGE）公司。邦吉（Bunge）由Johann Peter于1818年创立于荷兰的阿姆斯特丹，1859年其总部迁至比利时。公司初期主要从事海外殖民地香料与橡胶生意。1876年公司迁至阿根廷，开始其在美洲的发展。在犹太粮食交易商赫斯（Alfred Hirsch）加盟后，公司业务开始扩及其他的农作物，包括各样粮食与油籽。1935年邦吉进入北美地区并得到迅速发展。1999年其总部正式迁至美国纽约。2000年邦吉正式进入中国。基于全球均衡发展的思想，2004年邦吉又加大了在东欧地区的投资。时值至今，邦吉在全球40个国家拥有450多个工厂，拥有员工35000多名，公司致力于整合全球农业、食品

---

① 美国 ADM 公司 [EB/OL]. https：//investors.adm.com/financials/annual-reports/default.aspx.

② 美国 ADM 公司 [EB/OL]. https：//investors.adm.com/financials/annual-reports/default.aspx.

业供应链和生产链，为世界60多亿人口提供产品与服务，是世界第四大粮食出口公司。据公开报道称，邦吉目前是巴西最大的谷物出口商，美国第二大大豆产品出口商，第三大谷物出口商，第三大大豆加工商，全球第四大谷物出口商、最大油料作物加工商。除了粮食加工与出口，邦吉还将营业范围扩展到了纺织、化肥、油漆以及银行等行业。邦吉的四大支柱产业分别是农产品、糖及生物能源、食品与配料、肥料，大约分别占比为：73%、7.5%亿、18.5%、1%。邦吉在南美、北美、欧洲和亚洲均具备生产能力，其中以南美的产能最为强劲(占总产能的59.9%)。但销量居前的却是欧洲、美国和亚洲，三者合计占了75.2%的份额——这正是邦吉全球化经营的体现：以南美洲为主、其他粮食产区为辅进行粮食生产，以收购或自建的形式在世界主要粮食消费区建立加工厂和物流中心，最终利用庞大的运力和资本优势把不同层次的产品销往世界各地。

在四大粮商中，邦吉以注重从农场到终端的全过程产业链，在南美拥有大片农场，一边向农民卖化肥，一边收购他们手中的粮食，再出口到其他国家或者进行深加工。该公司2018年全年销售额为456亿美元。2018年全年盈利为1.04亿美元。①

1998年邦吉公司在中国设立贸易代表处，开始了与中国客户的农产品贸易往来。2000年邦吉在中国成立国际贸易公司，向中国市场供应大豆等农作物，同时也出口中国的玉米和小麦。2005年邦吉公司开始在中国投资设立大豆加工工厂，生产食用油和蛋白饲料。截至目前，邦吉分别在江苏南京，山东日照和天津运营三家大豆加工企业：邦基(南京)粮油有限公司、邦基三维油脂有限公司和邦基正大(天津)粮油有限公司。2009年，为进一步在中国拓展业务，邦吉(上海)管理有限公司成立。其在广州也在兴建了另外一家工厂。

(3) 美国嘉吉(Cargill)公司。嘉吉公司(Cargill)由原籍苏格兰的海运商威廉·卡基尔(William Cargill)兄弟，于1865年在Iowa创立，1868年其工厂迁至Minnesota，1875年其总部迁至Wisconsin。嘉吉年营业额高达2800多亿美元，年获利达25亿美元以上，是美国第二大私有资本公司，法国第三大粮食产品输出公司，美国最大的玉米饲料制造商，美国第三大面粉加工企业和屠宰、肉类包装加工厂，最大的养猪和禽类(如肉鸡、火鸡)养殖场。它的粮食输出和交易业务，不但是美国第一，而且是世界第一。同时，它还拥有全美最多的粮仓，从食品的生产、包装，到市场的每一个环节，无不一手包办。截至

---

① 美国邦吉(BUNGE)公司[EB/OL]. https://www.bunge.com.

2019年嘉吉公司业务横跨五大洲及70个国家，堪称世界之最。公司拥有15.5万名雇员，是美国最大的非上市公司，已连续6年被评为全美最大20家私人公司之首。此外，它还拥有超过100亿美元资产的避险基金——黑河资产管理（Black River Asset Management）和从事高科技及高回报（包括基因工程等）的生物工程研发计划。

嘉吉公司本身是一个农产品供应链服务提供商，作为一个全球性的公司，嘉吉在供应链管理方面有着丰富的经验。它拥有400条平底运粮拖船和2000辆大货柜车，这是物流环节不可或缺的一环。

嘉吉公司主张开放自由贸易，它的发展战略主要是开发第三世界的潜在市场。2017年嘉吉公司的营业收入为2820亿美元，按照美国GAAP基准，嘉吉的净收益增长17%至25.6亿美元。①

嘉吉公司和中国的合作关系可以追溯至1971年，嘉吉在中国台湾地区的高雄设立饲料加工厂。从1972年尼克松总统访华后不久便开展了对华贸易；1972年《中美联合公报》发布后不久，嘉吉就与中国进行贸易合作。目前嘉吉在中国20个省市投资建立了43家独资与合资企业，拥有超过8000名员工，在华投资项目包括饲料、蛋白、植物油、玉米加工、各种食品配料和化肥等。在中国从事农产品谷物、油籽等销售，也从中国出口钢材、苹果汁和食品配料。嘉吉一度代理了中国2/3的玉米出口量，同时也曾是中国最大的浓缩苹果汁出口商。

嘉吉公司在我国还建立了全资的山东嘉吉化肥有限公司，以及合资的云南三环中化嘉吉化肥有限公司等。除了种植领域外，嘉吉在中国的业务涵盖了农产品供应链、动物营养、动物蛋白、食品配料及应用等多个领域，嘉吉在华的产业链条基本搭建完成。

(4)法国的路易达孚（Louis Dreyfus，LDC）。路易达孚（Louis Dreyfus，LDC）是一家跨国集团，由法国人列奥波尔德·路易·达孚创建于1851年，总部设于法国巴黎，其开创和发展了欧洲谷物出口贸易，是世界第三及法国第一粮食输出商和世界粮食输往俄罗斯的第一出口商，号称粮商之中的"拿破仑-波拿巴"。160多年来，路易达孚集团的业务已扩展到十分广泛的领域，与有影响力的欧陆政治人物互通声气，后期建立的路易达孚银行是法国第五大银行。路易达孚已经在全世界100个国家设立了办事机构，包括北京、布宜诺斯艾利斯、巴黎、日内瓦、圣保罗、新加坡、美国维尔顿（康涅狄格州）和孟菲斯（田

---

① 美国嘉吉（Cargill）公司[EB/OL]. https：//www. Cargill. com.

纳西州)。全球雇员总数约35000名,2019年净销售额达495亿美元,净收入为7.1亿美元。位于巴黎的总部通过管理及制定公司的发展策略,统筹策划整个集团的商业活动。

路易达孚的最新生意活动,是从事全球性生物燃料的生产和经营,包括制造和交易经由发酵或合成方式生产的乙醇,它用以制造发酵式乙醇的主要原料是蔗糖和谷类等农作物。它在巴西拥有两处巨大的发酵式乙醇制造厂。通过设在伦敦等地的办事处,路易达孚积极从事着乙醇从生产到目的地的交易,以及乙醇市场的开发,目的是要让乙醇市场全球化。

路易达孚集团的大宗商品部(Commodity)从事农产品全球贸易。它很重视通来期券期货的买卖来平衡风险。路易达孚同中国的贸易关系往来也较早。20世纪60年代以前及在60年代,集团即与中国进行饲料和谷物贸易。1971年以后集团与中国在小麦、油脂、油料、饲料、棉花、食糖、和饲料谷物等农产品方面的贸易十分活跃,有进口亦有出口。成立于1994年的路易达孚(北京)有限公司,就是中国大宗商品交易所和郑州商品交易所的自营会员。由于其现金流充沛又有国际背景,在中国期货市场上从2005年开始,路易达孚(北京)有限公司就从中国政府获得了玉米国内贸易的许可证,积极拓展中国国内市场,着手将华北和东北玉米销往南方和西南地区。

(5)益海嘉里集团。之所以把这个公司放在和世界ABCD四大跨国粮食贸易企业一起来讨论,是因为:第一,益海嘉里集团是AMD与新加坡丰益国际合资的企业;第二,益海嘉里集团的粮食加工与贸易企业、工厂已经遍布中国,比中国本土的任何企业都多。第三,益海嘉里不满足于加工和贸易,还涉足粮食产品的上下游,以及流通的各个环节。

益海嘉里集团成立于2001年,总部设在上海陆家嘴,是美国ADM公司和新加坡丰益(WILMAR)集团共同投资组建,是ADM在中国扩张的典型代表。丰益(WILMAR)国际由郭鹤年及其侄子郭孔丰同印尼油棕王吴笙福于1991年联合创办,公司的前身为丰益控股,是世界最大的食用油炼油企业之一,总部设在新加坡。其是多元化的全球跨国公司,世界最大的粮食、食用油及农产品供应商、贸易商之一。丰益国际业务范围包括棕榈种植,油籽压榨,食用油精炼,食糖加工和提炼,消费品、专用油脂、面粉及大米加工,油脂化工品、棕榈生物柴油和化肥制造等。目前在全球30多个国家有超过500多家工厂,在中国、印度、印尼和其他50多个国家设有完善的分销网络,员工人数超过9.3万人,集团的运营中心在印度尼西亚和马来西亚,业务重点在中国、印度尼西亚、马来西亚和印度。在2019年营业收入43.8亿美元,净利润1.29亿

第九章　粮食储备、粮食安全与国际营销

美元。

　　益海嘉里的核心企业是在丰益国际于中国改革开放之初在中国投资兴建的40多家工厂和20多家贸易公司的基础上于2001年在美国AMD参股后重组形成的。现在益海嘉里在我国的总投资已超过300亿元人民币，现有员工约3万人，在全国26个省、自治区、直辖市建成和在建生产基地70多个，生产型实体企业100多家，拥有300个以上的综合加工车间，主要涉足油籽压榨、食用油精炼、专用油脂、油脂科技、玉米深加工、小麦深加工、大豆精深加工、水稻循环经济、食品原辅料、粮油科技研发等产业。

　　该集团在国内除直接控股的工厂和贸易公司外，还参股鲁花等多家国内著名粮油加工企业，工厂遍布河北、山东、江苏、福建、广东、广西等沿海各主要省份及四川、湖北、湖南、新疆、宁夏、黑龙江等内陆地区，贸易公司及办事处已覆盖除西藏和港、澳、台地区外的全国各省。该集团油籽年压榨量达1000万吨，油脂年精炼能力300万吨，分提能力达100万吨，出口豆粕占全国年出口总量的70%以上，是国内最大的油脂、油料加工企业集团之一。在大力发展油脂、油料加工项目的基础上，该集团又全面进军小麦、稻谷、棉籽、芝麻、大豆浓缩蛋白等粮油精深加工项目，同时又先后投资控股和参股铁路物流、收储基地、船务、船代等辅助公司，向着多品种经营和多元化发展。从2005年开始，益海嘉里集团将投资方向转向其他农产品加工领域，在黑龙江投资益海米业。2005年12月成立益海（佳木斯）粮油工业有限公司，负责集团东北业务开展。益海（佳木斯）粮油工业有限公司已与黑龙江益海粮油和黑龙江龙粮储备公司合作，建设大型收储基地；开展水稻、玉米等国内外贸易；组建物流公司，贯通运输通道；建设玉米、大米加工基地；在佳木斯等优质水稻、大豆主产区建立大型粮食加工基地。益海集团已在东三省及内蒙古部分地区建立了完善的粮油业务网络。图9-2为益海嘉里在中国的业务分布图。①

　　从益海嘉里集团业务涉猎可以看出，它不仅通过控股或参股的形式控制国内60%以上的小包装油市场份额，在大力发展油脂、油料加工项目的基础上，还全面进军小麦、水稻、棉籽、芝麻、大豆浓缩蛋白等粮油精深加工项目，同时又先后投资控股和参股铁路物流、收储基地、船务、船代等辅助公司，向着多品种经营和多元化发展。工厂遍布全国各地，堪称全中国最大的粮油加工集团。丰益国际还不惜斥巨资挺进东北的大豆根据地。并且，开始涉足粮食的收储、贸易业务。所以，益海嘉里在中国粮食产品市场全产业链的攻城略地，最

---

①　资料来源：https://www.yihaikerry.net.cn/GroupIntroduce/belong.aspx。

第二节 粮食安全

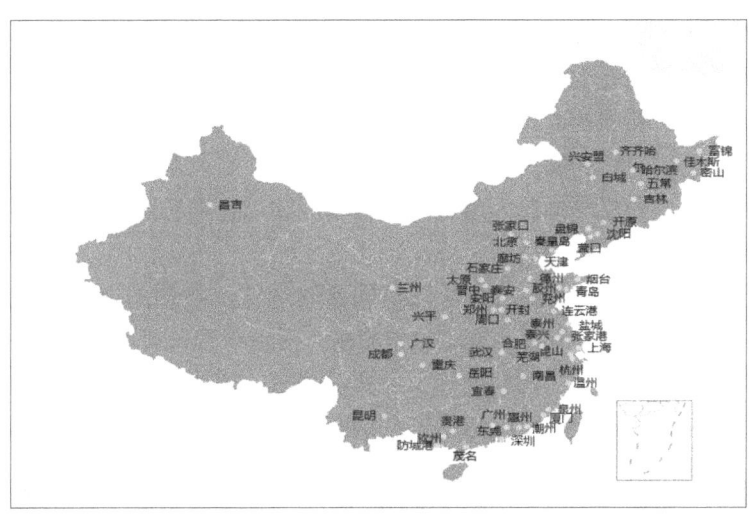

图9-2 益海嘉里在中国的业务分布图

终使其市场的主导权不断上升。

2. 从四大跨国粮商在中国的投资与渗透深度来看我国的粮食安全

不管人们愿不愿意相信,事实上四大跨国粮商控制着全世界80%的粮食交易量,"只有他们可以定价"这样的声音不绝于耳,似乎有些不甘,但更多的是一种无奈。在全球众多领域中的各个市场都在进行跨国整合、重组的大环境中,国际粮食市场却走在了前面,四大跨国粮商以绝对的优势占据了国际粮食市场的大壁江山,控制了多国的粮食贸易,并与多国的政府保持着千丝万缕的联系,这样就更加巩固了四大跨国粮商的江湖地位,似乎没有什么可以阻止他们到处攻城略地。而方式和手段上不外乎侵占粮食市场、通过期货控制粮食市场。最危险的是,四大跨国粮商都是一条龙的集团化运作,从种子、化肥等生产环节到建立自己的运输通道等流通环节,掌控了整个产业链条。也正是因为链条式的发展模式使得四大粮商更容易控制粮价,从中盈利。邦吉毫不犹豫地将自己奇迹般的业绩归功于国际市场的高粮价,尽管也有矿产等投资,但是农业部门始终是邦吉最强的部门。邦吉各个地区与粮食有关的业务都出现了增长,在欧洲和南美,谷物开发和油料作物的加工利润增加;在北美,谷物出口则大幅增加。

显然四大跨国粮商手握全球80%以上的农产品贸易,只要这四家愿意心照不宣地向一个方向行动,其影响力毋庸置疑。很多人都在担心农产品自由贸易体系将要面临崩溃,因此各国政府纷纷采取行动保护本国的粮食安全,嘉吉投资(中国)有限公司主席兼总裁葛诺仁也曾说过,四大跨国粮商之间存在的是竞争关系,其间并没有类似于欧佩克之类的合作组织,很难形成统一的利益链。但是,四大跨国粮商的能量依然不容小觑,各国的反应也并非毫无根据。这也从侧面证明了四大跨国粮商的实力与影响力,在以竞争为前提的国际粮食市场环境下,实力雄厚的四大跨国粮商已很难超越,而它们在市场中的每一步动作也将引起各国的密切关注。

  WTO 关于外资企业进入我国粮食流通领域的过渡期到 2008 年结束。在 2008 年前尽管有 WTO 相关的贸易保护规则,但这些粮商已经通过各种不同的方式和渠道开始涉足我国的粮食加工和贸易领域,现在 ABCD 四大跨国粮商加上 AMD 参股的益海嘉里集团在国内从事粮食的收购、销售、储存、运输、加工、进出口等经营活动,而且是点多面广。这些跨国粮商凭借发达国家的政策支持,他们自身的国际经验、资本实力、科技实力进入我国,不仅给国内粮食企业带来了恐慌,而且他们凭借其强劲的实力,通过兼并、收购、合作等方式进入我国粮食流通领域后,势必会主导国内粮食流通格局,挤压国内粮食企业的生存空间,控制中国粮价,威胁国内粮食企业的生存,进而危及国内粮食安全。

  2001 年中国大豆市场开放的教训十分深刻。2001 年中国对外开放大豆市场,外资企业不断涌入国内,跨国巨头开始染指中国大豆业。2004 年,在遭遇国际投资基金的疯狂打压后,中国中小型大豆加工企业和本土食用油企业不堪承受重负,纷纷宣布破产,被外资低价兼并。[①] 中国从 2001 年到 2004 年的这一次大豆危机就是国际资本、国外政客、海内外媒体和四大跨国粮商的紧密配合协作的结果,是一次典型的有充分计划、有准备的农产品的围剿战争。中国 90 多家主要国内榨油企业中,64 家已变成外资独资或合资,四大跨国粮商参股、控股我国主要的食用油品牌,控制了中国 85% 的实际加工总量,大豆定价权基本旁落。中国的经济实力和市场体量在这场大豆市场的战争中都会落败,更何况那些弱小国家的粮食市场。益海嘉里现在已经控制了我国 60% 的小包装油市场。这就是跨国粮商垄断的结果。

  从四大跨国粮商在中国的发展可以看出,发达国家的政府与其跨国粮食贸易集团为了提高其在国际粮食领域的话语权和控制力,通过类似对我国大豆产业的狙击来布局他们的全球粮食战略,他们通过对农业技术研发、粮食产品的

---

① 华亭. 中国大豆有重蹈南美覆辙之虞[J]. 世界博览,2011(13):96.

种植、加工、粮食收储、流通、运输、定价、销售等环节的渗透、控制，使主权国家的粮食话语权旁落，粮食主权丧失，更无从保障国家的粮食安全。

三、我国的粮食安全之路

我国仍然是发展中国家。由于我们的管理者和经营者经验缺乏，对跨国粮食垄断的准备不充分，对发达国家的粮食战争估计不足，我国企业的资本实力有限，继而很容易进入发达国家以及他们支持的跨国粮食企业的战略布局圈套。因此，我们要充分利用已有国际贸易规则，把握全球贸易一体化进程，加速粮食资源在世界范围内的有效配置，敬畏市场经济下无形的手的强大力量，未雨绸缪，加强国际合作，掌控国际粮源，随时绷紧粮食安全问题之弦。我们应该学习日本政府的先见之明，日本政府在2008年金融危机与粮食危机之后充分看到了自己国家粮食市场依赖进口的脆弱性，就开始提前预防可能出现的粮食安全危机。

日本政府认为，以与本国贸易商社和其他公司公私合营的方式来扩大粮食生产，掌控国际粮源，将有助于降低未来的粮食安全风险。因此日本政府在2008年金融危机和粮食危机后，极力支持大型贸易商社积极进军海外农产品市场。在日本五大贸易商社中，三井物产、伊藤忠和丸红开始进军大豆、小麦和玉米等农产品领域，并在国外投资谷物仓库和出口码头等。三井物产深入展开投资海外农田计划，如在巴西购买了10万公顷农田。由于新兴国家粮食需求的增加，南美作为新兴的粮食产地意义重大。日本各大商社开始加快提升在南美的粮食收购能力。三菱商事收购了巴西粮食收购公司20%的股份，并同巴西最大的食品加工公司联合开展粮食购销业务。截至2015年日本，五大商社在南美地区就建立了约2200万吨的粮食收购能力，是日本进口粮食总量的3/4，不仅为日本粮食稳定供给提供保障，而且还可以供应中国等新兴市场国家，影响这些国家的粮食供求。三菱商事投资35亿日元收购巴西SEAGRO公司20%股份，并获得该公司粮食的优先收购权，该公司粮食加工能力为100万吨。同时，三菱商事还与巴西国内最大的养鸡及加工公司(BRAZIL FOOD)合作，利用其仓库等联合收购大豆，在2015年其大豆收购量达到500万吨。三菱商事与中国中粮集团合作，开展畜牧养殖、肉类加工项目，签订了每年500万吨的大豆供求协议。2011年11月，丸红商社收购巴西TERULOG公司，2015年其在巴西的粮食收购能力达到900万吨，是目前的1.6倍。2011年5月，三井物产公司累计出资近500亿日元，收购巴西MULTIGRAIN公司，每年在巴西收购粮食300万吨。丰田通商、双日商社与阿根廷农业公司合作，规划从2017年开始分别拥有350万吨和150万吨的粮食收购能力,从而有效地保证了日本的粮食安全。

值得欣慰的是,近年我国的粮食企业也认识到了跨国粮源对我国粮食贸易与粮食安全的重要性,也开始了海外的粮食产业布局。中粮集团(COFCO)是我国多元化的粮食企业,在全球化和我国提倡"一带一路"大背景下,加快海外粮食产业布局的步伐,中粮集团从1993年收购香港上市公司中粮国际与鹏利国际,开始大踏步涉猎粮食产品的国际投资与国际贸易,现在中粮集团旗下的中粮国际的资产布局深入南北美洲、欧洲和大洋洲等产区腹地,并在巴西桑托斯、阿根廷罗萨里奥、美国圣路易斯、罗马尼亚康斯坦察、澳大利亚肯布拉等全球重要粮食出口和内陆物流节点拥有中转基地。海外资产和业务覆盖50多个国家和地区,海外农产品经营量超过1亿吨,海外营业收入超过2300亿元,约占企业整体营业收入的50%,是巴西、阿根廷、乌拉圭、罗马尼亚、乌克兰等国主要出口商之一。作为21世纪的世界粮仓的巴西是全球最主要的农产品出口国之一,大豆、玉米、糖、乙醇、咖啡等品种出口量均排名世界第一。巴西是中粮集团在南美洲业务开展最广泛最深入的国家。中粮在巴西投资金额超过19亿美元,拥有19个物流仓储设施和7个加工厂。中国每年进口的大豆中约46%来自巴西。

中粮与阿根廷长期维持着良好贸易合作关系。中粮国际在阿根廷总投资约15亿美元,员工1504人,主要经营大豆、玉米、小麦等原粮出口。2017年谷物和油籽总经营规模达1238万吨,位居阿根廷第一。2017年,中国从阿根廷进口大豆635万吨,其中中粮进口大豆120万吨,占19%。

根据不断增长的国内需求,中粮将围绕"一带一路"沿线国家布局推进一批重点项目,包括黑海地区和中亚地区的仓储物流设施建设,并重点关注俄罗斯的大豆,乌克兰、哈萨克斯坦、罗马尼亚的小麦、玉米和葵花籽,白俄罗斯的乳业和肉食等。中粮国际计划在"一带一路"沿线国家实现投资100亿元人民币,粮食经营量3000万吨,掌控一手粮源1000万吨,进口食品50亿元人民币,打造对接"一带一路"的进口粮食陆路和海路两大粮食物流通道。以市场手段搭建"粮食走廊",掌控粮食产业上游资源,将世界农场和消费者的餐桌有效连接,应对食品消费升级的需求,服务国家粮食宏观调控和粮食安全。

尽管中粮集团已经走出去,但我国的其他粮食企业的国际化之路仍然步履蹒跚,对中国14亿人口的粮食安全而言,还需要有更多的粮食企业走出去维护我国的粮食安全。

第三节 粮食国际营销

粮食的国际市场营销不同于粮食国际贸易,粮食国际贸易就是粮食的国际购销,它既有国内粮食生产丰年的国际销售——国际市场营销,又有粮食生产歉收时的国际采购。同时还有不同时期对不同粮食花色品种调配的粮食国际贸易,它与粮食产品的丰歉没有直接的联系。

我们在前面所讨论的粮食储备、粮食安全都涉及粮食的国际贸易,而非单一的粮食的国际市场营销。

一、粮食国际贸易

只要世界经济不断在发展,国际贸易就始终会贯穿其中。粮食的国际贸易能够促进世界粮食总产量的生产,给世界经济带来更多的外贸经济利润。但在创造利润的同时也给整个世界带来了一定的粮食安全威胁。尤其是发达国家与发展中国家贫富差距越来越大。同时国际贸易带来的负面影响还会渗透到政治、经济以及文化等方方面面。随着世界经济的不断发展,粮食贸易所占的比重越来越大。粮食贸易的需求决定着世界粮食贸易的发展,粮食贸易需求越大,世界粮食的市场也就越大。一个国家粮食进出口贸易中的顺差越大则其获利越大,反之,逆差越大则其所付出的产业成本就越大,对其国内产业的负面影响就越大。所以逆差国家都会尽量去平衡这种粮食贸易的逆差,把对国家的粮食安全威胁降到最低。

中国是农业大国,也是粮食消费大国,国际贸易对中国粮食安全的影响越来越明显。为了能够更好地保障我国的粮食市场安全,需要充分立足国内的基本国情,尽可能地提高农业生产效能,发挥政府的宏观调控能力,完善好粮食流通机制,把国际贸易对我国粮食安全的影响最小化。据 2019 年发布的中国粮食安全白皮书显示,2018 年我国谷物产量 6.1 亿吨,占粮食总产量的 90% 以上,谷物自给率超过 95%,2001 年至 2018 年年均进口的粮食总量中,大豆占比为 75.4%,稻谷和小麦两大口粮品种合计占比不足 6%。

(一)国际粮食市场与我国粮食国际贸易现状

据美国农业部发布的最新供需报告显示,2019—2020 年年度全球大米产量预计为 4.9667 亿吨,2018—2019 年年度为 4.9916 亿吨;2019—2020 年年度全球大米期末库存预计为 1.7705 亿吨,上年为 1.7439 亿吨。据国际谷物理事会(IGC)发布的最新报告显示，2019—2020年年度全球大米产量预计为5.001亿吨，相比之下，上年为5.002亿吨；2019—2020年年度全球大米期末库存预计为1.79亿吨，上年为1.748亿吨。从2004年国内开始承诺每年发放大米进口配额532万吨，其中长粒米266万吨，短粒米266万吨，国营比重占50%。配额外进口关税统一为65%，配额内进口关税统一为1%。2010—2018年我国大米进口数量整体呈增加态势，2012年之前进口量不到100万吨，到2017年进口量为403万吨，2018年大米进口量为308万吨，仍维持300万吨以上。从进口来源国看，泰国、越南、巴基斯坦一直是我国大米最主要进口来源国，90%以上的大米从这三国进口。近年我国加大从柬埔寨、缅甸等国大米的进口量，进口来源国相较之前稍为分散，但集中度依然较高。从大米进口品种来看，进口大米主要为籼米，粳米进口量很少。2019年国内大米进口量同比明显下降，但出口量同比明显增加；国内由大米净进口国转变为净出口国。中国海关总署公布的数据显示，2019年国内累计进口大米数量255万吨，比2018年减少17.2%；2019年国内累计出口大米数量275万吨，比2018年增加31.58%，具体如表9-3所示。

表9-3　　2010—2019年我国口粮主食谷物国际贸易情况　　（单位：万吨）

年份	进口	其中：		出口	其中：	
	谷物总量	大米	小麦	谷物总量	大米	小麦
2019	1785	255	349	324	275	31
2018	2047	308	310	249	209	28
2017	2559	403	442	156	120	1
2016	2199	356	341	58	40	11
2015	3270	338	301	48	29	12
2014	1951	258	300	71	42	19
2013	1458	227	554	95	48	29
2012	1398	237	370	96	28	29
2011	545	60	126	116	52	33
2010	571	39	123	120	62	28

数据来源：2019年国家统计局公报。谷物总量：包括玉米、大麦。

同时美国农业部2020年1月公布的全球小麦供需报告将2019—2020年全

球小麦结转库存量下调为2.881亿吨,相比之下,2019年12月预计为2.895亿吨;将2019—2020年小麦全球出口量上调130万吨,其中欧盟出口增幅最大,达200万吨。私营分析机构Informa经济公司发布报告称,维持2019年全球小麦产量预测数据不变,仍为7.65亿吨,上年为7.31亿吨。2019年以来中美贸易关系此起彼伏,国内美麦进口数量同比下降较为明显,国内小麦年度进口总量处于近年来低位,但国内小麦进口渠道更加趋于多元化。中国海关总署最新公布的数据显示,2019年国内累计进口小麦数量349万吨,比2018年增加12.58%。从2019年国内小麦进口渠道来看,国内加大对欧盟小麦进口力度。与此同时,国内加大一带一路沿线国家的小麦进口力度。在欧洲,市场人士称2019—2020年度欧盟对中国的小麦出口量预计达到约100万吨。国家发展改革委根据《农产品进口关税配额管理暂行办法》,制定了《2020年粮食进口关税配额申请和分配细则》,其中2020年小麦(包括其粉、粒,以下简称小麦)进口关税配额总量为963.6万吨,其中90%为国营贸易配额。2019年12月13日中美双方达成第一阶段协议,中国从美国进口农产品将大幅度增加,2020年我国将进口美国大约500亿美元的农产品,采购规模或为2017年两国贸易冲突爆发前的两倍多。2020年中美贸易关系的变化将很大程度上影响国内进口美国小麦的数量。

(二)国际粮食市场比较优势之殇

国际贸易是一种双向市场机制,取决于贸易双方在粮食产品生产、加工、运输、储备、科技等方面的比较优势,这些比较优势突出的体现在产量、价格、营养和生态等方面。当两者优势接近时双方的粮食产品是一种互补贸易机制,双方在粮食贸易中都可以获得机会和收益;当两者存在优劣之分时也会为双方提供不一样的福利水平,如粮食贸易中优势的一方将获得利润和外汇,劣势的一方则一方面获得粮食的供给和补充,增强本国粮食安全水平,但另一方面劣势的一方也会形成过分依赖他国粮食供给,会对本国农业部门造成不可挽回的危害,损害本国农业的完整性。

目前,世界上主要粮食产品贸易的出口主要是美国、加拿大、阿根廷、澳大利亚、巴西等国家,这些国家由于人均耕地面积大和农业生产技术高,粮食产出率高,使得他们成为世界上最主要的粮食出口国。在全球贸易自由化不断发展的时代,原则上不会人为地限制粮食的供给。然而,由于农业本身比较脆弱,易受到自然条件的影响,当出现大面积自然灾害时,会形成全球粮食减产,进而影响全球粮食供给。回顾历史,发现2006—2008年的粮食危机时期,世界主要稻谷出口国纷纷出台粮食出口的限制政策，之后由于自然灾害等原因，俄罗斯、乌克兰等国禁止小麦出口。甚至，有的发达国家会因为政治因素、经济目的、战略考量或外交手段作出对某些国家的粮食出口禁令。由此可见，一旦主要粮食出口国发生粮食歉收，或者与主要粮食出口国产生政治摩擦，主要粮食出口国出台粮食出口限制政策，势必会对口粮需求刚性增长的国家的粮食安全问题带来巨大的威胁。

据 2019 年中国的粮食安全白皮书显示，目前，我国谷物自给率超过 95%，尽管如此，中国仍然在确保国家粮食安全的前提下，认真遵守世界贸易组织规则并履行中国加入世界贸易组织的相关承诺，积极与世界主要产粮国分享中国巨大的粮食市场。2018 年，包括大豆等油料和饲料在内的粮食进口总量为 11555 万吨，出口总量 366 万吨，分别比 1996 年增长 944.8%、171.1%。进口总量中大豆 8803 万吨；谷物及谷物粉进口 2047 万吨，占当年世界谷物贸易量的 4.9%。[①] 目前我国在口粮上的进口主要是为了品种调剂和履行入世时对世卫组织的相关承诺。

在粮食的价格竞争上，发达国家由于技术较高、成本低，机械化种植程度高，劳动率成本低，而且还有各种名目的国家补贴，使得他们的谷物产品在国际贸易中有很强的价格主导权，有时他们的粮食产品在国际市场上的价格甚至低于成本。发展中国家由于生产分散，规模小，产量低，同比生产成本高，在国际市场中缺乏价格竞争优势，更何况他们本身就存在粮食供给缺口，不得不通过国际贸易获得应有的粮食产品。这种通过国际贸易来弥补国家自身供给不足的行为，表面上来看是得到了价格更加低廉的农产品，但实质上是本国农业产品的灾难。这种低价格获得农产品的同时，使得本国农民放弃自身成本高的粮食种植，而改种其他经济作物，易使本国的农业结构发生改变，这样就使得本国居民的基本刚性消费需求置于外国控制之下，对本国粮食安全造成很大的危害。

在人们的生活中，刚性需求的粮食不仅仅要果腹，还要提供足够热量、适合的口感，更重要的是要提供合适健康、均衡的营养，保障长久的民族生命更迭和遗传安全，而健康均衡营养与正常的食品安全对一个国家、一个民族来说是至关重要的。农产品出口大国依靠其控制的知识产权和转基因技术，对传统农作物的种植带来毁灭性的打击。转基因技术可以实现跨物种间基因的定向转移，增强农作物的优良特性。但也应该看到，转基因技术还不够完善，其对人

---

① 国务院新闻办公室. 中国的粮食安全[R]. 2019.

类健康和遗传的影响并没有完善的试验，存在着安全隐患。转基因农产品的出现在很大程度上缓解了许多发展中国家的粮食安全问题，拯救了许多生命。但是它潜在的风险和不确定性仍然对消费者产生不确定性的危害。转基因产品的营养与安全问题是影响粮食安全的一个不可回避的重要问题。中国大豆进口的主要来源是美国、巴西、阿根廷三个全球最大的大豆生产国。以美国为首，这三个国家都生产转基因大豆，主要用于出口，不自用或很少自用，欧洲根本就不用，但他们都把这些转基因产品供应给了发展中国家和不发达国家，在赚取利润的同时向这些国家输入的是产品的安全问题。

我们的地球正在迎来了一波又一波看似难以接受而又不得不接受的灾难，如2019—2020年全球范围的洪水、冰山融化、森林大火、蝗灾、大雪、病毒等。这些都不排除是由人类有意无意对自然环境的破坏而造成的，尽管各种国际组织也在努力地寻求规避和治理的引去。作为人类不可或缺的刚性需求产品粮食的生产也要考虑其可持续性，粮食的生产需要土地与自然环境的配合，目前粮食产量的提高有赖于农业机械、化肥和农药等的投入。农药和化肥的投入，一方面增加了农产品的产出水平，但同时也在生产过程中对粮食的品质造成损害，更深远地破坏了土壤肥力和水资源，给农业发展造成了长远的损害。而且土壤也需要休耕养护，我们要提倡代际道德，不断减少化学药品在农业生产中的使用量，使土地和水资源既满足当代人需求，同时也不危害后代人使用。还有就是我们生产中使用的生物技术进行的跨物种基因技术的育种，是否也会对农产品生产的可持续性造成危害还未可知，如我国在国际贸易中不仅进口粮食产品，还向发达国家进口粮食种子，现在在我国已经找不到多少能自己发芽留种的粮食作物，这是相当可怕的现象，这说明中国粮食生产的自主权正在被一步步剥夺，粮食生产的可持续性也面临挑战。

(三)世界粮食国际贸易之虞

经合组织-粮农组织预测，"到2027年，世界谷物贸易量预计将较基期增加5500万吨，达到4.59亿吨"。同时联合国在《经合组织-粮农组织2018—2027年农业展望》中指出：近年来，国际贸易环境正面临越来越大的不确定性，这可能影响农业贸易流动情况。当前许多涉及农产品的贸易问题，如俄罗斯进口禁令，阿根廷和印尼生物柴油向美国出口争议，以及中国针对美国高粱进口贸易执行的反倾销调查，等等，可能会对特定商品产生重要的双重影响，但在全球层面以及不同商品之间不太可能产生巨大影响。然而，即使这些争端最终得以解决，由于出口国发现新市场，而进口国找到新供应源，也可能使不同国家之间的贸易流动发生永久改变。英国已经退欧(即英国宣布退出欧盟),针对英国国内农业政策及其与欧盟和其他国家贸易关系政策尚不得而知。英国退欧可能会对某些双边农业贸易流动(尤其是牛肉、乳制品和羊肉)产生重大影响,但对全球农产品贸易的影响可能很小。2018年3月,有11个国家(澳大利亚、文莱、加拿大、智利、日本、马来西亚、墨西哥、新西兰、秘鲁、新加坡和越南)签署了《全面与进步跨太平洋伙伴关系协定》。该协定的缔约方正在降低彼此的农产品进口关税,这可能会巩固参与国之间的贸易关系。该协定还可能对非缔约国向缔约国的出口产生负面影响。同理,这些变化将对各个国家产生影响,使双边贸易流量超过全球农业市场。目前正在重新谈判的《北美自由贸易协定》可能会影响北美的农业发展。该协定将促使形成一个高度一体化的地区,促使农业贸易强劲增长。还有如:目前,25%以上的美国玉米出口到墨西哥,1/3的美国牛肉出口到加拿大和墨西哥。如果这些贸易流动中断,不仅会影响北美,也会波及全球市场。

当然,在联合国经贸组织-粮农组织提出的这些问题之外,我们也得重视全球粮食贸易的垄断问题,如2008年5月在东盟贸易部长会议上,全球最大大米出口国泰国提议,泰国、柬埔寨、老挝和缅甸成立"大米输出国组织",以便在粮价不断上涨的背景下维护自身利益。泰国政府发言人表示,"我们是世界粮食中心,却对粮价方面没有什么影响力,我们进口昂贵的石油,却低廉地出售大米,这损害我们的贸易平衡"。粮食出口国联合组织对于全球粮食不平衡问题具有重大影响,引发全球粮食保护主义的继续升温。另外,如跨国粮食贸易企业,由于其对于世界主要粮食产区仓储、交通物流、港口等基础设施的掌控能力,可以有效排除其他的竞争者,更由于其对于国际有效资源的实际控制和主导能力,远远大于一个地区性主权国家的能力,这样也造成了多数粮食生产小国、缺粮的粮食进口国陷入别无选择的依赖困境。这些问题都会影响全球粮食贸易的自由化和一体化良性、健康有序地发展。

二、粮食产品的国际营销

粮食产品的国际市场营销是一种单向输出,但在全球粮食贸易错综复杂的环境中如何进行粮食产品的输出是粮食市场营销者必须考虑的问题。

(一)粮食国际营销的国家意志

在粮食的国际市场营销上其营销环境有可能比其他行业复杂,政治上存在着发达国家的国家行为,存在粮食外交、粮食战争,以及战略遏制的因素,另一方面也存在国家集团与跨国粮商政商勾结的"政商合一"的国家战略，因此，不能用简单的国际层面的宏观政治因素去看待问题。法律层面除了联合国WTO的贸易规则外，还有很多的区域关贸协议、关税壁垒、非关税壁垒如动植物检验检疫标准(SPS)和技术性贸易壁垒(TBT)为代表的一系列隐蔽性更强、更不易监督和预测的非关税措施，以及像美国那样拿国内法处理国际贸易事务的粮食产品霸凌行为。

(二)畸形的国内粮食市场

经济上，面对世界经济太多的不确定因素，尽管2018年我国的粮食市场自给率已经达到95%，而且最近几年的粮食除2016年因气候原因导致的减产外一直处于连年增收的状态，国家临储库存上升，但进口也在上升，尽管这种进口上升的动力来源于价格的倒挂，还有一部分是来源于我国加入世贸组织时的承诺形成的进口配额的低关税，失去关税"防火墙"。粮食进口的增加并不是国内的需求短缺，而是国内外价差驱动。所以出现了"国货入库，洋货入市""边进口、边积压"。比如从越南进口的大米就比我国的价格低，国内企业进口动力强劲，造成南方籼稻库存积压，销售困难。在过去我国考虑的粮食供给平衡仅仅针对"生产、需求"的二元结构平衡，现在我们需要考虑"生产、需求、进口"三元结构平衡，因此，近年出现了国内粮食经济层面的生产、库存、进口三连升的态势，给我国的经济形成很大的压力。面对经济外部环境及内部环境的变化，也使得我们面对国际粮食市场必须有充分的认识，企业与经济社会间存在紧密联系，特别是外向型的国际市场营销更应基于市场需求，制定科学合理的企业竞争战略。

(三)理智直面我国的粮食产品价格

近几年国际粮食的种植和贸易环境也在发生变化，比如俄罗斯开始进入小麦出口国行列，2016年其出口额已经超过欧盟。国内种植结构以及居民消费取向也在发生变化，如居民的动物蛋白质消费量提高，谷物蛋白质消费量下降。2019年我国进口小麦349万吨，出口31万吨，保持了前几年小麦的净进口状态；2019年我国的大米进口255万吨，出口275万吨，与2017年、2018年相比大米由净进口变成了净出口状态。[1] 国际粮食交易的价格也在发生变

---

[1] 商务部商务数据中心. 货物进出口月度统计[EB/OL]. http：//data.mofcom.gov.cn/hwmy/imexmonth.shtml.

化，我国的粮食生产成本的升高使得粮食产品的价格"地板"在抬高，而进口粮食价格受国际市场及粮食出口国、跨国粮商垄断的价格"天花板"刚性约束，国内粮食价格受到抑制和打压。可以说粮食的国际市场价格并不取决于我国粮食企业的定价意愿，因为我国缺乏在粮食产品上的国际定价权，这是由目前国际粮食市场的定价机制造成。

以下是《经合组织-粮农组织 2018—2027 年农业展望》中关于大米中粳米在全球贸易中的情况提供的分析：粳稻占全球大米贸易量 8%，籼稻和香米分别占 75% 和 15% 左右，其余为糯米。主要的粳稻生产国是中国、日本、韩国、美国、欧盟、澳大利亚、埃及和土耳其。2010—2016 年期间，粳稻占全球稻米产量的 12%~13%。在中国，粳稻产量在 10 年内增加了 1200 万吨，到 2016 年达到 4890 万吨。粳米在中国稻米总面积中的比例从 2006 年的 24.9% 增加到 2016 年的 30.5%，而粳稻在稻米总产量中的比例从 29.0% 增加至同期的 34.5%。欧盟的粳稻产量从 2011 年的 110 万吨增加到 2016 年的 140 万吨，粳稻的产量份额在此期间从 63% 增加到 77%。在美国，粳稻分为中粒米和短粒米，生产主要集中在加利福尼亚。2016 年美国产量为 21.5 万吨，占稻米总产量的 21%。2016 年日本、埃及、韩国、土耳其和澳大利亚的水稻产量分别为 780 万吨、430 万吨、420 万吨、60 万吨和 60 万吨，这些水稻产量几乎全部由粳稻组成。中国是最大的粳稻消费国，2016 年的消费量达到 4640 万吨。然而，日本、韩国和埃及的粳稻在大米消费总量中的比例要高得多。贸易量据估计，在中国粳稻在 2010—2016 期间在全球大米贸易中的份额为 6%~7%。根据加利福尼亚港口的定制数据，2016 年美国出口了 84.6 万吨。由于出口限制，2016 年埃及的出口量减少至 21.5 万吨，并且仍低于 2010—2016 年的平均水平。中国的粳米出口量稳定在 20 万吨左右，主要出口到日本和韩国。澳大利亚出口量随稻米收成而波动，可达 50 万吨。欧盟的贸易量因类型而异，2016 年进口大米中只有 10%，即大约 12 万吨是粳稻，出口大米中 90%，即大约 26.4 万吨是粳稻。在中东国家，例如黎巴嫩、约旦和沙特阿拉伯，粳稻进口增加，并从欧盟、埃及、澳大利亚和美国进口，中东国家的粳稻市场还在不断发展。

全球稻米参考价格是泰国长粒籼稻的出口价格。美国加州的中粒米出口价格是粳米的最佳国际参考价格。在全球市场上，两种价格总体上长期同时波动，自 2008 年以来粳米的价格溢价已经减弱。然而，籼稻和粳稻的价格变动在短期内可能会相互独立，因为不同类型和品质的消费可替代性有限，而且贸易量也不同。大米贸易量占世界产量的不到 10%，与其他农产品相比较低。

就粳米而言，贸易份额更低，甚至低于世界产量的5%。因此，包括中国、日本和韩国在内的大多数粳稻市场都受到国内生产的支配，市场价格支持（MPS）导致国内稻米价格高于参考价格。因此，潜在的不确定性可能会引发全球较小的粳米市场的需求、供应和价格的短期波动。粳稻生产国的这些不确定性包括政府政策的变动。对我国在国际粮食产品上的价格缺乏主导权和低话语权的国际营销局面，我们要有充分的认识和应对策略。

（四）创新我国粮食国际市场营销渠道

我国《粮食行业"十三五"发展规划纲要》中就提出了"发挥我国粮食生产和消费大国的优势，加快建设粮食贸易强国，优化粮食进出口渠道和品种结构，促进全球粮食贸易发展"。值得欣慰的是，随着中餐在国外的流行，国外以面粉为主食的消费习惯正在逐步改变，大米的销售也开始出现增长。因此，我国的粮食产品要开展国际市场营销必须要另辟蹊径，在2019年大米净出口的背景下，从产品品种、品质、营养、口感、品牌、延伸产品创新多方面下工夫，如绿色、有机粮食产品。避开由发达国家主导的粮食国际贸易这个大闭环，着力有效地利用我国现在主导的国际市场和资源，如"一带一路"国家，"上海合作组织"国家，"金砖"等发展中国家需求增长的机遇，努力构建持续、稳定、高效的资源性粮食产品出口产业链，不断改善我国粮食产品的出口贸易环境，拓展国际营销渠道。抓住重点环节，突出重点领域和重点有竞争性的粮食产品，发挥企业主体作用，务实稳步推动粮食产品的国际市场渠道，实现多元化市场战略，扩大有竞争力粮食品种的生产能力，建立多元、稳定、可靠的国际市场营销渠道。

第十章　粮食品牌与粮食产业创新

当前面对粮食产品市场的全球化，我国粮食市场的运行体现出多元化和复杂化，粮油加工企业也面临着市场环境的急剧变化，特别是面临来自全球的竞争和挑战，如发达国家四大跨国粮商阿彻丹尼尔斯米德兰（AMD）、邦吉（BUNGE）、嘉吉（Cargill）、路易达孚（LDC）和新加坡益海嘉里集团为代表的大型跨国粮食企业大举进入中国，其部分粮油产品已经具有较强的品牌优势，同时具有较高的市场占有率。因此当前的市场环境对我国粮食加工企业的发展是机遇与挑战并存，其升级转型要以品牌建设为先导，通过深度探寻不同的细分人群市场，从安全、健康、口味等层面对粮食产品的偏好差异，从种植源头就积极介入，从整体上对粮食产业链进行有效控制和管理并实行产业化的经营模式。当前粮食企业之间的竞争已由产品竞争、质量竞争逐步演变为品牌竞争。品牌作为企业重要的无形资产，是提升企业产品溢价的源泉，是取得市场竞争优势的法宝，是赢得顾客忠诚和企业求得长期生存与成长的关键。特别在当前信息化时代，品牌传播更加多元化和迅捷，消费者和企业品牌的双向互动性更强，所以粮食加工企业要积极地适应市场变化，以品牌建设带动企业的研发，生产以及营销等各项业务环节，对粮食二次加工的延伸产品加快产品创新，在国际市场营销环节避免以粮食出口为主的发达国家的贸易垄断和制衡，从而推动我国粮食加工企业的升级与转型，保障我国的粮食安全，创建参与国际粮食市场竞争的优势。

第一节　粮食产品品牌

根据联合国《经合组织-粮农组织 2018—2027 年农业展望》，到 2027 年全球谷物消费量预计将从 2018 年的 26 亿吨增加到 29 亿吨，其中食用需求量增加 1.51 亿吨，发展中国家预计将占消费总增长量的 84%。发展中国家食用消费量的绝对增长量为 1.48 亿吨，高于饲用消费量。预计到 2027 年，小麦全球食用消费量预计将增加 5100 万吨，并保持稳定在总消费量的 2/3 左右（总消费量=食用消费量+饲用消费量),但随着世界人口以温和的速度增长,食用消费量的增量将比前10年缓慢。小麦消费量将增加13%。中国增加2300万吨、印度增加1200万吨、巴基斯坦增加600万吨和埃及增加400万吨,4个国家的食用量增幅将近占总消费量增幅的一半。

大米主要用于人类直接食用,并一直是亚洲、非洲、拉丁美洲和加勒比地区的主要主粮。未来10年世界稻米消费量预计将每年增加1.1%,而过去10年每年增加1.5%。亚洲稻米消费量预计占全球新增总消费量的70%以上。这种增长主要是由于人口的增长而不是人均摄入量的增长,亚洲地区许多国家的人均消费量预计将保持不变或减少,因为随着收入的增加,饮食更加多样化。印度是一个例外,人均消费量低于区域平均水平。中东和西非的稻米消费量也将增加,因为大米作为主要的主食和卡路里来源越来越重要。由于人均收入的差异,中东的需求受到大米质量和价格的驱动,而价格在西非则起着更大的作用。在世界范围内,人均大米消费量预计将与2018年保持相似水平,每年约为55千克,具体如表10-1所示。

表10-1　　　　　　　　世界人均大米消费量　　　　（单位：kg/人·年）

地区	2014—2016年	2026年	增长率（每年%）
非洲	24.7	28.2	1.22
亚太地区	77.8	78.9	0.08
北美	13.1	14.0	0.49
拉丁美洲和加勒比海	28.5	28.7	0.24
欧洲	5.5	5.9	0.63

数据来源：联合国粮农组织-经合组织农业统计数据（数据库），http：//dx.doi.org/10.1787/agr-outl-data-en。

根据《经合组织-粮农组织2018—2027年农业展望》预测,到2027年全球谷物的贸易量将占消费量的17%,即达到4.93亿吨,出口总量将较2018年增加13%,到2027年大米出口量将增加900万吨,达到5400万吨;小麦出口预计将增长2400万吨,达到1.99亿吨。而这两类产品在过去三年(2015—2017)世界前五大出口国分别是大米出口国：印度、巴基斯坦、泰国、美国、越南。小麦出口国：澳大利亚、加拿大、欧盟、俄罗斯联邦、美国。为什么这些国家能独领风骚,除了他们国家的国际贸易政策、生产成本、产量、品质等优势因素外，另外一个因素就在于其国家品牌，国家背书的粮食产品国家品牌战略。因此，在我们要进口大米时首先可能想到的是印度、巴基斯坦、泰国，进口小麦时首先想到的是澳大利亚、加拿大、欧盟。

国家统计局公布的数据显示，2019年国内粮食总产量66384万吨，比2018年增加594万吨，增长0.9%，创历史最高水平，国内粮食产量连续5年站稳6.5亿吨台阶，粮食生产实现历史性的"十六连丰"。中国科学院预测科学研究中心发布的报告预计，如果天气正常，不出现大的自然灾害，且在我国粮食进口配额不出现大幅提高的情况下，2020年全年粮食产量将持平略减。据统计，截至2019年12月底，国家临储小麦库存数量超过9000万吨，国家临储玉米库存数量5300万吨左右，国家临储稻谷库存数量超过1亿吨。[①] 由于国内居民口粮消费量整体下降，稻谷与小麦年度产量大于需求量，这导致其结转库存数量趋于增加，政策性小麦与稻谷去库存压力较大，质量与价格成为赢取市场需求的关键。预计2020年国内稻谷与小麦供需宽松格局将从整体上制约其市场行情走势，在政策"去库存"以及"降成本"主导下，国内稻谷以及小麦市场价格重心仍将下降，主产区托市收购仍将大范围启动，市场主体心理预期对粮价阶段性走势影响加大。国内加工企业产能严重过剩以及需求不给力将进一步加大流通市场稻谷与小麦的销售压力，加工企业采购议价能力将进一步提高。从以上数据显示，我国作为粮食生产大国，也是消费大国，在满足粮食安全及口粮供需平衡的基础上，我国的粮食产品仍然走大众化市场销售思维模式，对内去库存、降成本的道路势必会进入销售上的价格死胡同，一方面是国家托底收购的价格"地板"抬升，另一方面是国际粮食价格的"天花板"刚性限制，如何突围是目前粮食生产企业和粮食加工企业与粮食销售企业必须解决的问题。

国际贸易是一个缓解粮食产品库存压力的最好途径，但我国的粮食产品"走出去"为什么都不能和越南、泰国这些小国相比呢？究其原因很大程度上是我国的粮食产品在国际上的知名度不高。知名度从哪里来，当然是产品品牌和国家背书的产品国家品牌。

一、我国的粮食品牌现状

我国的粮食品牌不是没有，而且还不少，不论是商品品牌、区域品牌、虚

[①] 张春良. 2019年国内粮食市场回顾与2020年展望[EB/OL]. (2020-1-15) [2020-4-18]. http://www.cereal.com.cn/html/2020/l2m1579242065603.html? yikikata = c0a88201-10278f4f824b7a 613dc378e2f4c952e3.

拟区域品牌、生产商品牌都存在，截至 2017 年年底，我国地理商标标志申请量为 3906 件，其中粮油产品 470 件，占 12%。[①] 2013—2017 年大米、小麦的地理标志商标申请量见表 10-2。由此可以看出，在地理标志商标注册方面大米的比较多，而小麦(粉)较少。

表 10-2　　　　2013—2017 年粮食产品地理标志商标注册统计　（单位：件/年）

年度	大米	大米延伸产品	小麦(粉)	小麦(粉)延伸产品
2017	21	2	3	1
2016	13	1	6	1
2015	14	0	4	3
2014	18	3	0	1
2013	15	1	1	1

数据来源：根据国家知识产权局商标局发布的 2013—2017 年年度发展报告整理而得。

实际上，改革开放以来，随着市场经济对粮食行业的不断冲击，粮食行业从业者而言也在不断地学习和适应，危机意识不断增强。中国的粮食品牌从无到有，形成了一个品牌众多、同台呈现的品牌竞争现象。在过去的东北大米、江南珍米等产地区域虚拟品牌的基础上，越来越多地出现了实有的区域或产品品牌。如东北大米这一区域中的吉林省，就有西江牌通化贡米、福临门东北香米、海兰江等 10 余个大米品牌；在江南珍米产区的浙江，就有天赐牌、米氏、玉鼎等 30 余个品牌。目前，由中国粮食行业协会评选的我国地理标志大米类品牌保护商标已有 45 个、大米类地理标志证明商标 48 个志，大米驰名商标数量大增至 45 个，中国驰名小麦(粉)类商标 34 个，中国名牌小麦粉 29 个，命名的粮食区域或企业品牌 59 个。据统计，仅湖北省日加工大米超过 30 吨的企业所拥有的加工企业品牌共 730 多个，全省 46 个粮食主产县拥有大米品牌 2000 余个。全省粮食行业拥有中国驰名商标 39 个。[②]

2001 年始，中国粮食行业协会开展了"放心粮油工程"。这项工程首先在城市展开，于 2004 年开始逐步在农村推广。从 2010 年 5 月中国粮食行业协会

---

① 国家工商行政管理总局商标局商标评审委员会. 中国商标品牌战略年度发展报告 (2017)[R]. 北京：中国工商出版社，2018：13-19.

② 数据来源：中国粮食行业协会网站. http：//www.chinagrains.org.cn/wzfcms/html/chinese/index.html.

开始命名第一批放心粮油示范企业，截至2019年12月底共命名8个批次，共命名放心粮油示范加工企业2088个，示范销售店292个，配送中心45个，批发市场28个，仓储企业166个，还有主食食堂20个，具体如表10-3所示。

表10-3　　　　2010—2019年放心粮油示范企业数量统计表

年度	批次	加工企业	销售店	配送中心	主食厨房	批发市场	仓储企业
2019	8	460	40	8	3	—	40
2018	7	190	18	4	3	3	126
2017	6	306	34	4	4	5	—
2014	5	134	18	—			
2013	4	188	33	4	2	5	
2012	3	187	42	10	4	9	
2011	2	201	46	6	1	6	
2010	1	422	61	9	3	—	

数据来源：中国粮食行业协会网站，http：//www.chinagrains.org.cn/。

从结果来看目前只有中粮集团和益海嘉里（外资）两家企业的品牌集中度高，竞争力强，市场占有率高。少数品牌在一定的区域内具有市场竞争力和市场掌控能力，如北大荒、五常、盘锦等品牌。大多数品牌仅在局部的产区或销区具有一定的知名度，品牌多且分散，没有形成合力，粮食产品市场各个品牌群雄角力，特别是大米品牌泛滥，因此各区域应努力实施品牌整合。这些粮食产品在国内市场尚且难以应对激烈的市场竞争，如果要走出国门，面对那些跨国粮商会更加困难。

二、发达国家的品牌策略

（一）美国农产品品牌

美国是世界农业大国，粮食产品出口国，同时也是农产品品牌强国。美国的农产品品牌化开始于20世纪初，至今其品牌化系统已发展得相当成熟和完善，为美国的农产品在世界范围内赢得了较高的声誉和很强的竞争力。美国农产品的品牌化是建立在一定模式上的系统工程。该系统涉及政府、农产品协会、农场、农业企业等一系列品牌化关联体，其中，农产品协会和拥有品牌的企业是农产品品牌主体,并和其他关联体相互协调配合,最终实现农产品品牌在国内外的强势地位。

1. 美国农产品品牌化运作关联机构

(1)农场。美国农场就是企业,它是作为独立的经营实体存在的,其经营与运作主要由市场进行调节,政府对农业的宏观调控也借助合同制度实现。农场在经营过程中,农场主承担农场管理、资金、农场的发展规划与人才培训。政府对农业生产过程提供一系列政策协助,与农业生产相关联的产前产中产后的事务性、技术性工作主要由专门的服务性公司完成。以种植业为例,从种子提供、灌溉、供电、除虫、除草到后期的收获、加工、包装、运输等服务都由专业化公司提供。除了专门的服务性公司之外,农产品加工和销售企业与农场有着紧密的合作,这类公司是农产品品牌的拥有者。

美国农场与这些服务性企业和品牌拥有者企业的合作有合同制、农工商综合体和联营体三种形式。合同制合作方式可以充分利用专业化分工的优势以合同约定的形式接受或提供服务,降低农业生产成本,灵活性较好,是美国农业产业化经营的主要类型。农工商综合体是将农用生产资料的生产和供应、农产品的加工、销售等环节纳入一个经营实体内,在农业从生产到销售全产业链形成垂直一体化的综合经营。联营体实际上就是股份制或合作制企业,它由农场、加工业、商业、金融等多种实体与资本相互控股投资组成。在联营体中各方按照成立时的股份分配取得收益。这类联合体通常在其行业中具有垄断性地位,政府也会作为大股东进行一定的干涉。联营体与国际市场的联系更加紧密,往往是跨国农业集团,通过跨国公司或者与外国公司联营等形式掌握对外贸易的主动权,疏通国际农产品的市场渠道,参与农产品的国际贸易。如美国的 AMD、BUNGE,法国的 LDC。

美国的农场除了与企业合作经营外,还根据其生产的农产品种类或者职能分类,以合同方式自愿加入农业协会,得到除生产外的各种支持,并取得初级农产品和加工后销售农产品的双重利润。农工商综合体也可以加入农业协会。

(2)农产品协会。美国的农产品协会是美国农产品营销和品牌化的重要推动者,就像新奇士公司(新奇士种植者协会公司 Sunkist Growers Inc.)所说,"在今天竞争激烈的国际市场上,与一个独立的种植者孤单地面对竞争而生存相比较,作为合作组织的一个会员,每一个种植者和其他的种植者联合起来能够赢得一个共同的更大的市场份额;种植者联合起来组成合作组织可以做很多过去单个种植者不能做的事情,例如进行全面的研究,开发国际市场,促销一个品牌,进入全球运输体系,通过政府进入海外市场等"。由此可以看出农产品协会的存在是农业企业为生存而联合起来做过去单一企业不能做的事情,通过合作的方式壮大自己并营销产品,然后共享成果。美国农产品协会的会员基本上分成三类:生产者、次级协会、农业企业。农业企业一般分为品牌拥有公司和相关农业服务公司(包装公司、运输公司、专业生产服务公司、批发商、零售商、贸易商、技术提供部门),他们的网络结构如图10-1所示。农产品协会存在的主要任务是通过帮助会员营销产品解决农场主的生存压力。目前美国国内各种协会有上千个,全国性的如美国大豆协会,区域性的如美国东北部农贸协会,地方性如加州开心果协会,等等,这些协会几乎覆盖了全美各个地区的农业从业者和相关企业,为之提供种类繁多的服务。营销协会或综合性协会在美国的协会中占大多数,同时这两种协会在品牌化过程中起着重要作用。

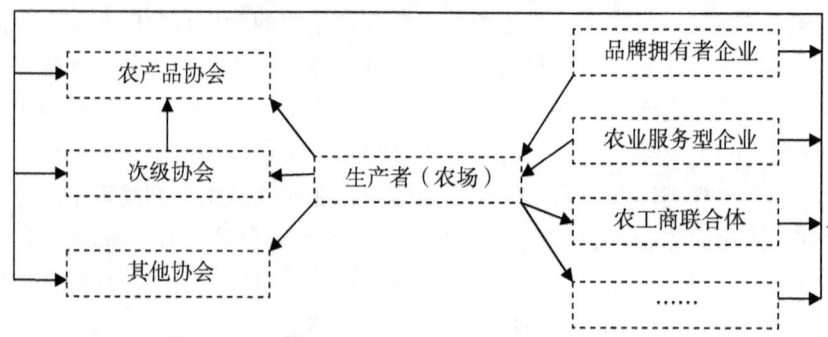

图 10-1　农产品协会会员结构图

美国农产品协会基本上属非营利性组织,以谋求会员利益最大化为宗旨为会员提供各种服务,这些服务包括产品和市场研究、消费者调查、信息提供和营销等。通常,农产品协会和会员相对独立,不存在上下级关系,两者都是独立的企业法人,他们各自权责明确、相互协作、相辅相成。

美国农产品协会与政府的关系较为密切,政府制订的相关政策对协会有很大的影响力,如补贴农民政策、进出口贸易政策、质量分级标准、食品安全和检查等。协会是政府和农场之间的桥梁,联结政府和农场之间的信息沟通。当协会开拓海外市场时,政府可以应对国际农产品的贸易壁垒,政府也会对农产品协会开拓国际贸易市场提供资金支持。政府的这些行为在很大程度上影响到协会会员和协会本身的各个方面。

美国那些以营销为目的的营销型协会,他们自身会注册品牌,营销会员公司也会拥有的品牌。协会的自有品牌属于集体品牌,如"新奇士"(Sunkist)和

"爱达荷"(IDAHO)等。这些品牌分为两种,一类如"新奇士",既是集体品牌又是独立的商品品牌,另一类如"爱达荷"则是以其他商品品牌的背书品牌形式存在,是地理认证性质的商标。农产品营销协会在进行品牌推广和营销时,针对协会自有品牌,协会的身份与企业相似。在推广和营销会员单位所拥有的品牌时,协会通常会进行前期的品牌推广研究,制订出相应的策略计划,帮助会员开展品牌营销活动。

(3)品牌拥有者企业(公司)。由于美国农业的产业化特征,美国的农业企业与工商业有密不可分的联系,因此一般被称为农工联合企业。农工联合企业包括品牌拥有者公司和相关农业服务公司。相关农业服务公司仅对农场的生产活动起辅助作用,而农产品品牌的推广则主要由品牌拥有者公司负责。品牌拥有者公司基本上是农产品加工公司,这类公司是美国农产品品牌化的主体,对农产品的加工、包装以及品牌传播起着至关重要的作用。美国的农产品公司也会进行商标的注册,包括公司商标和商品商标。其目的是企业保护自身产品的法律途径,也是企业实行品牌战略的基础。与其他产业的企业一样,根据经营理念和实际情况不同,公司会采用不同的品牌战略,如多品牌战略、单一品牌战略,或者结合各种不同的品牌战略。如荷美尔(Hormel)公司采用多品牌战略,其产品品牌有20余种之多。农产品加工公司会员在两种情况下也可以使用协会注册的地理标志性质商标,一种情况是,若其产品中有某一种产品符合地理标志商标的使用要求,公司会在该产品的品牌推广中向协会申请使用该认证商标,如爱达荷土豆协会的"Grown in Idaho"商标也会授权给会员使用。另一种情况是,经协会批准会员公司注册一个与协会的地理标志商标相关或类似的商标,对自有产品进行保护与推广。辛普劳(Simplot)公司的土豆产品之一——"IDAHOAN"土豆即是如此,其将爱达荷土豆协会的商标"IDAHO"延伸为"IDAHO+AN",既强调了与协会的关联,体现协会商标的权威性,又加入了单个公司自有产品的独特性。协会会员公司对协会商标的这两种使用方式,将公司利益与协会利益挂钩,有效体现和利用了协会品牌的附加价值,是公司自身品牌推广的有效手段。

(4)政府。美国政府不直接参与农产品品牌的传播,但通过以立法为基础的项目建设、机构设立,以及资金支持等一系列方式,保护农业从业者的利益。其任务、职能和服务功能主要表现为提供信息、政策、资金、技术推广与指导,质量监管,协助农产品协会营销和开拓海外市场等,以达到提高美国农产品的市场竞争力的目的。美国政府的宏观指导功能主要通过美国农业部(USDA)来实现。

由于农业是弱势产业，在市场竞争中常常处于不利地位，为扶持农业，保护农业从业者的利益，美国政府在资金上给予了相当大的支持，并提供税收优惠和各种政府补贴。2002年美国政府颁布的新《农业法》规定，在今后10年，政府平均每年投入190亿美元用于农业补贴（低于世界贸易组织规定的每年农业补贴不得高于191亿美元的上限）。美国农业补贴的集中度很高，90%以上的农业补贴集中在小麦、大豆、玉米、大麦和棉花这5种农作物上，这有利于提高大宗农产品在国际市场上的竞争力。

美国是世界上最大的农产品出口国，它的农产品约有1/5供出口之用，所以政府需要开拓海外市场。美国农业部下属的海外农业服务局在有关国家和地区设立有几十个驻外机构（农业处或农业贸易办公室），同世界上130多个国家和地区保持着密切的联系。其主要职能包括搜集并发布世界范围内农业和农产品市场相关信息，通过财政资助等协助美国农产品出口商在国外开展活动，开拓市场。为了提高美国农产品在国际市场的竞争力，美国政府积极执行包括海外市场开发合作计划、市场开发计划和出口信贷保证计划等在内的十余项项目计划。其中，海外市场开发合作计划主要针对普通产品的促销，市场开发计划则主要促销特定团体的品牌。

美国政府另一职责就是制定和管理农产品质量安全标准、检验与认证体系，该工作由美国农业部作为行政和执法部门负责，包括：食品安全监管。农产品的安全是农产品质量的基础，也是顺利进行农产品进出口贸易的保证。

美国农产品品牌包括商品品牌、企业品牌、集体品牌和国家品牌，不同类型的品牌由不同的主体创建。根据实际情况，产品品牌与公司品牌有子母品牌、背书品牌等各种关系。

2. 成功案例

（1）新奇士（Sunkist）柑橘。1893年以前，美国柑橘业种植分散，分销随意，批发代理商的无道德和灾难性的价格竞争对橘农的生存构成了极大的威胁，生存成了橘农的首要问题。新奇士协会的诞生解决了这个难题。1893年由加州60名橘农组建了一个农场合作社，该组织通过合作的方法销售他们的柑橘产品实现橘农利益，这个合作社就是美国柑橘协会的雏形。从1900年开始，协会的包装工厂采用高效的机器设备，对橘子进行分大小、冲洗、杀菌和分级，并统一使用"新奇士"商标。

新奇士目前是美国乃至世界上知名、认可程度都非常高的品牌。到目前"新奇士"品牌的无形资产高达10亿美元，在全世界商标排行榜中位列第47，年销售额达11亿美元，品牌市值超过70亿美元。其背后的新奇士种植者协会是美国十个最大的营销协会之一，也是全世界水果和蔬菜行业最大的营销协会。它有着120多年的悠久历史，并仍在全世界范围内不断扩大其销售范围。新奇士品牌的成功可归结为众多因素，但新奇士品牌背后的协会和其成功的营销策略有着重大的贡献。

新奇士种植者协会是一个非营利性公司，会员来自美国加州和亚利桑那州的柑橘种植者，成员包括65000名种植者、17个地区贸易协会和34个地方协会(包装公司)。所有的柑橘种植者也都是地方协会的会员，三者之间通过合同联结起来。地区贸易协会和60多个包装公司虽隶属于新奇士协会，但都是独立经营实体，新奇士并不拥有这些会员公司，而是监督其生产及与其发生其他业务联系。

新奇士品牌运营的成功，在很大程度上应归功于对质量的笃信和不懈的追求。120多年来，公司始终如一地致力于对质量的宣传。新奇士的质量从果园开始，贯穿其产销全过程。"(新奇士)质量从果园开始，我们选择合适的类别，合适的根茎，种植在合适的地点并采用最好的实践方法。"协会对其会员公司都进行严格的质量控制，生产、加工、包装、分销都采用严格的质量标准和食品安全管理体系。这些质量标准和食品安全管理体系均以书面形式制订了详细的规则和条例。新奇士附属公司和其授权的公司都必须严格遵守。为了确保这些规则和条例的严格执行，新奇士设有专门的质量保证人事部，有专职人员每天访问其隶属的包装公司、制造商、批发商和零售商处进行检查。经过公司持续的质量和营销传播方面的努力，新奇士成了新鲜、健康、高质量柑橘的代表，成了健康生活方式的代表。消费者也认识到具有新奇士商标的产品拥有值得信赖和依靠的质量。协会主席强调品牌是建立在对质量的控制上，"如果我们要充分增强我们的品牌力以及给我们的质量用户带来回报，我们必须保持始终如一的质量"。

在新奇士品牌化建设的过程中，在保证高质量的基础上，品牌推广的广告也起到了推高品牌影响力和形象的作用。1907年，新奇士种植协会与罗德·托马斯广告公司(即福康贝尔丁公司)合作做广告，这一年，新奇士销量增长了50%。新奇士是历史上首个对生鲜水果做广告的商家。

新奇士名称的诞生首开了商品品牌的策划先河，也开启了对商品品牌推广的先河。它对品牌的维护和推广也是随着技术的进步不断更新。如第一则广告刊登在《艾奥瓦橘子周报》上，广告强调了水果的保健性，广告中创造性地发明了一个新词Sunkissed(太阳亲吻过的)。而这个词经过演变，成了新奇士的商标和品牌——Sunkist。同时新奇士商标被用在最高质量的橘子产品上，广告宣传使得一个崭新的品牌脱颖而出。1916年以前，橘子一直以来只是作为一种生吃的水果。但是，当新奇士推出其"喝一个橘子"的广告后，橘子销量开始激增。广告标题简单而完美——"喝一个橘子"，文案中将消费者的要求也强调出来——风味佳且有利健康。广告推出后，在日常饮食中增加柳橙汁的饮用有助健康的观念逐步深入人心，美国人的早餐习惯甚至从此改变。1917年，新奇士开始向餐馆和汽水店推出榨汁机，后又向家庭推荐，一段时期内，公司不断利用广告扩展其产品用途。如它曾向妇女推销柠檬，宣传柠檬是使女性头发更柔顺的良方。1920年，新奇士通过巴拿马运河船运到了伦敦，开始了国际营销。1922年，广告开始宣传柑橘中维生素C的健康价值，这一宣传持续了几十年。1980年，消费者逐渐发现新鲜的新奇士水果在积极的、健康的生活方式中扮演着重要角色。新奇士的销量也达到了一个新的纪录。在新奇士的发展历史上品牌广告推广活动为其品牌化作出了巨大贡献。

"新奇士"品牌经常出现在世界各地，最大限度地增加了消费者对"新奇士"品牌的认知与了解，这要归功于70年前开始的"新奇士"商标授权计划。"新奇士"授权世界各地有能力的合作伙伴使用其著名商标，如美国通用磨坊食品公司、英国吉百利史威士股份有限公司、中国香港屈臣氏集团有限公司等。截至2017年2月，全球范围内50多个国家共有49家公司使用"新奇士"品牌商标，生产饮料、糖果、果干，甚至书籍、家居用品等接近700种产品。新奇士并不制造其授权的产品，公司只负责审批申请者、监管产品质量、设置包装和广告标准。授权计划使得"新奇士"能够免费获得广泛的宣传效益，授权的49家公司都相当于在为"新奇士"做免费广告。授权带来了可观的专利费，使得果农收入分红增加。每个经授权使用"新奇士"商标的营销组织都是"新奇士"海外加工产品的大宗购买者，为其带来了数百万美元的收入。

现在，美国本土的新奇士水果70%在美国和加拿大销售，30%出口到其他国家和地区。合作社在国外设有20多个销售代表处和分支机构，在53个国家有45家总代理。这些驻外机构负责市场调查和新奇士品牌及产品促销。

从生产到加工，新奇士种植者协会依靠产品的优良品质和有力的品牌推广，使"新奇士"成为国际知名的水果品牌。作为一个民间的非营利性组织，协会在品牌化中履行了相当于品牌拥有公司的职责，其产品是独立的商品个体，使用统一的协会集体品牌，而并非与其他协会品牌一样作为其他产品品牌的背书或者认证品牌出现，这在美国农产品品牌化中是比较独特的案例。

（2）爱达荷（IDAHO）土豆。在人们印象中作为基础主粮的土豆似乎很难有更高的附加值，遑论成为品牌价值极高的农产品了。但美国的"爱达荷州土豆"就是一个出口到四十多个国家,具有全球盛誉的区域农产品品牌。爱达荷土豆在全美乃至全世界食品行业都享有很高的声誉。据美国农业部的资料,土豆是美国最主要的蔬菜品种,全国菜农蔬菜产品销售的15%来自土豆。在美国,外州人只要一提到土豆,几乎都会联想到爱达荷州。据统计,美国84%的消费者都会选择爱达荷土豆。在美国家庭意见(NFP)研究"品牌价值评估"的44个食品类别中,爱达荷土豆跻身前八。爱达荷州也称"土豆(马铃薯)州",马铃薯品质一级棒,产量全国第一。超过1/3的美国土豆是在爱达荷州种植的,爱达荷州土豆一年的销售额高达25亿美元,占全州GDP的15%以上。因为爱达荷土豆,2003年土豆成了美国第四大种植产品。肯德基和麦当劳的土豆大多来自于美国爱达荷州。

爱达荷州的土豆之所以出名,得益于爱达荷土豆委员会(爱达荷土豆协会)对爱达荷(IDHAO)土豆品牌的创建与管控。在爱达荷土豆委员会成立之前,爱达荷的土豆和其他农产品一样,也是由各个农场主分散经营、各自为营,竞争劣势明显。为了有序竞争以及整合区域土豆种植资源,土豆协会成立了,爱达荷土豆协会前身是1937年的爱达荷水果和蔬菜广告协会,成员包括该州的种植者、包装公司、船运公司和加工公司等,最初成员有9个相关组织。土豆协会每年向协会成员收取每100磅土豆10美分的推广费,利用该经费,通过联合广告、联合营销、联合研究,严格质量标准等,使爱达荷土豆资源产生聚合效应,使每个成员都受益。土豆协会的成立使得原本分散经营的土豆经济主体有了统一的组织。

爱达荷土豆委员会(爱达荷土豆协会)是一个州立组织,协会的任务是营销爱达荷土豆,主要职责是:制订统一标准,确保每一个爱达荷土豆的高质量、为产品的相关研究提供资源并开发土豆的新用途、改善州农作物种植环境、宣传爱达荷土豆始终如一的美味、质量和健康的营养成分,并确保只有在爱达荷种植的土豆可以印上"Grown in Idaho"(种植在爱达荷)联邦认证标志。现在爱达荷土豆委员会扮演着现代角色,促销爱达荷土豆和研究提高土豆生产效率的技术和方法。委员会将研究和发展的资金支持提高到12%,集中研究一些关键问题,如改善生产实践和种植条件、开发利用爱达荷土豆的新用法等,使爱达荷土豆一直是美国的土豆权威。

为了推广和宣传爱达荷土豆,爱达荷土豆委员会于20世纪50年代末期注册了认证商标IDAHO® Potatoes(爱达荷土豆),同时也注册了联邦认证标志"Grown in Idaho"。在任何时候在土豆包装上使用"IDAHO"(爱达荷),注册认证标志象征(®)就必须使用,以帮助消费者辨认和证实所购买的土豆来自于竞争力强的爱达荷州。爱达荷土豆委员会对其商标的控制与规范投入了巨大的精力。他们在全国范围内积极保护认证标志，通过各种各样的测试和其他措施来确定盒子或袋子中的土豆是否是真正的爱达荷土豆。委员会对广告和各种促销活动中使用的该委员会注册的商标都制订了统一标准，这些标志没有经过爱达荷土豆委员会的书面同意不能做任何形式的改动。

爱达荷土豆委员会对土豆品牌 IDAHO® Potatoes（爱达荷土豆）的品牌化和推广，是美国的农产品品牌营销的典范。委员会通过各种手段对协会的集体品牌进行品牌化推广，为爱达荷品牌和爱达荷"土豆先生"赋予了极高的价值。协会的会员公司建立自身相对独立的商品品牌，例如辛普劳公司的 IDAHOAN®品牌和 Potandon 公司的 Sunspiced®品牌等，以合同等方式与协会合作，将协会的集体品牌 IDAHO®（爱达荷）品牌作为自身品牌的认证商标形式进行应用，以提高公司自有品牌的附加价值，实现与协会双赢的局面。

除了在包装上使用统一的认证商标之外，委员会还在菜单上下工夫。当地的餐馆和非商业组织把爱达荷土豆作为他们菜单的主流。爱达荷土豆委员会将很大一部分资源用于向食品服务部门拥有者和经理推广关于购买和使用爱达荷土豆的好处，以及获得"Grown in Idaho（种植在爱达荷）"联邦认证标志的途径。"如果任何服务部门使用的是100%的爱达荷土豆，那么就让你们的顾客知道你们使用的是高质量土豆。"为鼓励餐馆使用爱达荷土豆，委员会鼓励把统一印有"很荣幸为你提供土豆第一品牌（Proud To Serve The First Name In Potato）"的文字和爱达荷认证商标的标志添加到餐馆的菜单上，彩色和黑白版本的标志在爱达荷土豆的官方网站上均有下载。如果菜单的拷贝送到委员会的食品服务部，餐馆还将得到免费礼物。

爱达荷土豆协会不仅注册商标，对商标进行有效保护，而且还非常注重商标品牌的推广，他们进行品牌推广的核心领域是消费者、食品服务和零售商。如针对消费者主要集中宣传爱达荷土豆的利益点；在零售方面，协会支持超市或零售店营销和展示爱达荷土豆；在食品服务方面，协会瞄准餐馆和非营利组织如医院和学校等进行推广宣传。

爱达荷土豆协会进行品牌推广和产品营销的形式包括符号营销、活动营销、广告、促销活动或事件营销。如创造代言人"土豆先生（Spuddy Buddy）"，运用卡通形象代言人进行品牌推广，将品牌理念通过活泼生动、可爱的矮胖的的土豆先生展现给消费者尤其是儿童消费者，增加了品牌的亲和力；除了使用卡通形象代言人之外，还请健康明星和影视明星代言，如1951年玛丽莲梦露穿上爱达荷土豆麻袋制成的超短裙，被称为最性感的土豆代言人。这幅照片也被永久地珍藏在了爱达荷土豆博物馆内;开展土豆爱好者月;举办爱达荷土豆日,该活动始于1927年,每年的9月到10月举行,是世界上现存的持续时间最长的土豆丰收节;爱达荷土豆食谱竞赛;1928年,爱达荷州首开先河,把该州盛产的土豆用在了爱达荷州车牌上,并加上了"闻名于世的土豆(Famous Potatoes)"的标语;2012年美国爱达荷州,由钢材混凝土制作而成,重达6吨重的巨大"土豆"进行巡游展示,等等,就是因为爱达荷土豆协会对爱达荷土豆品牌不遗余力地推广、质量控制才使得爱达荷土豆这个公共区域品牌享誉美国,风靡世界。

(二)日本的"品牌农业"

随着农业领域国际竞争的日益激烈,农产品面临着国内外市场激烈竞争的严峻形势,作为增强农业综合竞争力的重要因素,创建品牌、培育名牌已成为提升农产品价值及形象,增加农产品市场竞争力的主要手段之一。

日本耕地面积只有504万公顷,占国土总面积的13.5%,农业生产仅能满足国内需求的40%,绝大多数农产品依靠进口。尽管如此,日本的农产品生产也不片面追求高产,而是不惜成本地提高产品的营养成分,改善口感等品质要求,以达到品牌高附加值的效应。所以就有了这样的感受——凡是到过日本的外国人,几乎都会惊讶当地食品价格的昂贵。据世界贸易组织报告,东京食品价格比世界其他主要城市高出25%~100%。然而,尽管日本国产农产品价格普遍高于进口产品,但本国农产品的地位在日本人的心目中仍不可动摇,这与日本推行"品牌农业",着力打造农产品的品牌效应分不开。《日本经济新闻》曾评述日本"品牌农业"战略时提出,正在日本迅猛发展的"品牌农业"表明,农业也可以成为经济发展的牵引力。

1. 日本的品牌农业建设

日本品牌农业也经历了一个过程。在1960年,由"夕张甜瓜"生产组合收集当地17家农户的品种杂交而成的甜瓜新品种,成为了日本著名的农产品品牌,该杂交新品肉质细腻,色泽鲜亮,口感也很好。"夕张甜瓜"为了提升产品质量,保持品牌吸引力,设立了"组员规约"进行严格的品质管理,对产出甜度不够、不合格品的农家进行鉴别熟度及采摘时机等指导,以确保品质。"夕张甜瓜"品牌也得到了农协的大力推广,1970年"夕张甜瓜"在首都圈推出,确立了"高级甜瓜"的地位,形成了"夕张甜瓜"全国品牌。这可以看作日本品牌农业的开端。

1979年大分县知事平松守彦上任伊始到县内各地视察,大分县位于日本西南部，面积6337平方公里，人口约124万。由于境内多山少地，自然条件差，人口流失严重。平松守彦知事所到之处听到的都是"我们村里没有资源""我们没有学校""道路条件太差"等抱怨。为了改变大分县的贫困状态，平松守彦提议：将一个村子或一个区域值得骄傲的东西，如已有的土特产品、旅游资源，哪怕是一首民谣，无论什么，只要是当地的特色性的东西进行开发，使其成为在全国以至全世界都能叫得响的特色产品。该提议和实施的活动，成为了著名的"一村一品"运动的开端。该运动后来在日本甚至在世界各地被广为推行。韩国、法国、英国、美国和俄罗斯等国家，都与大分县在互惠互利的基础上进行了交流。美国洛杉矶推出了"一村一品"节，路易斯安那州开展了"一州一品"运动；马来西亚、菲律宾开展了"1K1P"运动；印度尼西亚也推出了"东爪哇一村一品"标记的咖啡。

2. 日本的品牌农业建设关联机构

日本"品牌农业"战略的发展经历了自下而上的从"一村一品"的农产品品牌打造，到各县确立农产品区域品牌，直至提出"品牌日本"的国家农产品品牌化之路。品牌的构建是一个复杂的系统工程，从地方到中央的"品牌农业"创建之路不可能仅仅依靠政府或品牌所有者的单一努力完成。日本的"品牌农业"主要是由农协体系、农产品加工企业、各级政府相关部门、专业研究机构、广告公司等共同协力打造。

（1）农协及农产品加工企业。日本农协是日本的"农业协同组合"。1947年，日本颁布施行了《农业协同组合法》，其目的是提倡"相互扶助"的精神，改善农协全体组合会员的农业经营状况，提高农户的生活水平，协同开展有关事业和活动，促进农民的互助合作。经过战后几十年的发展，日本已形成由基层，都、道、府、县农协，全国农协组成的三级农协组织系统。

农协的主体成员是组合会员，以个人为组员主体而建立起来的农协称为单位农协。单位农协一般是以市、町、村等行政区域为组织的基层农协。目前，在日本基层农协约4000多个，几乎所有的日本农民都加入了农协组织。以单位农协为会员而建立起来的组织是农协联合会。农协联合会按其工作所覆盖的范围，分为都道府县联合会和全国联合会。全国联合会既有以都道府县联合会为会员的，也有以单位农协和都道府县联合会为会员的。联合会的作用就是"相互扶助"，对势单力薄的单位农协，在单独开展销售、购买、信用等活动其力量显得太弱时，集中单位农协的力量，以联合会为代表，开展更大规模的事业活动及更有利的经济活动。联合会也会举办单位农协无法单独开展的服务内容，补充或扩充单位农协所从事的相应工作，从而进一步提高协同效果。

日本各都道府县均建有农协中央会，在全国建有全国农协中央会。都道府县农协中央会以其管辖区域范围内的农协和联合会为会员，其职责是对其会员的组织、事业、经营诸方面开展指导、检查、监督和教育等，并从有关政策的角度，向行政厅提出意见和建议。全国农协中央会会员包括加入了都道府县农协中央会的农协会员、都道府县联合会会员和都道府县农协中央会会员和全国联合会会员。它的工作就在于促进整个系统农协的健康发展，从全国的角度出发，开展综合指导活动。日本将农协、都道府县联合会、都道府县农协中央会、全国联合会、全国农协中央会这样一个整体称为系统农协。在系统农协下面又成立有各种专门组织，如综合指导的系统组织、经济事业（销售、购买事业）的系统组织、信用事业的系统组织和共济事业的系统组织等。通过系统组织强化农协的各项事业，这是日本农协体系的一大特色，而不同类型农协的事业范围也有所不同。日本农协之所以能有效地开展工作，是因为农协将自己融入强大的农协系统组织之中，给农协发挥农产品生产和品牌化的主体作用提供了有利条件和保证。

农协体系及农产品加工企业是农产品生产和品牌化的主体。农产品多以一定区域作为产地进行商品化生产、销售。因此，府县名在消费者看来就是品牌标志，流通业者则以更为狭义的代表产地的农协名为品牌标志。农产品加工企业同工商产品生产一样，作为市场主体，也是日本农产品品牌化和发展的主体力量，包括有独立的大型农产品生产加工、流通企业和属于农协的农业加工、流通企业等。农协的关联企业作为农协的构成部分，使用农协的品牌。独立的农产品企业则开发自有企业品牌或产品品牌，其产品生产、品牌经营模式与工商业产品类似。因此，在日本，农协或大型农产品加工企业成为产地品牌的管理者，是农产品生产管理和品牌化的主体。在日本的"一村一品"运动中，创立本地特色农产品品牌及整体的、区域性的都道府县区域公用品牌运动兴起，基层农协和都道府县农协遂成为农产品品牌创建的主力军。

(2)政府。日本政府是日本"品牌农业"及农产品品牌化的倡导、指导和支持者。从日本"品牌农业"的发端以及"一村一品"运动来看，日本政府是"品牌农业"的发起者、倡导者、支持者。在"品牌农业"创建过程中，日本各级政府通过理念的倡导推广、成立或委托专业机构、设立品牌化事业及实施细则、制定标准规则等，起到了有效的政策指导和支持作用。农产品的"安心、安全"问题是消费者非常关心的重要课题，日本多数县政府都专门成立由县健康福利部、农业水产部、生活文化部、教育委员会等部门组成的"食品安全推进委员会"。健康福利部负责农产品的市场流通监督管理，农业水产部负责农产品生产过程管理,生活文化部负责农产品质量安全标志和标识,教育委员会负责农产品质量安全的宣传教育活动,全面推进农产品生产、加工、流通、零售等全过程的质量安心、安全。另外,政府也正积极推进《本地本物》品牌认证制度。

(3)专业研究机构。日本为因应"品牌农业"的推进,成立了改进产品品质,推进农业栽培、农产品加工技术的专业研究机构,大分县于1989年成立了县香菇研究指导中心,运用新的生物工程技术,开发新品种,并对农户进行技术培训,使大分县的香菇生产长盛不衰,其出口量占全国生产20%的份额,质量被评为日本第一。大分县先后成立了大分县农业技术中心、温泉热花卉研究指导中心、畜产试验场、农水产品综合指导中心、蘑菇研究指导中心、海洋水产品研究中心、产业科学技术中心等各种科学研究机构,在生产、加工技术方面给予专业的技术指导。同时,日本各高校及研究机构也通过大量的调研工作、召开专业研讨等支持当地农产品品牌的创建与发展。如北海道大学发起成立了专门的研究会,为农业生产发达的北海道以农业为主的区域品牌提供建设性意见。

(4)品牌推广传播机构。品牌规划与传播机构促进了日本"品牌农业"的开展和品牌化进程,成为日本"品牌农业"构建中的亮点和特色。从初期的品牌命名、商标设计、品牌传播作品制作到真正进入品牌调研和战略制定的核心环节,日本品牌规划与传播机构成为日本农产品品牌化的军师。在品牌推广上以县为单位,借助大众媒体的新闻报道、专题,结合多种公关活动配以一定量的硬广告来打造区域品牌形象。创办了"品牌日本"刊物,在中心城市开展试尝、试用、试食等品牌推广和产品推销活动,从而促进品牌的成长和传播,创造农产品的品牌效应。

农产品品牌和工业品牌不同,其原产地主要处于地方、农村。在日本,统管农村的政府体制是47个县。"一村一品"运动的深入开展,也让各县开始关注自身的区域特质。至今,绝大多数县都制订了各自的"品牌农业"甚至是以农业为主的"区域品牌"的发展战略。如日本北部青森县的富士苹果、新潟县的大米、北海道的奶牛;东部千叶县的卷心菜和花生;中部山梨县的葡萄、桃果和雪梨,静冈县的茶叶;南部爱媛县的柑橘,宫崎县的黑鸡(乌骨鸡)、鹿耳岛县的黑毛猪,兵库县的神户牛、冲绳县的甘蔗、红糖和白薯烧酒,等等,经过各县的品牌战略的实施,日本农产品品牌从产品品牌,区域品牌聚集、整合形成了由地方向全国、全球性品牌扩展的态势,日本的品牌建设路线图如图10-2所示。目前,日本正着力打造"品牌日本"的日本农产品品牌整体形象。为了提高日本的粮食自给率、确保粮食安全,给日本甚至世界上其他国家提供

"品牌日本"的农产品,农林水产省所管辖的相关机构展开了大量相关研究,并根据"品牌日本"战略观念,开展了促进日本加工食品供给等技术开发事业、养殖水产品"品牌日本"推进对策、提高国产蔬菜自给率的"品牌日本"蔬菜项目等推进项目。2001年始,日本每年利用研究开发的新产品烹制佳肴开展"品牌日本"试吃会。还创办了"品牌日本"刊物,合力打造和传播"品牌日本"农产品的整体形象。

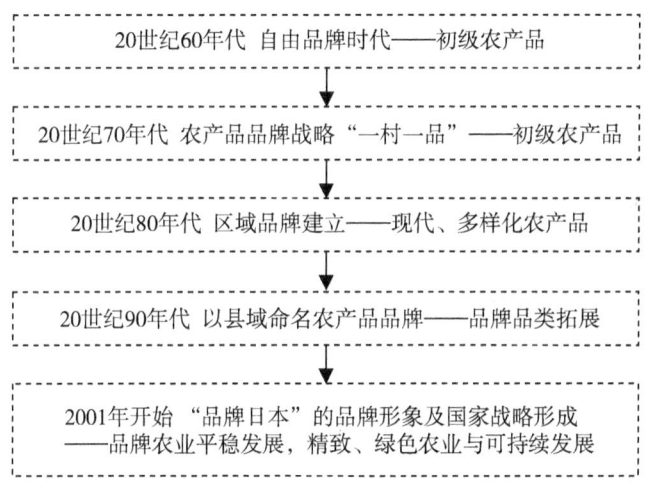

图10-2 日本品牌农业的发展过程

日本通过"品牌农业"的农产品品牌建设,各种农业品牌竞相发展,包括畜产品、蔬菜、稻米、花卉、麦、豆以及果类等。各个不同种类的农业品牌占农产品品牌总量的比重有所不同,其中畜产品占30%,蔬菜类占24%,稻米类占23%,花卉、麦豆、果类等占23%,同时将"品牌农业"上升为国家战略层面,政府具有高度的品牌意识及重视度,提出了高品质的"品牌日本"农产品的品牌核心价值,发挥农协等合作组织的品牌主体积极性,深化推进"一村一品"运动,创建出富士苹果、越光大米、夕张甜瓜等品牌。创建出区域农产品品牌如"山梨品牌""千叶品牌";通过科技创新、提升农产品的营养及品质,形成了如"松阪牛"深受日本人欢迎的高品质品牌产品,让美国牛肉也无法望其项背。建立健全各类品牌认证制度,专业机构的品牌专业调研、策划、规范运作以及运用整合营销传播理念有策略性地进行品牌传播推广,让日本农产品品牌深入人心,在国际上也占有其应有的地位。

(三)美日农产品品牌建设的启示

从世界发达国家农业的发展中我们发现,美国的农业品牌化路径使美国成为全球的强势农业国;日本由"一村一品"开端的农业品牌化运动,也使日本农业获得了新生,并成就了日本农产品的国家品牌。日、美等国的经验表明,农业产品也可以像工业产品一样成为真正的品牌产品,并以此为基点,进行农业产业化的现代化推进,适应于 21 世纪的品牌消费,有效提高农产品附加价值,提高农业经济安全运行质量,促进资源的合理开发与利用,实现农业的可持续发展,进一步提升农产品的国际竞争力。由此可以看出,农产品品牌不仅代表着一个国家或区域农产品的质量和信誉、文化与价值、个性及风格,它更代表着一个国家或区域的农业实力和农业现代化程度。在农产品消费市场日趋细分、人们对农产品作为食品的安全问题越来越重视的今天,消费者对品牌的认同和依赖越来越强。毫不夸张地说,农产品品牌已成为一个国家或地区走向消费市场的新型的、更具有价值的桥梁,它已成为一个国家或地区农产品竞争致胜的重要法宝和利器。

三、我国的粮食品牌建设

在经济全球化的背景下,国际粮食领域的竞争也日益激烈,创建品牌是促进粮食产品的国内销售以及粮食产品的国际贸易、粮食产品的国际营销,突围粮食产品出口大国的围堵的明智选择。日本的"品牌农业"正是在这一国际背景下应运而生的。通过发展"品牌农业",日本的农产品营销发展取得巨大成功,据日本《日本经济新闻》评述"日本的品牌农业正成为拉动经济发展的新兴势力"。另外,日本的农业在适应国际化品牌潮流下也有自己的特点,那就是日本的农产品在国际上向来以优质和知名度高而著称。由于日本品牌的农产品品质较高,加上品牌营销手段多样化使得越来越多消费者成为日本"品牌"农产品的追逐者。那么,在我国,作为农产品大类中人们主食的粮食产品应该如何去开展品牌建立和营销推广呢?

中国粮食产品实施市场化以来,从业者已经认识到品牌的重要性,不仅有农业部门主导的原粮品牌,如湖北潜江的"虾稻",天津的"小站稻"。粮食加工企业创立的品牌最多,在我国加工后的成品粮(口粮)品牌都会进入流通领域,仅湖北省具备 30 万吨大米加工能力的加工厂申请了加工企业品牌的有 700 多个。加工企业的品牌如湖北省国宝桥米有限公司的"国宝桥米"、河北省五得利面粉集团有限公司的"五得利"面粉、湖南省金健米业的"金健大米"等。

市域品牌有江苏淮安市的"淮安大米"、苏州市的"苏州大米"等,县域品牌有江苏射阳县的"射阳大米"、江苏省宝应县的"宝应大米"、辽宁省盘锦市的"盘锦大米"、黑龙江五常市的"五常大米"等,省域品牌如2018年江苏省粮食局启动了江苏省域品牌"苏米"品牌的创建工作,吉林省的"吉林圆粒香",湖北的"荆楚粮油"等。这些品牌大多为地方性流通品牌,少量品牌为区域性流通品牌,全国知名品牌并不多,如中粮集团的"福临门"大米、"福临门"食用油等,而且产品同质化严重,假冒伪劣品时常被曝光,不仅不能形成自己品牌产品的核心竞争力,还会给不法商贩以可乘之机,更难像美、日那样将品牌做到国际知名。

(一)品牌与粮食品牌

美国市场营销协会(AMA)对品牌定义是"品牌是用以识别一个或一群产品或服务的名称、术语、象征、符号或设计及其组合,使其与其他竞争产品或服务相区别"。著名的营销学家菲利普·科特勒指出"品牌就是一个名字、名词、符号或设计,或是上述的总和,其目的是要使自己的产品或服务有别于其他竞争者"。当然还有认为品牌就是"消费者与产品之间的关系"。从实践上看品牌应该是多维的综合体,具有既包含了商品属性、消费者利益、用户群特征、生产者价值、商品识别、产品标识文化,以及有形与无形价值,等等。产品或服务的生产者创造品牌、创建品牌,但品牌形象、品牌完整的个性及其体系的形成,不仅有赖于品牌的商标注册本身,在品牌进入社会体系的过程中,其逐步演绎成为一道社会景观、一种生活方式、一个集合各种相关利益者的思想倾向、风格特征的符号体系与载体。当人们接受品牌产品或服务差异化时,不同品牌产品不同的认知度、市场占有率、消费者忠诚度便逐步异化为产品高低不同的溢价能力(附加价值),此时品牌的无形价值便开始产生并得到不断的演化和更新。消费者的倾向性也开始产生。

品牌的起源在国际学术界争议不断,有专家认为其起源于美国西部农场,人们在其饲养的牲畜上敲上一个印记,以证明"它是我的";也有专家称其起源于欧洲的酒窖,人们为了识别,而在威士忌酒的橡木桶上打上识别的印记;也有人认为品牌是西方市场营销学或西方广告学中的一个概念。但在我国,品牌作为一种思想、智慧、实践已有数千年的历史。中国品牌文化的历史可追溯到9000年前铭刻在陶器上的标记。因此,品牌的名称虽起源于欧洲仅仅百多年的历史,但品牌行为源于中国古代已有数千年历史。

粮食品牌包括粮食种植的初级产品——原粮,也有加工、流通企业形成的用于成品粮(口粮)的加工商品品牌或流通商品品牌,由于粮食是农产品,因此它与农产品一样会受自然环境、水土特质、区域文化、消费习惯等的影响,形成地方、区域、特定人文特征。如东北少水、光照期短,生长期长,旱稻以粳米为主,蛋白质含量高,口感好,以粳米消费为主的地区消费者在购买大米产品时首先想到的就是"东北大米"。因此粮食产品品牌实际上是对产品的一种地理标记、产地标记、地域标记以及品质、工艺、文化等的附加特性标记。

(二)我国粮食产品品牌建设

我国粮食产业仍处于初级发展阶段,粮食市场的发展滞后于消费者对粮食产品需求的升级步伐。实际上自粮食购销体制改革以来,我国粮食企业数量多,但大多规模偏小且市场化、现代化和商品化水平比较低,粮食产品仅仅是作为满足口腹之欲的"物品"而没有真正转化为"商品"。粮食产品市场品牌化建设不仅可以解决粮食市场信息的不对称,也能避免诸如毒大米、染色粮食、霉变粮食和转基因粮食等粮食安全事件。粮食作为刚性需求的产品对产品的安全、信任、食物膳食结构优化升级等的追求,使得消费者开始注重粮食产品的品牌问题。

随着人们消费水平的不断提高,当消费者对粮食产品的消费从"物品"转向"商品",开始关注品牌时,对于粮食产品市场而言,以散装消费和价格主导的消费模式必然会被品牌消费所替代。品牌可以有效降低粮食市场中信息不对称的程度,给予消费者可靠的质量保证和个性的满足。对于粮食企业来说,品牌时代的到来可促进企业加快提高管理水平,通过进行设备改造和技术升级来实现战略升级,实现粮食产品价值的增值。品牌本身所代表的物质或情感利益,满足了目标顾客的内心需求,从而可以使目标顾客不假思索、愉快且持久地选择。品牌能为粮食企业提供大量可靠的忠诚消费者,为企业发展提供良好的发展环境。在现实市场中,消费者对质量和品牌的偏好同价格呈正相关,愿意为高质量的品牌支付高价。粮食产品品牌的塑造,可以有效遏制竞争,粮食产品品牌能够筑高行业壁垒,提高行业准入度,提升企业竞争力,而且还能够通过品牌延伸战略推广多个品牌。

我国《粮食行业"十三五"发展规划纲要》提出,实施粮食品牌培育行动,增强企业品牌意识,做大做强优势品牌,提升品牌附加值。支持企业开发具有地域特色的粮食资源,打造粮食地理标志和特色品牌。完善品牌管理体系,提高品牌粮食产品的市场占有率。二十年多来,我国粮食产品的品牌化建设已经在各级粮食行政管理部门及中国粮食行业协会的大力推进下已经取得了很大的进步，不论是原粮的种植业，还是加工成品粮(口粮)的粮食加工流通企业，都非常重视，一方面是为了更好地产品识别，另一方面也是为了产品权益的保护。企业商品品牌、地方区域品牌、省级区域品牌、地理标志证明品牌、地理标志保护品牌都有涉及(见图10-3)，这些品牌的建立在市场经济中都起到了一定的作用。粮食产品现在不仅仅是一个供需问题，经济全球化的今天，粮食已经被发达国家作为一种政治、经济、外交的工具，甚至是"粮食战争"，我国要想在这种全方位的粮食竞争中，避开发达的粮食出口国的掣肘，开拓我国粮食的国际市场，还必须要有参与国际竞争的国家战略层面的国家品牌战略。

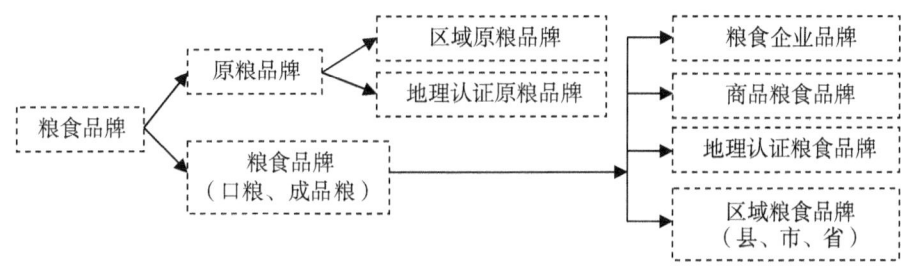

图 10-3 我国粮食品牌

从图 10-3 可以看出，我国现有的粮食品牌建设经过几十年的发展，已经很丰富和全面了，除企业在打造自己的企业品牌和商品品牌外，每个粮食产区的政府与粮食产业协会也都在打造区域品牌，这是由中国地域辽阔，自然条件、人文与消费习惯的不同而引发的。这种品牌的建设并不能说有任何问题，但我们也看到由于我国的粮食加工企业过于分散和体量小，资本实力不足，对产品品牌的推广和宣传力度有限，使得品牌的建设局限在小的局域内。尽管这些品牌在小的局域内可以增加产品的辨识度、提高产品的竞争力，与此同时，在一定的流通区域范围内局域多品牌的存在也会给各种品牌产品的竞争带来压力，给消费者识别品牌产品带来茫然，在大区和国家层面难以形成合力和国际竞争力。

我国现有粮食产品品牌的建立分为多个层次：原粮品牌主体是粮食种植户、农业合作社，以及农业合作组织，是由粮食加工企业产业链向上延伸后形成的，品牌类型主要是区域品牌、地理标识品牌、特色产品品牌，如安徽省天长市董尖圩稻业专业合作社注册的"董尖圩"稻谷品牌、重庆酉阳县白文子农作物种植专业合作社注册的"五榜山碾子"稻谷品牌；第二个层次是粮食加工、流通企业，这类企业注册的品牌主要是产品品牌，专用产品品牌；还有一类是由政府管理部门主导下的区域品牌，如农业农村部管理体系下形成的区域原粮品牌、特色原粮品牌；商务部下属的粮食管理体系下或区域粮食协会形成的虚拟局域、区域产品品牌或局域、区域流通品牌，如江苏省粮食局主导建设的"苏米"、湖北省粮食局主导的"荆楚粮油"；或区域粮食协会形成的虚拟局域产品地理标识品牌，如黑龙江五常市大米协会注册的"五常大米"、江苏省射阳县大米协会注册的"射阳大米"。

1. 建立粮食商品品牌的复合商品特征

基于粮食产品的区域发展策略，一方面可以通过复合品牌来标识产品，如图 10-4 所示。通过地理标识品牌、原粮(品种)品牌标识来共同打造商品品牌的复合商品特征。地理标识品牌提高产品的辨识度与文化认同，增加区域产品的竞争力；通过原粮(品种)品牌诠释产品固有质地和营养特性；通过商品品牌提升粮食加工工艺、产品质量的认可度，顾客服务感受与顾客满意度，从而提升粮食产品的品牌附加值，逐渐形成并巩固了自己的品牌地位，增强市场的掌控力与市场竞争力，避免走入价格竞争的泥淖。通过地理标识品牌、原粮(品种)品牌标识来背书的粮食商品品牌在市场竞争中会增加在国内粮食市场与跨国粮商竞争的区域、文化、品质、营养等优势。同时也便于对粮食产品品牌的保护与发扬光大。

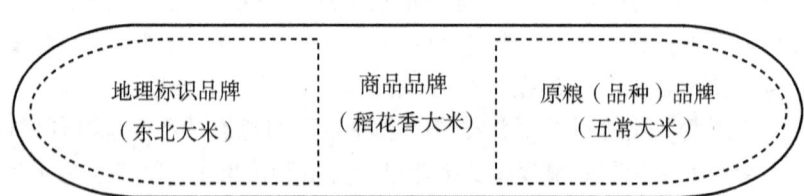

图 10-4　粮食产品复合品牌

2. 创建国家区域粮食品牌

国家品牌实际上是以国家为背书的"国家区域品牌"，它是以强势品牌为基础形成的带有行业及产业特征的国家产地品牌。它是一个虚拟品牌概念，是建立在实体的区域品牌、产地品牌和商品品牌之上的。我国粮食产品要参与国际贸易，进行国际市场营销，与实力雄厚的跨国粮商竞争，不论在生产效率、资本实力、渠道完善，以及产品价格，抑或产业链覆盖面上都不具备竞争实力，我们要想走出去一定要有自己的粮食产品特色，以扬长避短。尽管我国已有少数的粮食产品品牌在国际市场上崭露头角,如"东北大米""银珠米"在海外粮食市场很受欢迎,又如日本消费者非常喜欢中国生产的粳米,特别是东北粳米。但这些品牌的粮食产品在国际上的知名度不高,销售量也有限。因此,我们首先必须在粮食行业、产品、品牌和服务上做文章,下工夫。必须提升中国粮食产品品牌在国际上的整体形象,创建中国粮食产品国家品牌,从而提升我国粮食产品品牌在国际上的知名度,继而提高产品销售量和国际竞争力。

我国地大物博,自然资源丰富,要充分利用我国特有的自然风物、特色物种在内的自然资源,挖掘特色粮食产品的地理特性、产品特质、规模、品质、生产工艺,通过对粮食产品优势行业、优势产业带、优势龙头企业和优势区域品牌的扶持,强化该类产品和企业在国际市场的出口优势,实现粮食产品资源的优化配置,从而形成我国的粮食产品典型行业形象,树立行业品牌,提升优势粮食品牌的附加值。在此基础上,利用相同地理区域自然征候相同、地域人文习性相近,打破局域疆界,形成较大区域产业集群,通过品牌升级、产业链整合、产品创新,在地方政府和粮食行业协会以及国家层面的共同参与下调动全国的自然资源、信息资源、人力资源及组织资源,架构战略性品牌创建体系,形成基于国家层面的国家粮食品牌战略,从而创建具有国际竞争力的粮食国家品牌——国家区域粮食品牌。我国不乏优质且具有特别质地的粮食产品,这些产品已经在粮食主管部门的主导下形成了以省或大区为特征的虚拟区域品牌,如"苏米""荆楚粮油""东北大米",但缺乏针对国际市场的国家背书。在国际上没有形成特色品牌形象,主要是没有从国家层面去全面挖掘和塑造。发达国家较发展中国家更早地进入成熟消费社会,在消费个性化和对品质的要求上更明显、更广泛,我们要抓住这种市场契机,努力提升我国特色粮食产品在国际上的品牌形象,扩大优质粮食产品在国际上的知名度、认可度,实现粮食产品在国际市场营销中的品牌附加值和销售额。

第二节 粮食产业创新

提高我国粮食产品的国际竞争力不仅仅要进行粮食产品的品牌塑造,还要稳定提高产品质量,通过品质提升、科技及品种创新、产品深加工等,逐步走出我国粮食产品在国际上的低成本竞争优势战略,使得资源优势发挥最大的效能。

我国《粮食行业"十三五"发展规划纲要》提出,推进粮食产品结构优化,构建完善的粮食产品标准体系和生产技术规范。增加安全绿色、优质营养、适口方便、种类丰富的粮食产品供给，增加满足消费者个性化消费需求的特色产品供给，增加满足不同层次消费需求的中高端产品供给。大力实施"绿色健康谷物口粮工程"，提高绿色安全营养谷物粮食制品的供给能力和市场占有率。从规划纲要中我们可以看出，在国家层面要求推进粮食产品的结构优化、丰富粮食产品种类、增加满足消费者个性化需求的特色产品、安全绿色产品等，这些都必须要求粮食生产（种植）企业、加工企业通过改进粮食种植方式、改进加工技术与科技创新来完成，并且还可以通过重组粮食产业链来提升粮食企业的抗风险能力、竞争能力。如图 10-5 所示，可以清楚明了粮食产业的创新途径。

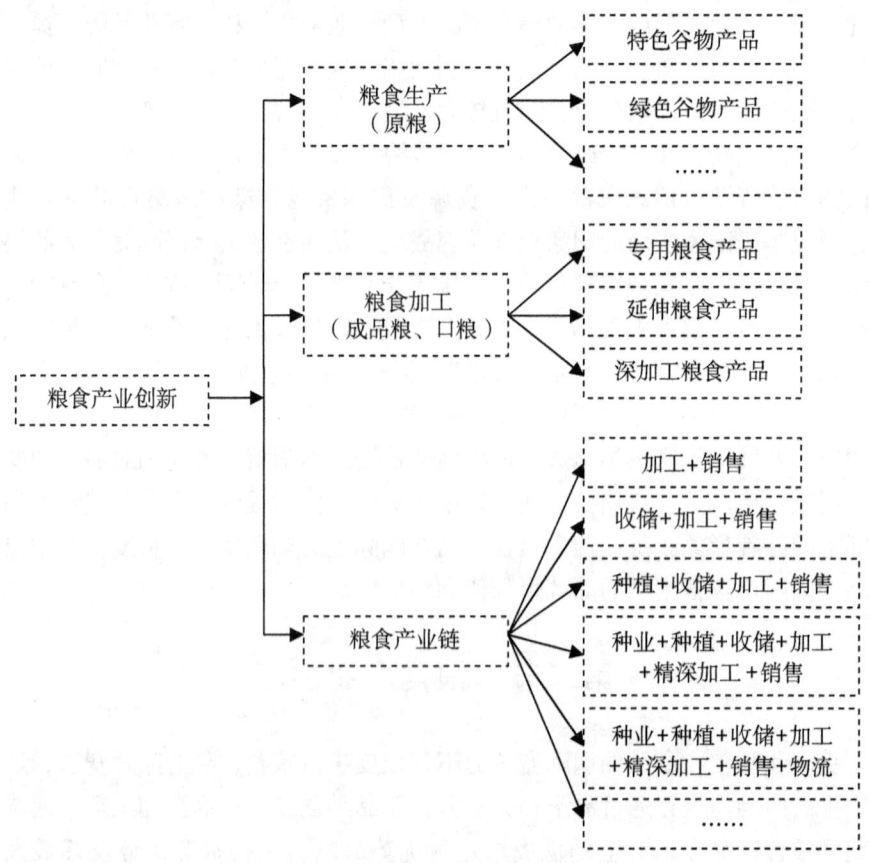

图 10-5　粮食产业创新途径

一、原粮生产(种植)的产品创新

粮食产业的创新首先是原粮生产(种植)创新,在原粮种植环节,我国不同的粮食产区在政府农业主管部门的引导和支持下,一直在开发有区域地方特色的原粮产品,绿色粮食产品。农业部门自 1990 年启动绿色食品工作到现在已有近 30 年的历程,获得了长足发展,总量规模逐年扩大,市场影响不断增强,示范带动作用日益明显。依托品牌,绿色食品已形成了一个从基地建设、投入品牌推广,到产品开发、市场营销较为完整的产业体系。"十二五"时期,绿色食品事业发展带动了农业标准化,提升了农产品质量安全水平,促进了农业增效、农民增收。农业农村部下属的中国绿色食品发展中心开展的"三品一标(三品:无公害农产品、绿色食品、有机食品,一标:农产品地理标志)"的认证工作也得到了广泛认可,这个工作涵盖了原粮谷物的生产及成品粮加工。目前认证的绿色农产品中大米 2055 个,稻谷 241 个,小麦粉 684 个。"十三五"时期,绿色食品、有机食品发展的总体思路是践行"创新、协调、绿色、开放、共享"五大新理念,围绕"提质增效转方式,稳粮增收可持续"的中心任务,加强品牌建设,推动绿色食品、有机食品持续健康发展。据湖北省粮食局统计,截至 2018 年年底,湖北省 10 个示范县建成优质粮源种植基地 177.5 万亩,年产优质粮食约 233 万吨,原粮优质品率平均达 75% 以上;10 个示范县 2018 年优质粮食加工量达 192.1 万吨;产后服务能力不断提升,10 个示范县已建成 161 个粮食产后服务中心,占计划总数的 93.1%;全省粮食行业已获得 39 个中国驰名商标,432 个产品获绿色、有机或无公害等"三品一标"称号。

粮食加工行业也从产业链上行进入种植环节,在绿色、特色上下工夫,如湖北洪森实业(集团)有限公司着力打造"洪森"品牌有机米,"洪森"品牌富硒营养米,通过产品的"富硒"特色打造营养米品牌。江苏苏北粮油股份有限公司努力挖掘苏北稻米文化资源,做大做强泗洪大米品牌。公司"家缘"和"蟹园"品牌均被评为"江苏省著名商标","蟹园"牌大米通过"中国好粮油"江苏省评选。

二、粮食加工企业的产品创新

成品粮的加工企业也是粮食产业的创新渠道之一,在我国国内粮食市场中成品粮(口粮)市场的主体是加工企业,跨国粮食市场会出现原粮和成品粮同时存在,市场主体有跨国粮食经营企业,也有加工、贸易企业。作为成品粮的市场主体加工企业,在粮食产业的创新上,主要是根据消费者需求通过科技创新，开发专用粮食产品品种，如不同用途和要求的"专用面粉"、不同加工精度的大米产品、特殊营养需要的大米产品、即食产品；如上面提到的湖北洪森实业(集团)有限公司的"洪森"品牌富硒营养米；如小麦粉加工企业根据客户的需要加工生产不同筋力的特制面粉产品(高筋粉、低筋粉)，满足特定面制食品加工艺的需要。

三、粮食产品产业链的创新

粮食产业的创新另外的渠道来自于粮食产品产业链的创新，由于我国的原粮生产、收储、成品粮的加工、销售、流通等跨越了多个行政管理部门，所以我国的成品粮粮食产品的主体粮食企业在整个粮食产品产业链上大多仅仅可以把持加工与销售环节。随着粮食产品市场竞争的加剧，粮食加工从业者也开始认识到要想摆脱低价竞争的泥淖，就必须有自己的核心竞争力，国家粮食管理部门也开始引导企业走特色产品、绿色产品、拓宽产业上下游梗阻。我国《粮食行业"十三五"发展规划纲要》中就表明："充分发挥粮食加工业引擎作用，促进一二三产业融合发展，鼓励加工企业建设绿色、优质原粮基地，发展订单农业，实行粮食优质优价，引导粮食种植品种优化，提升粮食产品品质。鼓励粮食加工企业延长产业链条，促进'产购储加销'全产业链一体化发展，支持龙头企业做大做强。"明确鼓励粮食企业拓宽上下游产业链，做大做强。实际上这种产业链的拓展工作很多企业和区域粮食管理部门已经做了很多工作。如浙江省温州市虹丰集团把附近几个乡镇和农场的农户变成公司的股东，每年由公司提供种子品种，指导农民生产，公司统一收购加工后，用售后的获益对农民进行"二次分配"，使基地更加稳固；衢县的良兴米业有限公司则牵头组建由水稻科研机构、农机部门、乡镇以及种粮大户为会员的优质稻米协会，同全县 90 个村的 2699 户农户签订了《优质稻米合同》，从而推出了特色鲜明的"衢州贡米"和"衢州香米"；浙北，干窑粮油工贸公司从 2004 年开始，选择 5 个市场适销对路的水稻品种，同数百农户签订购销订单，使得"干窑大米"风行附近的上海、杭州市场；云南八宝贡米业有限责任公司坚持全种植过程精选土地，尊崇自然，顺势而为，培植有道，构建产品的绿色品牌形象，致力于国家级名贵米种"八宝贡"的传袭。八宝贡种植面积达 13.07 万亩，产值 2.7 亿元；江西省一江秋粮油有限公司自建 1600 亩有机富硒稻基地，打造了从田间到餐桌的产业链，通过产学研合作实现有机富硒大米的标准化生产，并取得国家有机产品认证、绿色食品认证、ISO22000 食品安全管理体系认证；湖北福娃集团有限公司坚持绿色发展，注重提升质量，引领标准化生产，积极探索"稻田综合种养模式",从传统的农产品加工到做现代农业的生态两水文章(即水稻+水产品——小龙虾),促进一二三产业融合发展。福娃集团建成"稻虾生态农业示范基地"3万亩,年产值1.5亿元。"福娃"系列大米中的6个产品通过绿色食品认证,2个产品通过有机食品认证,"福娃"被评为"中国驰名商标"。

  以上这些企业都将粮食产品的上游原种、种植环节的链条打通,将前端的产品与质量控制在自己手上,掌握主导权。但对全产业链的种、收、储、加、销、流通、物流等打通的目前我国仅有中粮集团,全产业链的打通需要强大的资金实力,超前的管理能力。如中粮集团目前拥有从种植到加工,从收储到物流,从国内到国外,从生态产品到科研的深加工产品,真正做到了从原种—种植—收储—运输—加工—销售—深加工—国际贸易的全产业链,且这些产业链的布局不局限在国内,产业链上的创新也体现在多维多种形式,以市场的手段搭建全面的产业链,也以市场的手段搭建从美洲地区到亚洲地区的跨洲"粮食走廊"。按照我国《粮食行业"十三五"发展规划纲要》支持龙头企业做大做强的要求,可以预见不远的将来,在国家政策的支持下,我国粮食加工企业逐步积累打通全产业链的管理经验,会有脱颖而出的全产业链企业与中粮集团一起,参与粮食产品国际贸易或粮食产品的国际市场营销,摆脱发达国家跨国粮商的贸易垄断与资本控制。

附　录

附录一　稻谷国家质量标准 GB 1350—2009

表 1　　早籼稻谷、晚籼稻谷、籼糯稻谷质量标准 GB 1350—2009

等级	出糙率/%	整精米率/%	杂质含量/%	水分含量/%	黄粒米含量/%	谷外糙米含量/%	互混率/%	色泽、气味
1	≥79.0	≥50.0	≤1.0	≤13.5	≤1.0	≤2.0	≤5.0	正常
2	≥77.0	≥47.0						
3	≥75.0	≥44.0						
4	≥73.0	≥41.0						
5	≥71.0	≥38.0						
等外	<71.0	—						

注："—"为不要求。

表 2　　粳稻谷、粳糯稻谷质量标准 GB 1350—2009

等级	出糙率/%	整精米率/%	杂质含量/%	水分含量/%	黄粒米含量/%	谷外糙米含量/%	互混率/%	色泽、气味
1	≥81.0	≥61.0	≤1.0	≤14.5	≤1.0	≤2.0	≤5.0	正常
2	≥79.0	≥58.0						
3	≥77.0	≥55.0						
4	≥75.0	≥52.0						
5	≥73.0	≥49.0						
等外	<73.0	—						

注："—"为不要求。

附录二 优质稻谷 GB/T 17891—2017

表 1　　　　　优质籼稻谷粒型长度指标 GB/T 17891—2017

类别	长粒	中粒	短粒
长度/mm	>6.5	5.6~6.5	<5.6

表 2　　　　　优质稻谷质量标准 GB/T 17891—2017

类别	等级	整精米率/%			垩白度/%	食味品质分	不完善粒含量/%	水分含量/%	直链淀粉含量(干基)/%	异品种率/%	杂质含量/%	谷外糙米含量/%	黄粒米含量/%	色泽、气味
		长粒	中粒	短粒										
籼稻谷	1	≥56.0	≥58.0	≥60.0	≤2.0	≥90	≤2.0	≤13.5	14.0~24.0	≤3.0	≤1.0	≤2.0	≤1.0	正常
	2	≥50.0	≥52.0	≥54.0	≤5.0	≥80	≤3.0							
	3	≥44.0	≥46.0	≥48.0	≤8.0	≥70	≤5.0							
粳稻谷	1	≥67.0			≤2.0	≥90	≤2.0	≤14.5	14.0~20.0					
	2	≥61.0			≤4.0	≥80	≤3.0							
	3	≥55.0			≤6.0	≥70	≤5.0							

附录三 小麦国家质量标准 GB 1351—2008

小麦质量标准 GB 1351—2008

等级	容重/(g/L)	不完善粒/%	杂质/%		水分含量/%	色泽、气味
			总量	其中：矿物质		
1	≥790	≤6.0	≤1.0	≤0.5	≤12.5	正常
2	≥770					
3	≥750	≤8.0				
4	≥730					
5	≥710	≤10.0				
等外	<710	—				

注："—"为不要求。

附录四 优质小麦 强筋小麦 GB/T 17892—1999

强筋小麦品质指标 GB/T 17892—1999

项 目			指 标	
			一等	二等
籽粒	容重，g/L	≥	770	
	水分，%	≤	12.5	
	不完善粒，%	≤	6.0	
	杂质，% 总 量	≤	1.0	
	矿物质	≤	0.5	
	色泽、气味		正常	
	降落数值，s	≥	300	
小麦粉	粗蛋白质，%（干基）	≥	15.0	14.0
	湿面筋，%（14%水分基）	≥	35.0	32.0
	面团稳定时间，min	≥	10.0	7.0
	烘焙品质评分值	≥	80	

附录五 优质小麦 弱筋小麦 GB/T 17893—1999

弱筋小麦品质指标 GB/T 17893—1999

项 目			指 标
籽粒	容重，g/L	≥	750
	水分，%	≤	12.5
	不完善粒，%	≤	6.0
	杂质，% 总 量	≤	1.0
	矿物质	≤	0.5
	色泽、气味		正常
	降落数值，s	≥	300
小麦粉	粗蛋白质，%（干基）	≤	11.5
	湿面筋，%（14%水分基）	≤	22.0
	面团稳定时间，min	≤	2.5

附录六 中国好粮油 稻谷 LS/T3108—2017

表1　　　　　　　　　基本质量指标 LS/T 3108—2017

指标	杂质含量/% ≤	不完善粒含量/% ≤	黄粒米含量/% ≤	一致性/% ≥
指标要求	1.0	3.0	0.5	95

注：各相关方可根据实际需求，在此限量的基础上确定在一定期限内安全保质的水分含量最大限量。

表2　　　　　　　　　定等指标和声称指标 LS/T 3108—2017

指标类型	品种		粳稻			籼稻		
	等级		一级	二级	三级	一级	二级	三级
定等指标	食味值/分	≥	90	85	80	90	85	80
	垩白度/%	≤	4	6	8	4	6	8
	垩白粒率[1]/%	≤	3	5	7	4	6	8
	出糙率/%	≥	80	78		77	75	
	整精米率/%	≥	68	66		62	60	
声称指标[2]	直链淀粉含量(干基)/%		+			+		
	蛋白质含量(干基)/%		+			+		
	新鲜度/分		+			+		

注1：计算垩白面积大于等于1/2米粒投影面积的垩白粒的比例。
注2："+"须标注检验结果。

表3　　　　　　　　　安全指数要求 LS/T 3108—2017

项目		指数
$P_{N真菌毒素}$	≤	0.7
$P_{N污染物}$	≤	0.7
$P_{N农药残留}$	≤	0.7

表 4　　　　　　　　　　追溯信息 LS/T 3108—2017

信息分类	追溯信息	
生产信息	品种名称	
	产地	
	收获时间	
	种植面积及区域分布	
	化肥和农药使用记录	
	产量/可供交易量	
	原产地证书(可填)	
收储信息	收割方式	
	干燥方式	
	储存方式	
	储存地址	
	虫霉防控记录	
其他信息	(可填)	

注：示例参见附录 E。

附录七　中国好粮油 小麦 LS/T3109—2017

表 1　　　　　基本质量指标要求　LS/T 3109—2017

项目	杂质含量/(%)≤	不完善粒含量/(%)≤	水分含量/(%)≤	降落数值/(s)≥	色泽气味	一致性/(%)≥
指标要求	1.0	6.0	12.5	200	正常	95

表2　　　定等指标和声称指标要求　LS/T 3109—2017

项目	类别	强筋硬麦		中筋小麦				低筋软麦	
				面条小麦		硬式馒头小麦	软式馒头小麦		
	等级	一等	二等	一等	二等	—	—	一等	二等
定等指标	食品评分值[1] ≥	90	80	90	80	80	80	90	80
	硬度指数	≥65		—		—	—	≤35	≤45
	湿面筋含量/(%)	≥30		≥25		≥26	24-28	≤22	≤25
	面筋指数	≥90	≥85	—		≥60		—	
	容重/(g/L)	≥790	≥750	≥770	≥750	≥770	≥750	≥750	≥730
声称指标[2,3]	面片光泽稳定性	—	—	+	+	—	—	—	—
	粉质吸水率/(%)	+		+		+	+	—	
	粉质形成时间/(min)	+		+		+	+	—	
	粉质稳定时间/(min)	+	+	+		+	+	—	
	最大拉伸阻力/(EU)	+	+	—		—	—	—	
	延展性/(mm)	+	+	+	+	—	—	—	
	吹泡P值/(mm H_2O)	—		—		—	—	+	
	吹泡L值/(mm)	—		—		—	—	+	

注1：优质强筋硬麦和优质低筋软麦分别用面包和海绵蛋糕做食品评分。

注2："+"须标注检验结果。

注3："—"不作要求。

表3　　　安全指数要求　LS/T 3109—2017

项目		指数
$P_{N真菌毒素}$	≤	0.7
$P_{N污染物}$	≤	0.7
$P_{N农药残留}$	≤	0.7

表 4　　　　　　追溯信息 LS/T 3109—2017

信息分类	追溯信息
生产信息	品种名称
	产地
	收获时间
	种植面积及区域分布
	化肥和农药使用记录
	产量/可供交易量
	原产地证书(可填)
收储信息	收割方式
	干燥方式
	储存方式
	储存地址
	虫霉防控记录
其他信息	(可填)

附录八　大米国家质量标准 GB/T 1354—2018

表 1　　　　　　大米质量标准　GB/T 1354—2018

品种			籼米			粳米			籼糯米		粳糯米	
等级			一级	二级	三级	一级	二级	三级	一级	二级	一级	二级
碎米	总量/%	≤	15.0	20.0	30.0	10.0	15.0	20.0	15.0	25.0	10.0	15.0
	其中小碎米/%	≤	1.0	1.5	2.0	1.0	1.5	2.0	2.0	2.5	1.5	2.0
加工精度			精碾	精碾	适碾	精碾	精碾	适碾	精碾	适碾	精碾	适碾
不完善粒/%		≤	3.0	4.0	6.0	3.0	4.0	6.0	4.0	6.0	4.0	6.0
水分/%		≤	14.5			15.5			14.5		15.5	
杂质	总量/%	≤	0.25									
	其中：无机杂质含量/%	≤	0.02									
黄粒米含量/%		≤	1.0									
互混率/%		≤	5.0									
色泽、气味			正常									

表2　　　　　　优质大米质量标准 GB/T 1354—2018

品种			优质籼米			优质粳米		
等级			一级	二级	三级	一级	二级	三级
碎米	总量/%	≤	10.0	12.5	15.0	5.0	7.5	10.0
	其中小碎米/%	≤	0.2	0.5	1.0	0.1	0.3	0.5
加工精度			精碾	精碾	适碾	精碾	精碾	适碾
垩白度/%		≤	2.0	5.0	8.0	2.0	4.0	6.0
品尝评分值/分		≥	90	80	70	90	80	70
直链淀粉含量/%			13.0~22.0			13.0~20.0		
水分/%		≤	14.5			15.5		
不完善粒/%		≤	3.0					
杂质限量	总量/%	≤	0.25					
	其中：无机杂质含量/%	≤	0.02					
黄粒米含量/%		≤	0.5					
互混率/%		≤	5.0					
色泽、气味			正常					

附录九　小麦粉国家质量标准 GB/T 1355—1986

小麦粉质量标准 GB/T 1355—1986

质量指标	小麦粉等级			
	特制一等	特制二等	标准粉	普通粉
加工精度	按实物标准样品对照检验粉色麸星	按实物标准样品对照检验粉色麸星	按实物标准样品对照检验粉色麸星	按实物标准样品对照检验粉色麸星
灰分,%(干基)	≤0.70	≤0.85	≤1.10	≤1.40
精细度	全部通过CB36号筛，留存在CB42号筛的不超过10.0%	全部通过CB30号筛，留存在CB36号筛的不超过10.0%	全部通过CQ20号筛，留存在CB30号筛的不超过20.0%	全部通过CQ20号筛

续表

质量指标	小麦粉等级			
	特制一等	特制二等	标准粉	普通粉
面筋质,%(湿基)	≥26.0	≥25.0	≥24.0	≥22.0
含砂量,%	≤0.02	≤0.02	≤0.02	≤0.02
磁性金属物,g/kg	≤0.003	≤0.003	≤0.003	≤0.003
水分,%	14.0±0.5	14.0±0.5	13.0±0.5	13.0±0.5
脂肪酸值,mgKOH/100g(湿基)	≤80	≤80	≤80	≤80
气味口味	正常	正常	正常	正常

附录十 高筋小麦粉 GB/T 8607—1988

表1　　　高筋小麦粉质量指标　GB/T 8607—1988

质量指标	等级	
	一级	二级
粉色、麸星	按实物标准样品对照检验粉色麸星	按实物标准样品对照检验粉色麸星
灰分,%(干基)	≤0.70	≤0.85
精细度	全部通过 CB36 号筛,留存在 CB42 号筛的不超过 10.0%	全部通过 CB30 号筛,留存在 CB36 号筛的不超过 10.0%
面筋质,%(湿基)	≥30.0	≥30.0
蛋白质,%	≥12.2	≥12.2
含砂量,%	≤0.02	≤0.02
磁性金属物,g/kg	≤0.003	≤0.003
水分,%	≤14.5	≤14.5
脂肪酸值,mgKOH/100g(湿基)	≤80	≤80
气味口味	正常	正常

附录十一 低筋小麦粉 GB/T 8608—1988

低筋小麦粉质量指标　GB/T 8608—1988

质量指标	等　级	
	一级	二级
粉色、麸星	按实物标准样品对照检验粉色麸星	按实物标准样品对照检验粉色麸星
灰分,%(干基)	≤0.60	≤0.80
精细度	全部通过CB36号筛,留存在CB42号筛的不超过10.0%	全部通过CB30号筛,留存在CB36号筛的不超过10.0%
面筋质,%(湿基)	≤24.0	≤24.0
蛋白质,%	≥10.0	≥10.0
含砂量,%	≤0.02	≤0.02
磁性金属物,g/kg	≤0.003	≤0.003
水分,%	≤14.0	≤14.0
脂肪酸值,mgKOH/100g(湿基)	≤80	≤80
气味口味	正常	正常

附录十二 专用小麦粉质量标准 LS 3201~08—1993

专用小麦粉质量指标 LS 3201~3208—1993

专用小麦粉名称	面包用粉		面条用粉		馒头用粉		饺子用粉		酥性饼干用粉		发酵饼干用粉		蛋糕用粉		糕点用粉	
等级	精制级	普通级	精制级	普通级	特制级	普通级	特制级	普通级	特制级	普通级	特制级	普通级	特制级	普通级	特制级	普通级
水分，%	≤14.5	≤14.5	≤14.5	≤14.5	≤14.0	≤14.0	≤14.5	≤14.5	≤14.0	≤14.0	≤14.0	≤14.0	≤14.0	≤14.0	≤14.0	≤14.0
灰分，%（干基）	≤0.60	≤0.75	≤0.55	≤0.70	≤0.55	≤0.70	≤0.55	≤0.70	≤0.55	≤0.70	≤0.50	≤0.70	≤0.53	≤0.65	≤0.55	≤0.70
精细度	全部通过CB30号筛，留存在CB36号筛的不超过15.0%		全部通过CB36号筛，留存在CB42号筛的不超过10.0%		全部通过CB36号筛		全部通过CB36号筛，留存在CB42号筛的不超过10.0%		全部通过CB36号筛，留存在CB42号筛的不超过10.0%		全部通过CB36号筛，留存在CB42号筛的不超过10.0%		全部通过CQ42号筛		全部通过CB36号筛，留存在CB42号筛的不超过10.0%	
面筋质，%（湿基）	≥33.0	≥30.0	≥28.0	≥26.0	25~30		28~32		22~26		22~30		≤22.0	≤24.0	≤22.0	≤24.0
粉质曲线稳定时间，min	≥10.0	≥7.0	≥4.0	≥3.0	≥3.0		≥3.5		≥2.5	≥3.5		≤3.5	≤1.5	≤2.0	≤1.5	≤2.0
降落数值，s	250~350		≥200		≥250		≥200		≥150		250~350		≥250		≥160	
含砂量	≤0.02		≤0.02		≤0.02		≤0.02		≤0.02		≤0.02		≤0.02		≤0.02	
磁性金属物，g/kg	≤0.003		≤0.003		≤0.003		≤0.003		≤0.003		≤0.003		≤0.003		≤0.003	
气味口味	无异味		无异味		无异味		无异味		无异味		无异味		无异味		无异味	
LS/T	3201—1993		3202—1993		3204—1993		3203—1993		3206—1993		3205—1993		3207—1993		3208—1993	

附录十三 中华人民共和国国家标准
（GB/T 26630—2011）

大米加工企业良好操作规范

前 言

本标准由国家粮食局提出。

本标准由全国粮油标准化技术委员会归口。

本标准起草单位：国家粮食储备局武汉科学研究设计院、湖南金健米业股份有限公司、中粮（江西）米业、湖北国宝桥米有限公司。

本标准主要起草人：舒莲梅、谢健、程科、周俊梅、张小威、程国强、孙友元。

1 范围

本标准规定了大米加工企业厂区环境、厂房设施、机械设备、管理机构与人员、卫生管理、生产过程管理、质量管理、标签及管理制度的建立和考核等良好操作的基本要求。

本标准适用于大米（含蒸谷米、发芽糙米、营养强化米等）加工企业。

2 规范性引用文件

下列文件中的条款通过本标准的引用而成为本标准的条款。凡是注日期的引用文件，其随后所有的修改单（不包括勘误的内容）或修订版均不适用于本标准，然而，鼓励根据本标准达成协议的各方研究是否可使用这些文件的最新版本。凡是不注日期的引用文件，其最新版本适用于本标准。

GB 5749 生活饮用水卫生标准

GB 7718 预包装食品标签通则

GB 8978 污水综合排放标准

GB 13271 锅炉大气污染物排放标准

GB/T 13277 一般用压缩空气质量等级

GB 14881 食品企业通用卫生规范

GB 14930.1 食品工具、设备用洗涤剂卫生标准

GB/T 15091 食品工业基本术语

GB 15179 食品机械润滑脂

GB/T 17109 粮食销售包装

GB/T 22515 粮油名词术语粮食、油料及其加工产品

3 术语和定义

GB/T 22515 和 GB/T 15091 确立的术语和定义适用于本标准。

4 厂区环境

4.1 厂区周围不应有粉尘、有害气体、放射性物质和其他扩散性污染源，不得有昆虫大量孳生的潜在场所。厂区四周环境应保持清洁，地面不得有严重积水、泥泞、污秽等，道路、空地应采用混凝土及其他硬质材料铺设，防止扬尘和积水。

4.2 厂区周围应设置围墙，其距离地面至少30cm部分应采用密闭性材料建造。

4.3 厂区内不得有产生不良气味、有害气体、煤烟或其他有碍卫生的设施。

4.3.1 厂区内禁止饲养动物。

4.3.2 厂区排水系统应保持顺畅，不应有严重积水、渗漏、淤泥或污秽。

4.3.3 生活区应与生产区隔离。生产区应在生活区的下风向。

4.3.4 生产区应禁止吸烟。

5 厂房设施

5.1 设计

新建、扩建、改建工程项目的设计和施工，应符合本标准的要求。

5.2 厂房设计与布局

5.2.1 厂房布局应包括生产作业场所和辅助场所。

5.2.2 厂房布局应按生产工艺流程需要和卫生要求进行设计。

5.2.3 生产车间内设备与设备间、设备与墙壁之间，应有适当的通道或工作空间，其宽度应在90cm以上。

5.2.4 应建立检验室，并配备相应的检验仪器设备。

5.3 厂房

5.3.1 厂房建造应使用符合食品安全的、具有防火性能的建筑材料，坚固耐用、易于维修、保持清洁和预防原粮、成品污染。

5.3.2 应分别设置人员通道及物料运输通道，各通道应装有塑料门帘或双向弹簧门，应有缓冲室。

5.3.3 车间内的楼梯或横越生产线的跨道，应设有防污染和安全设施，避免附近物料受污染。

5.4 安全设施

5.4.1 厂房内电源应有接地线和漏电保护系统，不同电压的插座应明确标示。

5.4.2 高湿度环境使用的电源插座应具有防水功能。

5.4.3 防火、防爆及消防设施的设置应按有关消防法规执行。应在适当且明显的场所设置急救器材。

5.5 屋顶与吊顶

5.5.1 车间和仓库的屋顶或吊顶应选用不吸水、无异味、表面光洁、耐温的浅色材料。屋顶要有适当的坡度或弧度，减少和防止冷凝水滴落。

5.5.2 大米整理、包装及储存间的通风管道应安装于吊顶上方。

5.6 墙壁与门窗

5.6.1 生产车间的墙壁应采用无毒、无异味、不透水、易擦拭的浅色防腐涂料，不得使用含铅涂料。

5.6.2 生产车间的所有门窗应采用防锈、防潮、能清洗的框架，不宜使用木质门窗。

5.6.3 作业时需要打开的窗户，应装设双层不生锈纱网。

5.6.4 生产车间的窗户不宜设内窗台，若有窗台，应设于地面1m以上，且向内倾斜45°。

5.6.5 生产车间保温材料不得使用含石棉材料。

5.7 地面与排水

5.7.1 地面应使用水磨石、混凝土等铺砌，坡度以1.0%～1.5%为宜。

5.7.2 在生产时有液体流至地面、生产环境潮湿的区域，其地面的坡度应在1.5～3.0%之间。

5.7.3 地面应设足够的地漏。地漏应有存水弯头，并配有相应大小的滤网。地漏应设置在坡度低的地方，不得直接设在生产设备的下方。

5.7.4 排水出口应有防止动物侵入的装置。

5.7.5 废水应排至废水处理系统或经其他适当方式处理。

5.8 供水供气设备

5.8.1 生产用水应符合GB 5749的规定。水压、流量等应能满足正常生产所需。生产作业场所应有储水设备及提供热水的设施。供水系统应有防止虹吸和回流现象的措施，并有供水网络图。

5.8.2 储水设备(池、塔、槽)、与水直接接触的供水管道、器具等应使用无毒、无异味、防腐的材料。供水设施出入口应有安全卫生设施，防止动物及其他有害物质进入。

5.8.3 使用自备水源，应根据当地水质特点设置水质净化或消毒设施（如沉淀、过滤、除铁、除锰、除氟、消毒等），水质应符合 GB 5749 和其他相关标准规定。

5.9 照明设施

按 GB 14881 的规定执行。

5.10 通风设施

5.10.1 加工、包装及储存等场所应装置通风设备并保持通风良好，防止室内温度过高。

5.10.2 通风排气装置应便于维护、更换，通风口应装有耐腐蚀网罩。进气口应距地面 2m 以上，并远离污染源和排气口。排气口应有防止动物侵入的措施。

5.10.3 产生粉尘的场所应有排除、收集或控制粉尘的装置。

5.11 辅料库

5.11.1 设置与生产能力和产品储存要求相适应的仓库，同一仓库内储存性质不同的物品时，应有隔离措施。

5.11.2 仓房应采用无毒、坚固的材料建造，防止原粮和成品受到污染。

5.11.3 仓房应有防止有害动物侵入的措施和装置。

5.11.4 储藏物与墙壁、地面应保持适当的距离和空气流通，并利于物品的搬运。

5.11.5 仓内应设置温度记录仪和湿度记录仪。

5.11.6 应设置有毒有害物品的专储区。储存危险品应远离生产车间、仓库和人员较多的场所。

6 机械设备

6.1 基本要求

6.1.1 所有生产设备包括管道、工具等应易于清洗消毒、易于检查，并能避免机器润滑剂、金属碎屑或其他污染物混入。

6.1.2 接触面应平滑、边角圆滑、无死角和裂缝，以减少碎屑、污垢及有机物的聚积。

6.1.3 储存、运输设施应便于维护并保持良好的卫生状况。

6.1.4 在生产车间或原料处理区，不直接与原料或产品接触的设备和器具也应易于清洁。

6.2 材质

6.2.1 用于生产和可能接触物料的设备及操作台、传送带、运输车和工具等辅助设施，应由无毒、无异味、非吸收性、耐腐蚀且可重复清洗的材料制作，并符合国家有关标准的规定。

6.2.2 直接接触物料的表面不得使用有可能给成品带来潜在危害或可能污染的材料。

6.2.3 直接接触成品的设备使用的润滑剂应符合 GB 15179 的规定。

6.3 设备与安装

6.3.1 设备

6.3.1.1 应具备与大米生产和加工工艺设计规模相适应的生产设备。

6.3.1.2 生产设备布局应符合稻谷加工工艺要求，保证生产顺畅有序进行。

6.3.1.3 用于测量、控制或记录的测量记录仪器，应定期校正，保持有效。

6.3.1.4 应有通风设备，并能满足干燥、输送、冷却和吹扫等工序的正常用风。

6.3.2 安装

按 GB 14881 执行。

6.3.3 质量检验设备

6.3.3.1 检验仪器设备应能满足原料、在制品、成品的质量检验和部分卫生检验。

6.3.3.2 检验用的仪器、设备，应定期检定、维修，以确保检验数据准确。

6.3.3.3 不能检验的项目应委托具备资质的检验机构进行检验。

7 管理机构与人员

7.1 机构与职责

7.1.1 应建立企业最高级领导(或集团公司直属企业最高领导)负责的质量管理机构，对企业质量管理全面负责。

7.1.2 应设置生产管理、质量管理、卫生管理等职能部门。生产管理负责人与质量管理负责人不得相互兼任。

7.1.2.1 生产管理部门负责人负责原料处理、生产作业及成品包装等生产管理工作。

7.1.2.2 质量管理部门负责人负责各种原材料、生产过程及成品的质量管理工作，制定有关质量控制、管理的技术规范。

7.1.2.3 卫生管理部门负责人负责各项卫生管理制度的制(修)订，负责各项卫生管理工作，组织卫生培训和从业人员健康检查等。从业人员应持健康证上岗。

7.1.3 质量管理部门应根据质量检验结果，有执行临时停止生产和产品出厂的权力。

7.1.4 质量管理部门应设置检验室，负责原料、在制品、成品的质量、卫生检验分析工作。

7.1.5 应建立卫生管理领导小组，由卫生管理负责人及生产、质量管理等部门负责人组成，负责全厂卫生工作的规划、审核、监督、考核。

7.1.6 卫生管理领导小组应配备经专业培训的专职或兼职的卫生管理人员，负责宣传贯彻卫生法规及有关规章制度，负责卫生制度执行情况的督查，并做好有关记录。

7.2 人员要求

7.2.1 企业负责人应了解《中华人民共和国食品安全法》和《中华人民共和国产品质量法》等有关法律法规内容，具有一定的食品安全卫生和生产、加工等专业知识。

7.2.2 生产管理、质量管理、卫生管理负责人应熟悉《中华人民共和国食品安全法》和《中华人民共和国产品质量法》等有关法律法规内容。

7.2.3 生产管理负责人应具有相应的工艺及生产技术与卫生知识。

7.2.4 质量管理人员应具有发现、鉴别各生产环节、产品中不良状况的能力。

7.2.5 检验人员应经省级以上(包括省级)行政主管部门认可的专业培训后，取得相关专业检验资格。

7.2.6 企业质量管理及检验人员数量，应能满足整个生产过程的现场质量管理和产品检验的要求。

7.3 教育培训

企业应制定培训计划，组织各部门负责人和从业人员参加各种职前、在职培训和学习，以增加员工的相关知识与技能。

8 卫生管理

8.1 管理要求

8.1.1 企业各部门应按本标准内容制定相应的卫生管理制度，由卫生管理领导小组审核并监督执行。

8.1.2 卫生管理部门制定检查方案并负责实施。

8.1.2.1 每日由班组卫生管理人员对本岗位的卫生制度执行情况进行

检查。

8.1.2.2 卫生管理部门组织相关的卫生管理人员，至少每月进行一次全厂范围内的卫生检查。

8.1.3 每次检查应有记录，并存档备案。

8.2 厂区环境卫生管理

8.2.1 厂区及邻近区域，应保持清洁。道路、地面养护良好，无破损，无严重积水，不扬尘。

8.2.2 厂区内草木应定期修剪，保持环境整洁。禁止堆放杂物及器材，防止有害生物孳生。

8.2.3 排水系统应保持通畅，不得有污泥淤积，废弃物应妥善处理。

8.2.4 应控制有害有毒气体、废水、废弃物、噪声等对环境的影响。

8.2.5 废弃物放置场所不得有不良气味或有害（有毒）气体逸出，防止有害生物的孳生。

8.2.6 厂区除虫、灭害按8.8执行。

8.3 厂房设施卫生管理

8.3.1 应建立厂房设施维修保养制度，并按规定对厂房设施进行维护、保养和检修，确保厂房卫生状况良好。

8.3.2 厂房内各项设施应随时保持清洁，及时维修、更新，厂房屋顶、吊顶及墙壁有破损时，应及时维修，地面不得破损或积水。

8.3.3 应定期清洁灯具及其配管的外表。

8.3.4 生产作业场所，应采取措施（如纱窗、气幕、栅栏、诱虫灯等）防止昆虫等侵入。

8.3.5 厂房内除虫、灭害按8.8执行。

8.3.6 原料处理、加工、包装等场所应有加盖的存放废弃物的容器，并定时（至少每天1次）搬离厂房。反复使用的容器在丢弃内容物后，应及时清洗。

8.3.7 包装材料等物品应现用现领。管制作业区不得堆放非即用物品。生产车间严禁存放有毒物品。供车间内部使用的清洁消毒用品，应专柜存放，并明确标示，有专人负责管理。

8.3.8 车间储水槽（塔、池）应定期清洗并于每天上班前检查消毒情况。使用自备水源的，每年2次送有关检验机构检验，确保生产用水水质符合GB 5749的规定。

8.4 机械设备卫生管理

8.4.1 用于加工、包装、储运等的设备、工具和生产用管道,应定期清理清洁。加工蒸谷米、发芽糙米的浸泡仓应定期清洗消毒。清洗消毒按 8.6 执行。

8.4.2 车间使用杀虫剂后,所有设备和工具应彻底清洁,除去残留药物,消除污染。

8.4.3 已清洁过的可移动设备和工具,应放置在能防止大米接触面再受污染的场所,并保持适用状态。

8.4.4 用于清洁与大米接触的设备和工具的用水,应符合 GB 5749 的规定。

8.4.5 用于清洁与大米接触的设备和工具的洗涤剂应符合 GB 14930.1 的规定。

8.4.6 定期对压缩空气的过滤系统进行维护保养,及时除去过滤水及过滤油。保证压缩空气的卫生与质量,符合 GB/T 13277 的规定。

8.4.7 生产机械设备和场所不得作与生产无关的用途。

8.5 辅助设施卫生管理

8.5.1 企业内供水站

8.5.1.1 应制定操作规程及管理制度,要有水质检验、维修与保养记录,主管人员应定期(至少每季度 1 次)进行检查考核。

8.5.1.2 使用的工具应符合卫生要求,所有设备应经常维护保养,保持良好卫生状况。

8.5.1.3 消毒剂应妥善存放,严格登记使用手续,做到账物相符,其他与水质处理无关的杂物不得放置在站内。

8.5.1.4 贮水槽(塔、池)应定期(至少每季度 1 次)清洗、消毒,并随时检查水质。

8.5.1.5 对水处理的设备应根据实际运行情况进行定期或加频清洗及检修。

8.5.1.6 非相关人员不得进入供水站。检修后,各种检修口、门窗应及时关闭。

8.5.2 锅炉房

8.5.2.1 锅炉操作人员应经过职业技能培训,持证上岗。

8.5.2.2 严格按有关管理部门的要求对锅炉进行安全操作与维修、保养。炉内水处理药剂应无毒并严格控制用量,定期排污并记录。

8.5.2.3 对锅炉排烟进行监控,确保其排放符合 GB 13271 的规定。定期清理排烟管道，防止污染厂区环境。

8.6 清洗和消毒管理

8.6.1 企业应制定清洁、消毒措施和制度，保证企业所有场所、设备和工具的清洁卫生。

8.6.2 直接用于清洁设备、工具及包装材料的清洁剂应是食品级清洁剂，不得使用危害产品安全及卫生的非食品级清洁剂。

8.6.3 清洁消毒的方法应安全、卫生，使用的消毒剂、洗涤剂应安全、适用。

8.6.4 用于清扫、清洁和消毒的设备、工具应放置于专用场所内妥善保管，由专人管理。

8.7 员工健康管理

8.7.1 按 GB 14881 执行。

8.7.2 大米生产操作人员应勤理发、勤剪指甲、勤洗澡、勤换衣。

8.7.3 进入生产车间前，应穿戴好整洁的工作服、工作帽、工作鞋靴。工作服应盖住外衣，头发不得露出帽外，必要时需戴口罩。不得穿工作服、鞋进入厕所或离开生产车间。

8.7.4 生产操作时手部应保持清洁。开始工作以前、上厕所以后、处理被污染的原料和物品之后、从事与生产无关的其他活动之后应洗手。企业应有监督措施。

8.7.5 生产车间员工，不应使用指甲油、口红、粉饼等化妆品，不得佩戴手表及戒指、项链、耳环等饰物。

8.7.6 员工上班前不得酗酒，生产场所不得吸烟，工作中不得做有碍产品卫生的行为。

8.7.7 操作人员手部受到外伤，不得接触大米或原料，经过包扎治疗戴上防护手套后，方可参加工作。

8.7.8 员工个人衣物与工作服应分开存放。个人衣物（鞋、包、帽等）应存放在更衣室个人更衣柜内，其他物品不得带入生产车间。

8.7.9 参观人员出入生产作业场所应符合现场工作人员的卫生要求。

8.8 除虫、灭害管理

8.8.1 厂区应定期或在必要时进行除虫灭害工作，应采取有效措施防止鼠类、蚊、蝇、昆虫等的聚集和孳生。对已有有害动物产生的场所，应采取紧急措施加以控制和消灭，防止蔓延和对大米污染。

8.8.2 企业应设置扑鼠图，配备必要的扑鼠设施，每天有专人进行检查并记录。扑灭老鼠应使用粘纸、扑鼠笼、扑鼠夹等,严禁使用鼠药。

8.8.3 发现有害动物,应查明来源并彻底消除隐患。杀灭有害动物的方法应以保证不污染大米、大米接触面及包装材料为原则(如尽量避免使用杀虫剂等)。在采取防治措施无效的情况下,方可使用杀虫剂。

8.8.4 使用各类杀虫剂或其他药剂前,应有预防污染和中毒的措施,用药后应将所有设备、工具彻底清洁,消除污染。

8.8.5 生产作业场所除虫灭害工作不能在生产过程中进行,除虫灭害时应对各种原辅料、成品有保护措施,以免被药物污染。

8.8.6 在生产车间的入口处和车间内可设置灭虫蝇灯,其位置应远离生产作业区域,并每天进行清理。

8.9 污水管理

8.9.1 污水排放应符合 GB 8978 的规定。

8.9.2 企业应有详细的污水排放网络图,污水口处理能力应与实际生产规模相匹配。

8.10 工作服管理

8.10.1 工作服的设计和面料材质应满足卫生要求。工作服应包括工作衣、裤、帽、鞋靴等,某些工序(种)还应配备口罩、套袖等防护用品。

8.10.2 直接接触产品的工作人员应每日更换工作服。其他人员也应定期更换,保持清洁。

8.10.3 清理车间、砻谷车间、碾米车间、精选车间和免淘米包装车间的工作人员应穿戴不同颜色的工作服、帽,以便区分。

8.10.4 工作服应有清洁保洁制度。管制作业区与其他作业区的工作服应分开进行清洗,以防交叉污染。

8.11 有毒有害物品管理

有毒有害物品的管理按 GB 14881 执行。

9 生产过程管理

9.1 生产操作规程

9.1.1 企业应制定《生产操作规程》。

9.1.2 《生产操作规程》应包括如下内容:

——生产作业程序;

——生产管理规定,包括生产作业流程、管理对象、监控项目、监控限值、监控标准及注意事项等;

——原粮和辅助材料(添加剂)采购程序和要求;

——机器设备操作与维护程序和要求。

9.2 原辅料及包装材料

9.2.1 原辅料及包装材料应符合相应标准的要求。使用来自厂内外的在制品，其原料、生产环境、生产过程及质量控制等应符合有关良好作业规范的要求。

9.2.2 应进行检验、筛选，去除不符合质量、卫生要求的部分及外来杂物。

9.2.3 合格与不合格原料应分别存放，并有明确醒目的标示加以区分。

9.2.4 原粮储存应符合有关标准规定，避免污染。

9.3 生产过程

9.3.1 生产操作应符合安全、卫生的原则，应严格控制生产条件，避免大米污染。

9.3.2 应采取有效措施，防止在生产过程或储存时产生二次污染。

9.3.3 输送、装载和储存的设备、设施、容器及用具应避免在加工、运输或储存过程中造成污染。

9.3.4 应采取有效措施(如清理筛、去石机、风选器、磁选器、金属检查器等)防止金属或其他外来杂物混入大米中。

9.3.5 不得在生产过程中进行生产设备的维修。

9.3.6 不得在生产过程中进行除虫、灭害工作。

9.3.7 在生产时，清洁作业区内不得打开窗户。

9.3.8 所有生产设备应建立日常维护和保养制度，定期进行检修并做好维修记录。应保持设备清洁、卫生。生产前应检查设备是否处于正常状态，出现故障应及时排除，防止影响产品质量卫生。

10 质量管理

10.1 《质量手册》的制定与执行

10.1.1 企业应由质量管理部门制定《质量手册》，经最高管理者批准后颁布实施。《质量手册》包括 10.2、10.3、10.4 的内容。

10.1.2 企业应广泛收集国内外有关大米质量、卫生的标准文本及其他有关法律、法规的文本。

10.2 原辅料及包装材料的质量管理

10.2.1 应制定各项采购制度，包括供应商评价、质量规格、检验项目、验收标准及检验方法，制定过磅、取样、检验、判定、审核、处理、领用等作业程序，并切实执行。

10.2.2 原辅料进货时应有供应商提供检验合格证或检验报告。

10.2.3 每批原辅料需经检验合格后方可使用。经判定拒收应予以标示（不合格或禁用），专门存放并及时处理。

10.2.4 经判定合格的原辅料，应按照"先进先出"的原则使用。

10.2.5 原辅料进厂后应根据其生产日期、产品编号等编制批号，并一直延用至生产记录表，以便于事后追溯。

10.2.6 对储存时间较长，质量有可能发生变化的原辅料，在使用前应抽样检验，不符合质量要求的不得投入生产。

10.2.7 原辅料储存条件有特殊要求时，应按其储存条件要求进行储存控制并做好记录。

10.2.8 原料可能含有农药残留、药物残留、重金属或霉菌毒素时，应确认其含量在国家标准控制范围内方可使用。

10.3 过程质量管理

10.3.1 企业宜采用 HACCP（危害分析及关键控制点）体系进行管理。

10.3.2 严格执行生产操作规程，其配方及工艺条件不经批准不得随意更改。生产中如发现质量问题，应迅速追查并纠正。

10.3.3 企业应在生产过程控制点抽检在制品，并作好质量记录、生产记录，掌握生产过程的质量情况及便于事后追溯。

10.3.4 不合格在制品不得进入下一道工序，应予以适当处理，并做好处理记录。

10.3.5 每批成品入库前应有检验记录，不合格的应予以适当处理，并做好处理记录。

10.4 成品的质量管理

10.4.1 制定成品的企业标准。其质量指标的下限不得低于国家标准规定，检验方法原则上应以国家标准方法为准，如用非国家标准方法检验时应定期与标准方法核对。

10.4.2 成品应按相关标准进行出厂检验。检验不合格的产品不得出厂，并做好不合格产品的处理记录。

10.4.3 质量检验结果应填写"成品质量检验记录表"，结合"生产记录"来判定成品是否合格，同时作为批准出库的依据。

10.4.4 成品入库后应作好储存条件的管理与记录。应进行成品保质期内的稳定性试验。

10.4.5 成品出库时应检查生产日期、保质期和外观质量。禁止运输中无法保持成品质量完好的车辆出货。

10.4.6 制定成品留样计划，每批成品应留样保存备检。

10.5 成品储存与运输的管理

10.5.1 储运物品应避免日光直射、雨淋及撞击等而影响质量。

10.5.2 成品应按品种、包装形式、生产日期分别储存，以"先进先出"为原则。

10.5.3 成品储存不得直接放置在仓房地面上。成品库不得储存有毒、有害、易腐、易燃品以及可能引起串味的物品。

10.5.4 成品储存应定期检查，如有异常应及时处理。仓房应有温度记录（必要时有湿度记录）。包装破损或经长时间储存的成品，其质量应重新检验。

10.5.5 运输原辅料和产品的工具、车辆应定期消毒，保证清洁卫生。运输时，不得与有毒、有害、有腐蚀性或有异味的物品混装。

10.5.6 非厢式运输工具、车辆应配有防尘、防日晒雨淋的帆布、塑胶布等遮盖物。

10.5.7 原材料及成品的出入库和运输应有详细记录，内容包括批号、出货时间、地点、对象、数量等，以便发生质量问题时及时召回。

10.6 成品售后管理

10.6.1 企业应建立消费者投诉处理制度，对消费者的投诉，质量管理部门负责人应立即追查原因，加以改进，同时由企业派相关人员向消费者说明原因或道歉，并提出处理和纠正措施。

10.6.2 企业应建立成品召回制度。

10.6.3 对消费者投诉和召回成品应做好记录，并注明产品名称、批号、数量、原因、处理日期及最终处理方式。该记录应定期进行统计、分析，并分送有关部门，以改进工作。

10.7 记录管理

10.7.1 记录

10.7.1.1 卫生管理部门负责人除记录定期检查结果外，还应填报每天卫生管理记录表，内容包括当日执行的清洁消毒工作及人员卫生状况，并详细记录异常情况的处理结果及防止再次发生的措施。

10.7.1.2 质量管理部门应详细记录从原料进厂到成品出厂整个过程的质量管理活动及结果，并和原定的目标相比较、核对。应记录异常情况的处理结果和防止再次发生的措施。

10.7.1.3 生产部门应填报生产记录及生产管理记录，详细记录异常处理结果及防止再次发生的措施。

10.7.1.4 各项记录应真实、规范、清晰，并与现场检验或监控同步，不得事先预记和事后追记。应由执行人员和有关管理人员复核签名或签章。记录内容如有修改，不得涂改原始记录，修改后由修改人在修改文字附近签章。

10.7.2 记录核对

卫生、生产、质量管理记录应分别由卫生、生产、质量管理部门及时审核，如发现异常，立即纠正。

10.7.3 记录保存

企业对本标准所规定的有关记录，保存期应较该产品的商品保存期延长6个月，至少应保存2年。

11 标签

11.1 预销售包装产品标签及说明书应符合 GB 7718 的规定。

11.2 非零售包装产品应在包装或随行文件上标示下列内容：

a) 产品名称及产品标准号；

b) 净含量；

c) 企业名称、地址，消费者服务专线或生产企业的电话号码；

d) 保质期，采用印刷方式，不得以加贴标签方式标注；

e) 批号，以明码或暗码表示生产批号；

f) 其他经有关部门规定的标示项目。

11.3 外包装容器应标示有关批号。

11.4 包装、运输标志应符合 GB/T 17109 的规定。

12 管理制度的建立和考核

12.1 管理制度的建立

企业应建立具有整体性的、有效的执行本标准的管理制度，协调各部门贯彻本标准各项制度。

12.2 管理制度的考核

12.2.1 企业应建立由各级管理层组成的内部考核组，对企业执行本标准情况进行定期或不定期的检查，对存在的问题，予以合理解决与追踪。

12.2.2 内部考核组组成人员，须经一定的培训，并做好培训记录。

12.2.3 企业应制定内部考核计划，检查、考核周期为半年一次，并做好相关记录。

12.3 管理制度的制定、修订及废止

企业应建立执行本标准的相关管理制度的制定、修订及废止的作业程序，以确保质量管理者持有版本的作业文件，并根据有效版本执行。

附录十四 大米加工工艺流程概念图

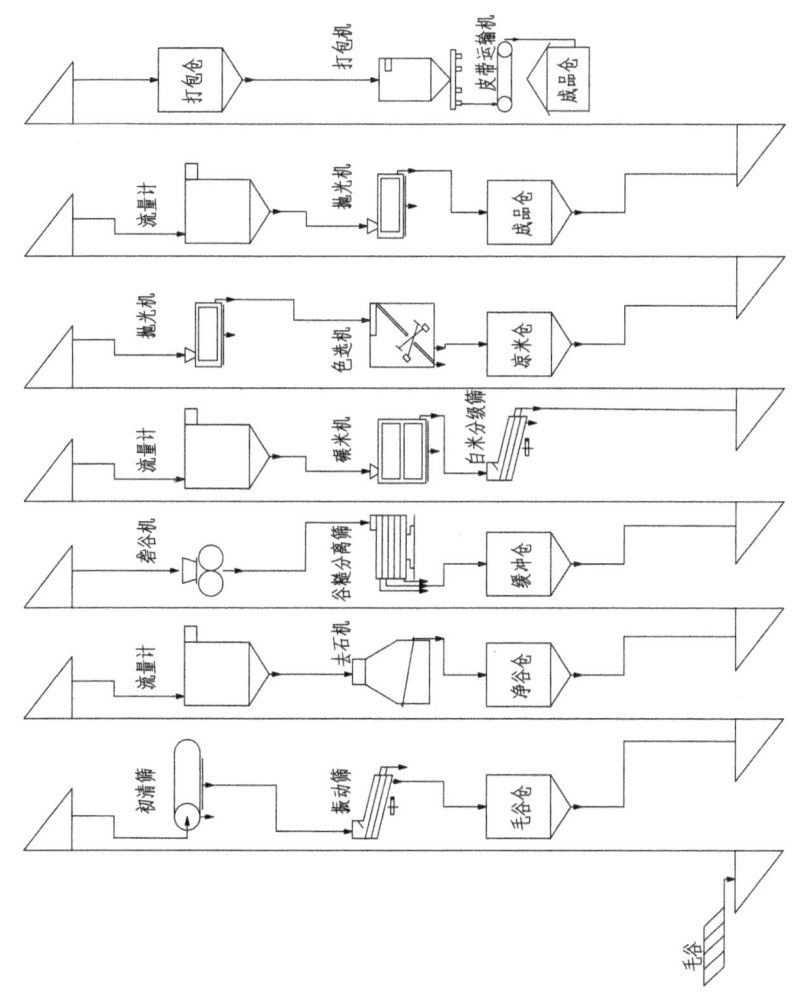

特别说明：
1. 本工艺流程概念图没有录入除尘系统；
2. 所有设备的数量以流量平衡计算为依据；
3. 工艺上所选设备取决于原料品种和成品质量；
4. 本概念图没有涉及到型糙选和调质与固化工艺；
5. 根据客户及成品质量要求所选设备会有变化；
6. 本概念图并不是适用所有厂；
7. 本概念图图样采用GB/T 12529-2008。

大米加工工艺流程概念图

附录十五 小麦粉加工工艺流程概念图

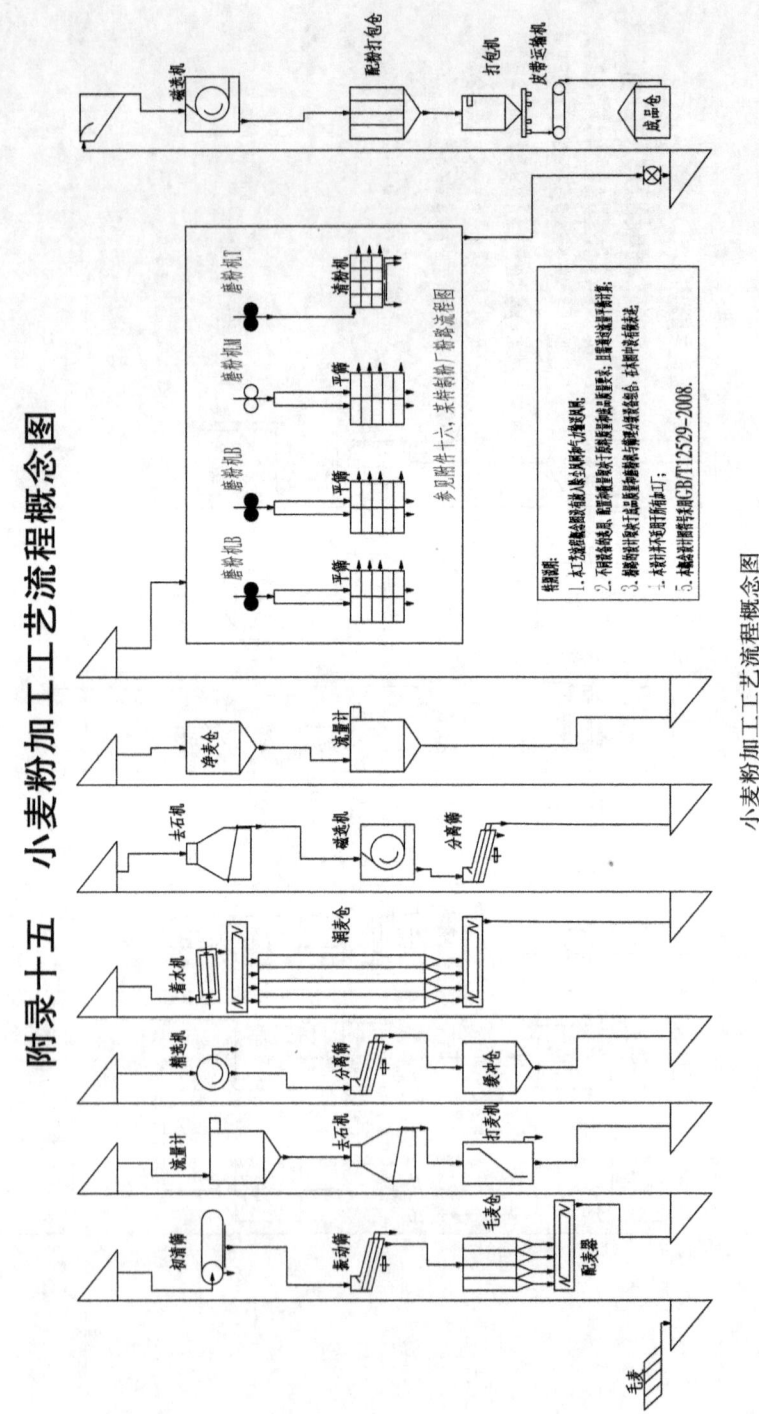

小麦粉加工工艺流程概念图

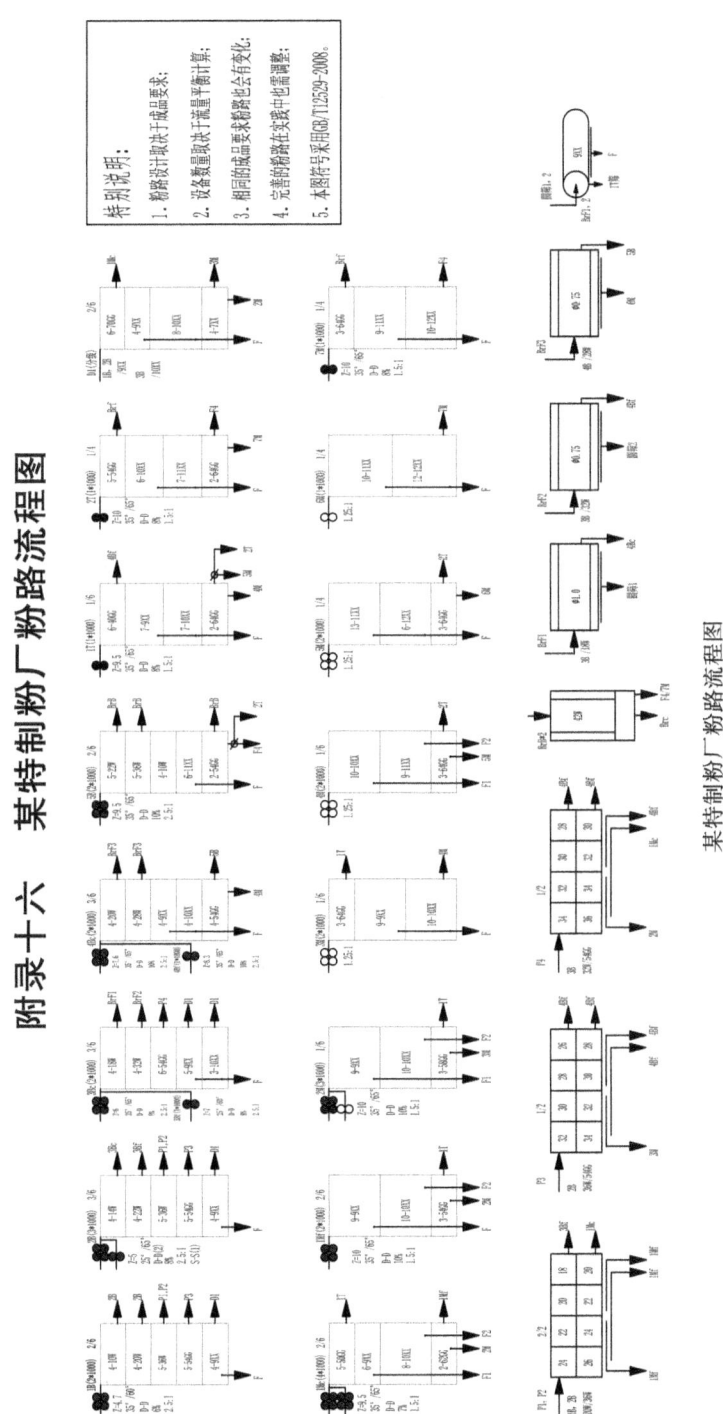

附录十六 某特制粉厂粉路流程图

参 考 文 献

[1] 白美清等. 中国粮食改革开放三十年[M]. 北京：中国财政经济出版社, 2009.
[2] 白美清. 粮食安全：国计民生的永恒主题[M]. 北京：经济科学出版社, 2013.
[3] 曹宝明. 中国粮食安全的现状、挑战与对策研究[M]. 北京：中国农业出版社, 2011.
[4] 陈国胜. 农产品营销[M]. 北京：清华大学出版社, 2014.
[5] 陈宗道, 刘金福等. 食品质量与安全管理[M]. 北京：中国农业大学出版社, 2011.
[6] 程国强. 中国粮食调控：目标、机制与政策[M]. 北京：中国发展出版社, 2012.
[7] 程龙. 北宋西北战区粮食补给地理[M]. 北京：社会科学文献出版社, 2006.
[8] 丁士军, 史俊宏. 英国农业[M]. 北京：中国农业出版社, 2012.
[9] 戈登·康韦, 凯蒂·威尔逊著, 胡新萍, 董亚峰等译. 粮食战争：我们拿什么来养活世界[M]. 北京：电子工业出版社, 2014.
[10] 国家粮食和物质储备局. 2018中国粮食年鉴[M]. 北京：经济管理出版社, 2019.
[11] 国家粮食局. 2017中国粮食年鉴[M]. 北京：中国社会出版社, 2017.
[12] 国家统计局农村社会经济调查司. 中国农村统计年鉴2019[M]. 北京：中国统计出版社, 2019.
[13] 过建春. 农产品营销学[M]. 北京：中国农业出版社, 2007.
[14] 汉斯·摩根索著, 卢明华等译. 国际纵横策论：争强权, 求和平[M]. 上海：上海译文出版社, 1995.
[15] 何曼青等. 跨国公司绿色战略[M]. 北京：中国经济出版社, 2011.
[16] 杰夫·坦西, 泰斯明·莱约特著, 师翱翔译. 对未来食物的掌控[M]. 北

京：中国农业出版社，2012.

[17] 拉吉·帕特尔著、郭国玺、程剑峰译. 粮食战争：市场、权力和世界食物体系的隐形战争[M]. 北京：东方出版社，2008.

[18] 李崇光. 农产品营销学[M]. 北京：高等教育出版社，2010.

[19] 李经谋. 中国粮食市场发展报告[M]. 北京：中国财政经济出版社，2018.

[20] 李军，黄玉玺，胡鹏. 印度农业[M]. 北京：中国农业出版社，2017.

[21] 李婷，张成玉，肖海峰等. 德国农业[M]. 北京：中国农业出版社，2014.

[22] 李新华，董海洲. 粮油加工学[M]. 北京：中国农业大学出版社，2002.

[23] 粮农组织. 2018年农产品市场状况：农产品贸易、气候变化和粮食安全[M]. 罗马：粮农组织，2018.

[24] 粮农组织、农发基金、儿基会、粮食署、世卫组织. 2018年世界粮食安全和营养状况：增强气候抵御能力，促进粮食安全和营养[M]. 罗马：粮农组织，2018.

[25] 马涛，肖志刚. 谷物加工工艺学[M]. 北京：科学出版社，2009.

[26] 农业部软科学委员会办公室. 粮食安全与重要农产品供给[M]. 北京：中国财政经济出版社，2013.

[27] 阮少兰，刘浩. 稻谷加工工艺与设备[M]. 北京：中国轻工业出版社，2018.

[28] 商务部电子商务和信息化司，中国电子商务报告2018[M]. 北京：中国商务出版社，2019.

[29] 石太林. 粮食流通体制改革[M]. 北京：人民大学出版社，1999.

[30] 苏珊·乔治. 粮食政治入门[M]. 北京：东方出版社，1998.

[31] 田建珍，温纪平. 小麦加工工艺与设备[M]. 北京：科学出版社，2011.

[32] 王宏伟. 网络营销[M]. 北京：北京大学出版社，2014.

[33] 王永德. 中国农产品国际竞争力研究：基于中美比较视角[M]. 北京：中国农业出版社，2009.

[34] 夏英，牛若峰. 中外农业产业化经营发展道路与模式比较[M]. 北京：中国统计出版社，2000.

[35] 徐宏源，张蕙杰，朱晋宇. 荷兰农业[M]. 北京：中国农业出版社，2015.

[36] 严瑞珍. 经济全球化与中国粮食问题[M]. 北京：中国人民大学出版

社，2001．

[37] 尹成杰．粮安天下全球粮食危机与中国粮食安全[M]．北京：中国经济出版社，2009．

[38] 约翰·马德莱．贸易与粮食安全[M]．北京：商务印书馆，2005．

[39] 张晓涛，王扬．大国粮食问题：中国粮食政策演变与食品安全监管[M]．北京：经济管理出版社，2019．

[40] 中国粮食研究培训中心．中国粮食安全发展战略与对策[M]．北京：科学出版社，2009．

[41] 周应恒等．现代食品安全与管理[M]．北京：经济管理出版社，2008．

[42] 周章跃．澳大利亚农业[M]．北京：中国农业出版社，2013．

[43] 朱永义．谷物加工工艺与设备[M]．北京：科学出版社，2002．

[44] 韩俊．中国食物生产能力与供求平衡战略研究[M]．北京：首都经济贸易大学出版社，2010．

[45] 狄强．基于安全与效率的中国粮食流通体制改革与创新研究[D]．成都：西南财经大学，2010．

[46] 钱佰慧．供应链视角的黑龙江省稻米加工企业良好质量安全行为研究[D]．大庆：黑龙江八一农垦大学，2017．

[47] 国家粮食局．粮食科技"十二五"发展规划[R]．2012．

[48] 国家粮食局．粮食行业信息化"十三五"发展规划[R]．2016．

[49] 国家粮食局．粮油加工业"十二五"发展规划[R]．2012．

[50] 国家粮食局．全国粮食市场体系建设与发展"十二五"规划[R]．2012．

[51] 中国互联网信息中心，中国移动互联网络发展状况统计报告[R]．2014—2019．

[52] 安毅，高铁生．世界格局调整中各国确保粮食安全的贸易、流通与储备政策[J]．经济研究参考，2013(56)．

[53] 安玉发．中国农产品流通面临的问题对策及发展趋势展望[J]．农业经济与管理，2011(6)．

[54] 陈国庆．建国初期粮食流通体制的探讨[J]．广西社会科学，2006(4)．

[55] 陈会玲．印度粮食储备管理制度改革及其对中国的借鉴[J]．世界农业，2016(4)．

[56] 陈继红，杨淑波．国外农业产业化经营模式与经验借鉴[J]．哈尔滨商业大学学报(社会科学版)，2010(4)．

[57] 陈伟．中国农业"走出去"现状、问题及对策[J]．国际经济合作，2012

(1).

[58] 陈晓华."十三五"期间我国农产品质量安全监管工作目标任务[J]. 农产品质量与安全, 2016(1).

[59] 陈正行, 王韧等. 稻米及其副产品深加工技术研究进展[J]. 食品与生物技术学报, 2012, 31(4).

[60] 陈倬. 构建安全高效的粮食物流系统[J]. 粮食流通技术, 2011(4).

[61] 成立园. 澳大利亚农产品加工业发展经验及其对我国的启示[J]. 中国农资, 2014(4).

[62] 邓心, 赵晓琳. 国际四大粮商加速中国布局[N]. 财经时报, 2008-8-1.

[63] 丁华, 汪俊枝. 粮食主产区发展粮食加工产业的挑战与机遇[J]. 粮食加工, 2010, 35(5).

[64] 董运来, 赵慧娥. 印度公共分配系统: 经验、绩效及改革[J]. 世界农业, 2008(4).

[65] 杜政, 亢霞. 我国粮食宏观调控政策变迁回顾与经验启示[EB/OL]. http://www.chinagrain.org/kjfw/lyzl/zlyj/201609/t20160908_2501.html.

[66] 樊琦, 刘满平. 国际粮食金融化趋势与我国粮食安全的对策[J]. 宏观经济观察, 2010(7).

[67] 费佐兰, 余志刚. 中国粮食储备制度的历史变迁和发展趋势[J]. 世界农业, 2015(3).

[68] 冯伟, 蔡学斌等. 中国农产品加工业的区域布局与产业集聚[J]. 中国农业资源与区划, 2016, 37(8).

[69] 冯志军. 粮食质量安全的影响因素及对策[J]. 粮食科技与经济, 2013(10).

[70] 傅兵. 美国的农产品出口支持政策及其启示[J]. 南京农业大学学报(社会科学版), 2003, 3(2).

[71] 高才利. 转型期消费性城市粮食流通体系问题研究[J]. 中国粮食经济, 2007(7).

[72] 龚浩, 王文素. 清代粮食储备体系及其问题的现实启示[J]. 中央财经大学学报, 2019(5).

[73] 顾尧臣. 澳大利亚有关粮食生产、贸易、加工、综合利用和消费情况[J]. 粮食与饲料工业, 2007(5).

[74] 顾尧臣. 法国有关粮食生产、贸易、加工、综合利用和消费情况[J]. 粮食与饲料工业, 2006(2).

[75] 顾尧臣. 韩国有关粮食生产、贸易、加工、综合利用和消费情况[J]. 粮食与饲料工业, 2007(8).

[76] 顾尧臣. 美国有关粮食生产、贸易、加工、综合利用和消费情况[J]. 粮食与饲料工业, 2005(8).

[77] 顾尧臣. 日本有关粮食生产、贸易、加工、综合利用和消费情况[J]. 粮食与饲料工业, 2005(11).

[78] 顾尧臣. 英国有关粮食生产、贸易、加工、综合利用和消费情况[J]. 粮食与饲料工业, 2007(11).

[79] 国家发展改革委, 国家粮食局关于. 粮食行业"十三五"发展规划纲要[R]. 2016.

[80] 国家发展和改革委员会, 国家粮食局. 粮食行业"十二五"发展规划纲要[R]. 2011.

[81] 韩爱民. 简析植物保护对粮食安全的影响[J]. 农业开发与装备, 2017(8).

[82] 何孔鹤. 无公害、绿色水稻标准化生产的思考[J]. 安徽农学通报, 2014, 20(8).

[83] 何蒲明, 刘建军. 粮食安全与农产品期货市场的关系研究[J]. 长江大学学报(自然科学版), 2009, 6(4).

[84] 何蒲明. 适度降低粮食自给率利用期货市场保障国家粮食安全[J]. 长江大学学报(自然科学版), 2011, 8(10).

[85] 何琦, 董颖. 我国粮食流通政策演进探析[J]. 物流科技, 2012(8).

[86] 贺贵柏. 后泡沫经济时代的日本现代农业[J]. 广西农学报, 2012, 27(3).

[87] 胡非凡. 粮食个性分析及对我国粮食物流的思考[J]. 粮食与饲料工业, 2010(1).

[88] 黄彩霞. 清代江南粮食流通政策探析[J]. 前沿, 2007(8).

[89] 黄丹华. 抓住机遇、迎接挑战, 大力提升中央企业国际化经营水平[J]. 中国经贸, 2011(13).

[90] 黄思思. "互联网+农业"背景下绿色粮食产业的扶持政策[J]. 信息与电脑, 2017(6).

[91] 黄泽颖, 王济民. 法荷日韩农产品加工财政支持政策的启示[J]. 世界农业, 2014(9).

[92] 贾晋. 我国粮食储备的合理规模、布局与宏观调控[J]. 重庆社会科学,

2012（2）.

[93] 贾晋. 中国粮食储备体系、历史演进、制度困境与政策优化[J]. 广西社会科学，2012(9).

[94] 蒋和平，朱福守. 我国粮食储备管理现状和政策建议[J]. 中国农业科技导报，2015(6).

[95] 金连登，许立等. 我国现行有机、绿色、无公害食品大米的异同点及生产发展策略研究[J]. 粮食与饲料工业，2005(5).

[96] 亢霞. 新中国70年我国政府粮食储备体系的演变[J]. 中国粮食经济，2019(10).

[97] 柯炳生. 我国粮食自给率与粮食贸易[J]. 中国农垦，2006(12).

[98] 李丰. 日本粮食流通产业组织机制对中国的启示[J]. 中国发展，2011，11(5).

[99] 李丰. 中日粮食流通体制比较分析[J]. 南京财经大学学报，2008(3).

[100] 李可欣. 绿色食品"梦在龙江"品牌经营分析[J]. 河北企业，2018(6).

[101] 李里特. 中国产地农产品初加工的现状及建议[J]. 农业工程学报，2012，28(1).

[102] 李孟刚. 保障国家粮食安全的对策建议[J]. 中国流通经济，2011(12).

[103] 李民，陈清祥. 农产品加工业发展趋势与对策探析[J]. 中国农学通报，2011，27(23).

[104] 李宁. 韩国粮食问题及对其外交政策的影响[J]. 上海商学院学报，2011(12).

[105] 李琪. 我国粮食安全问题研究述评[J]. 吉林工程技术师范学院学报，2012，28(11).

[106] 李全根. 中国粮食调控政策的演变[J]. 粮食科技与经济，2009(5).

[107] 李圣强. 植物保护对粮食质量安全的影响[J]. 粮食科技与经济，2019，44(6).

[108] 李伟. 当前中国粮食安全形势与对策思考[J]. 中国粮食经济，2012(9).

[109] 栗云端. 我国农业生产中粮食质量安全问题分析[J]. 中国农业资源与区划，2014，35(2).

[110] 林荣清. 国内外品牌农业研究综述[J]. 江西农业学报，2013，25(7).

[111] 刘成玉. 对粮食安全几个理论问题的认识[J]. 江苏大学学报(社会科学版)，2012，14(1).

[112] 刘春浦. 澳大利亚的小麦流通和加工[J]. 粮食流通技术, 2000(5).

[113] 刘德超. 我国粮食包装的现状与发展趋势[J]. 淮北职业技术学院学报, 2017, 16(4).

[114] 刘海涛. 对我国粮食流通体制改革的回顾与思考[J]. 大庆社会科学, 2009, 155(4).

[115] 刘慧媛, 赵黎明. 基于协同管理理论的中心城市粮食流通体系研究[J]. 西北农林科技大学学报(社会科学版), 2011, 11(3).

[116] 刘吉昌, 魏宇. 关于黑龙江省农产品加工业发展的思考[J]. 哈尔滨商业大学学报(自然科学版), 2012, 28(4).

[117] 刘加权. 国外粮食流通的经验及启示[J]. 北方经贸, 2009(8).

[118] 刘颖. 国外粮食流通体制比较与启示[J]. 世界农业, 2008(1).

[119] 刘悦, 刘合光 等. 世界主要粮食储备体系的比较研究[J]. 经济社会体制比较, 2011(2).

[120] 刘哲. 可追溯粮食供应链质量安全检测预警体系构建研究[J]. 生产力研究, 2013(4).

[121] 刘忠涛, 刘合光. 世界粮食贸易现状与趋势[J]. 农业贸易展望, 2011(5).

[122] 卢彦超. 对我国粮食流通体制改革历程的简要回顾与思考[J]. 河南工业大学学报(社会科学版), 2010, 6(2).

[123] 吕新业, 冀县卿. 关于中国粮食安全问题的再思考[J]. 农业经济问题, 2013, 34(9).

[124] 马爱国. 当前我国发展绿色食品和有机农产品的新形势和新任务[J]. 农产品质量与安全, 2017(2).

[125] 马爱国. "十三五"期间我国"三品一标"发展目标任务[J]. 农产品质量与安全, 2016(2).

[126] 马晓春, 李先德. 韩国粮食补贴政策的演变及启示[J]. 世界农业, 2010(1).

[127] 倪智伟. 我国粮食储备体系发展历程和现状分析[J]. 粮食科技与经济, 2018(9).

[128] 潘祖和. 农产品加工企业市场营销问题研究[J]. 经济问题探索, 2003(10).

[129] 彭超. 美国目标价格补贴政策的操作方式及其对中国的借鉴[J]. 中国农村研究, 2013, 9(61).

[130] 戚维明. 英国、俄罗斯粮食流通体制考察[J]. 粮食问题研究, 2006(6).

[131] 齐朝富. 对新形势下粮食质量工作的思考[J]. 中国粮食经济, 2003(9).

[132] 秦中春. 完善我国粮食储备管理制度[J]. 重庆理工大学学报(社会科学), 2010, 24(7).

[133] 邱爽. 中外粮食流通体制比较分析[J]. 粮食经济研究, 2006(5).

[134] 邱毅, 高铁生. 发达国家粮食安全的市场基础和政府干预相互关系研究[J]. 经济研究参考, 2015(58).

[135] 闫立萍, 王志丹. 新时期我国粮食生产与粮食安全思考[J]. 沈阳农业大学学报(社会科学版), 2013, 15(3).

[136] 尚强民. 改革开放40年与保障国家粮食安全[J]. 中国粮食经济, 2018(12).

[137] 邵鲁, 盛亚军. 关于我国粮食安全问题的研究综述[J]. 农业经济与管理, 2011(3).

[138] 沈庆强. 浅析新时代保障粮食流通安全的现状与对策[J]. 食品工程, 2018(2).

[139] 帅传敏. 刘松, 中外粮食政策的比较与启示[J]. 农业经济, 2005(9).

[140] 宋亮, 赵冬丽. 浅析我国粮食安全与粮食贸易的关系[J]. 中国粮食经济, 2019(4).

[141] 孙宏岭. 日本小麦制粉产业发展研究分析[J]. 郑州粮食学院学报, 1991(4).

[142] 覃聪. 绿色农产品O2O模式研究[J]. 电子商务, 2017(5).

[143] 谭斌等. 全谷物食品的国内外发展现状与趋势[J]. 中国食物与营养, 2009(9): 4-7.

[144] 唐瑞明, 徐广超. 我国粮食质量安全问题对策的探讨[J]. 粮食问题研究, 2012(2).

[145] 屠明春, 李志刚. 准确把握现代粮食流通产业发展方向[J]. 粮食问题研究, 2011(4).

[146] 万宝瑞. 我国粮食安全的几个问题[J]. 沈阳农业大学学报(社会科学版), 2010, 12(1).

[147] 汪俊枝. 粮食加工产业化研究[J]. 粮食加工, 2011, 36(2).

[148] 王溶花, 曾福生. 世界粮食贸易格局的演变及发展趋势分析[J]. 世界农业, 2015(2).

[149] 王瑞元. 我国小麦粉加工业的现状及发展中应注意的几个问题[J]. 粮油

加工，2009(1).

[150] 王帅．全球粮食贸易中关键点的风险与我国粮食安全[J]．国际经济合作，2017(11).

[151] 王帅．全球治理视角下的粮食贸易风险分析[J]．国际贸易问题，2018(4).

[152] 王元聪，周庆元．国家粮食安全的政治学分析[J]．四川理工学院学报（社会科学版），2013，28(3).

[153] 温妮娜．浅谈粮食质量安全与质量检测[J]．农业与技术，2010(10).

[154] 吴宾，党晓虹．试析宋元时期的粮食流通与古代粮食安全[J]．安徽农业科学，2008，36(15).

[155] 吴宾，党晓虹．中国古代粮食流通与粮食安全[J]．安徽农业科学，2011，39(6).

[156] 吴存荣．粮食收储及物流运输环节存在的质量安全问题与对策[J]．食品科学技术学报，2014，32(4).

[157] 吴杰．跨国粮商冲击之下的国企使命[J]．农产品市场周刊，2010(40).

[158] 武舜臣，王金秋．粮食收储体制改革与"去库存"影响波及[J]．改革，2017(6).

[159] 谢颜，李文明．澳大利亚粮食生产流通的发展趋势及启示借鉴[J]．世界农业，2010(7).

[160] 徐东伟，宗成光．日本路边站对中国品牌农业发展的启示[J]．安徽农业科学，2012，40(31).

[161] 徐振伟．世界粮食危机与中国粮食安全[J]．东北亚论坛，2012(3).

[162] 许哲华，宋峰等．粮食主产区基层国有粮食收储企业仓储设施现状与对策分析[J]．粮油仓储科技通讯，2006(3).

[163] 薛延丰，石志琦．不同种植年限设施地土壤养分和重金属含量的变化特征[J]．水土保持学报，2011，25(4).

[164] 严志平．江苏粮食流通体制改革发展历程及经验启示[J]．中国粮食经济，2018(12).

[165] 颜波，陈玉中．粮食流通体制改革30年[J]．中国粮食经济，2009(3).

[166] 颜肇华，罗小玲．植物保护对粮食安全的影响研究[J]．乡村科技，2017(11).

[167] 杨道兵．发达国家粮食流通安全政策及启示[J]．粮食储藏，2007(4).

[168] 杨东群．日本的直接补贴政策和农作物流通体制[J]．世界农业，2005

(11).

[169] 杨楠. 在粮食危机中透视我国粮食安全现状[J]. 企业家天地, 2009(2).

[170] 杨乙丹, 樊志民等. 我国粮食流通制度变迁的周期解释[J]. 安徽农业科学, 2006, 34(6).

[171] 杨乙丹. 农村经济体制变革、粮食产量波动和粮食流通体制变迁: 1953—1985[J]. 兰州学刊, 2007(10).

[172] 姚荣. 中国古代粮食储备制度及启示[J]. 军事经济研究, 2010(9).

[173] 余莹, 汤俊. 美国粮食战略主导下的粮食贸易规则[J]. 国际观察, 2010(1).

[174] 余志刚. 供给侧改革背景下国际粮食贸易形势及对中国粮食安全的影响[J]. 世界农业, 2017(8).

[175] 袁建. 粮油加工环节存在的质量安全问题与对策[J]. 食品科学技术学报, 2014, 32(5).

[176] 曾靖. 关于中国粮食品牌建设的探讨[J]. 安徽农业科学, 2005, 33(8).

[177] 翟书斌, 蔺长平. 中国现代粮食流通产业支持政策研究[J]. 粮食科技与经济, 2013, 38(4).

[178] 张昌彩. 国外粮食储备管理及其对我国的启示[J]. 经济研究参考, 2004(24).

[179] 张春良, 赵佳. 2018年国内粮食市场回顾与2019年市场分析[J]. 粮食问题研究, 2019(2).

[180] 张进, 王诺等. 世界粮食供需与流动格局的演变特征[J]. 资源科学, 2018, 40(10).

[181] 张京宣, 厉艳等. 粮食收储及物流运输环节存在的质量安全问题与对策研究[J]. 仓储与物流, 2018, 43(10).

[182] 张莉娜, 卢布. 美日保障粮食流通安全的成功经验[J]. 世界农业, 2012(9).

[183] 张清. 美国和欧盟农产品贸易政策的比较分析及启示[J]. 山东战略研究, 2009(3).

[184] 张文超. 日本"品牌农业"的农产品营销经验及中国特色农业路径选择[J]. 世界农业, 2017(6).

[185] 张务锋. 在更高层次上保障国家粮食安全[N]. 人民日报, 2018-4-3(2).

[186] 张喜春. 粮食种植环节存在的质量安全问题与对策[J]. 食品科学技术学报, 2014, 32(4).

[187] 张晓晖. 控制粮食质量安全的措施[J]. 现代农业科技, 2013(1).

[188] 张妍. 基于O2O模式的生鲜农产品电子商务运营研究[J]. 商丘职业技术学院学报, 2016(4).

[189] 赵德余. 中日粮食市场政策的比较及其研究启示[J]. 贵州师范大学学报(社会科学版), 2009(3).

[190] 赵贵玉, 张越杰等. 韩国大米流通组织结构的变化及启示[J]. 世界农业, 2007(1).

[191] 赵荣. 粮食质量安全分析[J]. 现代商贸工业, 2012(12).

[192] 赵晓飞, 田野. 我国农产品流通渠道模式创新研究[J]. 商业经济与管理, 2009(2).

[193] 钟声. 中国粮食企业参与"一带一路"建设的思考[J]. 中国粮食经济, 2018(12).

[194] 周淑景. 法国农产品加工业发展特点与经验借鉴[J]. 经济研究参考, 2006(28).

[195] 朱行. 日本小麦和大麦政策简介[J]. 现代面粉工业, 2015(5).

[196] 邹帆, 江华. 日本农业产业化经营模式及对我国的借鉴[J]. 农业技术经济, 2000(4).

[197] 邹凤羽. 中国制粉工业布局的现状与发展[J]. 河南工业大学学报(社会科学版), 2011, 7(2).

[198] A. Regattieri, M. Gamberi, R. Manzini. Traceability of food products: General framework and experimental evidence[J]. Journal of Food Engineering, 2007(81).

[199] DawenT, Ellen G, Tomas N. Traceability-a literature review[R]. Canada, University of Alberta Edmonton, 2008.

[200] Dennis R, Owenson G. Rep on the Roll: A Peer to Peer Reputation System Based on a Rlolling Blockchain[J]. International Journal of Digital Society, 2016, 7(1).

[201] Maitri Thakur, Charles R. Hurburgh. Framework for implementing traceability system in the bulk grain supply chain[J]. Journal of Food Engineering, 2009(95).

[202] Neumann K, Verburg P H, Stehfest E, et al. The yield gap of global grain production: a spatial analysis[J]. Agricultural Systems, 2010, 103(5).

[203] OECD/FAO (2019), OECD-FAO Agricultural Outlook 2019-2028, OECD

Publishing, Paris/Food and Agriculture Organization of the United Nations, Rome. https://doi.org/10.1787/agr_outlook-2019-en.

[204] OECD/FAO. 经合组织-粮农组织2018—2027年农业展望[R]. OECD Publishing, Paris, 2018.

[205] Philip Mc Michael. the World Food Crisis in Historical Perspective[J]. Monthly Review, 2009, 61(3).

[206] Roberta Weisbrod. The Geography of Transport Systems[J]. Journal of Urban Technology, 2013, 18(2).